社會工作學

理論‧實踐‧發展

周永新　陳沃聰　主編

商務印書館

責任編輯　韓心雨
裝幀設計　涂　慧
排　　版　肖　霞
印　　務　龍寶祺

社會工作學 —— 理論‧實踐‧發展

主　　編　周永新　陳沃聰

出　　版　商務印書館 (香港) 有限公司
　　　　　香港筲箕灣耀興道 3 號東滙廣場 8 樓
　　　　　http://www.commercialpress.com.hk

發　　行　香港聯合書刊物流有限公司
　　　　　香港新界荃灣德士古道 220-248 號荃灣工業中心 16 樓

印　　刷　嘉昱有限公司
　　　　　香港九龍新蒲崗大有街 26-28 號天虹大廈 7 字樓

版　　次　2024 年 7 月第 1 版第 1 次印刷
　　　　　© 2024 商務印書館 (香港) 有限公司
　　　　　ISBN 978 962 07 6733 3
　　　　　Printed in Hong Kong

目　錄

第一章　總　論

第二章　實踐方法

第三章　社會工作的實施

第四章　社會工作新發展

序

　　1994年，商務印書館出版《社會工作學新論》一書，由我做主編，全書包括26篇文章，是香港首部以中文寫成的社會工作學教科書。當時我作為主編，目的是為接受社工訓練的學生，提供一本以中文寫成的課本，而引用的理論和實踐事例，也盡量與香港的實際情況相結合，這樣或可更好地提升社工畢業生的專業水平。

　　2013年，商務印書館推出《社會工作學新論》修訂版，由我和陳沃聰做主編，全書共27篇文章。內容方面，修訂版大致與原書維持不變，只在新發展部分，加入幾篇新課題以適應時代的變遷。

　　今年出版的《社會工作學 —— 理論‧實踐‧發展》，可以說是原書的另一次修訂版，但在構思再版時，我們有以下考量：（1）香港回歸祖國20餘年，香港的發展離不開國家的發展，社會工作必須順應潮流，融入國家的發展大局；（2）社會工作訓練正邁向新台階，過往的理論必須經過實踐的考驗，而人工智能的發展也帶來新衝擊；（3）隨着香港人口老化、少子化、家庭結構的轉變，社會工作必須尋求新突破。

　　因此，本書的出版，並不止於修訂原書的內容，而是在原有篇章之上，為未來社工專業訓練，提供一本堅實和具前瞻性的教科書。

周永新

2024年7月

作者簡介

關銳煊　社會註冊局前主席、城市大學應用社會科學系前系主任

周永新　香港大學社會工作及社會行政學系榮休教授

羅致光　香港大學社會工作及社會行政學系客座教授

陳沃聰　香港理工大學應用社會科學系前教授、醫療及社會科學學院前副院長、港專學院社會科學院前院長

何國良　香港理工大學應用社會科學系前副教授、現任香港理工大學應用社會科學系高級研究員

秦炳傑　香港理工大學應用社會科學系前副教授、現任港專學院應用社會科學系副教授

林靜雯　香港中文大學社會工作學系前教授、現任聖方濟各大學湯羅鳳賢社會科學院教授

黃幹知　香港中文大學社會工作學系兼任講師、香港理工大學兼任實習督導

梁玉麒　香港中文大學社會工作學系專業應用副教授

姚瀛志　澳門理工學院社會工作學系前講師

梁祖彬　香港大學社會工作及行政學系前教授、系主任

曾潔雯　香港大學社會工作及行政學系前教授、系主任

黃昌榮　香港浸會大學社會工作學系教授

李楚翹　香港理工大學應用社會科學系前助理教授

周燕雯　香港大學社會工作及行政學系教授、系主任

孫熙屏　香港大學社會工作及社會行政學系名譽講師

黃富強　香港浸會大學社會工作學系講座教授

陳偉道　香港城市大學專業進修學院前高級講師

顏文雄　香港城市應用社會科學系前教授

謝家和　港專學院社會科學院助理教授

陳凱欣　香港大學社會工作及社會行政學系教授

陳麗雲　香港大學社會工作及社會行政學系榮休教授

黎家偉　聖方濟各大學湯羅鳳賢社會科學院助理教授

梁麗清　香港城市大學社會及行為科學系前副教授

梁詠婷　香港聖公會麥理浩夫人中心少數族裔服務部門主任

黃於唱　香港中文大學社會工作學系前副教授、現任聖方濟各大學湯羅鳳賢社
　　　　會科學院教授

吳浩希　香港家庭福利會高級經理

古學斌　香港理工大學應用社會科學教授、社會工作博士課程主任

陳紹銘　香港城市大學社會及行為科學系（社會工作）助理教授

吳宏增　香港社會企業總會創會理事、香港善導會前總幹事

鍾偉強　港專學院應用社會科學系前副教授、現任香港中文大學中國研究中心
　　　　兼任副教授

伍杏修　香港復康會前任總裁

潘志明　澳門明愛總幹事

王思斌　北京大學社會工作學系前教授

第一章

總

論

社會工作的哲理基礎

周永新

　　正如「醫師有守則，為執業醫師的圭臬；記者有守則，為採訪撰稿的指南針」，社會工作者有他們信守不渝的守則，便不足為奇了。守則的訂立，並非自命清高，或作為躋身認許專業行列的手段，而是基於社會工作者的信念，及社會工作所期望達成的目標。[1] 大致上，社會工作者遵守的信念，皆與「人」有密切關係。根據香港社會工作人員協會訂定的專業守則，「目標」一項這樣說：「社會工作者致力促進人類幸福及自我的實現；爭取與人類及社會行為有關之科學知識的發展和使用；發展資源以滿足個人、小組、社區及社會的需要和期望，達成社會公義的目標。」[2] 毋庸置疑，社會工作專業守則對人有崇高的評價，認為無論在任何情況下，人的尊嚴及與生俱來的價值均不應輕易抹去。所以，社會工作者的使命，包括維護人的尊嚴，及努力開拓機會，使人皆能發展所長，完成自己的人生理想。[3]

1　Timms, Noel, *Social Work: An Outline for the Intending Student* (London: Rout-ledge and Kegan Paul, 1970), pp.116-136.

2　香港社會工作人員協會的專業守則，每年皆於其年報中刊登，以提醒會員共同遵守。

3　國際社會工作人員協會於 1976 年 7 月的年會中，曾一致通過社會工作者國際專業工作守則，聲言：「社會工作源於各種人文、宗教和民主理想及哲學，可普遍性的應用，以滿足個人與社會之間的互動作用所產生的需要，及發展人類潛能。」

社會工作者遵守的信念從何而來？這樣的信念是否過分理想化？在履行信念時，社會工作者有甚麼必須承擔的責任？從哲學理念的角度看，社會工作者遵守的信念能否自成完整的思想系統？這套信念會否因文化的差異而有分別？信念能否給予社會工作者精神上足夠的支持？

一、社會工作價值觀念的源起及發展

工業革命自十九世紀初開展後，隨即給歐美各國帶來遽變，社會服務亦應運而生。[4] 當時從事福利工作的同工，把他們積累下來的工作經驗不斷整理，日後逐漸成為社會工作者的專業守則，也就是社會工作者共同遵守的信念。因此，社會工作價值觀念是經長時間的孕育而產生。在產生的過程中，當日福利工作人員所處的社會環境，及他們表現的意識形態，自然與他們遵守的信念有密切的關係。

社會工作既源於西方工業革命，顯然是西方文化的產品。以文化而言，西方社會長時間受到基督教教義的薰陶，一向以來，從事福利工作的人士又以教徒居多，他們對人和事的看法，便很自然地以所信的道理為出發點。簡略而言，這些早期的福利工作者，按照他們的信仰，相信人是神所創造的，所以人生來平等，且擁有天賦的尊嚴。[5] 在現實生活裏，信徒的表現未必與相信的教義完全吻合，但作為一種信念，深受基督教教義影響的福利工作者，他們對人有崇高的評價，看來也是理所

4　工業革命與福利政策的關係，參見 Rimlinger, Gaston V., *Welfare Policy and Industrialization in Europe, America and Russia* (London: John Wiley and Sons, 1971)。

5　Romanyshyn, John M., *Social Welfare: Charity to Justice* (New York: Random House, 1971).

當然。

　　十九世紀也是人文思想和民主運動興盛的年代。人文思想在十九世紀前已形成，但工業革命使社會財富驟然增加，令人相信人類社會的前景是樂觀的，而只要有適當的機會，每個人的發展不會有限制；[6]因此，人文思想主張人是可以不斷進步的。同一時間，民主浪潮席捲歐美各國，民主政制相繼成立：當人民有了政治權力後，他們也希望能平等地享用社會資源。事實上，政府一旦給予人民選舉權，又怎可限制他們接受教育和就業的機會？所以，隨着民主政制的發展，人民享用福利的權利也開始受到重視。[7]

　　基督教教義、人文思想和民主政制不盡相同，但它們對人的尊嚴和價值的看法卻頗一致，即人有生存的權利，包括身體有缺陷的人、罪犯、精神病人等，也應得到符合人性尊嚴的對待。[8]此外，人既有與生俱來的價值，人便是獨立和自主的個體，有選擇生活方式的自由，也須對自己的行為負責任。作為人類社會一分子，人當然不能離羣獨處，也必須顧及他人的利益，但自我的獨立地位不會因此失去。

　　從以上簡單的敍述，可見社會工作的興起，有其本身歷史的因素。社會工作既與近代西方社會的發展有密切關係，所以在西方文化的培育下，逐漸形成一套對人和對事的看法。大致上，社會工作着重的，是每個人均有生存的權利，天賦的潛能也應有發展的機會，這樣才可實現人性尊嚴的特質。[9]到了今天，以上信念仍是社會工作者的共同信念，亦

6　Pinker, Robert, *The Idea of Welfare* (London: Heineman, 1979).

7　Parker, Julia, *Social Policy and Citizenship* (London: Macmillian, 1975).

8　Timms, Noel and Watson, David (eds.), *Talking About Welfare: Readings in Philosophy and Social Policy* (London: Routledge and Kegan Paul, 1976).

9　Marshall, T.H., *Social Policy in the Twentieth Century* (London: Hutchinson, 1975).

是社會工作一般強調的哲理基礎。

二、社會變遷對社會工作價值觀念的衝擊

自二十世紀開始，世界各國的政治、經濟及社會狀況出現急劇的變化，社會工作的發展也受到嚴峻的考驗。第一次世界大戰過後，大規模的屠殺動搖了人們樂觀的心態，也使人們懷疑生存的價值。但那時的社會工作者，深信個人及社會的重建乃當前急務，故積極推動社會工作。在工作方法方面，那時盛行的佛洛依德（Sigmund Freud）心理學對社會工作有重大影響，個案工作迅速發展，以至在六十年代以前，社會工作差不多等同個案工作，而社會工作建基的哲學概念，也多以個案工作作為例子解釋。[10] 在這情況下，不少從事小組和社區工作的社會工作者，甚至有一種錯覺，認為社會工作的哲學理念只適用於個案工作，而並非社會工作者共同的信念。[11]

除工作方法外，在第二次大戰前後談論最多的，是怎樣的福利制度才能為人們提供最大的發展機會。那時，社會主義思潮覆蓋歐洲，英國費邊社（Fabian Society）宣揚的福利思想即為其中的表表者。在第二次世界大戰後，基於國家重建的需要，及在社會主義思想的影響下，大部分歐州國家相繼發展成為「福利國家」（Welfare State），亦即由政府負起為人民提供福利的責任。雖然「福利國家」的主張，與社會工作的價值

---

10 六十年代以前，社會工作者亦多稱為個案工作者，參見 Hollis, Florence, *Case-work: A Psychosocial Therapy* (New York: Random House, 1966)。

11 Plant, Raymond, *Social and Moral Theory in Casework* (London: Routledge and Kegan Paul, 1970).

並非完全一致，但較之其他理論，「福利國家」制度看來最符合社會工作者的信念，也較能有效地保障人的尊嚴。[12]

　　社會工作者積極參與重建個人和社會之際，他們推崇的信念卻受到不同思想體系的挑戰。首先，大戰過後，人們雖有重建家園的決心，但殘酷的戰爭及人們互相廝殺的情景，使人性尊嚴消失殆盡。在兩次大戰期間，存在主義大師卡謬（Albert Camus）和沙特（Jean-Paul Sartre）的著作廣泛流傳，且更在第二次大戰後成為西方社會的主流思想。[13] 存在主義並非否定人生存的價值，但他們認為人生存的目標是無法追尋的。在存在主義影響之下，社會工作者要建立人的價值和尊嚴遭到不少阻力。

　　另一方面，戰後的重建使物質供應迅速增加，人們的生活方式隨之出現變化。首先，豐富的物質生活使部分人士不需為基本生活張羅，但物質生活的改善卻無法拉近人與人之間的關係，或消除人際之間的隔膜。從六十年代開始，物慾的追求成為一股強而有力的思想潮流，個人主義乘勢抬頭。人們為了尋求物質的滿足，對於社會工作者強調的互助和互愛，難免有所忽略。[14] 這並非表示，在物質富裕的社會裏，社會工作難有容身之所；相反地，物質越豐裕、人際關係越複雜，人們對社會工作服務的需求越強烈。[15] 不過，在這情況下，社會工作者推崇的信念較難得到廣泛認同，而社會工作所以得到重視，原因是可以減低社會問

---

12 Titmuss, Richard M., *Essays on the "Welfare State"* (London: Allen and Unwin, 1963).

13 卡謬與沙特均為著名小說家，他們的著作對當代人的思想有重大影響。

14 Younghusband, Eileen (ed.), *Social Work and Social Values* (London: Allen and Unwin, 1967).

15 Jones, Howard (ed.), *Towards a New Social Work* (London: Routledge and Kegan Paul, 1975).

題帶來的衝擊，及發揮穩定社會的作用。[16]

　　最後必須提出的，是馬克思主義與社會工作價值觀念的關係。首先，馬克思主義的基本假設，是人的行為所反映的，只是他們所屬社會階層的情況；因此，要改變人的行為，首先是改變他們所屬的社會階層。[17]馬克思主義的信徒對社會工作強調的個人價值及自決能力皆存有疑問，他們認為人的行為很難超越本身所屬階層，也很難自我改造。所以，前東歐共產主義國家雖均設有龐大的福利制度，社會工作專業卻無法開展。[18]

　　到二十世紀九十年代初，東歐共產國家相繼崩潰，政治體制從極權邁向民主、經濟走向市場化，人民的福利再無法全由政府承擔。這些制度上的改變，令社會工作與馬克思主義過去存在的衝突開始緩和，社會工作理念漸為新成立的政權所接受，認為社會工作建基的人道主義或可填補國民思想上出現的空白。[19]

三、社會工作哲理基礎的應用

　　法國社會學者哥曼（Lucien Goldmann）曾言：「如果哲學能成功地為我們解釋一些關於人性本質的問題。任何消滅哲學的想法只會妨礙我們對人現況的理解。因此，人文科學要達到科學的標準，便必須帶點哲

16　Day, Peter R., *Social Work and Social Control* (London and New York: Tavistock Publications, 1981).

17　Gough, Ian, *The Political Economy of the Welfare State* (London: Macmillan, 1979).

18　Bolger, et al., *Towards Socialist Welfare Work* (London: Macmillan, 1981).

19　盧謀華：《中國社會工作》（北京：中國社會出版社，1991 年）。

學的味道。」[20] 人文科學要有哲學的立腳點，社會工作更有此必要。第二次世界大戰以後，社會工作的哲學理念沿襲過往建立的系統，社會工作者遵守的信念大致與過往相同。畢仁（Z. T. Butrym）在她的《社會工作本質》（*The Nature of Social Work*）一書中指出，社會工作的哲學思想主要源自三個假設：第一是**對人的尊重**；第二是**相信人有獨特的個性**；第三是**堅守人有自我改變、成長和不斷進步的能力**。[21] 在社會工作者看來，以上三個假設都十分重要，只是解釋上稍有出入，如尊重他人，怎樣才算符合尊重的原則？又如自我改進的能力，怎樣改進也是見仁見智。[22] 若按以上假設，社會工作者又應如何在工作中實踐？針對社會工作者在實務中必須遵守的準則，畢仁在書中共提出五點。

第一是**接納他人**，這明顯是尊重他人的必然後果。所謂接納，並非指消極地不去排斥他人，而是積極地了解別人獨特之處，並設身處地地考慮別人的需要。[23]

第二是**不持批判的態度**。所謂批判，是指別人若與自己意見相左，或有不合乎常規的行為表現，即加以抗拒和排斥，及凡事皆以自己的意見為唯一標準。不過，不批判別人，並非代表道德觀念上模稜兩可，而是盡力去理解別人做事的背後理由和原因。

第三是**個人化**。[24] 既假設每個人皆有本身獨特之處，便不能千篇一

---

20 Butrym, Zofia, T., *The Nature of Social Work* (London: Macmillan, 1976), p.42.

21 Butrym, Chapter 3.

22 Ragg, Nicolas., "Respect for Persons and Social Work: Social Work as'Doing Philosophy'", in Timms, Noel (ed.), *Social Welfare: Why and How?* (London: Routledge and Kegan Paul, 1980), pp.211-232.

23 Ragg, Nicolas M., *People Not Cases : A Philosophical Approach to Social Work* (London: Routledge and Kegan Paul, 1977).

24 Shaw, John, *The Self in Social Work* (London: Routledge and Kegan Paul, 1974).

律地去看別人的遭遇和問題，也不能凡事只有一種解決的辦法。一些人把個人化和個人主義混在一起，其實兩者在意義上有很大差距：社會工作着重的是每個人的不同處境，但個人主義卻以自我為中心。

第四是保密的原則。社會工作是透過人與人之間的接觸而進行，保密的重要性不言而喻，但在實踐過程中，保密卻不如想像的簡單。現實情況，社會工作者為了保障本身的利益，或只是一時疏忽，常常違反保密的原則。

第五是讓當事人自決。[25] 社會工作的信念強調個人的成長和改進，要達到這個目的，便必須讓當事人操縱自己的命運；自決並非簡單的事，很多人在有意無意之間常常避免作出決定，因一旦作了決定，便必須承擔後果，但不是每個人都有這種心理準備。鼓勵當事人自決，也就是鼓勵他們承擔責任，而人有了自決的經驗，性格也自然趨向成熟。

社會工作的三個基本假設及五個實踐時的道德準則，可用圖 1 說明。圖中顯示的社會工作信念及實踐準則，或許有人認為過分簡單，及缺乏嚴密的邏輯推理，但這些信念和準則，是經過長時間的實踐經驗總結得來的。[26] 社會工作信念雖難與源遠流長的思想體系互相比較，但對社會工作者來說，這卻是他們最有價值和實用的指引。

---

25 McDermott, F. E. (ed.), *Self-Determination in Social Work* (London: Routledge and Kegan Paul, 1975).

26 Plant, et al., *Political Philosophy and Social Welfare* (London: Routledge and Kegan Paul, 1980).

圖 1　社會工作的基本假設及實踐準則

社會工作的基本假設

- 尊重他人
- 人是獨特個體
- 人有改進能力

實踐的準則

- 接納他人
- 不批判
- 個人化
- 保守秘密
- 當事人自決

四、中國文化與社會工作價值觀念

　　如上所述，社會工作源於西方文化，一旦在華人社會實踐，會否與中國文化格格不入？且以香港為例，福利服務開始時多由教會創辦，從事福利工作人士亦多外國傳教士。七十年代以後，香港政府開始為市民提供福利服務，社會工作逐漸成為專業，慢慢脫離西方文化的影響。在這情況下，中國文化與社會工作價值觀念的關係開始受到關注。[27] 同一時間，台灣地區福利界人士認為社會工作必須「本色化」及「國情化」，並在這方面做了一些研究工作。[28]

　　中國幅員廣闊，且「幾於無年無災，從亦無年不荒」，[29] 所以有悠久營辦福利的歷史和經驗，也早訂下救貧和救災的原則和目標，如《周禮・司徒篇》言：「以保息養萬民，一曰慈幼、二曰養老、三曰振窮、

27　周永新：〈中西福利觀念的比較〉，載於喬健主編：《現代化與中國文化研討會論文彙編》（香港：香港中文大學社會科學院暨社會研究所，1985 年），頁 147-154。

28　蔡漢賢編：《社會工作的國情化與國際化》（台北：中國文化學院社會工作學系）。

29　有關中國歷代的救荒措施，參鄧雲特：《中國救荒史》（台北：台灣商務印書館，1970 年）。

四曰恤貧、五曰寬疾、六曰安富。」《禮運・大同篇》提出的「大同」思想，更是中國兩千年來關心民間疾苦人士尋求達到的目標：「大道之行也，天下為公，選賢與能，講信修睦。故人不獨親其親，不獨子其子，使老有所終、壯有所用、幼有所長。矜寡孤獨廢病者皆有所養。男有分、女有歸。貨惡其棄於地也，不必藏於己，力惡其不出身也，不必為己，是故謀閉而不興，盜竊亂賊而不作，故外戶而不閉，是謂大同。」

　　至於具體的福利營辦措施，中國歷朝均有特定的方針，也十分着重鄉里和宗親等組織的互助作用，強調的是親疏遠近的分別，正所謂「老吾老以及人之老、幼吾幼以及人之幼」，目的是激發眾人推己及人和互相扶持的精神。單從上面的敍述，很難對中國文化與福利的關係作深入探討，但中國文代提出的「大同社會」是通過倫理關係建立起來的，西方「福利社會」的基礎則是人有至高無上的尊嚴，並必須發展潛能以肯定自我的存在。以中國文化而言，人卻永遠不是獨立的個體，如梁漱溟指出的：「在中國思想上，所有傳統的態度總是不承認個體的獨立性，總是把人認作『依存者』……」[30]

　　在現代華人社會，對人的地位和身份的看法，有了極大的變化，個人的獨立性也較前增強。但無可否認，在中國人的社會，人總被看為家庭成員之一，或工作單位的一分子，很難與西方社會的個人意識比較。[31] 因此，在深受中國文化影響的社會裏，一般人對社會工作者宣揚的信念，仍不能無條件地接受，其中矛盾，可用圖2說明。

　　中國文化與社會工作價值觀念在本質上雖有分別，但兩者也非互

30　梁漱溟：《中國文化要義》（香港：三聯書店，1987年），頁89。

31　Wang, Gungwu, "The Living Tree: The Changing Meaning of Being Chinese Today", *Journal of the American Academy of Arts and Sciences*, Vol. 120, No.2 (1991), pp.135-157.

相排斥。例如人是獨特的個體還是依附者的問題，社會工作的看法是人有獨特的個性和自主的權力，但也必須透過羣體組織來滿足本身的需要；[32] 至於中國文化的觀點是，人主要是羣體的一員，但本身獨立的身份也不能完全抹煞。所以，兩者的差異主要是在重點上有不同的理解。

圖 2　中國文化與社會工作價值觀念矛盾之處

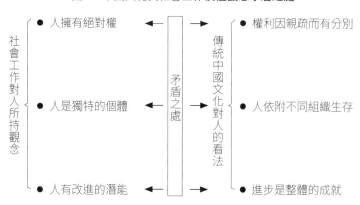

不過，就是兩者不至於互相對立，中國文化與社會工作畢竟是兩個不同的系統。那麼，是否需要建立一套適合中國文化的社會工作價值觀念？這又未必。如上所述，中國文化與社會工作在觀念上雖有矛盾，但兩者卻不是完全無法調協的。事實上，中西文化的交流，已使很多中國傳統觀念出現變化；隨着社會日趨開放，文化觀念對人行為表現產生的規範也不如以往強烈。因此，解決的辦法，並非另創新的社會工作價值觀念，而是把固有的加以靈活運用，使之適合現代華人社會的需求。從過往香港和台灣地區等華人社會的經驗看，社會工作的推行並沒有遭遇

32　Tao, Julia, "Chinese and Western Nations of Need", *Critical Social Policy*, 17(1), No. 50, 1997.

很大的困難，雖然在哲理觀念方面，一些修訂是必須的。

五、社會工作與自由、民主、人權、法治

談到社會工作的哲理基礎，就不能不討論近 20 年來盛極一時的自由、民主、人權、法治的觀念。首先，這四個觀念的興起，並不是香港獨有的，是全世界的普遍現象。以思想源頭來說，自由、民主、人權和法治，也深受西方傳統文化的影響，與社會工作的價值觀念有共同的根源。

今天，自由、民主、人權和法治所以受到重視，與近年世界各地出現的政治、經濟和社會等方面的轉變有密切的關係，這些轉變包括極權統治逐一瓦解、經濟壟斷受到挑戰、公民社會漸趨成熟等。那就是說，個人的自由和權利所以成為世人嚮往的價值觀念，正因政治制度逐步走向民主，法律制度較為接近公平和公正。自由、民主、人權和法治既成為世人認同的普世價值，[33] 香港跟隨其中應是意料中事。

而轉變的另一重要原因是，香港在 1997 年回歸。面對這個前所未有的轉變，港人除了信任《基本法》賦予的保障外，也盼望個人擁有的自由和權利能持續下去；而只有開放的民主政制和不受干擾的司法制度，才可令港人相信「一國兩制、高度自治」可如實地推行。

「港人的自由和權利有否受損？」不是本文要討論的課題，但基於對人的尊重及與生俱來的權利，社會工作者在自由、民主、人權和法治的思想洪流中，也作出了他們獨特的貢獻。首先，在價值觀念上，社會

---

33 Addams, Jane, *Democracy and Social Ethics* (Middlesex: The Echo Library, 2006).

工作不但對自由、民主、人權和法治沒有抗拒，且不斷吸納這些觀念成為本身哲理基礎的一部分，並要求從業員嚴守這些觀念表達的精神。

實務方面，社會工作者更把自由、民主、人權和法治發揮得淋漓盡致；除容許服務對象擁有更大的決定權外，更使他們享有的權利得到重視和保障。此外，社會工作專業本身也較前有更高的透明度，社會工作註冊制度的建立也使法治精神得到貫徹。當然，社會工作者在實踐自由、民主、人權和法治方面還有很多未臻完善的地方，但他們對這些觀念的重視卻無可置疑。[34]

作為這段的小結，可以這麼說：自由、民主、人權和法治早已包含在社會工作價值觀念之中，但戰後初期，世界各國正忙於經濟和社會體制的重建，基本生活的滿足佔據重要位置，社會工作遂以人道主義為本身思想的主流。重建過後，社會制度漸上軌道，人民盼望有更大的自由來主宰自己的命運、有更多參與政治和社會事務的機會、自己的權利不被剝削，也有健全的法制給予他們充分的保護。所以，自由、民主、人權和法治觀念的興起，絕不是偶然的現象；也可見社會工作並沒有墨守成規，且隨時代不斷轉變。因此，只要新興的觀念沒有違反社會工作持守的價值，就可用來豐富社會工作的哲理基礎，使社會工作成為歷久常新的學科，社會工作者也能緊追時代的轉變而作出貢獻。

六、社會工作哲學理念的未來發展

作為一種學科，社會工作所建基的哲學理念，從開始便深受西方文

---

34 Ife, Jim, *Human Rights and Social Work: Towards Rights - Based Practice* (New York: Cambridge University Press, 2001).

化的影響。社會工作與文化體系的結合可說是非常自然的事。首先，社會工作是應用性的科學，所以必須與當時的社會環境連結在一起，沒有這種關係，社會工作很難發揮作用。這樣的結合，有好處也有壞處，好處是社會工作不會與時代脫離，不像一些學科，只能當作是一些死的學問；但壞處是社會工作與時代有太緊密的關係，提出來的觀念難免只有短暫的意義，學科的發展因此受到限制。

另一方面，由於文化是不斷向前推進的，所以社會工作建基的哲學理念也必須不時作出修訂。如上所說，社會工作起源於十九世紀的西方社會，那時受基督教信仰的影響很大，工業革命也使人普遍持樂觀態度。但到了二十世紀，宗教的影響逐漸式微，一般人對生命的意義也多抱懷疑的態度，在這情況下，社會工作又怎能不修改一些本身堅守的信念？

社會工作在引入華人社會後，所引起哲理觀念上的衝擊也十分大。華人社會有獨特的文化傳統，所以對在另一文化傳統裏孕育而成的產品，就算不抗拒，也很難無條件的接納。事實上，在華人社會推行社會工作，只有很短的日子，而作為一項大專院校的學科，亦僅是最近半個世紀的事。有人認為必須把社會工作的哲理基礎完全修改，方能符合中國人社會的需要。但更多人的意見卻是，中國文化有它優良的一面，例如中國文化蘊含的調和力量，可能對社會不平衡的現象產生緩和的作用，也較能維持人與人之間的和諧關係，可以彌補現有社會工作價值觀念不足之處，使社會工作在中國人社會發揮更大的效用。

總括而言，要達到社會工作的目的就必須不斷改變，這並非單指實踐時使用的方法和技巧，更重要的是，不時更新和調整社會工作的理念基礎。正如本文開始時說，每一行業都有本身必須遵循的圭臬，若喪失

這些指導原則，或未能有效地為社會工作者提供指引，從事社會工作的人士要達成目標就十分困難了。社會工作的哲理基礎如此重要，故作為全書的首篇。

社會工作的發展和專業化過程

關銳煊

一、前言

在世界各國的發展歷程上，我們總會看到其中一個共同現象，就是
社會問題的出現及政府與民間社團應變處難的方法。社會福利、社會服
務及社會工作三個名詞常被一併使用，因為三者都顯示同一事情，只是
在使用的層次上有所區別而已。社會福利（social welfare）包括某一國
家的「政策」和其所持的社會大眾的理念。這種政策和理念旨在增進社
會上每一個人的生活質素和能力，包括衣、食、住、行、育、樂和潛能
發展等方面。故此一個國家的社會福利是要由政府和民間共同努力和合
作推行的，而這種社會福利的政策和理念的實現，必須透過社會服務的
活動才能逐步達成。社會工作，則是源於慈善事業或救濟事業。

社會服務（social service）指根據某一國家的社會福利政策和民間的
社會福利理念，所採行的各種方案、活動、項目及程序。這些社會服務
的程序是需要依據社會工作專業的知識、倫理、方法及技巧始能確保其
功效。社會工作（social work）是指一種專業的知識體系，包括專業倫
理、知識、方法及技巧。這種專業知識和技巧是根據現代民主社會哲理
和社會組織的原則、原理、人類行為的科學知識、專業診斷和治療的原

則和技巧，從而產生協助他人和改善環境的功能。所以，社會工作專業是用來強化社會福利政策和增強社會服務成效的。以下會簡介歐美國家在社會工作發展上的歷程，進而介紹中國內地、中國香港特別行政區、在社會工作方面的演進。最後就社會工作專業化在華人社會所遇到的困難及前景作出評述。

二、英美社會工作專業的發展

根據國際社工聯盟的統計，全世界已有超過 70 個國家有專為社會工作者而設的制度，而有提供社會工作訓練的國家亦遠超此數。[35] 然而，在社會工作專業發展史上，影響最深遠者仍不離英、美兩國。

英國的產業發達最早，貧窮對社會的威脅亦較深，故而英國的濟貧事業較其他國家發展較早。在英國社會工作發展歷史上，較具象徵性的事跡包括：[36]

（1）1601 年的伊莉莎白《濟貧法》（*Poor Law*）為英國奠定了政府營辦公共救濟事業的方式，成為今天公共救助理論的依據。

（2）1934 年議會修正《濟貧法》（*The New Poor Law*）。

（3）1948 年根據《貝佛里奇報告書》（*Beveridge Report*）的建議，制定《國民扶助法》（*National Assistance Act*）。

---

35 詹火生：〈社會工作在各國發展情形及受重視程度〉，載李欽湧主編：《現代化社會工作專業制度論文集》（台中：東海大學，1987 年），頁 44-48。

36 詳情可參閱廖榮利：《社會工作概要》（台灣：三民書局，1991 年），第二章；徐震、林萬億：《當代社會工作》（台北：五南圖書出版公司，1983 年），第二章；岑士麟：〈社會工作在各國發展趨勢及受重視情形〉，載李欽湧主編：《現代化社會工作專業制度論文集》（台中：東海大學，1987 年），頁 36-43。

（4）1869 年，在倫敦成立的慈善組織會社（Charity Organization Society），認為個人應對其貧窮負責，接受公共救濟將摧毀貧民的自尊心、進取心及道德意識，終使他們依賴救濟為生，主張貧民應盡其所能維持本人的生活。這種強調個別化及社會協調合作手法，促使日後社會個案工作及社區組織工作的產生。

（5）1884 年開展的睦鄰組織運動（Settlement Movement），為社會工作介紹了新的社區服務工作方式。

（6）1912 年，倫敦大學開辦社會行政專科，訓練社工。而利物浦大學也有類似訓練課程。

（7）1959 年，《楊格哈斯曼報告》（*Younghusband Report*）針對地方政府僱用的衛生和社工進行評估，建議由政府培訓及頒授社工專業證書。

（8）1962 年，通過《衛生訪問專員和社工訓練法案》（*Health Visitors Social Workers Training Act*）。

（9）1961 年，成立英國社會工作訓練研究所（National Institute for Social Work Training），負責審核有關社會工作專業教育的課程、研究等。

（10）1968 年，《西蒙報告書》（*Seebohm Report*）建議英國重新調整地方政府的社會服務部門，把社工撥歸地方政府的「社會服務部」內。

（11）1969 年，正式成立英國社工協會（British Association of Social Workers）。

（12）1970 年，成立社會工作教育訓練中央委員會（Central Council on Education and Training for Social Workers），正式奠定英國社會工作人員的專業地位。

美國的社會工作專業發展較英國早半個世紀，主要受兩股力量推

動：一是來自社會工作教育團體，二是來自實務的前線社工的團結一致。美國社會工作發展歷史上的里程碑包括：

（1）1930 年，羅斯福總統（Franklin Roosevelt）逐步建立聯邦救助的各項措施，即所謂「新政」（New Deal），為發展全國性保障制度奠下基礎。

（2）1935 年，推行《社會保障法案》（Social Security Act），內容包括社會保險方案、公共分類救助方案、衛生及福利服務方案。

（3）1950 年、1952 年及 1954 年修正《社會保障法案》。至 1965 年更增加了醫療保險以取代往昔以直接支付現金方式供給醫療照顧的服務。

（4）1915 年，佛雷克斯諾（Abraham Flexner）在美國慈善與矯治委員會（National Conference on Charities and Corrections）大會上，發表〈社會工作是專業嗎？〉論文，引起大眾對社會工作的注意。

（5）1917 年，理治文（Mary Richmond）出版《社會診斷》（Social Diagnosis）一書，促使社會工作方法成為一套獨立的知識。

（6）1919 年，正式成立「美國社會工作者協會」（American Association of Social Workers），成為追求社會工作專業的主流。

（7）1919 年，第一個社會工作專業教育組織「美國專業社會工作訓練學校協會」（Association of Training School of Professional Social Work）成立，其後改名為「美國社會工作學校協會」（American Association of Schools of Social Work），主要推動碩士階段的社工訓練課程。

（8）1942 年，成立「美國社會行政教育學校協會」（National Association of Schools of Social Administration），主要推動大學本科和碩士階段的社工課程。

（9）1946 年，成立「美國社會工作教育委員會」（National Council on Social Work Education），協調前述兩組織的紛爭，至 1953 年正式為「社會工作教育委員會」（Council on Social Work Education）所取代。

（10）1955 年，成立「美國全國社工協會」（National Association of Social Workers），將原有七個較專門的社會工作社團合併，成為美國最大的社會工作者組織。

三、中國內地社會工作專業發展簡介

中國的社會工作概念，往昔大都是採用了西方國家的概念。1949 年後，中國社會工作概況大致如下：[37]

（1）在中國人民政府的領導下，在全國範圍內統一部署，因地制宜地全面開展社會救濟福利保障工作。

（2）社會工作大規模地開展，從社會生活的一個方面體現解救窮苦大眾和勞動人民翻身作主人的民主精神。

（3）社會工作解決各種社會問題，包括社會改造、人的改造、社會生活改造、社會環境改造等內容，同時顧及結合勞動生產和精神文明。

（4）普遍採取國家力量和社會力量結合的方式，多渠道、多形式、多層次地開展各項解決社會問題的社會工作。

（5）這種社會工作不可能一開始就有現成的專業學科指導，而是在長期的工作實踐中逐步奠定專業學科的基礎。

故此，中國社會工作是運用社會主義原理，解決和預防因人們缺

37　盧謀華：《中國社會工作》（北京：中國社會出版社，1991 年），頁 4。

乏、喪失適應社會生活能力、社會功能失調而產生的物質與精神方面的社會問題，以管理社會生活，進行社會服務，調整社會關係，完善社會制度的專業工作和學科。基於中國福利服務在功能上、提供服務方法上及國家社會開支類別上的不同，余仲賢[38] 把中國的社會保障和社會福利專業區分成四個不同的系統 —— 就業福利系統、國家福利系統、社會團體福利系統及社區福利系統。

中國社會福利的範圍十分廣泛，體現了個人（家庭）、社會和國家對其成員在物質幫助上分別承擔的責任，[39] 而在內容和項目上，則可以分為五大類：[40]

（1）公共福利 —— 如公園、公共圖書館、文化、體育活動場所等公共福利設施。

（2）勞動保護 —— 如勞動保險、養老保險、職工離職退休制度及其他集體福利。

（3）**醫療保健** —— 如公費醫療、婦幼保健、兒童保育等。

（4）生活補貼 —— 如社會救濟、房租補貼、物價補貼等。

（5）特殊保障 —— 如優待撫恤、老年人福利、殘疾人福利等。

按照中國政府部門的分工體制，社會福利事業是由勞動、人事、衛生、教育、民政等政府職能部門及工會、婦女、青年等羣眾組織和社會各方面的力量相配合及分別管理的。民政部門是中國社會福利的主要行

---

38 余仲賢：〈中國社會福利服務初探〉，載黃威廉、趙維生、顏文雄合編：《香港社會工作的挑戰》（香港：集賢社，1985 年），頁 205-214。

39 周養才：〈關於社會福利問題的探討〉，載中國民政理論和社會福利研究會編：《民政和社會保障文選》（中國：中國民政理論和社會福利研究會，1985 年），頁 178-195。

40 張德江：〈九十年代中國社會福利事業展望〉，載香港社會服務聯會：《中國內地及香港邁進九十年代社會福利發展研究會論文集》（香港：香港社會服務聯會，1991 年），頁 11-22。

政管理機構，大部分社會福利工作包括在民政部門的業務範圍之內。[41]
在中國，「民政工作」被認為是相等於「社會工作」的，[42] 雖然其在福利系統中所處的地位、實際工作對象和所發揮的作用各有不同，但直接從事組織的落實福利事務的工作人員，就其工作意義而言，都可稱為「社會工作者」，這顯然沒有專業含意。故此，在中國的福利制度下，工作者的工作是否稱為「社會工作」並不重要，重要的是社會人士是否認識到此類專門工作的存在，從而確立此類工作的地位，加強此類工作的研究，切磋實務方法，培訓專門人才。[43]

在中國的社會工作發展史上，我們看到長期存在專業和非專業社會工作同時並存的局面。1949 年前，中國有四間大學開設了社會工作學系、社會服務學系、社會福利行政系及社會專業行政系，另外有 15 間大學在社會學系內開設社會工作有關課程。1952 年，在高等學校院系調整時，社會工作課程連同社會學系一併撤銷。直到八十年代開始，隨着社會學系的重建，中國才重新逐步創建了社會工作專業。在中共中央黨校、北京大學、中國社會學函授大學和其他一些普通高等院校，以及政府有關部門辦的高等院校，相繼開設社會工作講座課程的基礎上，國家教育委員會於 1986 年設置了社會工作與管理專業，把它列入全國專業體系之中。迄今已建立這一專業的大學有北京大學、中國人民大學、

41 徐馳、賴洪江：〈社會福利與民政〉，載鄧演超、梁祖彬主編：《穗港社區工作理論與實踐》(中國：廣東高等教育出版社，1990 年)，頁 62-70。

42 參閱李葆儀、隋玉傑主編：《社會工作》(中國：民政管理幹部學院，1991 年)；盧謀華：《中國社會工作》(北京：中國社會出版社，1991 年)，頁 4；中國民政理論和社會福利研究會編：《民政和社會保障文選》(中國：中國民政理論和社會福利研究會，1985 年)，頁 178-195；廖益光等編著：《民政工作概論》(中國：湖南大學出版社，1987 年)。

43 關銳煊、列國遠：〈論社會工作的基本價值觀與在中共推展社工教育的矛盾〉，《社區發展季刊》，第 61 期 (1993 年 3 月)，頁 65-71。

廈門大學、吉林大學等。中國社會工作自始進入專業化的階段。如今為了實現中央提出的幹部專業化的要求，民政、勞動、衛生、人事、公安、工會、共青團、婦聯等有關部門和團體的工作，均積極地朝專業化方向邁進。這些多方面的專業化，肯定會促進社會工作的專業化。[44]

四、中國香港特別行政區社會工作專業發展簡介

在中國香港特別行政區，社會工作的發展起步於二次世界大戰後。當時香港吸納了大批來自中國內地的居民，志願團體主要從事救災扶貧工作，宗親會及同鄉會等均扮演着主要角色，[45] 宗教社團亦提供了不少援助與服務。五十年代，社會福利服務界面對的問題為貧窮、住屋、失學等。

至六十年代，香港經濟好轉，戰後新生代成為社會焦點，六十年代末政府創辦民政署，改善官民溝通，大力推展青少年暑期活動。七十年代港督麥理浩（Murray MacLehose）主政期間，因教育開始普及，居民社會意識提高，社會日趨複雜，於是政府在經濟盈餘情況下，大力發展

---

44 有關中國社會工作發展，參閱張一知：〈九十年代中國社會工作和社會工作的發展〉，載香港社會服務聯會：《中國內地及香港邁進九十年代的社會福利發展研討會報告書》（香港：香港社會服務聯會，1991 年），頁 340-350；黃渭梁：〈中國未來的社會工作教育發展初探〉，載余仲賢、彭健夫編：《中國城市福利發展研討會論文集》（香港：香港社會工作者總工會，1986 年），頁 155-168；劉偉能：〈當前中國的社會工作及社會工作教育〉，載李葆義、隋玉傑編著：《社會工作》（中國：民政管理幹部學院出版，1991 年），頁 77-86；袁方：〈社會工作教育與中國社會主義現代化建設〉，同上書，頁 86-101；隋玉傑：〈簡論我國社會工作教育發展的方向與層次〉，同上書，頁 102-107；王思斌等編：《九十年代的中國社會工作——一九九二年研討會論文集》（中國：中國社會工作者協會出版，1993 年）。

45 顏文維：〈中國傳統民間福利探討〉，載黃威廉、趙維生、顏文雄合編：《香港社會工作的挑戰》（香港：集賢社，1985 年），頁 185-204。

社會福利服務以改善市民生活，同時亦首次確定社會工作的專業地位，社會服務如青少年個人服務、社區發展、傷殘人士復康服務以及家庭服務均有長足發展。香港社會工作發展的里程碑包括：[46]

（1）1946年，成立「香港難民及福利會」（其後改稱「香港福利會」，再改稱為今日的「香港社會服務聯會」）。

（2）1947年7月，正式成立「香港社會工作人員協會」。

（3）1950年9月，正式首次在香港大學開辦兩年制的全日社會工作課程。

（4）1960年，英國學者楊格哈斯曼博士（Dr Elieen Younghusband）發表《社會工作訓練報告書》。

（5）1961年，成立「社會工作訓練基金」。

（6）1962年7月，成立「社會工作訓練諮詢委員會」。

（7）政府於1972年宣布社會工作專業化，規定凡助理社會工作主任或以上職級，只准聘用有社會工作學位的畢業生擔任。

（8）1973年，社會福利署成立社會工作訓練學院，培訓社會工作助理。

（9）社會福利署在1977年進行社會福利職級檢討，將部門分為社會工作部及社會保障部，將曾受訓之社工調往社會工作部從事專職社會工作（此計劃其後在志願機構推行，並於1982年正式完成）。

（10）政府曾先後發表不少有關福利政策文件，例如1973年的《社會福利白皮書》、1973年至1978年的「社會福利發展五年計劃」、1977年的《青少年個人輔導社會工作之發展綠皮書》及《老人服務綠皮書》，

---

46 關銳煊：〈香港的專業社會工作 —— 過去、現在、將來〉，載李欽湧主編：《現代化社會工作專業制度論文集》（台中：東海大學，1987年），頁58-75。

以及《羣策羣力協助弱能人士更生白皮書》、1979 年的《進入八十年代社會福利白皮書》、1991 年的《跨越九十年代社會福利白皮書》等。

在香港的專上院校，如今已有六家（港大、中大、理大、城大、浸大、樹大）提供 20 多個不同程度的專業社會工作訓練課程。[47] 然而要達到社會工作專業化的目標，必須有一個社會工作專業資格評審委員會。1980 年 7 月，香港社會工作人員協會首次探討成立一個專業社工註冊制度的可行性。1984 年 11 月，香港社會服務聯會聯同香港社會工作者總工會，組成了「香港社會福利從業員註冊聯合工作小組」，撰寫首份建議書。1990 年 12 月，「香港社會福利專業人員註冊局」正式成立，[48]並開始接受專業社工自願註冊。

五、社會工作專業化所面對的難題

社會工作教育一方面培訓大量專業社會工作者，服務他人，奉獻社會；一方面倡導社會公義，關注社會問題，並為制定相關政策提出建議，發展社會服務，解決社會問題。社會工作教育的發展有兩個重要的領域：一是理論方面，二是實務經驗方面。社會工作教育在任何一個國家、任何一個地區的發展，都與它的經濟及社會發展背景息息相關。從不同國家的社會工作專業發展經驗來看，社會工作教育是專業化發展的

---

47 關銳煊：〈香港社會工程教育所面對的問題〉，《社區發展季刊》，第 61 期（1993 年 3 月），頁 76-81；周永新：〈香港社會工作教育發展 —— 回顧與前瞻〉，《社區發展季刊》，第 61 期（1993 年 3 月），頁 72-75。

48 朱亮基：〈社會福利專業人員註冊制度成立的歷史和它的政治因素〉，《社聯季刊》，第 113 期（1990 年），頁 9-12；羅致光：〈社工註冊新發展〉，同上，頁 16-18；麥海華：〈社會工作專業化的前景〉，同上，頁 22-25。

必經之路。隨着全球一體化，社會環境急速轉變，社會問題日趨複雜，資訊科技日益發達，社會福利制度亦發生急劇變化，服務類型日趨多樣化和複雜化，服務提供亦講求問責和質素，這些發展，令社會工作面臨着嚴峻考驗，亦為社會工作教育帶來新的挑戰。[49]

上文已簡略地介紹中國內地、香港特別行政區在社會工作專業化的發展歷程。兩個社會都具有獨特的政治、經濟、社會背景，故此在未來社會工作專業的發展上會面對不同問題：

（1）中國內地在九十年代的社會工作發展目標，應根據本身的經濟發展水平、社會現實需要和經濟建設服務，建立一個與小康型社會相適應的全國性社會工作系統。[50]同時，中國內地更應擴大社會工作宣傳、發展社會工作教育、推行社會工作社會化、加強社會工作理論研究及開展國際和地區之間社會工作的合作和交流。然而，中國內地早期在「專業化」層面暫時不用太重視，亦無需刻意討論西方專業社工在理論層面的價值觀，更不用急於清晰地區分民政工作與社會工作的職分，但隨着中國近年的發展，社會工作專業化程度需要與國際水平接軌。

（2）香港特別行政區方面，社會工作專業發展已上了軌道，亦進行了自願註冊，但最大的難題是政府支持仍不足夠，加上政府在福利服務發展上缺乏承擔，及人力計劃預算上的錯誤，常導致社工界的不滿。香港專業社工註冊分兩級（學位及非學位），但在持續進修方面仍未落實。社會工作發展比較完善的國家或地區，如美國、英國、加拿大、澳洲、新加坡等，其社會工作者組織已對社會工作持續專業教育的定義、目

---

49 2010 聯合世界大會：《建構本地社會工作及社會發展未來十年議程》（香港：香港社會服務聯會，2010 年 3 月），頁 30-31。

50 李寶庫：〈閉幕詞〉，載王思斌等編：《九十年代的中國社會工作》（北京：中國社會工作者協會，1993 年），頁 6-16。

的、內容，作出了明確的規定和指引，讓社工接受持續專業教育，推動社工專業發展。社會工作在香港發展已有半個多世紀，香港社工專業教育的專業水平可跟歐美先進地區媲美。通過持續專業教育提升社工的專業水平，鞏固和推動社工專業發展，在香港社工業界早有共識。根據香港社會工作註冊局制定的《註冊社會工作者工作守則》第五點，持續專業教育雖然是社工的個人責任，但社工需要不斷增進本身的專業知識和技能，讓服務受眾得到更適切、更完善的服務；《註冊社會工作者工作守則實務指引》亦有列明社工每年宜參加不少於 24 小時的專業增值活動（如訓練課程／項目、講座、會議、研討會、論壇、工作坊等有關活動），以增進專業知識和技能，但是，香港仍未有強制性的持續專業教育機制，亦沒有任何組織制定相關指引。此外，如何與中國內地的社會工作者接軌亦是一大疑難及挑戰。

社會工作與社會科學理論的運用

羅致光

一、社會工作應以知識為本

由於社會工作的範圍廣闊，包括了提升個人、家庭、社羣、社區及社會的功能，社會工作者所需運用的知識便很廣。要做好社會工作，便要掌握「事實知識」（factual knowledge）和定理知識（propositional knowledge）。

要掌握事實知識，就如要知悉現時政府對低收入家庭有多少的福利政策，在這個資訊發達的年代，最重要便是懂得如何找出事實。尋找事實可說是一門學問，在此難以詳細討論。不過，我們要留意在互聯網尋找事實雖然十分方便，但亦有不少挑戰，原因之一便是多人在互聯網上談論的便更容易會被視為事實，習非成是的效果便倍增。此外，謠言一般的趣味性較高，因而在互聯網中會較事實本身更多談論與傳送。我們不能輕視尋找事實的難度。

要掌握定理知識，便需要認識不同領域相關的理論，除了社會工作本身發展的理論外，還涉及不少其他的社會科學，如心理學、社會學、經濟學、政治學、管理學及統計學等。

理論可說是過往透過探索、研究、驗證及歸納而成的知識結晶。

社會工作者透過認識和了解相關的理論，便可掌握已有的知識。以知識為本的社會工作，便是社會工作者應負的專業責任。這亦是在過往一百多年（Flexner, 1915; Greenwood, 1965）社會工作朝向建立科學化知識基礎的方向。

二、理論與社會工作的關係

在社會工作訓練中，我們經常面對的最主要問題是：怎樣的訓練才能促使社工學生於畢業後能有效地履行不同的社會工作職責？問題的複雜性來自社會工作者所從事的服務範圍很廣、種類很多，而社會工作的服務對象亦有不同的特質、不同的問題，這些問題亦日新月異。我們總不能在有限的訓練中使學生懂得如何去處理無限可能的問題，社會工作訓練者亦不能假裝自己懂得如何去處理所有的問題。

就如何解決問題，我們可以簡單地分為五個層次：
（1）懂得如何解決某一個問題的方法及程序；
（2）懂得如何解決某一類問題的方法及程序；
（3）懂得如何解決多種類別問題的方法及程序；
（4）懂得如何選擇適當的方法和程序來解決面對的不同問題；
（5）懂得設計切合面對問題的解決方法及程序。

只具有第一、二層次解決問題能力的不能充當社會工作者，充其量可作為輔助人員。具有第三層次解決問題能力的可以擔當社會工作助理的工作，但其工作任務需督導人員指派。擁有第四層次解決問題能力的，才可充當社會工作者。但如以上所述，問題是多元化的，以有限的方法來解決無限的問題，自然力有不足。至於第五層次解決問題的能

力，可算是一個理想的境界，是我們希望自己作為社會工作者發展的方向。要從第三層次升至第四層次的主要因素，便是對理論的把握，特別是那些可以協助我們了解問題的成因、知道解決問題的條件，及明白方法與問題之間關係的理論。若要由第四層次升至第五層次，我們便需要懂得建立及改良理論，使其協助我們解決千變萬化的問題。

上述討論帶出的是理論與解決問題能力之間的關係，亦反映了理論對社會工作的重要性。在未論及如何運用理論前，我們應先探討理論的本質，及對理論作進一步的認識。

三、理論的概念與關係

理論的作用是描述兩個或多個概念的關係。換言之，理論具備兩個主要元素：概念與關係。

概念

「概念」簡單來說是一種象徵代表（symbolic representation），概括了多個類似現象／事物的共通點。例如：當我們在水中看見很多種會游泳的動物，雖然各式各樣都有，但大多擁有大致相同的流線型身形，我們便用「魚」作為一種概念，以概括代表了這些形狀的動物。

「魚」是我們語言及文字中的一個字，但當我們用「魚」這個字時，我們便會聯想起某一種形態的生物。社會工作理論中運用的概念，一般有以下特質：

第一，概念之所以為「概」，是由於其抽象性。概念既十分抽象，理解亦未必一致，溝通時便會可能引起誤會。對於社會工作的學生來說，

他們並沒有一個準則，來衡量自己所理解的社會工作概念，是否與一般人理解的相同。唯一的方法，便是要多留意及以認真態度處理日常的溝通。在文字與說話的溝通中，要力求用語精準。若凡事也「差不多」，概念便只會混淆不清。

第二，社會工作及社會科學中不少概念屬假設理念架構（hypothetical construct），例如「自尊心」不是一種客觀存在的物體，而是一個純人為假設的理念架構，我們不能找到一件實物可稱之為「自尊心」。當我們將這些虛構的理念架構當作實體時，便容易產生理論上的謬誤。

第三，不少專業概念用語與日常用語相同，但意義上有差異時，便很容易產生混淆。例如在統計分析上，當我們說兩組人在某方面的分別於統計上達至「顯著」（significant）水平時，那是指我們有足夠的信心（如 95%）去相信兩組人的分別，並非是由於抽樣偏差所引致。但在日常用語中，「顯著分別」包含了「明顯而易見的分別」及「很大的分別」的意思；但在統計分析中，只要樣本數目大，很細小的分別也可達至顯著水平。這些概念用語與日常用語的分別，就算是資深的社會科學學者，在不經意間，亦會在理念中產生混淆。就如上述「魚」的概念，生物學上的定義不一定和沒有修讀生物學的人士心目中的「魚」一致，就如鯨魚在生物學上不是魚，而海馬則是魚。

第四，香港所使用的不少社會工作概念源於外文，主要是英文，概念翻譯與原文不盡相同，亦會產生不少問題。歐美語言，多源於拉丁文，語文翻譯遇上困難時，便直接使用原字，不作翻譯。例如「gestalt」原為德文，因不能找到適當的英文作為翻譯，英美學者便直接使用「gestalt」一字，不作翻譯。但中文有別於拉丁文，一般人認為在語文中

不加以翻譯，並不適當。但將概念翻譯便產生不少問題，簡單來說，概念用語包含本土文化，當兩地文化不盡相同時，概念便不能完全作相等的翻譯。上例的「gestalt」，我們便勉強可翻譯為「系統平衡與本質」，不過這樣的翻譯甚為笨拙，故亦有簡單翻譯為「整體」或「完形」，但這些翻譯便失去了原概念用語的精神。另外值得一提的例子是「crisis intervention」。「Crisis」的概念是指一個系統（可以是一個個人、家庭、組羣或是社區）受了突發事件的影響，而短暫失去平衡，可能引來嚴重不良後果，而將「crisis」翻譯為「危機」，只包含了「可能引來嚴重不良後果」，卻沒有前者「失去平衡」的意思。雖是如此，這個翻譯可算是最好的翻譯了。早於一九八〇年代初，在香港的社會工作界，對「危機」這個概念，已開始廣泛理解為有「危」險，亦同時具有香港用語的「有機」（會）的含義。本來在中文「危機」是有別於「良機」，「危」和「良」都是用來形容「機」是好是壞。時至今天，很多香港人，甚至外國人都會說：「中文的危機，既包含了危（danger）亦包含了機（opportunity）」（例如 Slaikeu，1984）。巧妙的是，這個理解正是 crisis intervention 的核心理念之一，即是適當及適時的處理，便可化險為夷，「轉危為機」。簡單來說，雖然翻譯不太正確，但稍為「調較」中文的意思，卻又達到傳神的翻譯作用。

第五，概念並沒有清楚的界限。例如「自私」應與「利他」相對。我們可舉以下辯論的例子來說明：

甲：人的行為都是自私的。

乙：有些人的行為有時會為了大眾利益，不惜放棄個人利益甚至犧牲自己。

甲：這些人的理想是爭取大眾利益，為了自己的理想所採取的行

動，亦是自私的行為。

上述例子中，甲利用了「自私」這個概念不清楚的界限，而將之引伸包括了利他的行為。雖然，甲的說話像是沒錯，但當一個概念沒有了邊界，便同時失去了概念的意義。概念雖然沒有清楚的界限，但其作用便是用來概括某一種現象，即「自私」的概念，便與「不自私」或是「利他」的概念相比，但當概念被濫用而失去其雖模糊但應有的邊界時，它的作用便會消失。常見的濫用例子便是「民主」一詞；不論對民主制度有不同看法的政權和政黨都說支持民主時，「民主」一詞的概念便更模糊及逐漸失去了具體的意義。

關係

理論的第二主要元素是「關係」。每一個理論都描述兩個或以上概念的關係。理論所涉及的關係主要有三種：

共變關係（covariate）：不少研究發現年輕罪犯中，來自單親家庭的比例，較社區中年輕人來自單親家庭的比例為高。簡單來說，「是否來自單親家庭」及「是否年輕罪犯」有共變的關係。

因果關係（causal）：上述的例子中，我們不能直接作出結論：「單親家庭」是「年輕罪犯」的成因。符合因果關係需要滿足三個基本條件，除了上述共變關係外，另外兩個條件是：「因」先於「果」，及沒有其他第三個變項足以解釋兩者的關係由來。由於「年輕罪犯」導致其父母離異而成為「單親家庭」的可能性很低，所以我們可以假設「單親家庭」先於「年輕罪犯」，或最低限度兩者的關係是不對等的（asymmetrical）。但這不等於便可以作出結論說單親家庭是「因」，年輕罪犯是「果」。我們還必須滿足第三個條件，即沒有其他因素可以解釋兩者表面上的關係。

換言之，我們如能排除其他因素既導致「是否來自單親家庭」，亦同時導致「是否年輕罪犯」，才可作出有關的因果關係結論。

互動關係（interactive）：社會上大部分事物都有互動關係，要證明先有雞還是先有蛋是很困難的，而所謂因果關係，很多時候都只是某一方向的影響較相反方向的影響為大。舉例來說，老師的教學態度與學生的學習態度，有着互動的關係，不過前者對後者的影響可能較後者對前者的影響為大。換個角度來看，因果關係只是互動關係的極端例子。

四、理論的功能

理論的功能大致上分四種：

描述（describe）：正如以上所述，理論是用以描述兩個或多個概念的關係。一方面理論可以指出關係的種類（即共變、因果、互動），關係的方向（如甲→乙或是乙→甲）、關係的正負（如甲↑則乙↓或是甲↑則乙↑），及關係的強弱（由絕對至微弱）。

解釋（explain）：理論協助我們解釋現象的產生。在社會工作中，我們面對不少社會、羣體及個人的問題，我們都希能獲得清楚的解釋，才能對症下藥。

預測（predict）：從理論所描述的因果關係，我們希望能預測到，當我們作出某一種介入時，會產生哪些效果；或是就我們現時所知的事實，我們能否準確地估計未發生的事情，而作出適當的未雨綢繆。

提示辦法（prescribe）：對社會工作者來說，最有用的理論是那些能夠提供辦法的處方，及協助我們訂立介入的手法及程序。

不少學者以理論的功能來把理論分類，但一個理論若能解釋問題

發生的原因外，有時亦可加上我們所知的事實，便可預測未來發生的現象。同樣地，在確定工作目標後，我們可以利用同一個理論，演繹出介入的手法及程序。換言之，一個有效描述因果關係的理論，便同時具有解釋及預測的功能，而若「因」是我們可以改變的，這個理論便更具有提示辦法的功能。稍後就理性情緒行為治療法的討論便是一個相關的例子。

五、理論的運用

在訂定社會政策及推行社會服務中，我們經常運用社會科學及社會工作的理論。簡單來分析，我們可以基於圖 1 所顯示的社會政策過程來討論理論的運用。

圖 1　社會政策過程

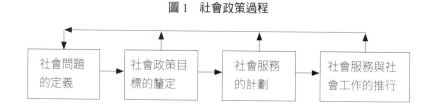

社會問題的定義

不少社會科學的理論協助我們了解社會問題，其成因及與社會、經濟及政治間的互動關係。例如 Durkheim 對於自殺研究所得的理論，可協助我們了解社會的整合（integration）及調節（regulation）對自殺率的影響，這樣我們便可以就自殺的社會問題作出清楚的定義，以協助我們釐定社會政策的目標。

社會政策目標的釐定

從上述的例子，我們可以利用 Durkheim 的理論分析現時青少年自殺的現象。假如，我們的結論是這些自殺的主要社會因素是：現今社會缺乏了整合（social integration），即青少年缺乏與社會其他的系統（social systems），如家庭、學校、工作及社區之整合，那麼，我們訂立社會政策的目標便應是加強青少年與其有關的社會系統的聯繫。

社會服務的計劃

在制訂公共社會服務計劃時，我們要作出多方面的決定，例如我們要決定是否由政府部門或是非政府組織提供服務；若是由非政府組織提供，我們應該是資助地區性組織還是跨地區性組織；我們亦可能要決定服務是給予所有公民，或是要針對指定類別的人士。

此外，我們亦可以利用各種有關理論來了解及分析不同的社會、經濟及政治力量如何影響社會服務的提供。舉例來說，我們可以運用 Public Goods Theory[51] 來分析為甚麼專門服務及創新服務通常都是由非政府組織所提供。

社會服務與社會工作的推行

社會工作可以運用的理論很多，在此不能盡述，為說明在社會工作中我們如何運用理論來協助我們的工作，以下運用理性情緒行為治療法

---

51 Weisbrod (1977) 的 Public Goods Theory 主要是為探討不牟利非政府組織存在的原因，及解釋為何不牟利非政府組織所提供之服務有別於政府。

（Rational Emotive Behavioural Therapy，簡稱 REBT）[52] 作為例子。

圖 2　理性情緒行為治療法

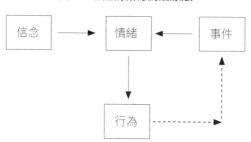

REBT 的理論指出，我們對事件的情緒反應，是受了我們的信念所影響，而我們的情緒反應又會影響我們對事件回應的行為。當我們發現在這個循環中所作的行為並不能有效地回應正在發生的事件時，我們便可以從信念入手。當我們改變服務對象的不理性信念後，服務對象便能作出適當的情緒反應，繼而建立適當的行為模式。

六、理論與實務

上述的例子，說明我們如何從理論中演繹出一些工作手法的指引，協助我們決定工作的介入點。圖 3 便顯示了這個理論與實務的關係。社會工作者透過某一個具提示辦法的「理論 X」（如 REBT），得知可以透過介入影響某些「因素」（如上例中的「信念」），而達至介入的「效果」（如上例中的「行為」）。

---

52 REBT 主要是由 Albert Ellis 所創立，早期稱為 Rational Therapy，至 1959 更改為 Rational Emotive Therapy，到 1992 年再改為 REBT。

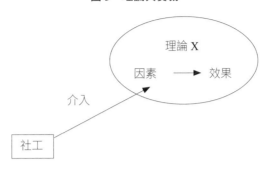

圖 3　理論與實務

七、實證為本的社會工作介入（Evidence-based Practice）

　　由於我們現時知識中的理論，還有不少有待驗證及改善的地方，所以除了透過研究，社會工作者如能持客觀的態度，及對其工作作出有系統的評估，亦能對社會工作理論作出貢獻，增加日後社會工作的效用。圖 4 便顯示了這個實證為本社會工作介入的進程。社會工作者在實際經驗中歸納工作的指引和提示，這些指引和提示可說是理論的雛型。透過進一步實際工作的驗證，我們可以歸納出新的理論，再由理論重新演繹出工作的指引和提示。如此循環不息，社會工作便能建立起結合實際經驗的理論。圖 4 把理論與研究、理論與實務之間的關係排列在一起，兩者可謂大致上相同。只要我們對於實際的工作抱客觀的態度，及系統地評估工作手法，實證為本的工作與研究工作的分別便變得很細微了。

圖 4　理論、實務與研究

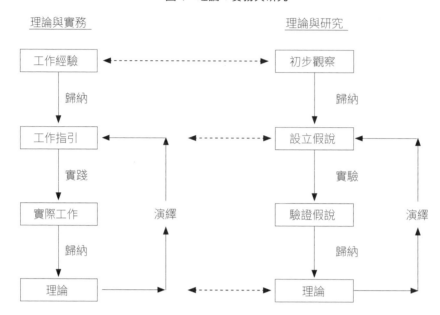

參考資料

1、 Durkheim, E., *Suicide: A Study in Sociology* (Glencoe, Ill.: Free Press, 1951).

2、 Ellis, A., *Rational Emotive Behavior Therapy: It Works for Me-It Can Work for You* (Amherst, NY: Prometheus Books, 2004).

3、 Flexner, A., "Is Social Work a Profession?", *Proceedings of National Conference on Charities and Corrections* (Chicago, 1915), pp.576-590.

4、 Greenwood, E., "Attributes of a Profession", *Social Welfare Institutions: A Sociological Reader*, in Zald, M. (ed.), (Allyn and Bacon, 1965), pp.509-523.

5、 Slaikeu, K.A., *Crisis Intervention: A Handbook for Practice and Research* (Allyn and Bacon, 1990).

6、 Weisbrod, B.A., *Voluntary Non-profit Sector* (Lexington, 1977).

社會工作實踐研究

陳沃聰　何國良

　　社會工作專業與其專業知識的發展息息相關。專業知識的不斷擴展，不僅有助於社會工作者更好地理解和應對複雜的社會問題，同時也為他們提供了更多的工具和策略，以在實踐中更有效地執行專業職能。透過有效運用專業知識，社會工作者能夠更全面地交代其專業行為，將理論轉化為切實可行的實踐。這種轉化不僅有助於提升社會工作的專業水準，也增強了社會工作專業的認受性。

　　研究是發展專業知識的重要環節，扮演着引領社會工作專業向前發展的角色。透過研究，社會工作知識不斷發展和增強，讓社工能夠更深刻地理解個人、羣體和社會的問題和需求，並制定更有效的干預和支持策略。研究不僅豐富了社會工作領域的知識基礎，還促進了專業實踐的不斷演進，使社會工作實踐更適時和靈活適應不斷變化的社會環境。

　　毋庸置疑，專業知識和研究是社會工作專業發展不可或缺的元素，它們一直推動着社會工作者更好地履行使命，為社會帶來積極的變革。然而，社會工作需要甚麼樣的的研究，才是對本身的專業發展是最有利的呢？本文旨在說明實踐研究對社會工作專業的重要性，並藉此鼓勵同工把社會工作研究重新對焦在專業實踐上，作為今後社會工作研究的方向。

一、實踐研究

實踐是和人類共生的。人類的先祖透過不斷實踐和對實踐的反思，建立豐富的經驗和知識，使未來的實踐和生存更加有利。因此，在人類社會中，實踐被視為知識建構的基石，沒有實踐就難以有真正的知識。正如《論語・微子》所言：「四體不勤、五穀不分」，就是說明了實踐與知識的關係。所謂實踐研究時，指的是對實踐及其過程中出現的問題進行深入探索的一種方法。這包括尋找解決問題的知識、方法，以及這些方法的實際有效性等。簡而言之，實踐研究旨在從實踐中擷取知識和理論，是研究方法、在地研究和實踐經驗的綜合體。

實踐研究與一般性的社會學術研究同是旨在建立知識的科學化和系統化歷程，但是兩者在方法論、目的和應用上存在顯著區別。一般性的社會學術研究和實踐研究的不同在於它們的研究過程和知識生成中的取向和方法。首先，一般性的社會學術研究通常由研究員主導，強調專業知識和學術方法，而實踐研究則強調研究員、服務提供者和服務使用者之間的相互平等合作。這種合作促使研究更加實際和與現實生活更為貼近。

其次，一般性的社會學術研究往往是由上而下的，由研究者提出研究問題並進行研究；而實踐研究則更強調由下而上的方法，將研究焦點置於實際的場域和現實情境中。這種方式使研究更容易反映和解決實際問題，更貼近真實世界。因此之故，傳統研究的知識生產基地主要集中在大學和學術機構，而實踐研究則將實踐的場域視為知識生成的基地。這表示實踐研究更注重在實際應用和解決問題的環境中進行知識生成，而不僅僅是學術界的研究。

第三，實踐研究與傳統的社會科學研究在方法論上也存在着一定的區別，雙方的不同體現在數據收集和分析的方式上。一般性的社會學術研究傾向於採用實驗、問卷調查和文獻分析，側重於統計數據和理論的推理，強調研究結果的可信性和可靠性；實踐研究通常不拘泥於方法學上的爭論，而是傾向方法上的多元，經常使用參與觀察、訪談和實地研究等方法，並融合定性和定量數據，以協助實踐研究團隊更全面地理解問題，提高研究結果的可應用性。

基於兩者在以上範疇的差別，一般性的社會學術研究被歸類為第一類知識生產模式（Mode 1 Knowledge Production），強調學術界的知識生成，而實踐研究則被歸類為第二類知識生產模式（Mode 2 Knowledge Production），更強調在實際應用中生成知識的過程。傳統社會科學研究重點在理論建構，注重學術性和學科內容的深度；實踐研究則強調實踐的首要性，強調理論與實際應用的密切聯繫。

二、社會工作與實踐研究

社會工作源自於十九世紀中葉工業革命所引起的社會問題，工業革命帶來人類社會進步，但也對社會、家庭、個人的生活帶來許多的衝擊。社會工作的起源是一種回應社會需求的行動，主要是一種帶有使命和價值的社會實踐。然而，早期的社會工作有幾個明顯的問題：第一是缺乏專業性，當時的社會工作實踐沒有很強的理論根據，也沒有清晰的問責概念；第二是有效性問題，服務受眾以至整個社會對服務的有效性和問責性要求不強；第三是潛在的道德倫理問題，缺乏知識驅動的實踐，意味着沒有把服務建立在最佳的知識和證據上。基於這些問題和

挑戰，早期的社會工作也提出了所謂科學的慈善工作（scientific charity）的概念。在實踐的同時，實踐者也會在過程中建立經驗和知識，從而推動發展社會工作成為一種有效助人專業。

早期的實踐研究方法，主要是從個案中學習（Learning From Cases）。Mary E. Richmond 在她 1922 年出版《甚麼是社會個案工作？》（*What is social case work?*）一書提出從個案中學習包括兩個方面：一方面是怎樣可以幫助個人和家庭作出更有效的轉變；另一方面是研習每個個案，並把得來的知識作為裝備實踐者成為一個更好和更有效的社工。另外一個例子是賀維醫生（Dr. Howe）所進行失明人士教育，他同樣是「摸着石頭過河」去幫助其他失明人士。對他來說，記錄治療過程和進展也是實踐不可或缺的部分，認為可以透過累積下來的記錄和分析，產生在實踐中有所發現（discovery in practice）的結果，所得到的知識可以超越一個個案，成為許多其他個案實踐的重要資料。Mary Richmond 之後的 Gordon Hamilton、Helen Perlman、Garland、Jones and Kolodny、Florence Hollis 以至許多二戰前後的社工學者的巨著所涵蓋的我們一直奉為圭皋的社會工作理論和知識都是從他們的實踐或通過他們對實踐的關懷而建立出來的。

1970 年至 2010 年間是社會工作研究面臨危機的迷失時期，此時期的社會工作研究呈現幾個特徵：首先，它開始從對實踐的關懷轉而成為對建立社會科學理論和知識的重視，研究和知識生產基地也從實踐機構轉向大學；第二，研究者與實踐者的關係出現了明顯的割裂，從前研究員與實踐者的合作關係慢慢變成研究與被研究的關係，也就加深了研究與實踐之間的鴻溝；第三，着重社會科學學術而非以改善實踐為目標的取向，導致研究以生產和輸出社會科學概念知識，以達至與其他社會科

學學科對話和融合的目的，社工實踐也就只能依賴本身專業以外的社會科學去支持他們的工作；第四，研究方法比透過研究去解決社工實務上的問題更受關注。1988 年，美國國家精神健康研究院（National Institute of Mental Health）曾對當時的社會工作研究進行全面檢討，並在一個名為《建立有效服務和政策的社會工作知識：一個研究發展的計劃》（報告原名為 *Building Social Work Knowledge for Effective Services and Polices: A Plan for Research Development*）的檢討報告中指出社工研究在數量和品質不足，研究結果未能符合從業者需求，傳播機會不足，以至研究與實踐分割、缺乏研究經費等都是當時社工研究所面臨的危機。2017 年，Barbra Teater 所發表的研究結果也指出，社會工作者對研究缺乏明確定義，其研究對實務影響有限，主要是為滿足學術和研究者個人事業發展需求。為解決研究實踐脫節問題，她建議社會工作專業明確社會工作研究的定義和目標，探索有效的研究到實踐的轉化方法。這些情況都表明，這個時期的社會工作研究與社會工作實踐確實出現了的嚴重的割裂。

一些社工學者與前線同工對研究與實踐之間所出現的割裂深感不安。2008 年以後，社工通過六個國際社會工作實踐研究會議[53] 重新認定研究與實踐的不可切割的關係，並充分肯定實踐研究在社工專業發展上的重要性。六個國際會議所涉及有關實踐研究的議題包括定義實踐研究並確立其在社會工作中的地位，探討社會工作實務的複雜性並所引伸出

53 六個國際社會工作實踐研究會議分別為 2008 年在英國舉辦的 Salisbury Conference，2011 年在芬蘭舉辦的 Helsinki Conference，2014 年美國的 New York Conference，2017 年在香港特別行政區舉辦的 Hong Kong Conference，2020 年在澳洲舉辦的 Melbourne Conference，以及 2023 年在丹麥舉辦的 Aalborg Conference。

社會韌性（social robustness）[54] 在實踐研究的重要性，責成從業者、研究人員和服務使用者在實踐研究上的合作，促進循證實踐和社會變革，塑造社會工作研究與實踐的未來。業界對實踐研究的肯定，讓專業知識的發展可以緊貼社會工作不斷擴張的實踐領域和面對日新月異的挑戰。比如 2019 年新型冠狀病毒（COVID-19）爆發後，社會工作者也在探討自己在疫情防治方面的角色，並且作出了很多服務上的新猶，去回應疫情所引起的社會需求。這些都需要實踐研究去探討社工在新服務領域的角色和成效，發現新的實踐知識，並彌補社會工作知識的滯後性和限制帶來的不足。

三、實踐研究的方法和過程

實踐研究並非一個單一的研究方法，而是涵蓋多種研究形式。Uggerhøj 提出社會工作實踐研究可以歸納為兩個主要方向。第一個取向是承認研究與實踐之間的緊密關係、並在這種理解基礎上，研究者和實踐者之間進行真誠合作。實踐研究並非由研究者單方提出研究問題、規劃、進行研究並「交付」結果給實踐者；相反，研究是研究員和實踐者對具體實踐項目或某個實踐環節的好奇和關懷而共同提出研究問題、定出研究方法、收集和分析資料和發放研究結果的過程。在這個取向下，實踐研究需要所有參與者在整個研究過程中保持一致性、以達至研究支援實踐的目的。第二個取向是由實踐者對本身實踐進行的研究，包括對介入工作的過程評估、成形性評估和總結性評估。與第一種取向不同，

---

54 社會韌性是指在應用上被參與者接受的研究結果和知識。當研究結果和知識是可信、顯著、且以合理的方式產生時，就能實現研究的社會韌性。

第二種實踐研究取向要求實踐者同時是積極的研究者，通過研究建立實踐的知識，推進實踐的發展和成效。

由於社會工作涉及不同形式的實踐，而實踐研究又往往涵蓋不同的方法，因此要為實踐研究做一個簡單的說明並不容易。儘管如此，我們還是可以辨別實踐研究的基本歷程。概括而言，社會工作實踐研究的歷程包括以下幾個階段：

設定研究問題

實踐研究開始於對實踐的好奇（curiosity about practice）或是對實踐的關懷（care for practice），因此，實踐研究必須植根於實踐，沒有實踐，就沒有實踐研究。所謂對實踐的好奇或是關懷，往往源於我們在實踐過程中對介入活動所提出的一些很根本的問題，譬如說：我的實踐有效嗎？甚麼因素引致這次實踐的成效？介入活動與成效之間的轉變機制是甚麼？我們是否按着原先設定的工作計劃進行介入？為甚麼我們的工作裹足不前？服務受眾對我們的服務滿意嗎？設定問題的關鍵是實踐研究者如何把實踐過程中所出現的問題（實踐問題）轉化成為一個可研究的問題（研究問題）。

文獻回顧

在設定了研究問題後，需要檢視相關的文獻，辨識研究所涉及的一些主要概念及相關知識，同時透過文獻嘗試了解目前學術界對於所選問題的見解，並確定已經存在的知識差距或爭議。特別需要留意的是，實踐研究有別於一般社會科學學術研究的地方在於它是一個由下而上的過程，即實踐研究並非從理論、概念、方法、結果的由上而下的單向性

過程。相反，文獻回顧必需要與實踐和實踐情境和實踐過程中出現的問題不斷進行對話，互相調整，以保證研究對實踐的相關性。

訂定研究方法

有別於社會科學學術研究，實踐研究一般不會糾纏於方法學上的爭論，但這並不表示實踐研究者在方法上可以任意妄為，相反，實踐研究仍需要按着嚴謹的科學方法進行，否則的話，研究就不能確立其結果的信譽（credibility）。一般而言，實踐研究傾向接納多元方法，可以是量性的、可以是質性的、也可以是混合方法的。方法上的選取，主要考慮到它對研究課題的相關性、適切性和可行性，除此以外，還需要考慮到研究方法是否合乎道德倫理的考量。由於很多實踐研究涉及對實踐和實踐過程中的反思（reflection on practice and reflection in practice），所以，實踐記錄及其分析，以及實踐研究團隊討論會議（conference）也是經常採用到的方法。

資料收集及分析

根據所訂定的研究計劃，收集有助於解答研究問題的相關資料和信息。由於實踐研究接納多元方法，因此可以包括不同的資料收集方法，包括訪談、觀察、問卷調查、文件分析，以至糅合這些不同方法去探討研究問題。如果研究主要是以量性方法進行，可以統計分析有關資料；質性資料則可以通過編碼、內容分析、主題分析、個案分析、扎根理論方法等方法去收集和分析資料；如果實踐研究是以混合研究方法進行的話，則量性和質性資料分析可以有機地結合起來去回應研究問題。需要指出的是，如果研究團隊涉及研究人員、實踐人員、以至其他的持份

者，則資料分析需要共同參與以保證研究結果的社會韌性。

調整和改進

在實踐研究中，實踐和研究是兩個並行不悖的過程，兩者也是可以通過良性互動而相互強化，推動彼此達到各自的目的。在很多涉及社會項目實踐的評估研究中，研究會在項目開始前、過程中和完成項目後來收集項目參與者的數據和資料，並進行研究和分析，作為項目的總結性評估；在一些項目的成形性研究中，在項目的推行過程中所得來的數據，讓我們知道研究可以怎樣基於已有的數據做作出調整。事實上，在實踐研究過程中的初步結果可以有助於監察項目的進度、適時為項目作出調整，讓項目的實踐更有針對性和成效。

研究成果和實踐知識的分享

與社會科學學術研究不同，實踐研究不單強調把研究成果發表論文於學術期刊與相關的專家和學者分享，同時也強調把得來的實踐知識通過工作坊以至實踐社區（Communities of Practice）與專業社羣和其他持份者分享。另一點與社會科學學術研究不同的是，實踐研究往往把發現（包括初期和中期發現）馬上投放到實踐中，讓實踐者可以根據研究過程中的發現監察進度並做出調整，以達至和加強實踐的最終績效。最後，社會科學學術研重視嚴謹和科學研究方法，比較傾向接納研究結果的一般性和普遍性，因此在分享研究發現的時候會很詳細交代研究方法和研究的執行細節。實踐研究認為每個實踐都是在特有的情境中進行（practice in context），績效只是該實踐在其嵌入的情境中發生，因此，在分享研究成果時，研究員需要把實踐及其相關的情境作詳細和清

晰的說明，讓其他實踐者參考以至採用該實踐研究成果作充分和仔細的考量。

四、實踐研究案例

實踐研究是為具體實踐問題設計和進行的知識生產活動，目的是為實踐問題尋找答案。因此，實踐研究皆是以實踐為首要考慮的，研究設計和活動是為了服務實踐，也必須遷就實踐。實踐的形式及情境各自不同，前面所提到的實踐研究方法和過程也就不能算是甚麼金科玉律了。以下是通過三個不同的案例，探討實踐研究的一些可能性。

「共創成長路」項目推行過程研究 [55]

「共創成長路」是香港賽馬會慈善信託基金自 2005/06 年起資助的一項全港性青少年發展活動，旨在培育青少年各方面的能力、加強青少年與他人的聯繫及建立健康的信念和清晰的標準，促進青少年的全人發展。作為一個全港性項目，「共創成長路」涉及許多執行隊伍，因為「共創成長路」的推行是在開放性的環境下進行，即便它有清楚的目標和具體的內容細節，也很難確保各實踐團隊在項目推行上的一致性。

和很多資助項目一樣，受資助者需要向資助機構提交項目的執行品質和總體成效。假如項目實踐團隊未能按「共創成長路」的內容推行活動，就很難保證項目能夠達至預期成果，即使研究團隊在日後的總結性

---

55 有關這個實踐研究的具體細節，請參閱 Ben M.F. Law and Daniel T.L. Shek, "Process Evaluation of a Positive Youth Development Program: Project P.A.T.H.S." *Research on Social Work Practice*, 21(5), pp.539-548。

研究中發現它達到了預期成果，也因所執行的活動已偏離項目的內容，而不能把成果歸因是由推行「共創成長路」的計劃內容所引致。因此，有需要通過研究以確定「共創成長路」是按計劃內容推行。

在這項實踐研究中，研究團隊旨在檢驗「共創成長路」的實施質量，以保證實踐團隊是按項目的指引和內容進行。研究就計劃依從性、過程因素、實踐質素及計劃成功執行收集量性觀察資料，並探討彼此的關係，基本上，這是一項量性的研究。研究團隊對14所學校的20個中三課堂課程就研究所訂立的11個項目進行過程評估，結果顯示，實踐團隊展現很高的計劃依從性（76.18%），即實踐基本上是依照原定計劃進行。因素和回歸分析同時顯示，計劃依從性是有效預測計劃實踐質素和計劃成功執行的因素。

這個研究，為推行「共創成長路」提供了計劃依從性和實踐質量的資料，也為日後確立「共創成長路」和青少年成長間的因果關係奠下了理論基礎。

保護兒童工作的「看不見的兒童」[56]

兒童是保護兒童工作中的首要服務對象。然而，現實真的是這樣嗎？為了探討社工在保護兒童工作中對兒童的關注，H. Fergusson 為他的研究提出了一系列的問題，包括：社工在執行兒童保護工作時，特別是在家訪中做些甚麼？他們會對孩子和家長說些甚麼話？他們如何行動？他們與在家訪中的兒童有多接近？研究取得了英國兩個地方當局

---

56 有關這個實踐研究的具體細節，請參閱 Harry Ferguson, "How Children Become Invisible in Child Protection Work: Findings from Research into Day-to-Day Social Work Practice", *British Journal of Social Work*, 47, pp.1007–1023。

的最高層管理人員同意，採用人類學田野研究方法，參與了 24 名社工
在保護兒童工作過程中的共 71 次家訪和 16 次面談，在取得社工和受訪
家庭的知情同意後，以觀察和錄音方式記錄社工和受保護兒童家庭成員
之間的接觸，同時在家訪或面談後採訪了社工的有關實踐經歷。

通過上述一種十分接近實踐（距離上、時間上、認知上、情感上）
的研究方法，H. Fergusson 發現社工在大部分保護兒童工作中都真實地
看到和接觸了受保護的兒童，但也有一些為數不多情況展示了不以兒童
為中心的保護兒童實踐，出現所謂「看不見的兒童」現象。通過分析觀
察家訪和訪談的記錄，發現這個現象在實踐中冒起的過程與保護兒童工
作所涉及的高強度情感投入、與之相關的工作壓力、服務使用者的抗
拒，以及缺乏機構支持有着極大的關係。

研究為日常實踐中如何發生膚淺且不安全的兒童保護工作提供新
的見解，並提出在保護兒童工作中如何可以影響社工「看見」兒童、並
加強他們與兒童建立有意義的聯繫的能力。無疑，這些發現為改進保護
兒童工作提供了很好的理據。

社工介入危機家庭成效評估 [57]

自 2017 年開始，本文兩位作者參與了一項為期 18 個月專為遭遇意
外或「養家者」忽然病逝的家庭提供資金和心理精神健康的援助計劃，
並與推行計劃的社工組成一個實踐研究隊伍，以批判實在論作指導視
角，為計劃進行作全面性評估，亦希望為介入和成效確立因果關係，並

---

57 有關這個實踐研究的具體細節，請參與何國良、陳沃聰：〈社會工作介入危機家庭成效評估的
實踐研究〉，載於《社會工作》總第 289 期（2020 年 8 月），頁 3-19。

辨識其中所涉及的轉變機制。

　　研究主要是以質性方法進行，通過單一個案設計、目標為本記錄、服務用戶滿意度調查等方法收集質性資料讓實踐研究團隊作分析。實踐團隊在 20 個被選取的質性個案研究中，針對 18 個個案開展了單一個案設計研究評估，通過分析，辨識了家庭關係中團隊稱之為「脆弱循環」的一些生活慣性，以及這個「脆弱循環」如何真實地傷害着正處於危機中的家庭，並為這些家庭的復原找出不同的轉變機制，為計劃的推行提供了在地的理論依據。

　　這個研究清楚展示，社會工作實踐可以生產合適的直接介入理論和在地化的實踐知識，為社會工作提供具針對性的知識為本實踐，有助持續推展社會工作專業化的進程。

五、結語

　　實踐研究是生產專業知識的基礎，也是推動專業發展不可或缺的部分。自從社會工作面世以來，它的研究一直緊貼着社會工作的實踐，是名符其實的實踐研究。然而，社會工作研究也曾迷失方向，與專業實踐出現嚴重的脫節，偏重純社會科學知識的探討。社會工作研究一旦不再關懷實踐、不以實踐為對象，所生產出來的知識也就難以對改善社會工作專業的在地實踐。相信我們都樂於見到實踐研究的再冒起，也期望這會成為社會工作研究的新趨勢，繼續推動社會工作今後開展知識為本的專業實踐。

參考資料

1、Lars Uggerhøj, "Theorizing practice research in social work", *Social Work & Social Sciences Review*, 2011, 15 (1), pp.49-73.

2、Babra Teater, "Social Work Research and Its Relevance to Practice: 'The Gap Between Research and Practice Continues to be Wide' ", *Journal of Social Service Research*, 43 (5), pp.547-565.

3、National Institute of Mental Health Task Force on Social Work Research, *Building social work knowledge for effective services and policies: A plan for research development* (Austin: University of Texas at Austin School of Social Work), 1991.

4、Ben M. F. Law and Daniel T. L. Shek, "Process Evaluation of a Positive Youth Development Program: Project P.A.T.H.S.", *Research on Social Work Practice*, 2011, 21 (5), pp.539-548.

5、Harry Ferguson, "How Children Become Invisible in Child Protection Work: Findings from Research into Day-to-Day Social Work Practice", *British Journal of Social Work*, 2017, 47, pp.1007-1023.

6、何國良、陳沃聰：〈社會工作介入危機家庭成效評估的實踐研究〉，載於《社會工作》總第 289 期（2020 年 8 月），頁 3-19。

調查研究與社會工作

周永新

一、調查和研究的重要性

有一句流行語：「沒有調查研究，就沒有發言權。」這話說得不錯，沒有親身體驗、沒有第一手資料，只憑空想像或道聽途說，就這樣提出意見，不是與現實脫節，就是未能切中時弊，事情難有解決的曙光。

社會福利和社會工作均屬人文科學的領域，內容會隨着時代而改變。社會福利是解決社會問題所需要的集體措施，而社會問題和人們的需要不會一成不變，更可以說，不同時代的問題和需要都有差異，解決的集體措施就必須不斷改進，這樣才能符合時代的需求，其中調查和研究是必須經過的步驟。社會工作則是改進人與人、人與環境之間關係的專業服務，但無論是人與人、人與環境之間出現的互動，必會隨時代而變化，如傳統中國社會重視人與人相處時的固定位分，踰越了就是失禮，但時至今日，位分的重要性已大不如前。

至於人與環境之間的關係，以前沒有這個觀念，今天卻認為人身處的環境，包括人賴以為生的自然環境（physical environment），或人自我構成的網絡環境（network environment），都深深影響了人的生活質素（quality of life），也決定了人的發展。在這瞬息萬變的洪流中，社會工

作協助人們改善彼此關係，或理順他們與環境之間的矛盾，而社會工作要能達到這個目的，必須依靠調查和研究。總言之，要讓社會工作與時並進，訂立的福利政策可以切合需要，調查和研究是先決條件。

本文分兩部分：首先討論調查和研究與社會工作及社會福利的關係，及這些調查和研究由哪些個人或機構負責進行；其次討論調查和研究對福利政策的訂立及社會工作的發展起了怎樣的作用，以及這些調查和研究有甚麼特別的地方。本文集中討論香港的情況，所以引用的都是香港的例子。

二、社會工作與調查研究

調查和研究本來不可混為一談，兩者的性質也有分別，但近年研究強調以實證為基礎（evidence based），而電腦的廣泛運用，很容易使人把研究與調查相聯繫。況且，社會福利或社會工作都是關乎人的事情，單單翻看文件和記錄，總覺得有所不足，必須調查一番，多收集當事人的意見，這樣才會做得更好，計劃也有明確的方向，提出來的建議才有根有據。因此，從事社會福利研究的人士，總覺得調查是不可或缺的部分。至於社會工作，開始時並沒有本身的理論，乃是由社會工作者從實務中發展出來的，研究的重要性於是逐漸增加。與社會工作和社會福利有關的調查和研究，大致可分為五類：

服務需求的研究和調查

第一類是探討服務的需求，常用的方法包括調查和訪問。這類研究和調查的例子很多，從二十世紀六、七十年代開始，社會福利署或志願

團體（即今非政府組織）對福利服務或社區需要作了無數次的需要研究（needs study）。例如，政府於 1972 年發表《老人服務的未來發展》工作小組報告，隨即進行老人對各項護理和福利服務需求的調查，作為日後訂立政策白皮書的根據。[58] 其後，政府發表各項與福利和復康服務有關的政策文件前，即使不進行獨立調查，也多利用現存統計資料，經分析後作為衡量需求的基礎。

過往非政府組織在推行新服務前，也多進行調查，看看服務是否有此需要，並同時計算服務的數量。近年來，政府不斷拓展新市鎮，並邀請非政府組織在新市鎮提供服務，事前多在區內進行調查，看看不同背景的居民，在遷入時對服務有甚麼需要？服務的性質又有甚麼差異？例如，開發東涌新市鎮是近十年的事，政府想統一區內福利服務的發展，所以只資助數間規模較大的非政府組織提供服務。這些機構為了審慎行事，皆曾在區內進行調查，以確保提供服務時切合居民的需要。[59]

進行這類需要調查，非政府組織多委派自己的員工負責，而社會工作者也多具備這方面的知識。有時為了調查更能準確反映現象，政府和非政府組織也常委託學術機構或調查顧問公司去進行，特別是一些規模較大、內容較複雜的調查，學術機構擁有的豐富經驗能確保調查得來的數據的質素，機構提供服務時便較有把握。

促進政策發展的調查和研究

第二類是為了促進政策的發展而進行的調查和研究。這類調查可

---

58 Working Party on the Future Needs of the Elderly, *Services for the Elderly* (Hong Kong: Government Printer, 1973).

59 鄰舍輔導會是在東涌新市鎮提供福利服務的主要非政府機構。

舉的例子很多，但最為福利界和社會人士熟知的，應推爭取了三、四十年的全民退休保障。為退休人士設立退休保障，早於 1968 年時政府已成立了工作小組研究及發表報告，但討論多年，最後才於 2000 年落實推行強制性公積金計劃。[60]

過去 30 多年，民間組織、非政府組織、學者在退休保障上都扮演了積極的倡議角色。為了促使政府成立退休保障制度，關注團體聯同關心長者福祉的人士進行了無數次的調查和研究，盼政府早日正視問題，避免數以十萬計長者無依無靠，也令香港不至成為經濟發達地區中極少數欠缺完整退休保障的社會。

關注團體進行的調查和研究中，退休保障的需要性自不可少，其他還包括各國退休保障制度的比較、退休保障涉及的財務精算研究等。因此，參與研究的，除社會工作者外，還有經濟、財務、統計、精算等範疇的學者，也就是說，福利政策倡議的工作，並不限於福利界人士，其他相關學者和團體的參與也是必須的。

改善服務成效的調查和研究

第三類是為了改善服務的成效而進行的評估和研究。這類調查和研究又可分為兩個不同類別：第一是服務的經常性評估，目的是要提升服務的水平及改進服務的成效；第二是服務提供方式的全面檢討，目的是使服務更能切合時代的需要，並使服務達到服務受眾的要求。

發展初期，志願團體推行服務時並沒有甚麼評估的意識，一來那時

---

60 Inter-Departmental Working Party on Social Security, *A Report to Consider Certain Aspects of Social Security* (Hong Kong: Government Printer, 1967).

的需求十分殷切,服務總是供不應求,沒有人留意成效的問題;二來資源多來自本地和海外捐獻,只要物資直接送到貧苦大眾手裏便算有所交代。

從八十年代開始,政府承擔了大部分福利服務的資助,公帑是否有效運用成為公眾關注的問題,接受資助的非政府組織也須提交確實數據,證明服務是有效的。如此,服務成效評估便成為服務提供者必須做的事,有時服務開展時即建立評估機制,不待服務完成後才收集數據。對於評估工作,非政府組織的同工未必有這樣的專長,很多時候得藉助學術界人士協助。

至於服務提供方式的全面檢討,最為福利界熟悉的,首推九十年代初進行的青少年中心服務的檢討,社會福利署曾成立特別工作小組負責。[61] 到 2001 年,社會福利署曾對家庭服務就全面性的重組作檢討,檢討後提出的建議,即現今推行的綜合家庭服務中心。近年,安老事務委員會也曾檢討長者服務的發展方向,隨後政府在政策上作出了全面修訂。

無論是青少年服務、家庭服務,或長者服務,包括的服務種類和範圍十分廣泛,一旦進行全面檢討,過程通常要一、兩年,過程中也要進行多項調查,收集有關數據,並諮詢持份者及相關諮詢委員會(如社會福利諮詢委員會、安老服務委員會等)的意見,並要向立法會交代,尋求議員的支持。

因此,服務提供方式的全面性檢討,政府要採取公開招標的方式,讓學術機構或管理顧問公司投標,在取得合約後,協助政府完成檢討的

---

61 Wong Hoi Kwok, *Report by the Working Party on the Future Role of Children and Youth Centres* (Hong Kong: Social Welfare Department, 1979).

任務。這些一般稱為顧問研究（consultancy study）的合約，是近年大專院校中的社會工作及公共行政等學系進行較多的研究項目。[62]

與社會工作實務有關的調查和研究

第四類是與社會工作實務有關的調查和研究。社會工作是應用科學，理論固然重要，相關政策也影響了服務的推行，但最終還要看社會工作者在實務上能否達成目的，使服務受眾得到發展的機會。社會工作在香港推行初期，受眾多是社會上無法適應的市民（social misfits），如罪犯、吸毒者、問題青少年、需要保護的婦孺、無依無靠的長者等。部分人士需要的或許只是物質援助，但更多面對的卻是深層次的情緒和人際關係問題，需要社會工作者長時間的協助和輔導。因此，如何提升社會工作者的工作技巧和實務時採用的方法，逐漸成為社工研究和培訓的重點。

實務方法的研究，最早可援引二十世紀七十年代進行的一連串關於青少年服務的研究。戰後的青少年服務，對象都是問題青少年，如接受感化的青少年罪犯。到了七十年代，政府推行強制性的免費教育，青少年服務也逐漸加入預防和個人發展的元素。於是，政府委託學術機構進行研究，探討日後青少年服務的發展路向。研究完成後，政府於 1979 年發表《社會福利白皮書》，其中落實推行的三項與青少年有關的服務，包括外展青少年工作、家庭生活教育及學校社會工作。[63] 這三項服務得

62　香港大學社會工作及社會行政學系於 2001 年接受社會福利署的委託進行有關家庭服務的全面檢討，報告建議成立今天的綜合家庭服務中心。

63　香港政府：《香港社會福利白皮書 —— 進入八十年代的社會福利》（香港：香港政府印務局，1979 年）。

到拓展，也代表了社工與青少年工作時手法的更新，令他們更有效地接觸青少年。可以說，青少年服務能夠向前邁進一大步，背後的最大推動力是研究。

如果計算各項福利服務聘用的社工人手，家庭服務聘用的專業社工數目最多。家庭服務包括的範圍十分廣闊，從孩童到老年人都是服務對象。因此，從事家庭服務的社工，在實務時使用的技巧十分多樣化，就算是服務同一類別的家庭，如單親家庭，不同機構的社工採用的技巧也不盡相同。本書其他章節有論述社工的技巧和手法，本文不討論，避免重複。要強調的是，社工實務水平的提升，研究常起着關鍵性的作用。

學術機構進行的調查和研究

第五類是大專院校社會工作及社會政策等學系進行的調查和研究。大專院校的社會工作學系成立時，以訓練專業社工為主要任務，研究工作僅屬次要。二十世紀八十年代以後，大學撥款委員會要求各所大學在研究和著作方面也應有所表現，並增加撥款資助大學進行研究。此後，大專院校的社會工作學系除訓練專業社工外，也在研究和著述方面多做工夫。

社會工作和社會政策學系所進行的研究，大致可分為兩類：第一是基礎知識的研究，如香港貧窮的性質及成因、單親家庭對子女成長的影響、父母與子女關係的演進過程、人口老化與家庭照顧的變遷、青少年成長及網絡文化的影響等。[64] 這些研究沒有固定的用途，也不是為了特

---

64 這類基礎知識的研究，負責學者完成後多在英語期刊發表文章，本地福利界人士知悉的不多，情況有待改善。

定的目的而做，只認為欠缺這些基礎知識，社會工作就好像建築在泥沙之上，短暫效果還可以，但長遠而言，因對問題和現象了解不深，走歪了路還不知道原因所在。因此，這類研究十分重要，大學撥款委員會透過一般研究基金（General Research Fund）提供的資助也是必要的。近幾年，香港特區政府也透過中央政策組提供公共政策的研究經費。

第二是具體政策和方法的研究。這類研究的資金除來自政府的政策局、行政部門和中央政策組外，還包括近年興起的「智庫」、民間基金組織、政黨等。這類研究多具有具體目的，如強制性公積金推行後，金融機構想知道退休人士的收入需要，於是委託社會工作學者進行調查和研究，以訂下日後的業務發展策略。[65] 這些研究未必有學術價值，但調查得來的數據對政策發展也有幫助。

三、調查和研究對社工發展的效用

回顧香港社會工作的發展歷史，調查和研究是重要部分，不但令相關的福利政策不斷推陳出新，更使社工推行實務時採用的手法和技巧得以提升和改善。具體而言，調查和研究對社工的發展，可分以下幾方面來說明：

調查和研究使福利發展有明確方向

第一，調查和研究使福利服務的發展有明確方向。這方面，可用

---

65 HSBC & The University of Hong Kong, *The Study on Retirement Issues in Hong Kong* (Hong Kong: HSBC, 2007).

長者服務的發展作為例子。長者服務是今時今日福利服務中，開支數目最龐大的服務。從開始以來，長者服務即以「家居照顧」（care in the community）為主導思想。「家居照顧」的概念是由政府於 1973 年成立的「老人服務工作小組」提出來的。[66] 工作小組所以提出這個發展目標，主要基於長者多盼望與家人同住、留在社區生活，及儘可能不入住院舍。

　　「家居照顧」的概念後來融入 1979 年發表的《進入八十年代社會福利白皮書》，而政府於 1994 年成立的「安老服務工作小組」報告書中也再一次確立這種以社區為本的發展方向，並稱之為「社區安老」（ageing in place）。安老事務委員會在檢討安老服務時，也重申長者社區服務應與院舍服務並行發展，建議增加社區支援服務的數目。

　　長者服務的發展，在每次政策檢討時，都經過調查和研究的階段，如 1973 年《老人服務工作小組報告書》發表後，政府即委託香港社會服務聯會進行調查，以確定服務的數量，並作為 1977 年發表的《老人服務綠皮書》的依據。安老事務委員會近年來的決定，也是事先委託學術機構進行研究後才得出這樣的結論。

　　總括而言，福利政策的制定和服務的改善，常包括大量的調查和研究，所以說調查和研究促進了社會工作的發表，實在有根有據。

調查和研究提升社工專業水平

　　第二，社會工作是專業服務，必須不斷的提升服務水平。社會工作者也如其他專業，必須符合嚴格考核，除接受有關知識和技巧的訓練

---

66 Working Party on Services for the Elderly, *Report of the Working Party* (Hong Kong: Hong Kong Government Health and Welfare Bureau, 1994).

外，更要完成專業督導的實習，才可成為註冊社工。因此，作為專業性的學科，社會工作必須有穩固的知識基礎，更必須通過科學驗證。

從發展的角度看，社會工作源於西方社會，當應用於香港社會時，原有的知識和技巧便必須經過適度的調整。以家庭輔導為例，早期的家庭服務主要應付貧窮家庭的物質需要，應用的方法十分簡單，但隨着家庭問題轉趨複雜，社工應用的技巧就不止限於傳統積聚下來的模式，必須有新嘗試，也必須開拓新領域。

不是說香港家庭遭遇的問題與西方社會有很大差異，但社工明顯要照顧香港的特殊情況。如從二十世紀八十年代開始，香港單親家庭的數目不斷增加，但不一定是離婚率上升所造成，一些單親家庭是由家庭成員分隔中港兩地造成的。社工要重新探討如何進行輔導工作，這也是社會工作學者的研究題目。[67]

除單親家庭外，香港近年也出現了各種不同形式的家庭組合，如「太空人家庭」、新移民家庭、「老夫少妻家庭」等。這些家庭各有特色，如何提供協助常成為家庭輔導工作學者的研究範圍；事實上，政府和其他基金也樂意支持這些研究，使家庭服務更符合時代的需要。

調查和研究提升社工訓練的學術地位

最後要提出的是，調查和研究使社會工作訓練更具科學性，間接提高了社會工作在公眾和學術機構的認受性。在二十世紀七十年代初，市民只把社會工作看為一般行政工作，受聘的工作人員只需要有耐性和愛

67　有關新移民的研究數目眾多，近年更成為熱門政治話題。隨着香港與內地交往越趨頻密，新移民的研究仍十分重要。

心，不需要接受特殊訓練。在學術機構裏，社會工作教育早期也只等同於職業訓練，本身沒有特定的知識基礎，也談不上甚麼科學根據。

可以說，調查和研究提升了社會工作的地位，令社會人士明白，從事社會工作需要訓練，不是一般畢業生可以勝任。至於社會工作和社會福利學者進行的研究，則證實這門學科不但有自己的知識領域，也具有實務得來的數據。到了今天，社會工作的學術地位毋庸置疑，也受到尊重。

總結來說，社會工作的發展，調查和研究是重要的部分，它們不但有助福利政策的訂立，更使社會工作的專業水平得以提升。今天，社會福利和社會工作已成為政府開支中僅次於教育的項目，發揮穩定社會的作用。

第二章

實踐方法

通才社會工作實務方法

秦炳傑　　陳沃聰

一、導言

「通才社會工作實務」（Generalist Social Work Practice）是自二十世紀八十年代開始在西方社會冒出的一個名詞，標誌着社會工作專業發展已經進入一個成熟的階段。然而，在整個八十年代，所謂「通才社會工作實務」，基本上是一個沒有共識和實質內涵的概念（Schatz, Jenkins & Sheafor, 1990）。過去 20 年，通過探索和討論如何培訓「通才社會工作者」（generalist social worker），「通才社會工作實務」是現時社工培訓的基本模式，也是社工必須掌握的一個實務方法。本文的目的是探討「通才社會工作實務」的源起、理論基礎、實務方法，和一個社會通才社會工作者的角色，希望藉此釐清「通才社會工作實務」的基本框架和重要性。

二、「通才社會工作實務」的意涵

根據 Miley、O' Melia 和 Dubois（1998）的說法，「通才社會工作實務」是統合多層次介入案主系統的工作方法，包括把求助者連接至所需

要的社會服務資源、改變機構以至資源系統更能回應服務受眾的需要、倡議公平的社會政策以達致均衡的社會資源分配，並就多方面的社會工作實務進行研究。

按照美國社會工作教育議會（Council of Social Work Education, 2008）的定義，「通才社會工作實務」是指應用折衷知識（eclectic knowledge）、專業價值和倫理，以及一系列的技巧，對各種規模的目標系統（target system）所進行的改變。「通才社會工作者」在工作機構的支持下，就不同的情況履行不同的專業角色，以達至計劃轉變的目的。

傳統社會工作的介入手法受到社工訓練的和僱用機構背景的限制，只能單單從事個案、小組或社區工作。所以，傳統社工的專業身份，容易因他們慣常使用的工作手法被認定為個案工作員、小組工作員，又或是社區工作者。「通才社會工作實務」要求社工突破傳統的社會工作方法上的限制，能根據受助者的情況，在不同介入階段，以個人、小組，或是社區各種不同層面的介入手法，履行各種專業角色。

三、背景與源起

社會工作植根於十九世紀中葉西方社會的濟貧工作，在最初的 100 年間，它並非以一個清晰和統合的身份出現，而是以個案、小組和社區三種不同的社會工作手法獨立發展的。個案工作源於對貧困家庭的探訪和援助活動，小組工作的出現和發展則與睦鄰中心（settlement houses）的兒童閒暇活動和失業人士技能培訓工作有很大關係，而社區工作則與睦鄰運動（settlement house movement）及 九三〇年代經濟大蕭條後的社區重建活動關係密切。可以這樣說，二十世紀中葉前，因工作員從事工作性質

的不同，社會工作更容易會被理解為個案工作、小組工作和社區工作。

　　自從一九二〇年代的「苗福特會議」（Milford Conference）開始，社工一直嘗試統合割裂的專業身份。1958 年美國社會工作人員協會（National Association of Social Workers, NASW）制定了「社會工作實務的工作定義」（A Working Definition of Social Work Practice），認為社會工作實務可以從它的專業價值、目的、受權、知識和方法五方面的整體去辨別（Barlett, 1958）。在 *Common Base of Social Work Practice* 一書中，Barlett（1970）指出，所有專業社工都需要個人、小組和社區工作的知識，以提升服務對象的社會功能。經過幾十年的努力，「社會工作實務」在七十年代初已經發展出一套包括不同層次介入的工作方法。

　　從個別工作方法桎梏發展出來的專業共有基礎，肯定社工擁有相同的專業目的、價值、知識和方法，並在此共有基礎上，鋪墊出後來的「通才社會工作實務」和「通才社會工作者」的概念。七十年代開始，大部分社會工作實務入門教科書，都是採用一個「通才視角」（generalist perspective），認定社工需要從不同層面去理解受助者的處境和問題，並根據受助者的需要和意願，以多元和多層次的手法介入其問題處境中。時至今日，在美國社會工作教育議會（Council on Social Work Education, CSWE）推動下，「通才社會工作實務」已經是北美大學訓練社會工作者的基礎。

四、實務框架

專業目的

　　傳統而言，社工專業的目的在於提升個人的「社會功能」，就是個

人在其身處的情境中，能夠有效履行其基本角色和面對環境挑戰的能力（Boehm, 1959）。美國社會工作人員協會認為社會工作有多重的專業目的，包括增強人類福祉和協助所有人滿足基本需要，提升個人和社會整體幸福感，為服務對象倡議社會公義和社會轉變，遏止歧視、壓迫、貧窮、各種社會不公義情況，並努力增強人類滿足本身需要的能力，以及促成機構、社區和其他社會機構對人類需要和社會問題的回應。根據 2001 年國際社會工作者聯盟（International Federation of Social Workers, IFSW）及國際社會工作教育學院聯會（International Association of School of Social Work, IASSW）在丹麥哥本哈根共同接受的定義，社工專業旨在倡議社會轉變、解決人際關係出現的問題，和提升「社會公義」，以達至提高人類福祉和幸福感的整體目的。

價值基礎

社會工作是一門以價值為導向的專業，它以人的尊嚴與價值為核心，是謀求個人和整體社會福利的基礎。因為它重視人的尊嚴和價值，所以在實務過程中，社工會尊重個人的尊嚴、價值和獨特性，並認同人的尊嚴和價值不會因為他們的獨特性或身處不同的背景而受到剝奪。基於這些普遍的價值和信念，社工需要恪守一些基本原則，包括由 Biestek 最初提出工作員以個別化的方法協助受助者，尊重受助者表達情緒的需要，適度的感情介入、接納，以非判斷的態度看待受助者，尊重受助者自我抉擇的權利和守密等七個原則。

社會工作另外一個價值基礎是相信每個人都有不同的能力，並在適當的條件和機會下能夠作出正向改變。基於這個基本的信念，社會工作者一方面重視對人的賦權工作；通過對弱勢羣體的賦權，讓他們能夠作

出自我轉變的同時，亦能夠轉變身處的環境。同樣重要的一個價值基礎是社工相信一個公平正義社會和制度的重要性。所以，社工除了積極保障和推進基本人權外，也謀求和締造一個正義的環境，以拓展整個社會以至全人類的福祉。

理念基礎

社會工作以一個「人在情境」視角去理解人的問題。這個視角認為人和他所身處的環境是一種互相締造和共生的關係。人固然會受到環境所影響，但人也可以通過本身或與其他人的努力對環境作出改變。所以，社工不假設問題必然是由於個人原因所導致，也不認定問題必然是外在因素的結果，而是通過人和他們所身處的環境去尋求問題的成因和解決答案。基於「人在情境」的理念，人出現的問題主要有三個可能性。第一，它是個人的問題，包括個人動機、態度、知識，或能力上的問題。第二，它是人所身處環境的問題，包括家庭、學校、社區、社會、經濟或政治的問題。第三，它並非單純是個人或環境的問題，而是兩者互動過程（包括缺乏互動）所產生的問題。由於問題有不同成因，因此解決問題不能單以一種方法，而需以評估結果作為處理和解決問題的依據。這些處理和解決問題的方法可以是不同層面的介入，包括微觀層面的個人工作，中觀層面的家庭和小組工作，以及宏觀層面的社區工作。基於這些理念，一個通才社工需要具備不同能力，並能以不同工作方法去處理受助對象的問題。

知識基礎

社工需要一套與其專業目的、價值和理念相符的知識基礎，作為

協助受助對象和推動社會轉變的行動依據。按美國社會工作教育議會（CSWE, 2008）對訓練「通才社會工作者」的要求，這些知識基礎有以下幾方面：首先是不同範疇的社會工作服務知識，包括這些服務的宗旨、內容和社工的角色；其次，系統理論和生態觀點的知識，這些知識使社工可以從微觀以至宏觀的層面了解和協助受助者；第三，基於「人在情境」的視角和理念，社工需要認識人類的行為與其社會環境的關係；第四，應以不同社會福利政策的知識，作為社工參與和推動政策的制定，和讓這些政策更能回應人的需要的依據；第五，社會工作實務方法的知識，使社工在「計劃轉變」過程中扮演各種專業角色，以達至工作目的；第六，現代社會重視交代和強調「循證為本」的實務，社工要有知識和能力把有關研究結果結合到實務上，使其更具效能。同時，社工亦應具備進行研究，以檢討工作成效和改善將來的服務的能力；最後，社工需要認識本身專業的價值基礎和專業守則，作為他們專業行為和活動的指引。

「通才社會工作實務」的方法

　　「通才社會工作實務」是指社工在面對「受助對象」時，會按對象的問題和具體情況，在「計劃轉變」歷程的不同階段中，扮演各種專業角色，並以單層或多層介入的手法，來達至與「受助對象」所訂定的轉變目標。所謂「受助對象」，是指那些從服務獲益的人士，「通才社會工作實務」的「受助對象」可以是個人、家庭、小組 / 羣體或社區。要達至與「受助對象」所訂定的目標，必須清楚知道誰是要改變的「目標對象」。和「受助對象」一樣，要改變的「目標對象」可以是個人、家庭、小組 / 羣體或社區。要改變「目標對象」，達至與「受助對象」所訂定的目標，

社工需通過一個系統化的步驟和過程，包括與受助對象訂定關係階段、評估階段、計劃和訂定契約階段、介入階段，以及檢討和終結階段。以下將會就「通才社會工作實務」的過程和步驟，並「通才社會工作者」經常擔任的角色，闡述「通才社會工作實務」的方法。

訂定期

「訂定期」是整個「計劃轉變」歷程的開始，社工在這個階段的角色是達成以下幾方面的任務：首先，是了解求助者接觸社會服務機構的途徑。求助者可以是自己感到問題的壓力和威脅而求助，也可以是被轉介來接受服務，亦可能是通過外展接觸而來。不同來源的求助者，與其求助動機高低有直接關係，也會影響他們接觸社工時的表現。第二，求助者接觸社會服務機構時，可能對社工存有一些不切實際的期望，影響此刻和日後的工作。所以，社工的第二個任務是要讓求助者明白彼此的角色，以及雙方在解決問題上的責任。第三，工作員需要對求助者呈現的問題作「初步評估」。「初步評估」並非一個全面評估，它只需要探討求助者呈現的問題是否可以透過機構的服務解決。如果結果是否定的話，就要作出轉介。第四，社工要以「人在情境」的視角探索求助者的問題所涉及的主要人物和系統，方便日後透過這些人物和系統展開工作。第五，社工要與受助者建立一個清晰和互信的工作關係，為日後進行的各種工作打下良好的基礎。最後，社工要在「訂定期」結束時作出機構是否需要跟進個案的決定。如果「初步評估」的結果是機構未能為求助者提供所需要的服務，就要讓受助者清楚明白原因；如有需要，也要作出適當的轉介。相反，如果需要跟進個案，就要在接案報告中向機構作出跟進的建議。

評估期

緊接「訂定期」的是「評估期」。對受助者的問題作全面評估是「通才實務社工」在「評估期」的核心工作。首先需要指出，評估不是「評估期」才要進行的工作，而是整個「計劃轉變」歷程中不斷進行的專業行為。「評估期」要進行的評估是對求助者問題的「全面評估」。所謂「全面評估」，簡單來說就是與求助者一起探討和確定問題的性質、成因和處理的方法。「全面評估」不單為問題找出成因，也為解決問題奠下基礎提供清晰的方向。基於這個原因，評估不應只聚焦於求助者的問題，也應尋找求助者的優勢和強項，讓日後的介入和解難工作，能使受助者利用本身的資源，充分發揮能力。

「全面評估」涉及以下幾方面的工作：首先是資料搜集，以「人在情境」視角，並以觀察、面談、家訪和問卷調查等不同方法去了解求助者的問題及其成因。第二項工作是資料的分析及整理，目的是找出問題出現的模式以作為解決問題的根據，一般包括把資料按其與問題的關係和重要性排序及去蕪存菁，對資料間的關係作分析和整理。第三，基於資料的分析結果，確定問題的性質、成因和處理的方法。所訂定的問題，一方面是代表工作員對求助者問題的專業判斷，所以必須是基於對事實的分析；另一方面，它亦必須是工作員和求助者共同認定的問題，並以可觀察的行為陳述出來。為避免問題失去其情境意義，表述問題不應只是行為的本身（perse），而應是它與環境中其他人物行為的關係。在完成以上三項工作後，工作員需要撰寫評估報告，清楚展示事實與理據，並說明問題的性質、成因，以及解決問題的方向和策略，作為與受助者訂定介入計劃的基礎。

計劃契約期

計劃是工作員基於評估結果為求助者單方面訂出的介入藍圖,一般包括幾個部分:首先,它要清楚指出介入的長期、中期和短期目標;第二,它包括介入的策略和行動細節,就是通過甚麼方法去改變甚麼人和甚麼事物;第三,它需要訂明工作員和求助者雙方的角色和責任;最後,計劃也要檢討定下的方法和標準,以確定在指定時間內,介入是否已經達到預期目標。

工作員所作的計劃必須得到求助者的確認,才能成為彼此之間的工作契約。因此在制定契約過程中,求助者的意願和基本權利必須受到尊重,並且要有他們充分的知情參與。無論契約是口頭或是書面形式的,都需要就求助者接受服務的原因、要處理的問題、介入的目的、需要改變的對象(目標系統)、介入的方法和行動步驟、工作員和求助者彼此的角色、工作成效的檢討方法和標準,以至整個介入計劃涉及的時間和費用等範圍達成協議。所達成的協議,就是對工作員和求助者雙方都具約束力的契約。

介入期

「介入期」又稱為「工作期」。介入是指根據工作契約的目標、策略和方法所進行的專業活動。介入活動合宜性的衡量標準,是它們是否按照契約的目標和內容進行。其次,介入活動除了包括「作為」外,也包括有助達成目標的「不作為」,比方說,「善用沉默」就是最經典的「不作為」介入的例子。第三,介入可以是非實質(intangible)的輔導工作,也可以是實質(tangible)的服務,如金錢和物質上的援助。最後,社工的介入行動,並非如魔術師點石成金般可以瞬間驅走問題,而是要經過不斷努力和效果的累積,才可以達到預期目標。

介入可以分為「直接介入」、「間接介入」和「界面介入」。「直接介入」的改變對象是求助者本人，可以是對他的行為、認知，以至情緒層面的介入。「間接介入」是針對求助者以外的重要人、事物或系統而進行的轉變活動，也可以是優化環境的支援網絡或資源創建的工作，使求助者身處的環境更能回應個人、家庭、羣體和社區的需要，並滿足他們的期望。「界面介入」是針對人與環境互動過程而進行的解難工作，比方說，把人的需要和社區已有資源聯繫起來，又或是人際間的矛盾和衝突所進行的調解工作就是其中一些例子。

　　介入活動與工作員需要履行的角色有很大的關係。每個社工專業角色所涉及的介入活動，將在下文作說明。

終結期

　　最後一個階段是「終結期」。「終結期」在現實中是容易被遺忘的一個階段。如果這個階段的任務處理得不好的話，會直接影響工作的結果。所謂終結，是指工作關係的終結。在介入過程中，社工會不斷檢討是否已經在協議時限內，介入或是取得預期成果，或是因不同原因未能達成既定目標，社工需要按服務協議終結與求助者的工作關係。由於關係的終結可以影響求助者的情緒，所以必須經過計劃。如果求助者因關係將要終結而出現負面情緒，工作員要讓他們表達這些情緒和背後的原因，並妥善處理好有關問題，以致不會讓這些情緒抵銷工作取得的成果。從積極的一方面來看，「終結期」對受助者來說可是一個學習的機會，通過檢討，社工可以讓受助者清楚知道已經學習到解決問題的方法，以及日後如何把這些方法應用在類似的問題上。這樣，受助者的解難能力再一次被鞏固，他們應付問題的能力也因此而增強了。

五、「通才社會工作者」的角色

不同的學者會用不同的概念和框架來闡釋通才社工的角色。1994 年，Compton 和 Galaway 指出，一些核心角色通用於不同的介入對象；2002 年，Dubois 和 Miley，以及 2009 年，Kirst-Ashman 和 Hull 則按不同的介入對象，細緻地說明通才社工的不同角色。其實，前者講述的角色，包括「使能者」、「社會經紀」、「教師」、「調解者」和「倡導者」，都被後者涵蓋在他們不同層次的介入框架內。還需指出的是，社工按服務對象的需要、處境和其變化，往往需要履行多重角色來達成介入目標，以下是一個通才社工經常履行的其中五個核心角色的闡釋。

使能者（Enabler）

無論是個人、小組、機構，或是社區，它們除了問題外，可能還有很多內部未為人知的資源。使能者是以一個優勢視角（strength-based perspective）看個人、小組、機構和社區，並相信它們擁有許多未被充分發揮和善用的能力和資源。使能者就是使受助者動用內在資源來解決問題或達至目標。使能者的角色是直接促使服務對象能清楚認識潛藏在本身的資源，並辨別甚麼原因和障礙導致這些潛在資源未能被充分發揮，從而找出移除這些障礙的方法，讓這些能力可以發揮在解決問題上。

社會經紀（Social Broker）

經紀充當中間人的角色，促成買賣雙方的交易，讓賣方的貨物能夠滿足買方的需要。社會經紀的角色，就是在市場以外將受助者的需要和社會服務資源連在一起，作為滿足受助者需要和解決他們問題的方法。

受助者的困擾，很多時候是資源匱乏，同時他們也對社會服務的知識不足，所以未能獲取所需要的社會資源去解決問題。通才社工若要發揮社會經紀的角色，就要有能力準確評估受助者的需要，同時亦需要認識社會和社區上的相關資源，並進行適當的轉介程序和手續，把受助者的需要和社會資源聯繫起來，作為解決問題的方法。

教師

教師的功能就是傳遞資訊、知識和教授新的行為能力。社工充當教師的角色與學校老師有基本的分別，前者的重點是生活技能和知識的傳授，比如教授如何控制情緒和社交能力，提供家庭生活教育或培訓社區領袖等。教師與使能者的基本差異，在於前者是傳授一些受助者需要但是缺乏的知識或行為能力，後者則是誘發服務對象已擁有資源和能力。

無疑，教師的角色是較權威的，它是針對服務對象在應付某些生活任務時缺乏相關知識或能力而需要學習。要擔當好教師的角色並不容易，教師一方面要能掌握相關知識內容和技能，但更重要是懂得如何有效傳授所計劃的內容，特別是行為能力技巧的教授。另外，如何使受助者認同所學範圍，是教師的最大挑戰，因為有意義和持續的學習，大都不是壓迫所能達致的。

調解者

人與人、羣體與羣體之間的矛盾無所不在。矛盾可發展成為衝突和傷害，衝突對雙方都沒有益處。調解就是讓雙方能理性解決紛爭，達致雙贏局面。社工時常要調解學生與學校的矛盾，以及家長與學生的衝

突。社羣也會因不同的利益發生衝突，比如屋邨居民聯手滋擾在區內接受服務的愛滋病患者和提供服務的工作人員就是一例。現時香港已有認可的調解員的專門培訓，為離婚夫妻妥善處理撫養權和贍養費的家事調解服務，社區調解也開始發展起來。這些發展，顯示出社工的調解功能越趨重要。

調解者需要持守中立，能調解和與雙方建立信任，也要有高度的聆聽能力，充分了解雙方的立場、可妥協的空間和共同的利益，又能細拆糾紛，縮窄分歧，最後讓雙方達成共識。如果社工缺乏這些能力，調解的可能性便會大大減低。

倡導者

倡導者是站在受助者的位置，為他們爭取最大的利益。社工經常需要為弱勢社羣進行倡導工作，包括陳述受助者的需要和狀況、向不同的持份者遊說、辯論以至施壓等工作。為要增強受助者的政治能量，社工也常常向服務對象進行賦權，讓他們更能夠為自己爭取權益。

在符合社工專業自決原則的考慮下，社工需要讓服務對象清楚了解過程可能引發的不利影響，並在獲得服務對象的知情同意和授權下才可進行倡導工作。在履行倡導者的角色時，社工的自表能力、權利義務意識、分析能力、談判技巧和知所進退，是非常重要的。

六、「通才社會工作實務」在香港的概況

和很多西方社會一樣，傳統的香港社會服務受到社會工作介入方法的限制，個案、小組及社區工作各自依附在不同的服務內。比方說，

個案工作是傳統家庭服務中心的工作手法，小組和活動是兒童及青少年中心的工作模式，而社區工作則是社區中心和鄰舍層面社區發展服務的方法。因為被不同工作手法割裂，社會服務未能完全按人的需要而選擇適當的介入手法來解決問題，社會服務於是受到方法上的限制而未能取得最佳的效果。二十世紀九十年代初以來，香港的社會服務開始走綜合服務的路線，首先是九十年代中期的「兒童及青少年中心」轉變為「綜合兒童及青少年中心」，2000 年初的「家庭服務中心」改為「綜合家庭服務中心」，為體弱長者、殘疾人士及有特殊需要家庭推出「綜合家居照顧服務」，為精神病康復者及其家人 / 照顧者而設的精神健康「綜合社區中心」等，都是強調以綜合手法的模式去處理不同受助者的問題。這些綜合社會服務的共同特點，就是跳出個別方法的桎梏，以不同或多種方法去處理受助者的問題。社工在這些綜合服務內工作，所需要的就是「通才社會工作實務」視角和方法。

七、結語

對一個接受通才訓練的社工來說，由於所涉知識範圍較廣，學習上容易感到如蜻蜓點水般，深度不足。從訓練來說，這是寬度和深度的張力，對於初階的專業課程培訓時限，這種張力是難以消解的。但是，通才訓練是社會工作的門檻，通過持續進修和專業發展，個人可以在通才實務的基礎上，培養更高的專業能力。以美國為例，在初階通才實務上，還有進階通才實務和臨牀實務。對於整個社工專業來說，通才實務是基要的實務能力。

時至今日，和西方社會一樣，香港的社會服務已經開始邁向一條綜

合路線，要求專業社工具有處理問題的基本綜合能力。一個通才社工，不會被囿於他個人對個別社會工作方法的觀點和偏執，而是能夠按社會工作的目的、價值取向、知識基礎，在一個計劃轉變過程的不同階段中，扮演各種專業角色，應用各種介入方法，以回應不同受助者的問題和需要。所以，「通才社會工作實務」是現時社工實務的基本模式，亦是一個專業社工需要掌握的工作實務方法和基礎。

參考資料

1、 Bartlett, H., *Common Base of Social Work Practice* (New York: NASW, 1970).

2、 Boehm, W., "Objectives of the Social Work Curriculum of the Future", *Social Work Curriculum Study*, Vol.1 (New York: Council on Social Work Education, 1959).

3、 Compton, B., and Galaway, B., *Social Work Processes, Fifth Edition* (California: Brooks / Cole Publishing Company, Pacific Grove, 1994).

4、 Council on Social Work Education, *Educational Policy and Accreditation Standards* (Alexandria, VA: Author, 2008).

5、 DuBois, B., and Miley, K.K., *Social Work: An Empowering Profession* (Boston: Allyn and Bacon, 2002).

6、 Gibbs, P., Locke, B.L. and Lohmann, R., "Paradigm for the Generalist-Advanced Generalist Continuum", *Journal of Social Work Education*, 26 (3), 1990, pp.232-243.

7、 Kirst-Ashman, K.K., Hull and G.H. Jr., *Understanding Generalist Practice, Sixth Edition* (California: Brooks/Cole, 2009).

8、 Miley, K.K., O'Melia, M. & DuBois, B.L., *Generalist Social Work Practice: An Empowering Approach* (Boston: Allyn & Bacon, 1998).

9、 Schatz, M.S., Jenkins, L.E. and Sheafor, B.W., Milford "Redefined: A Model of Initial and Advanced Generalist Social Work", *Journal of Social Work Education*, 26 (3), 1990, pp.217-231.

社會個案工作

林靜雯

一、緒論

　　社會個案工作是直接由英文 social casework 翻譯而來，它與社會小組工作（social group work）和社區工作（community work），同為社會工作的三大主要專業介入方法，亦是起源最早的一種社會工作介入法。由十九世紀初發展至今，社會個案工作已建立了不同的學派，亦發展了多種介入方法。由於文章篇幅所限，亦由於坊間已有很多書籍探討社會個案工作，所以本文會集中討論社會個案工作的定義、性質和功能，並分享對社會個案工作的理論基礎、重要元素和實踐的體會。

二、甚麼是社會個案工作？

　　早在一九一〇年代，社會個案工作的先驅者瑪麗・李查門（Mary Richmond）已對社會個案工作作出定義，時至今日，專家學者對其所下的定義已不勝枚舉。雖然不同定義或多或少反映不同的着重點，但從回顧這些定義，有助我們理解何謂社會個案工作及整理出社會個案工作的目的、性質和功能。

瑪麗・李查門在 1917 年出版了《社會診斷》(*Social diagnosis*) 一書 (Richmond, 1917)，闡釋問題成因，她認為人之所以遭遇困境，是由社會制度的不健全或環境不良所導致，亦強調社會環境對人的影響，認為個人遭遇問題，乃是由於個人不能適應社會環境制度，或由於環境不良而引致個人與社會關係的失調。及後在 1922 年出版的《甚麼是社會個案工作》一書中，她更為社會工作作出定義，指出「社會個案工作是經由個人（工作者）與個人（案主），在人與環境相互適應下，作出有意識影响人格發展適應的歷程」(Richmond, 1922, pp.98-99)。這兩本早期著作，不單為社會個案工作作出定義，更為社會個案工作職業化和專業化奠下重要基石。

其後，不同學者嘗試定義和演繹社會工作。高登・汗爾頓 (Gordon Hamilton)，認為個人與社會無法分割，而問題亦是很複雜，因此，社會個案工作被定義為是一種有意識地調整個人與社會環境關係的過程 (Hamilton, 1937; 1951)。

鮑爾思 (Swithum Bowers) 指出，社會個案工作是一種藝術，當中會運用有關人際關係的科學知識與技巧，以激發個人潛能和社區資源，使案主與其環境有更好的適應 (Bowers, 1949, p.417)。

海倫・佩雯 (Helen Perlman) 指出，社會個案工作是社會工者運用的一種專業方法，目的是幫助未能透過自己能力找到適切方法的個人，尋找解決適應問題的方法 (Perlman, 1957)。使梅利 (Ruth E. Smalley) 亦指出社會個案工作的專業特質，明確指出社會個案工作是一種方法，以個別的方式，透過專業關係的過程，促使案主運用社會服務，促進其自身福利或社會福祉 (Smalley, 1967, p. 29)。

及後，何麗斯 (Florence Hollis) 定義社會個案工作為一種社會心理

調處方法，個人內在心理因素和外在的社會環境因素引起功能上的失調，因此個案工作致力於更充分滿足個人內在需要，以及與社會關係有更適切的功能表現（Hollis, 1972, p. 9）。

　　根據以上的定義，我們了解到，社會個案工作是社會工作的一種專業介入方法，以面對生活適應困難的個人或家庭為服務對象，運用社會工作的專業知識和技巧，激發個人潛能和社區資源，達至令案主與其環境有更好適應的目的。

三、社會個案工作的目的

　　受到社會個案工作早期的歷史因素影響，社會個案工作常常讓人感覺是補救性和治療性的。事實上，社會個案工作的目的，包括個人和家庭，以及社會兩個層面，亦除了補救性和治療性外，也有預防性和發展性（林孟秋，1998）。

　　在個人和家庭層面方面，治療和補救工作是一般人期望個案工作員要做的工作。當個人或家遇到問題但缺乏解決問題的能力和資源時，工作員會幫助他們認清問題，提高他們解決問題的動機和信心，尋找和學習解決問題的有效方法，也會為他們作轉介和連結需要的資源。同時，在過程中，工作員亦會幫助個人和家庭提升自我了解，接納長處和限制，加強個人和家庭解決和消除問題的能力，提升對環境的適應力，達到有效地適應社會環境和滿足自己的期望，發揮潛能，建立信心，個人和家庭功能提升的目的，改善和滿足個人和家庭生活需求，令人生作出正面的改變。

　　在社會層面方面，社會個案工作的目標是減輕或消除因為個人或

家庭功能失調而引起的社會問題，維持社會的安定和發展，同時亦重視改善和防止因個人或家庭功能失調而造成的社會問題，協助案主改善問題或將傷害降低至最小（Skidmore, 2000）。積極目標是要在社會公平與公義的前提下，保障每一個社會個體的尊嚴和權利，特別強調應有的尊重，同時也有平等的機會，滿足個人和家庭的需要，使社會更趨公義平等。

四、社會個案工作的特質

從社會個案工作的定義及目的，我們明白社會個案工作的特質，包括：

（1）以專業知識和技巧為基礎：社會個案工作是科學的專業介入工作，注重知識基礎。個案工作者需具備有關社會科學，心理學的理論，掌握有關人類行為、人際關係、個人發展的知識，作為介入的技巧基礎。同時亦要肩負專業責任，建立專業關係，從而作出有系統的介入。

（2）注重個別性：社會個案工作以個人或家庭為工作對象，相信人有獨特性，而當中亦非常強調個別差異之重要性。

（3）以專業關係建立為前提：關係是社會個案工作的靈魂（Biestek, 1957）。個案工作須從建立專業關係着手才能協助案主對問題的分析與澄清，協助案主認識其潛能以解決問題。

（4）重視和兼顧問題之個人因素、社會因素與環境因素：社會個案工作重視問題之社會因素與環境因素方面之改善。這亦是社會個案工作與心理輔導或心理治療不同之處。由於個案工作與心理輔導淵源甚深，個案工作很多時候都運用心理學的理論，兩者因而經常混淆。相對於心理輔導，前者較注重個人的內在情緒，而個案工作在處理個人情緒困擾

的同時，亦關注個人社會功能發揮、社會對個人的影响，及環境因素對個人正常發揮社會功能的阻礙。

（5）人在情境中的視角：人在情境中（person in situation）是個案工作一個重要的原則。人在情境中的視角提醒工作員，要將當事人的問題放在一個大環境中去了解考慮，只有了解人所處的環境，才能夠全面地了解個人問題，以及問題與環境之間的關係。

（6）着重案主的參與和自決：個案工作並非單是為案主解決問題，讓案主產生依賴，而是工作員與案主一起了解問題，然後執行計劃，是一個與案主一起工作的積極參與過程，最終達到案主自決、助人自助的目的。

（7）重視專業關係的建立：個案工作的介入過程，十分強調與服務對象建立專業的關係。只有透過彼此信任的有效工作關係，才可以令案主打開心窗，作出改變。

（8）配合社會資源的運用：個案工作服務範疇相當廣泛，包括微觀、中觀和宏觀層面，工作員須適當有效的運用社會資源，配合案主的需要，在不同層面作介入。

由是可見，社會個案工作是一種人與人工作的藝術，工作員運用專業知識，與個案建立個別化的專業助人關係。採取個別方式，及以人在情境中的視角，去了解案主個性、需要、心理特性、個人潛能和所處的情景。協助案主改變或調整與外在環境的關係，並運用社會資源以達至改善或恢復社會功能，增強社會適應力的目標。當事人在此過程中是一個積極的參與者，他對自己負責並積極參與問題解決的過程。

五、社會個案工作的價值觀

社會工作特別之處是這專業是建基於一套價值、信念和原則。同樣的,社會個案工作也是建基於社會工作專業價值、對人的看法和助人的信念。這些價值觀和信念令社工明瞭在個案工作實踐背後的理念和工作原則。而在面對矛盾或遇到兩難局面時,這專業價值和社會工作所抱持的一套有關「人」的信念和看法,可以為專業實踐提供方向和準則,亦為社工提供清晰的專業指引。

基斯盧卡斯(Keith-Lucas, 1972, p.136)在討論助人的意義和助人的過程時,明確指出信念的支持和有價值取向在助人工作和助人歷程的重要性和必要性。作為助人者,要相信和認同:

(1)人有自由選擇的權利。

(2)個人是重要的,個人的利益不能完全服從於社會的利益。

(3)任何人都沒有權力或能力去判斷甚麼是其他人應得的。

(4)讓受助者找尋他自己的路比控制他們更有效。

(5)感受和個人關係是非常重要的。

(6)人應該被視作主體,而不是客體。

由此可見,社會個案工作的工作重點是「人」,並抱持了一套有關「人」的信念和看法。這套看法的基石是「人道主義」或「人本主義」(Humanitarianism)。人道主義基本信念是人人生而平等,每一個人都有與生俱來的價值和尊嚴,在任何情況下,人的尊嚴都必須受到尊重。所以不論個人的家庭背景、種族、國籍、性別、年齡、能力、社會地位、宗教信仰、政治觀點如何,他們的個人價值和尊嚴都需要被尊重,亦值得關懷。對人的重視亦體現於相信每一個人都擁有不可剝奪的社會權

利，所以不能單單因為社會的利益而要個人作出犧牲。在關注社會的同時，亦要關注和維護個人的利益。

社會個案工作的另一個信念，是相信人與人之間的依賴共存、互相影響的關係。人在社會中不是獨立存在的，因此，每一個人都必須向自己、他人和社會負責，而社會亦有義務關注每一個人的福祉，亦有責任確保個人有公平使用社會資源和服務的機會。基於這個信念，社會個案工作會採用「人在情境中」的視野，去了解服務對象的情況，以及社會制度與社會政策的影響。

對個人能力的信任亦是社會個案工作重要的信念，社會個案工作相信每一個人都有能力作出選擇和作出改變。我們相信案主有能力，亦只有案主本身才有權決定自己的生活方式，這信念提醒工作員要視案主為一個主體，不要妄自為案主詮釋問題或作出決定。工作員的責任是要為案主提供機會和選擇，讓案主尋找他們自己的路，是一個案主自決和助人自助的過程。

人本理論學者 Carl Roger（Roger, 1951; 1977）及策略家庭治療鼻祖 Milton Erickson（Erickson, 1952）很早已不約而同地提出，協助案主運用他／她的資源，解決問題，協助案主成長是工作的主要目的。自一九八〇年代美國肯薩斯大學社會工作學系提出充權（empowerment）優勢觀點取向（Strengths Perspective）社會工作模式後（De Jong & Miller, 1995；Rapp 1998; Rapp, 2012; Saleebey, 1996），社會個案工作進一步肯定個人、家庭、團體和社區所具備的潛力、資源和優勢。優勢觀點取向社會工作模式相信，每一個案主，無論個人或家庭，都有很多能力和未被發掘的強項，所以即使在困境中，也有豐富的資源。對案主而言，個人潛能和優勢，只是暫時被問題掩蓋，透過工作員這面鏡子，反映其

優勢，給予讚賞和協助案主重新覺察自己的能力，肯定其自尊和自我效能，提升內在自潛能。Rapp（1998）在其書的序言清楚提到，優勢觀點在乎的是人（personhood）和人性的可貴，關注的是案主在面對逆境時的勇氣，復原力（resiliency）和優勢。工作員的責任是將案主既有的資源、潛能、長處誘發出來，並思考如何成為日後改變的動力（Saleebey, 2002a, 2002b）。

由此可見，社會個案工作是一種思考和看待人的態度和信念，重視人價值和尊嚴，相信人的能力和正面動機。這些基本信念和價值取向，衍生出一套個案工作的基本原則。其中，個案工作關係的七大原則可以作為指引，讓這些價值取向可以落實到工作關係和工作實務中。

六、個案工作關係

社會個案工作是心靈影響心靈的工作（Perlman, 1979），良好的工作關係是個案工作過程中不可缺少的元素。要有效幫助案主面對困難，甚至要面對自己，先決條件是與案主建立有意義的個案工作關係，否則無法消除案主的焦慮和防衛，使他們能勇敢面對自己的困難和需要，發揮本身的能力，達到解決問題和實現自我的目的。所以，學者們都認同，良好的助人關係是個案工作的靈魂，缺乏良好的工作關係，個案工作難以展開，亦不能達到其目的。

貝斯提克（Felix Biestek）在《個案工作關係》一書中，將個案工作關係定義為「有目的地協助案主達到個人與環境較佳調適的一種關係，是個案工作者與案主在態度與情緒上的動態互動」（Biestek, 1957, p.15）。而這一互動關係，與其他關係不一樣，需依循工作原則，而這

七大原則，是社會個案工作關係的基石，亦是工作者建立專業關係的準則：

第一，個別化：工作員要相信每一個人都有其本身獨特之處，亦是一個獨特的個體，而且，每個人的遭遇都不同，所以不能千篇一律地看待案主的遭遇和問題，同樣地，凡事亦不是只有一種解決方法，所以要針對每一個案主獨特之處及情境，依據案主不同的問題、需求及目標，運用不同的原則和方法，協助案主。

第二，有目的的情感表達：個案工作需要有情感的投入和表達，而情感表達是以案主需要為目的。工作員營造安全舒適的環境，讓案主能表達情緒，同時應該作有目的傾聽，及有目的的情感表達，更要覺察自己的情緒，從而作出適切的情感回應，避免情感轉移作用（案主將情緒投射到工作員身上）或情感反轉移（工作員將情緒投射到案主身上）。

第三，適度／有控制的情緒投入：工作員要敏銳地覺察案主所表達的情緒或感受，了解案主情緒背後的意義和目的，並作適當的情緒回應。工作員亦要適度控制情感介入，一方面保持理智客觀，同時有感情投入和流露，使對方感受到溫暖與支援，建立專業的工作關係。

第四，接納：工作員真心誠意地接納案主的優點和缺點、適當和不適當的特質、消極或積極的情緒、建設性或破壞性的態度和行為。接納案主的全部，讓案主覺得受到尊重，從而能夠自我接納，開放探索自我，重新培養信心處理自己問題。

第五，非評判態度：社會工作者對案主提供服務，是基於案主需要，而不是依據案主是否值得服務。工作員要謹記，個案工作的目的是協助案主改變，不是判斷對錯或追究責任。工作員應放卜個人的主觀參照標準，明白體諒人性的軟弱和限制，把重點放在案主的處境，投入其

內心世界，並從對方的觀點和立場，設身處地去體會和諒解案主的主觀感受。

第六，案主自決：案主對其本身的問題，有選擇、決定的權利和需要。鼓勵及協助案主適當地了解自身的情況和需要，協助案主「認清問題」，協助案主自己解決問題，承擔後果，達至發揮個人潛能，增強社會功能的工作目的。

第七，保密原則：工作員要遵守保密原則，對案主在專業關係中所告知或透露的私人資料，有保守秘密的職責或義務。保密不僅是社會工作的一種專業操守，也是社會工作者與案主建立互信關係的重要因素。

除了上述七大原則外，基斯盧卡斯（Keith-Lucas, 1972）指出，有意義、有效果的個案工作關係，同時需要包括以下八個特質：

第一，關係應該是雙方面而非單一的：個案工作關係應該是雙方面的，在個案工作關係中，需要工作員案主的投入和配合，亦需要案主的參與。

第二，關係不一定是永遠快樂和友善的：信任的關係不等於是愉快的關係，因為在個案工作的過程中，很多時候要處理和解決一些內心或深層的矛盾、難以改變的人際衝突，或者是一些難以改變的客觀事實。案主難免會感到害怕和會逃避面對，工作員必須勇敢地以真誠和堅定的態度，和案主一起面對不快、沮喪甚至痛苦的問題，有時甚至需要對案主作出挑戰。

第三，關係只有單一目標：個案工作的關係只有一個目標，就是幫助案主面對問題，幫助案主提升解決問題的能力。這目的看似簡單，但很多時候工作員會因為不同的原因，例如滿足個人被需要的感覺，維護法紀的道德責任、機構的目標或使命，而不自覺地加入了其他目的。工

作員要有高度的自覺，時刻謹記以案主為中心的目的。在個案工作關係中，不要同時擔任衛道者、改革者、教育者、研究者或控制者的角色，而是把工作目標聚焦在案主和助人的歷程中。

第四，關係是此時此地的：個案關係是兩個或者多於兩個人，在特定的時間、特定的地點、特定情景下，為特定的目標而聚在一起。這關係是有時限的，在這特定的時限，雙方聚焦在確立的目標，共同為解決問題而努力。

第五，關係是情理並重的：有別於其他的關係，助人關係中，工作員一方面是要冷靜理智和客觀，以致可以分析情況，評估需要，計劃行動，解決問題。另一方面，工作員要投入，明白對方的感受，亦需要有感情的投入和流露，使對方感受到溫情和支持。兼備理智與情感，是一種微妙的平衡，也是個案關係不可缺的元素。

第六，關係是不批判的：當我們作出批判、評論，認可或不認可時，或多或少都顯示了工作員較超然的地位。我們要謹記，工作員需與案主同行，陪伴案主面對人生並作出改變，以不批判的態度，對案主作出了解支持。這關係能產生治療效果，達致促進成長的目的。

第七，關係必須為案主提供新觀點：工作員需協助案主從新的角度來看事物，讓他們可藉此發現更多的資源、機會和選擇。

第八，關係必須為受助者提供真正的選擇：工作員不應剝奪案主經驗失敗的權利，只可盡量從旁提點支持，在適當時候施以援手。只有經過案主自由暢快表達的想法，並進行討論和思考，並從自由選擇的經驗中，才體會到自己是自身的主人，願意承擔解決問題和肩負人生的責任。

最後想指出的是，關係固然重要，但關係並不是個案工作助人歷程的全部。關係是確立個案工作歷程的媒介，是助人工作的起步點，除了

關係之外，工作員須具專業能力，掌握相關的知識和技巧，有效展開有方向的個案工作歷程。

七、個案工作過程

　　社會個案工作過程，是一個有計劃、有方向、有步驟的解決問題的歷程。不同學者亦因應情況把這一歷程或分為不同階段，亦會因為個案的性質而有所差異，但基本上個案的歷程大致有三個階段（Hepworth et al., 2017），而每一個階段都有特定的目的和內容，現分述如下：

第一階段：接案、連接、探索、評估和計劃
（Intake, Engagement, Exploration, Assessment and Planning）

　　當個人或家庭遇到困難或問題，主動前來尋求幫助，或經由相關機構或政府部門轉介而來，個案工作員通常會會見求助者，展開接案的工作。工作員與案主接觸，首先要了解求助的原因、需求和案主的具體要求。工作員同時亦要向案主介紹服務的範圍和職責、工作方法、形式和內容，同時評估所提供的服務是否切合案主需要。工作員亦需釐清雙方的要求和期望，確立目標和訂定初步的合作契約。很多時在接案階段，工作員往往因為要忙於理解案主的情況，而忽略了案主的情緒需要。在接案階段，工作員需要與案主連接，聆聽案主的需要，對案主給予支持、鼓勵，減輕對方的焦慮，提高其解決問題的動機、決心和信心，建立信任關係，為日後的工作奠下基礎。

　　理解和探索案主的問題，對個案作評估，是個案工作非常重要和不可缺少的一環，亦是決定個案能否達到其目的的一個重要因素。透過

評估，工作員從不同層面理解個案的情況和案主的需要，對個案的問題有更深入、多方面和全面的理解，掌握問題的核心，從而釐定介入的方向、重點和擬定介入的計劃。

在評估過程中，工作員需要蒐集資料，對資料作出專業分析，以及釐定計劃的目標和方向。系統理論可以作為一個框架，協助作全面的探索。在個人層面上，要了解案主的生理情況，包括精神和健康狀況、病歷、濫藥紀錄等，亦要了解案主的認知狀況，包括智力程度、價值取向、自我評價和他怎樣看自己。在情感方面，要了解案主的情緒和控制情緒的能力，在行為方面，要了解案主的暴力傾向、社交能力和處理問題的能力。最後還要理解案主的改變動機、案主的需要和案主所具備的資源和優勢，包括能力、潛能、個性上的優點，還要了解案主和家人、朋友、同學，以及一些對他重要的人的關係，從中發掘可以運用的資源。最後，也要關注對案主有影響的不同系統，包括學校、社區、大眾傳媒，甚至一些宏觀的制度因素。

初學者在評估時常犯的錯誤包括：

第一，缺乏信心，過分着重需獲得足夠的資料，才進行評估和進入介入過程。但資料蒐集的工作是沒有止境的，蒐集資料和評估是一個持續的過程，兩者相輔相成。透過接觸個案的歷程，工作員會不斷豐富所得的資料，當有新資料出現或情況有所改變，工作員可因應所得的資料而對介入計劃作出修正。

第二，另一極端是，對案主情況未有全面理解和分析，心急希望能幫助案主，以致出現「頭痛醫頭」的片面介入。案主很多時候會表達很多需要、對問題的看法、對服務的要求，或建議介入的方向，但案主的看法可能主觀，有時案主亦未必能對自己的深層需要清楚掌握。只基於

案主的陳述和要求而未有蒐集多方面的資料，例如家人、子女的想法等，過於心急或只依從案主陳述的問題進行介入，往往會出現偏差，甚至令個案失去方向。

第三，過分着重資料的內容而沒有進行歸納和系統分析。需知道資料蒐集只是評估的部分，更重要是資料整理和分析。資料蒐集的目的是透過了解案主的心理、思想、行為、人際關係和身處的處境，評估案主的限制、長處和潛質，了解案主面對問題的實際狀況，分析問題的成因和癥結，以及問題對案主和身邊有關人士的影響，以釐定介入計劃。

第四，過於着重案主問題的狀況而忽略了其優勢狀況。大部分案主都是帶着問題而來，亦深受問題困擾，工作員往往會不自覺地聚焦於案主的問題。優勢觀點協助工作員跳出問題框框，擴闊視野，令個案有所突破，問題有所改善。

第五，心急想運用所學輔導理論，沒有考慮輔導理論對案主情況是否適切。工作員很多時候掌握不同的輔導理論，很希望應用和驗證所學的輔導理論，忽略了理論對案主是否適切。工作員要緊記，理論的選取不是基於工作員的喜好和選擇，而是以案主的情況、特性和需要，並以工作員的專業分析和判斷為依據。

透過個案分析和評估，初步掌握個案問題癥結後，工作員與案主共同擬定解決問題的方向、目標、範疇、步驟和方法。計劃和目標的釐定是要切合案主獨特的情況和意願、案主的個性、能力和需要，同時考慮案主的環境和支持網絡，並獲得案主認同和參與。這也是工作員與案主的工作契約。

第二階段：介入和目標達成（Intervention and goal attainment）

擬定工作目標和計劃後，工作員與案主進入個案工作歷程的核心部分，就是介入和達成目標，這階段又稱為行動階段。行動階段最重要的任務是把擬定的計劃轉化為行動，從而達成工作目標。一般而言，在介入階段中，工作員會根據目標、案主的情況和個案的發展歷程，作出不同的介入，或透過不同的任務，協助案主達成工作目標。不同的理論和治療學派，介入的方法不盡相同，一般而言，工作員在介入過程中須進行以下工作：

第一，提供支持和鼓勵：工作員要對案主傳遞感同身受的接納和了解，讓案主感到被重視和尊重。同時工作員亦要發掘案主的資源和支持系統，為案主提供支持和鼓勵。

第二，提供情緒的疏導機會：個案工作其中一個重要的功能，就是提供機會讓案主在安全的環境下，訴說自己的遭遇，宣泄壓抑的情緒。案主如果能夠盡情傾吐自己的經驗和表達自己內在的情緒，並得到工作員的理解和適切的回應，情緒得以疏導，或因此而有能力處理自己的困難。

第三，觀念和問題的澄清：很多時候，案主的問題是源於自己看不清自己的問題和出路，工作員可以利用反映性的討論、澄清提問和經驗分享，甚至具體的提示，讓案主檢視自己的思考方法、個性情緒，澄清和修正謬誤的見解、矛盾和信念。

第四，增強案主的自我效能感：工作員協助案主提升自我效能感，方法可以是讓案主體驗成功感，覺察自己的長處，感受目標的逐步達成等。

第五，增強案主的自我覺醒（self-awareness）：提供機會讓案主能

與自己的深層情緒接觸，了解和明瞭自己的情緒、需要、期望、感受，表達自己對重要他人的感受，審視自己的內在需要，協助案主自我覺醒。

第六，行為的改變：工作員運用不同的技巧，協助案主改變失調或偏差行為，例如透過協助案主自我探索，產生觀念和行為的改變，或提升信心和自我效能感後作出行為的改變，或運用行為學派的概念和技巧如賞罰、角色扮演、鬆弛練習、社交技巧訓練讓案主有行為改變，或透過一些工務讓案主作出嘗試和改變。

第七，間接或環境的改變：處理和改善案主的環境，例如案主的家庭、朋友、同學，或幫助案主獲取合適的社會資源，或透過改善案主處於之壓力環境，以減少案主所受到的壓力，增進案主對社會環境之適應情況。

在介入的歷程中，工作員要細心監察介入過程的進展，從而作出相應的介入。工作員要檢視既定的介入策略是否有效，或是否需要作出調整。介入過程要因應個案和案主的步伐，適時調整介入目標和進度。

第三階段：結案和評估（Termination and Evaluation）

結案是個案工作過程中最後的階段，標示個案工作的完結。一個成功的結案（並不包括流失的個案），是一個預先計劃好的步驟，工作員經過仔細的思考，亦給予案主足夠的心理準備。在結案階段，工作員要做以下的工作：

第一，審視和決定是否結案：一般而言，個案早前定下的工作目標已達成，或案主的問題得以解決，或案主已建立解決問題的信心和掌握解決問題的能力，便是個案結束的時候。工作員要作出專業判斷，並與案主商討，審視和決定是否結案。

第二，成功結束助人的關係：預早與案主商討並告知結案的安排，幫助案主接納結案的事實，處理他／她與工作員分離的情緒，減少其焦慮和失落感以及矛盾的心情，讓案主能正面樂觀地面對結案，成功結束助人關係。

第三，強化案主獨自面對問題的信心：在個案歷程中，案主一直得到工作員的支持和鼓勵，亦習慣了對工作員的依附，所以在結案時，工作員要強化案主獨自面對問題的信心，幫助案主回顧個案過程，從經驗中肯定案主處理問題和適應生活的能力，協助案主明白個人的長處，認同自身所具備的能力和強項，有助其強化其獨立自主生活的信心。

第四，計劃維繫改變的策略：如何有效地讓改變能夠持續和維繫，預防結案後的倒退，是結案階段一個很重要的任務。後續的跟進服務，預計倒退的出現，討論獨自面對問題的策略，提供資源，善用支持系統等，都是一些維繫改變常用的策略。

第五，個案檢討：與案主一起對個案作整體檢討，包括個案目標的成效、過程中的得失、案主的參與、工作的方法和策略、工作員的態度和技巧等。這檢討的過程，是一個案主增權的過程，讓案主可從中學習，而工作員亦可聆聽案主的回饋，累積經驗，作為日後工作的參照。

最後，值得一提的是，個案工作過程十分複雜，個案發展亦會因應不同的案主和不同的情況而出現差異，上述的階段和步驟亦不一定是線性的發展，有時並排進行，相輔相成，有時會倒退回歸到前一階段。工作員要掌握過程和步驟，在實踐時因應個案的情況和發展，靈活運用，使個案工作的進程更有效，計劃和方向更有效率。

八、結論

　　由於篇幅所限，本文只能重點的把社會個案工作的內容作簡單介紹，當中很多細節和介入技巧，未能詳細討論。但亦想趁此機會，分享個人對社會個案工作的一些體會和反思。

　　很多人覺得，「社會個案工作」這一名稱已經過時，建議採用更專業的名詞例如「臨牀社會工作」、「個人與家庭社會工作」，或是「個人與家庭治療」。本文覺得「社會個案工作」這名稱比較適切。首先，這一名稱把社會個案工作和社會工作連結，知道社會個案工作是社會工作其中一個工作方法，亦是建基於社會工作的理念和目標。作為社會個案工作員，要認同社會工作的信念和價值，亦要遵從社會工作的專業操守。再者，正如前述，社會個案工作中的社會兩個字，提醒個人問題與其所處環境的相關性，突出了社會個案工作與心理輔導或治療工作的不同。相對臨牀社會工作或家庭治療，「社會個案工作」一名亦比較正面，工作員與案主的關係亦較平等。

　　個案工作重視工作員的態度。人本理論學者羅哲斯指出（Roger, 1961），在工作過程中重要的不是你做了甚麼，更重要的是你是誰（not only what you do but who you are），所以，工作員本身（personhood），是個案成效的決定性因素。工作員的性格、思想、行為、價值觀、態度、情緒、操守，這些內在的因素，結合形成工作員的素質，有諸內而形於外，往往是個案成敗的關鍵。

　　最後，本文想提的是，個案工作並非單是一種工作方法。這是一門科學也是一門藝術，是一個人性化、個人化和有內涵的過程，工作員陪伴案主面對人生，協助案主認識自己，接納自己，發揮潛能，邁向自我實現（林孟平，2008）。在過程中，工作員肯定案主的個人價值，並運

用個人、家庭和社區的資源，協助案主，提高案主的自信和解決問題的能力，達到助人自助、案主增權的目的。

參考資料

1. Biestek, F.P., *The casework relationship* (Chicago: Loyola University Press, 1957).

2. Bowers, S., *Principles and techniques in social casework* (New York: Family Association of America, 1949).

3. De Jong, P., & Miller, S.d., "How to interview for client strengths", *Social Work*, 40 (6), pp.729-736.

4. Erickson, M.H., "New concepts of hypnosis: as an adjunct to psychotherapy and medicine", *The American Journal of Psychology*, 109 (5), pp.398-399.

5. Hamilton, G., "Basic concepts in social casework", *Family*, 18 (July, 1937).

6. Hamilton, G., *Theory and practice of social casework* (2nd edition) (Columbia University Press, 1951).

7. Hepworth, D.H., Rooney, R., & Rooney, G.D., *Direct social work practice: theory and skills* (Australia: Cengage Learning, 2017).

8. Hollis, F., *Casework: a psychosocial therapy (2nd ed.)* (New York, Random House, 1972).

9. Keith-Lucas, A., *Giving and taking help* (The University of North Carolina Press: Chapel Hill, 1972).

10. Perlman, H.H., *Social casework: a problem-solving process.*

11. Perlman, H.H., *Relationship, the heart of helping people* (Chicago: The University of Chicago Press, 1979).

12. Rapp, C.A., *The strengths model: Case management with people suffering from severe and persistent mental illness* (Oxford University Press, 1998).

13. Rapp, C.A. & Goscha, R.J., *The Strengths Model: A Recovery-Oriented Approach to Mental Health Services (3rd ed.)* (New York: Oxford University Press, 2012).

14. Richmond, M.E., *Social Diagnosis* (New York: Russell Sage Foundation, 1917).

15. Richmond, M.E., *What is social case work* (New York: Rusell Sage, 1922).

16. Rogers, Carl, *Client-Centered Therapy: Its Current Practice, Implications and Theory* (London: Constable, 1951).

17. Rogers, Carl, *On Becoming a Person: A Therapist's View of Psychotherapy* (London: Constable, 1961).

18. Rogers, Carl, *On Personal Power: Inner Strength and Its Revolutionary Impact*.

19. Saleebey, D., "The strengths perspective in social work practice: Extensions and cautions", *Social Work*, 41 (3), pp.296-305.

20. Saleebey, D., "Introduction: Power in the people", in D. Saleebey (Ed.) *The strengths perspective in social work practice* (Boston: Allyn and Bacon, 2002), pp.3-17

21. Saleebey, D., "The strength approach to practice", in D. Saleebey (Ed.) *The strengths perspective in social work practice* (Boston: Allyn and Bacon, 2002), pp.80-94

22. Skidmore, R.A., *Introduction to social work (8ᵗʰ edition)* (Boston: Allyn and Bacon, 2000).

23. Smalley, R.E., *Theory for social work practice* (New York: Columbia University Press, 1967).

24. Strean, H,S., *Clinical Social work: theory and Practice* (London: The Free Press, 1978).

25. 林孟秋:〈個案工作方法〉,載於周永新、陳沃聰主編:《社會工作學新論(增訂版)》(香港:商務印書館,2013 年)。

26. 林孟平:《輔導與心理治療》(增訂版,第一版)(香港:商務印書館,2008 年)。

社會小組工作

黃幹知　　梁玉麒

一、導言

　　過去 70 多年，香港的社會工作者廣泛應用了小組介入。Konopka
（1963）認為「社會小組工作」（social group work）是通過有目標的小組
經驗，提高組員的社會功能，讓他們能更有效地應對個人、小組、組織
和社區問題。「社會小組工作」不僅有意通過活動來培養個人與其他組
員之間的關係，以滿足個人需要，還希望藉此促進社會變革、體現民主
精神，以及加強公民參與社會的責任感。

　　這種信念與社會小組工作的三大根源有莫大的關係。第一，是源自
十九世紀末在英美出現的睦鄰運動（Settlement Movement），當時有些中
產有識之士義務與貧民窟的街坊同住，通過不同的會社來開展教育、康
樂、社交活動，一同討論日常關注的事務，從而促進互助及社會參與。
這個運動改變了貧窮屬個人責任的意識形態，組員很多時候都受政治、
經濟和社會的宏觀因素影響，社會小組工作可以組織人們去改變制度的
不公義（Yan, 2001）。第二，是源自康樂運動（Recreation Movement），
它的信念是遊玩（play）有助發展孩子的德智體羣美，視每位組員都有
發展和創意的潛質，應讓所有不同性別、種族、社經地位和能力的組員

都可平等地參與（Breton, 1990），因此社會小組工作重視體驗和發展個人潛能。第三，是源自進步教育（Progressive Education），Dewey（1938）批評「傳統學校」老師單向傳授一些過時的知識，把學生倒模成一式一樣，於是提出「進步學校」的概念，重視與學生一同探索和討論生活經驗，而學生則可從中反思和應用這些經驗去面對生活的挑戰。進步教育令社工帶領小組時強調組員的平等、共享權力，促進組員互助、共同解難、民主參與社區事務等（Breton, 1990）。

二、不同模式的社會小組工作

因着上述的三個傳統，有些社工會較強調以小組發揮補救功能來改變個人；亦有些社工着重以小組爭取社會公義和制度的進步。Papell和 Rothman（1966）根據不同的實踐目的和價值取態，將社會小組工作分為三種主要模式：補救模式（remedial model）、互惠模式（reciprocal model）和社會目標模式（social goals model），幫助社工有一個框架去設定目標、介入手法和檢討成效。

補救模式

此模式的組員確診患有某種疾患或社會適應不良的行為，在參與小組的過程中得到療癒，社工有意識地組織、設計、管理小組的發展，往往被視為發起改變的人。通常在這類小組，社工都會運用一套輔導理論，並有清晰的程序引導組員改變。目前，香港的輔導小組、治療小組或成長小組都屬於這類模式。

互惠模式

此模式通過集合一羣有類似需要或背景的組員來發展互助系統，從事某些共同任務。此模式最重要的目標是讓組員發展多元互動的關係，讓他們成為彼此的資源。社工會嘗試找出組員的共通困難、讓他們抒發感受、互相分享有用的資訊和應對經驗等。目前，香港的互助小組、支援小組、自助組織都屬於這類模式。

社會目標模式

此模式旨在為社會上受壓迫的邊緣社羣充權，增強他們的公民責任和對社會議題的關注，促使組員願意探討各種可能性，並搜集充足的資訊以分析社會行動，再將自我追尋轉化為社會貢獻和變革。此模式尊崇民主過程，使組員覺察到自己的參與權，共同決定小組的發展。目前，香港的關社小組、公民教育小組、委員會、倡議小組，都屬於這類模式。

下表按不同特性來比較三個模式：

三種社會小組工作模式的比較 [1]

特性	補救模式	互惠模式	社會目標模式
工作目標	修補、復康、解決問題、提升應對技巧	適應、社羣化	社會意識、公民責任、社會行動
改變焦點	個人	關係	社會環境
常見機構	住院及門診	門診及中心	鄰舍或社區中心
組員特性	失能、疾病	有共同關注	街坊鄰里
社工角色	輔導者 (counsellor)	協調者 (mediator)	使能者

---

1 梁玉麒、黃幹知，2022，頁 4。

特性	補救模式	互惠模式	社會目標模式
常用手法	以結構活動來改變個人行為模式	建立凝聚力、促進互助	民主參與、經討論達成共識、組織及倡議
例子	治療小組、輔導小組	互助小組	關社小組、倡議小組

Papell 和 Rothman 的分類，能涵蓋不同層次的社會小組工作，如：治療、互助或倡議小組。然而，上述分類並未包括發展性小組（developmental groups），如：一些旨在幫助組員更深入認識自己或人際學習的成長小組、為普羅大眾推行的康樂和興趣小組、一些義工發展或領袖訓練小組。此外，上述分類亦未有觸及一些傳遞知識與訓練技巧的心理教育小組（psychoeducational groups），此類小組多結合學習元素，強調按主題來滿足特定訓練目標，以加強組員的社交技巧及促進個人發展，例如：減壓小組、照顧或親職技巧小組、性教育小組等。

筆者認為社會小組工作，除了包括上述有關「社會小組工作」的補救、互惠和社會目標三大模式外，還可納入當今越來越常見的心理教育小組、發展性小組和事工小組，而社工則可就以下幾個重點去介入（梁玉麒、黃幹知，2022）：

（1）補救和治療重點：減少組員因生活厄困和挑戰造成的身心傷害。

（2）教育及發展重點：傳授知識和培訓技能，提升組員應對生活的能力，並發展其潛能。

（3）互助互惠重點：通過組員間的互助，發展社羣生活當中的自助制度。

（4）社會目標重點：組員以行動倡導政策變革，建設更美好的社區。

當然，選取哪些小組工作目標，會影響社工以至組員在小組的互動、付出與收穫。隨着時間的發展，小組所關注的重點亦會有變化，

可以從原先補救重點轉變為發展互助系統，甚至轉變為由組員倡導變革。筆者曾與多名前線社工，開展一個認知行為治療法的痛症管理小組，旨在改變一批長者對控制身體痛楚的失效信念，並結合心理教育課程，提高了他們管理疼痛的效能（梁玉麒、游達裕、區結蓮、張敏思，2011）。其後，筆者和團隊開始成立互助小組，讓他們分享在生活中應對痛苦的心得，互相支持。後來，組員發現在泳池中散步有助緩解疼痛和增強肌肉能力，但因多數泳池只配備了直角扶梯而非坡道，難以步入泳池，於是他們慢慢發展成為一個倡議小組，並開始致函相關政府部門，倡導改變泳池設計，並增加噴水式的按摩池，以滿足嚴重慢性疼痛患者的需要。

除了以介入的重點來為小組分類外，社工更可善用系統思維來介入小組，特別是把小組應用於家庭工作之上。現時除了以個人為單位來參與的小組外，更可以是多對情侶或夫妻參與的伴侶小組，多對親子、兄弟姊妹或照顧者與長者參與的平行小組，多個面對類似困難或背景的家庭為單位參與的多元家庭小組等（梁玉麒、黃幹知，2022）。

三、小組過程中的治療與致效因子

隨着時間發展，小組組員間的互動日益深入，會產生不同的小組動力。1985 年，Bloch 和 Crouch 建基於 Yalom（1983）研究和歸納出的小組治療因子，指出以下一些對應不同羣體的小組較共通的致效因子（Change factors），可被視為可以提高組員有效滿足自身需要和實現小組目標的正面因素及促進組員改變的機制：

（1）接納（Acceptance）：組員團結、有「我們」的同在感（we-ness），

組員感到小組中的溫暖和慰藉，也會感到安全、受歡迎和認同，這是眾多其他因素的致效基礎。

（2）共同體（Universality）：組員找到類似遭遇的同伴，看見他人都面臨共同困難，發現自己並不孤單，分享休戚與共和同病相憐的感受。

（3）灌注希望（Instillation of Hope）：組員接觸一些找到出路的同路人，令自己相信參與小組可為自己的困難帶來轉機。

（4）指導（Guidance）：由社工傳遞訊息或其他組員提供建議，令聆聽的組員得益，或對現實有更大的掌控感。

（5）利他主義（Altruism）：組員在小組中支持、肯定和指導別人，能夠在幫助他人時感到充權和有滿足感，讓組員為他人作出貢獻。

（6）模仿學習（Vicarious Learning）：組員可從他人身上觀察、模仿和練習新行為。

（7）學習社交技巧（Learning From Interpersonal Action）：小組作為一個安全的環境，可練習與人互動，從中發展社交技巧。

（8）啟發（Insight）：小組就像一個社會縮影（social microcosm），組員會不經意地在組內展現出組外的交往模式。小組就像一面鏡子，在當下的安全空間中觀照彼此的盲點。組員通過他人真誠的反饋、自我反思和觀察，意識到人際互動行為的優勢、局限及扭曲的關係，也就是Yalom（1983）提及的人際學習（interpersonal learning）。

（9）宣泄情緒（Catharsis）：小組提供了一個空間讓人開放地抒發一些長期積壓的情緒，並學習如何表露情感，令人覺察自己當下互動的感受。

每個小組都是獨一無二的，這些因子未必適用於所有小組，而不同的組員可能會對有助於其積極變化的因素作出不同反應。筆者根據文

獻回顧、臨牀觀察及實務經驗，發現在小組初期，「接納」、「共同體」、「灌注希望」和「指導」等致效因子對建立小組的凝聚力更為重要，這份信任有助小組在中後期中，令「利他主義」、「模仿學習」、「學習社交技巧」、「人際學習」和「宣泄情緒」等致效因子得以發揮（梁玉麒、黃幹知，2022）。這些因子就像一張地圖，建議和指導社工在不同的小組發展階段（group development stages）中首要處理的任務。

四、社會小組工作在香港的實踐現況與挑戰

倡議小組日益減少

目前在香港推展社會小組工作所面對的外來限制愈來愈大。政府在 2000 年實施整筆撥款，社福機構財政日趨保守，亦不願意動用盈餘，資源集中在補救性小組上。因要依賴政府的撥款生存，機構不得不與政府保持和諧，傾向減少批判，有意無意地對倡議小組（advocacy group）有所顧忌。加上近年實施的「港區國安法」，大大改變社會政治形勢，而稅務局在 2021 年修訂指引：「如任何機構支持、推廣或從事不利於國家安全的活動，局方將不再認定其為慈善團體」。有些機構管理層會因而自我審查及設限，前線同工亦會擔心自身的刑責，結果倡議小組日漸式微。

社署的獎券基金，大多都撥款給大型機構，而很少津助小型、創新及重倡議的機構。在這個時代，一些關注弱勢社羣的組織，譬如關心少數族裔、勞工權益、性工作者、劏房、無家者的機構，它們的倡議小組批判政府政策，因此極難得到政府的長期津助，只能依賴一些外界的短

期基金，或忙於籌款去延續服務。

短期小組愈見流行

現時因服務競投及價低者得的緣故，有些機構或會在預算不足的情況下開展服務，不少管理層從中壓榨新入職的同工，他們幾年內或會轉職。加上近年的移民潮下，資深同工嚴重流失，難以維持長期小組。整筆撥款下，有機構為求儲備盈餘，要求單位自負盈虧，令同工不得不投放精力於一些收費服務或興趣班，對照顧基層弱勢但收費低廉的服務因缺乏市場而顧此失彼。機構又不斷要求前線同工在資源匱乏下創新，令同事缺乏心力去維繫一些需時用心經營、培育、具發展特質的長期小組。有不少同工反映，機構有時甚至不會資助恆常活動或長期計劃，令前線同工要疲於奔命去申請外界基金，來延續恆常服務。可是，外界基金的撥款額及資助期也限制了小組的時間。短期小組，缺乏發展階段，難以培養組員建立互助系統，更遑論做到社會目標模式裏的倡議性小組。

短期小組的誕生，與「服務表現監察制度」不無關係。以青少年綜合服務中心為例，按社署「津貼及服務協議」（F.S.A.）的要求，每位同工一季須有 45 個參與最少三次小組或活動之「經常接受核心服務」會員人數。又以綜合家庭服務中心為例，F.S.A. 要求最少六人及四節就可計算為小組。有中心的前線同工表示，管理層認為一些三、四節的短期小組在帳面上會較有成本效益，而不鼓勵前線同工開展長期小組，導致大家不重視小組發展和過程，也較難產生具影響的小組動力。

若中層管理對社署的要求捉錯用神，會令前線同工不得不選擇以得過且過的方式來應對。反之，若中層管理能靈巧地應對，則可令前線同

工在夾縫中找到空間。有時，由於 F.S.A. 按同工的人頭來決定輸出，有些主管更會質疑同工帶領小組或活動的人手比例，而要求一個小組只安排一位同工負責，變相不鼓勵協同帶領（co-leadership），而協同帶領對處理一些較有困難的社羣，以至讓同工從中互相觀摩學習帶來專業成長。

在筆者的實務經驗中，以日營或宿營讓組員在真實環境下共處，具超越三、四節的小組發展效果。不過，有同工反映，機構不鼓勵超時工作，例如：主管只會視一些寫在程序表上的宿營活動（如：夜行）為工作，而同工在深夜以非正式介入來建立小組關係（如：與組員青少年喜愛遊玩的卡牌或促膝夜話）並不計算工時。同時，有機構只把宿營計算為兩節或三節，有些主管認為不利於上報數字。因此，有同工寧可選擇舉辦六節，每節一個半小時的小組，甚至在小組中不設小休。

近十年來，政府不斷在長者地區中心和長者鄰舍中心開展新的服務，例如隱閉長者、有需要的照顧者、樂齡科技等，雖然社署有增加人手，卻沒有增加單位的地方和空間，有些中心根本就沒有足夠的房間用來開展長期的小組活動，故此就迫不得以要以短期小組的方式來應付 F.S.A. 的服務輸出。這亦反映政府欠缺長遠的福利規劃，頭痛醫頭腳痛醫腳。

現時機構受到服務質素標準（S.Q.S.）的監管，忙於應付行政交代和輸出（Output）數字，加上同工要花心力撰寫計劃書、報告和管理財政，結果令小組變得重量不重質。當同工未能與組員交心，亦很難會付出時間長期參與，為求達標，開展一些節數少、人數多的小組或會更賣座，令服務質素受成本效益掩蓋。

側重手法輕視需要

現時很多小組計劃都重視介入手法，而不少前線社工極嚮往臨牀介入，認為心理治療的理論和技術是提升專業地位的不二法門。當然，這些臨牀介入和治療理論有助同工更細緻地理解組員的改變機制，但使用時的心態卻值得關注。

首先，同工使用時這些治療手法是否符合處境（context）和文化角度？現時，小組工作常受潮流的手法影響，例如早年盛極一時的歷奇輔導，不少中學生都曾經參與，而其小組活動大多以培養團隊合作為目標，但那些中學生是否真的需要學習合作呢？特別在二十一世紀，有不少工種都是獨立在家工作。相對而言，若把營會的方向轉為畜育，讓現今大多是獨生子女的青少年學習同理心，或會更回應他們與人連結和孤獨的需要。

第二，引入治療理論時會否淡化了社工的價值？例如某些理論會令社工構思小組只重視問題分析，卻忽略去滿足組員個人成長的需要，甚至忘卻了社工最根本的人本關懷。同工應當在小組中協助組員發掘問題背後的需要、其應對困難的經驗、本身的長處和內在資源，從而促進他們的同舟共濟、交換資訊、情感支持、模仿學習，才體現到小組重視互助的精神。

第三，心理治療是很受西方資本主義和市場主義的影響，而很易把組員的問題化為個人、內在和心理的困擾，介入的重點就是要把這些失調行為轉化為符合主流社會的功能性行為。目前坊間有很多教育性小組都假設組員是一張白紙，令同工以專家的角色，在小組中一廂情願地教授組員知識與技巧，彷彿灌輸一些「正確」的概念和方法，便能解決生活中的問題。這種假設容易導致同工將問題歸咎於組員，因而忽視其他

外在因素。聚焦個人行為、講求單一標準的教育活動,都難以恰當地回應問題發生的複雜多變的處境。

社會小組工作應採納批判視野,並以系統思維來考慮人在環境中的關係,彈性以不同的手法來對應需要。一些受多元問題困擾的組員,傳統的介入手法一直對他們幫助不大。例如筆者曾開展一個服務病態賭徒的小組,回顧文獻時發現認知行為治療對他們最為有效,但組前面談卻發現他們已接受多次認知行為治療的介入,但成效不彰,此時筆者就改用完形治療及正念訓練來進行小組工作的介入(梁玉麒、游達裕、區結蓮、張敏思,2011)。

只顧程序忽略過程

社工需要平衡三方面(3P),即:主題目標(Purpose)、互動過程(Process)、活動程序(Program)(黃幹知、梁玉麒,2014)來帶組。有部分同工會過於重視規劃程序,而較少細緻地關注能否回應主題目標。有時更會以大量的體驗遊戲來填塞時間,而忽略了以解說(Debriefing)引導組員反思互動過程和主題(黃幹知、梁玉麒、劉有權,2012)。

目前,業界出版了各式各樣的小組程序手冊(下稱:「手冊」)。有些機構求創新,推出先導計劃後,編寫手冊來總結經驗及把介入手法發揚光大,從實證為本的角度本身並非壞事。不過,部分同工會有一份迷思,認為要忠於手冊,完全跟從其活動程序才恰當。有些大型服務計劃的手冊中,要求同工必須緊跟手冊內容來推行,更警告若不跟從,計劃的效果將減低(黃幹知、梁玉麒,2014)。值得社工思考的是,要求跟從(adherence)手冊是源於隨機控制測試研究中,要求在實驗組中的介入嚴格跟從手冊,才可和控制組產生對比,以突顯介入成效。不過,實

務和研究場景不同，社工應反思是否真的需要凸顯介入的成效？有沒有其他因素比「跟從手冊」對成效帶來更大的影響？

一些治療性小組都傾向遵從手冊的程序來教授知識，漠視了評估不同年齡層的需要後彈性調節。譬如一些認知行為治療小組，主要教導組員分辨理性與非理性想法，而忽略了人的困難常與其自身的處境有關。社工帶領這類小組時，更應協助組員覺察他們的內在需要，甚至充分地分析問題背後的結構和社會因素。小組工作強調因時制宜，拒絕盲從手冊的活動。若社工在不理解介入理念下，只遵從手冊的活動而忽略獨特定的處境，只着眼於程序多於組員需要，將難以彈性回應此時此地的關鍵事件（黃幹知、梁玉麒，2011），如：組員出現情緒、衝突，並從中帶出主題及更深刻的學習。

缺乏持續和有效的檢討機制

現時小組工作的另一挑戰便是缺乏成效檢討（Outcome Evaluation）和過程檢討（Process Evaluation）。很多同工都看不見檢討、改善服務和滿足組員需要之間的關係，更視檢討為一項煩瑣的恆常任務，或身處象牙塔中的學術研究，與實務的距離非常遙遠。

機構服務質素標準監管，而社署的巡查和審計方式包括：檢查出席表是否齊備、檢討報告的簽名日期是否準確等。不少管理層都覺得「質素」難以量化，於是就專注於監管小組的服務輸出（output），而非成效（outcome）。服務質素的精神應是建立一個持續改善的機制，只有文件和數字的證明來實施問責，對小組實務幫助不大，令同工混淆了「輸出」與「成效」兩個概念的檢討，也間接迫使同工着眼於「跑數」而非提升小組質素。

在成效檢討方面，現時很多同工只是用服務滿意度問卷作為檢討的主要工具，而甚少在組前（pre-test）與組後使用量表來評鑑（post-test）。有些同工更擔心小組的有效性，會直接影響津助者的撥款，因而在設計問卷時傾向引導組員填寫較正面的回應，令檢討的可信度（reliability）偏低。不過，若使用實證研究的量表，為嚴格符合效度（validity）的要求，量度的因素繁多，題目趨向冗長，令很多同工敬而遠之。在平衡研究和實務需要下，同工可考慮使用服務滿意度問卷，再配合一些只有約十條題目的快速量表，同時也可考慮在量性外，與質性互相補足。除了常用的深度訪談或聚焦小組外，更可糅合小組的反思工具、錄音錄影和行為清單來輔助工作員觀察（黃幹知、梁玉麒，2013）。

在過程檢討方面，很多社工都沒有拍下小組過程的習慣，也很少會聆聽自己帶組的錄音，疏於仔細反思和持續改善自己的帶組的技巧，忽略了過程中的盲點。在回顧影帶時，從組員身上和觀照自己的表現上有很多得益。隨着科技的發展，錄影本應更易，但願意去做的人卻就愈來愈少。若社工忽略以過程檢討來了解組員的回應，難以累積經驗，會導致處理小組過程的能力越來越弱，使小組工作偏向以程序計劃主導及事工為本。

發展對應組員需要的檢討機制是十分重要的，直接影響服務的進步。若社工能兼顧質性和量性的成效與過程檢討，將有助推進實證為本的小組實務和知識發展。

五、總結與展望

上文詳述了自整筆撥款實施以來，對社工開展小組工作的挑戰。

同時，雖然社會問題日益複雜，仍有不少社工在夾縫中推展一些與時並進、對應新的服務對象和需要、以創新手法開展的小組（梁玉麒、游達裕、區結蓮、張敏思，2011），例如有中心在沒有申請基金下，成立學習團隊去為長者開展失眠小組，在有限資源下，一年只開展一次，讓團隊累積經驗、互相研習和支持，並連結大學的老師以融入有系統的成效評估，再整理成不同的實務或程序手冊。若同工有智慧和靈巧地面對現實的限制，一些看似微小的深耕細作將來必有迴響。時代艱難，同儕間互相督導、交流和切磋，將勝過單打獨鬥。

參考資料

1. Bloch, S., & Crouch, E., *Therapeutic factors in group psychotherapy* (Oxford University Press, 1985).

2. Breton, M., "Learning from social group work traditions", *Social Work with Groups*, 1990, 13 (3), pp.107-119.

3. Konopka, G., *Social Group Work: A helping Process* (Englewood Cliffs, NJ.: Prentice Hall Inc, 1963).

4. Papell, C.P., & Rothman, B., "Social group work models: Possession and heritage", *Journal of Education for Social Work*, 1996, 2 (2), pp.66-77.

5. Yan, M.C., "Reclaiming the social in social group work: An experience of a community center in Hong Kong", *Social Work with Groups*, 2001, 24 (3-4), pp.53-65.

6. Yalom, I.D., *Inpatient group psychotherapy* (Basic Books, 1983).

7. 梁玉麒、游達裕、區結蓮、張敏思：《千帆並舉：社會工作小組新貌》（香港：策馬文創，2011 年）。

8. 梁玉麒、黃幹知：《小組工作：理論與實踐》（香港：策馬文創，2022 年）。

9. 黃幹知、梁玉麒：《舉一玩十：一種物資帶領多個遊戲》（香港：策馬文創，2011 年）。

10. 黃幹知、梁玉麒、劉有權：《一團和戲：130 個團隊遊戲帶領技巧》（香港：策馬文創，2012 年）。

11. 黃幹知、梁玉麒:《一呼百應：200 個訓練活動帶領技巧》（香港：策馬文創，2013 年）。

12. 黃幹知、梁玉麒:《一齊玩斗：發展性小組遊戲活動》（香港：策馬文創，2014 年）。

社區工作

姚瀛志

一、前言

　　社會轉變的成長與社區有密切息息相關，不論鄉村、城鎮或都市都因為轉變而出現很多各樣的社區問題。這些問題部分是個人難以解決的，需要透過羣體的力量來解決。從專業社會工作角度，協助居民解決社區上所遇到的問題，需要運用多層面的專業技巧。並適切地運用社區資源、結合居民的力量與社會政策配合，協助解決有關人士的問題。

二、社區的定義與社會關係

　　社區工作是一種社會工作技巧（social work skill），亦是一種服務類別或形式。以社區發展的角度而言，社區工作協助推動社會發展，是動態的表現，包含醒覺、教育、行動三個認知性階段。社區工作是社會工作技巧之一的統稱，它包含社區組織及社區發展兩個概念。社區工作一詞代表專業性，並被公認為一種獨特的專業應用理念。

　　社區工作強調以地域性提供服務的理念，同時亦是協助政府發揮其功能，透過了解居民的要及政府政策，發揮政策協調作用、緩和劑的作

用，以及和平推動者的作用，以改善居民生活水平，或提升居民的生活素質。[2]

　　隨着都市化的發展，社區服務一般是依當地政府的行政區域屬性劃分。關於社區的屬性劃分，可分為三種不同的概念：結構的概念（如：地理疆界、服務設施）；互動的概念；和行動的概念（如：社會變遷、參與行動）。社區工作除了要考慮地理範圍屬性外，還包括社區的認同感、互動及社羣關係等。因此，社區工作與社會關係可謂是一羣人在一定的地理界限內共同生活的地方，人與人之間有互動並有相關的生產活動。社工運用社區獨特的屬性，組織居民解決當地的社區問題。[3]

　　現今，科技發展迅速，社區工作與社會關係除了由資助者所指定的工作範圍作為地域結構外，還有同地域內一羣有共同價值觀及文化背景的共同性的社區。它具互動性及關係性的非社區型態的社區，此羣體沒有固定的可接觸實體，而靠價值觀、文化或信仰等精神維繫。非社區型態的社區同樣受到社會轉變 —— 如居民面對社區環境的改變、新政府政策影響、人口互動模式轉變 —— 所影響。因此，社區工作服務面對具實體社區型態的結構性社區及非社區型態的社區。[4]

三、社區工作專業性

　　社區工作強調協助居民解決未能以個人能力解決的社區問題，而這

2　姚瀛志：〈澳門社區工作的反思〉，《廿一世紀社區工作新趨勢》（澳門：澳門街坊會聯合總會，2002 年），頁 194-209。

3　Mini Pradeep, K.P. and K. Sathyamurthi, "The 'Community' in 'Community Social Work' ", *Journal Of Humanities And Social Science*, Volume 22, Issue 9, Ver. 1, pp.58-64.

4　姚瀛志：《社區組織理論與實務技巧》（新北：揚智文化出版社，2011 年）。

些問題是可以透過結合社區內其他成員，共同來爭取其合理權益。這類問題可從微觀（microscopic）、中觀（mesoscopic）或宏觀（macroscopic）的視角了解、掌握，探索問題所在，找出解決方案。所謂微觀視角是指協助當事居民，從實質個人問題及居住環境，分析問題是否可從該居民的權力解決問題。如老鼠屋問題、垃圾屋問題等。

　　中觀視角是指居民的問題不能在其權力或能力下解決問題，需要透過外界實體介入才能解決問題，如大廈治安、大廈清潔等。這類問題需要其它權力機構的協助以改善困擾問題。

　　宏觀視角是指居民的問題不能單從微觀、中觀角度分析及解決問題，是需要依靠政府政策推動，如樓宇重建問題、外勞問題等。宏觀問題大部分是社會整體問題，需要社會整體考慮，它與社會發展息息相關。[5]

　　社區工作者有如在微觀層次（micro level）的介入者或倡議者，如同一個個案管理者，向居民提供適當有效的資源，從根據當事居民的情況，整合各類資源提供協助。中觀層次（mezzo level）側重於鄰里和社羣層面，組織居民與不同部門或機構協商，以達致居民的訴求。社工的角色主要是協調者、調解者。宏觀層次（macro level）強調關注社會政策及社會系統推動社會發展。社工扮演社會政策推動者，收集及結合社會不同層面的資源，以社會行動或社會倡導的策略，推動及爭取合理的社會政策措施。[6]

　　社區工作者除了具微觀、中觀及宏觀視角能力外，在推動服務時還需配合其它社區視角的特性，包含了解不同地域的社會發展型態。在實

5　姚瀛志：《都市社區工作》（新北：揚智文化出版社，2018 年）。
6　DuBois, B. & K.K. Miley, *Social Work An Empowering Profession* (Pearson Education, Inc).

務工作上，它亦包含廣泛的活動，如社區組織、組織發展、社會重組等的社會發展變化。都市發展迅速，社區工作者必須具備不同層面的社會視角，才可提供專業協助。

四、社區工作源起

社區工作發展起源，只能從歐洲、英國及美國等地，追尋與社會工作相似的社區工作發展史。[7]

早期的歐洲社會，社區被共同的宗教信仰和封建的社會關係聯結在一起。由於教會的資源豐富，歐洲國家早期的貧民救濟工作多由教會介入，稱之為「教區救濟」（Parish relief）。隨着英國及法國開展工業革命，城鄉發展轉變，導致農業經濟競爭力較都市弱，都市的工業發展產生大量工作需求，農民紛紛向都市移居，在未找到工作期間造成大量貧窮問題。同時，原有城市的勞工，受湧入的農工影響導致失業問題，令城市失業率大增，造成各種社區問題，如貧民窟的出現、醫療失衡、小孩失學等問題。

1388 年，英國政府制訂了「濟貧法」（Poor Law Act 1388）保障原居民財產，可惜法案並未為貧民帶來實質協助，城鎮的貧民問題未能得到解決，社會問題持續出現，影響延申至全國。1601 年，英國修定「濟貧法」（Poor Law Act 1601）明確訂定一套政府救助貧民的系統，這是直接為貧民建立救助工作制度的開始。1601 年的「濟貧法」對社會福利救助發展，明顯產生巨大的影響 .200 多年以後，「濟貧法」於 1834 年進行了

---

7 Payne, Malcolm, *The Origins of Social Work-Continuity and Change* (USA.: N.Y. ，Palgrave MacMillan).

少量的修訂，新法例令對貧民救助更具系統化，其後有關法案經過了多次修改，如 1909 年的「改革法案」(*The Reform of the Poor Laws 1909*)，為地區教會對社會福利救助提供明確指引，教會救濟服務方法漸建立起一套模式，形成早期社會工作中社區發展的基本元素及服務理念。[8]

倫敦「慈善事業會社」創造社會工作環境

英國的工業革命，令都市迅速發展，衝擊原有的社會制度，社會發生巨大改變。農村與都市制度的差異，文化背景不同，造成往市鎮工作的農工對城市制度的不適應，產生各類社會問題。1869 年，倫敦一羣來自中上階層帶有宗教理念的人士成立「慈善事業會社」(Charity Organization Society, COS)，針對貧苦家庭推出親善探訪模式 (Friendly Visiting Method)，對有需要人士進行深入了解，然後提供協助。這類以探訪方式了解服務對象的活動，是社區工作方法技巧的起源。COS 的成立是社會福利由政府為貧民直接提供救助的理念，推展至由慈善組織提供服務，是一大進步，並發展成慈善組織運動 (Charity Organization Movement)，其後該運動席捲全美，[9] 並將原有的社區分區模式帶進了各式救助運動，營造社區工作環境。

1884 年是社會工作及社區工作的發展里程碑，倫敦東區猶太教牧師 Canon Samuel Barnett 與牛津大學講師 Arnold Toynbee 率同教友及大學學生在貧民區 (poor dockland area) 組織及教育居民爭取環境改善及改變窮人文化。此種改善貧民生活之方式，被稱為「社區睦鄰組織運動」(Social Settlement Movement)，[10] 此類以非個案及小組形式，以社區為中

---

8 同上。

9 同上。

10 徐震：〈台灣社區發展與社區營造的異同—論社區工作中微視與鉅視面的兩條路線〉。

心的服務貧民方法，直接激發當事居民的動力，透過社區特有資源，協助服務對象解決問題，達致助人自助作用的運動，對近代社區工作方法技巧及策略有着極大的影響。

受英國的 Arnold Toynbee 所影響，美國芝加哥大學的 Jane Addams 在 1889 年於芝加哥內成立 Hull House（赫爾館），為當地社區的貧民提供教育服務，在區內為居民提供協助，她發揚了英國睦鄰運動的精神，以社區為本，在區內深入參與社區生活，與區內貧窮人士一起，直接而切實地了解貧窮人士的自助能力，運用各種社會資源為居民提供服務。這類以社區為本的服務中心，於 1886 及 1892 在美國各地迅速發展。[11] 他們的工作方法翻開了社會工作新的一頁，為社會工作建立社區工作技巧的基本法則。

香港社區工作發展

香港的社區工作發展主要受到英國殖民管治政策所影響，由於殖民管治的關係，它與英國的接觸較為密切，與英國的社會福利制度雖然沒有同步發展，但深受英國對殖民管治的社會福利政策影響，同時，因第二次世界大戰大量難民紛紛逃至香港，形成一個供需環境，推動了社區工作的發展。

香港戰後的社區工作發展歸納為三個階段，包括五、六十年代初期發展階段、六十年代後期開始的蓬勃發展階段，以及八十年代開始的躍進階段。八十年代開始，鄰舍層面社區發展計劃為特定區域居民提供服務，工作方式經過多次專業服務、全面檢討評估，認同它能有效地在特

11　Farley, Smith & Boyle, *Introduction to Social Work* (Boston: Pearson Education, 2006).

定區提供服務，被政府接納為社會工作的工作手法，對社區工作的專業發展具重要意義。[12]

現今，社區工作被應用於對特定地區的對象提供服務，如由政府資助社會服務機構運作的香港天水圍房屋諮詢及服務隊，專責為天水圍準公屋居民服務。其時社區工作開始發展各類不同以社區為本的計劃服務，根據社會福利署 2023 年網上資料顯示，以地區性推展的服務包括：殘疾人士社區支援計劃、地區言語治療隊、精神健康綜合社區中心、長者地區中心、長者鄰舍中心、社區照顧服務隊、日間社區康復中心、精神健康綜合社區中心、社區精神健康協作計劃、社區精神健康照顧服務和提供青少年社區支援服務計劃等。

五、社區工作理論與模式應用的觀念

社區工作理論與應用

社區工作在協助居民解決社區問題時往往涉及組織工作，它是在社區內有目的、有計劃地集合一羣訴求相同的人，共同解決社區問題。社區組織的理論運用可分為三個部分（見表 1）。第一部分以地域結構及地區關係作為整體思維，運用場域理論（Field Theory）、社會關係理論（Social Relationship Theory）及社會結構理論（Social Structure Theory）等觀點，分析地區問題的成因。第二部分可運用 Karl Max 的衝突理論（Conflict Theory）及 Stacey Adams 的公平理論（Equity Theory）探討居民對形成有關社區問題的認知，分析問題與居民認知造成的影響。第三部分分析

12　姚瀛志：《社區組織理論與實務技巧》（新北：揚智文化出版社，2011 年）。

居民解決問題的動機與訴求，這部分以社會交換理論（Social Exchange Theory）、Vroom 的期望理論（Expectancy Theory）及社會資本理論（Social Capital Theory）等觀點，分析居民參與組織活動的反應及動力。[13]

表 1　理論應用說明 [14]

組織各階段	理論應用	應用的目的	主要考慮
社區問題成因	場域論 社會關係理論 社會結構理論	分析地區問題的成因	社區問題的存在性
社區問題與居民認知	衝突理論 公平理論	分析社區問題與居民所獲認知的相似度	居民對問題的理解與期望
解決問題的動機與訴求	社會交換理論 期望理論 社會學習理論 社會資本理論	分析居民解決問題的目的與期望	居民對解決問題的動力

社區工作模式觀念

社區組織工作從早年的社會工作者在貧困地區推展各類救助服務，發展出多個不同模式，如 Batten's 的直接法（Directive Approach）和非直接法模式（Non-Directive Approach），被稱之為二分法。J. Rothman 於 1968 年提出地區發展（locality development）、社會策劃/社會計劃（social policy/social planning）及社會行動（social action）三個主流觀念，被稱之三分法。筆者於 2011 及 2018 年兩書提出「居民組織工作四階段」模式及「都市啟動模式」。這些模式成為目前組織工作者工作模式的主要參照。

13　同上。

14　資料主要參考自姚瀛志：《社區組織理論與實務技巧》（新北：揚智文化出版社，2011 年）。。

Batten's 的二分法概觀

Batten's 於 1967 年的 *The Non-Directive Approach in Group and Community Work* 一書提出直接法和非直接法（Directive and Non-Directive Approaches）的觀念（見表 2），這方法又被稱為二分法。他認為社區社工對居民存在一定程度影響，例如居民的價值觀、思維、態度、關係、行為等。社工能直接影響居民建立正確觀點，因此不少機構以直接帶領方式組織成員提供協助。直接法強調由機構或社工為主導，以居民所需作考慮，主動為相關居民作出合適的決定，從而帶領居民解決社區問題。[15]

表 2　Batten's 直接法與非直接法理念與應用 [16]

方法	理念	應用
直接法	強調由機構或社工主導 為相關居民作出合適的決定 帶領居民解決問題 給居民建立正確觀點	召開及帶領居民座談會 帶領居民出席相關會議 向社會大眾佈告結果 發新聞稿作倡導工作
非直接法	強調由居民主導 居民自主設定目的及方向 以居民自助自決的思維推展社區工作 協助居民組成的團體組織、計劃及行動的合理方案，改善居民自己的生活質素	關係建立及倡議工作 組織及出席居民關注組會議 協助組織及策劃工作 行動策劃會議 協助居民大會推行 協助居民主持的座談會 聯絡相關部門的工作 陪同及協調對話會／社會行動等工作 工作檢討及跟進

15　Batten, T.R. and M. Batten, *The Non-directive Approach in Group and Community Work* (London: Oxford University Press, 1967).

16　資料擷取自姚瀛志：《都市社區工作》（新北：揚智文化出版社，2018 年）。

<u>Rothman 的三分法觀念</u>

社區工作的傳統觀念以 Rothman 在 1968 年提出的三分法為主導。[17]
Rothman 的社區工作觀念被香港特別行政區、澳門特別行政區、台灣地區等多個地域的社區工作者引用。

Rothman（1968）三分法包括社會營造 / 地區發展（community building/locality development）、社會計劃 / 社會策劃（social planning/social policy）、社會行動（social action）。[18] 三分法觀念，在香港特別行政區、澳門特別行政區及台灣地區有不同的取向，香港與澳門的社區工作三分法觀念以地區發展、社會策劃及社會行動為主。台灣地區則以社會營造、社會計劃及社會行動取向為主。

- **社會營造與地域發展**

它的工作方向主要以地區上某一特定區域範圍內推展社區組織工作，以該區的問題及居民參與為主要工作重點，鼓勵居民參與去解決共同的問題。這種地域發展工作策略強調居民共識。工作目的是透過和平的方法，使區內居民及各利益團體相互溝通、互相討論以達成共識，解決問題。[19]

事實上，社區工作是綜合運用各種技巧，在任何地域及任何層面，協助有需要的居民推展組織工作。它可在小社區進行，亦可在大社會作整體性推動，其目的是一致的。從經濟發展的考慮認為，社會發展是地區機構連結地區資源，地區行動是作有系統轉變的運動。因此，不論地

17　Hardcastle, Powers & Wenocur, *Community Practice-Theories and skills for Social Workers* (NY: Oxford University Press, 2004).

18　Hothman, J., "Three models of community organization practice", *Social Work Practice* (New York: Columbia University Press,1968).

19　周永新、陳沃聰主編：《社會工作學新論（增訂版）》（香港：商務印書館，2013 年）。

域發展或社區營造，均是以一特定的地域為本（locality-base）。[20]

- 社會計劃與社會策劃

根據 Rothman 的社區發展觀念，專業社區工作是培育及發掘地區領袖，培育人才向政府相關部門表達居民所需，也可謂培育居民直接參與決策，從計劃層面推動社區轉變。Rothman 的社會策劃或社會計劃主要以問題解決為取向。梁祖彬認為社區工作可從社會策劃取向推展，為居民決問題。[21]

- 社會行動

社會行動是社區工作技巧其中一種方法，它有別於一般的社會運動（social movement）。社會運動是指市民針對政府某政策，以推翻現有政府為目的的羣體行為，這目的明顯與社區組織工作目的截然不同。社會行動主要是組織居民集體向政府或相關人士表達居民應有的權利，透過媒介的影響力，以和平理性的行為表達訴求，爭取改善社區環境及生活素質。

姚瀛志居民組織四階段觀念

姚瀛志在《社區組織理論與實務技巧》一書提出了四個居民組織模式，認為社區組織項目（community organization project）需要考慮居民參與。他提出了社區組織工作四個發展階段：建構階段（relationship build-up phase）、策動階段（organization phase）、居民參與階段（participation and action phase）及檢討、評估與跟進工作階段（evaluation

---

20 Cary, L.J., *Community Development as a Process* (University of Missouri Press, 1975).
21 甘炳光、胡文龍、馮國堅、梁祖彬編：《社區工作技巧》（香港：中文大學出版社，2006 年）。

and follow-up phase）。[22]

- **建構階段**

建構階段目的是與社區居民建立關係，社工在區內透過各類活動與居民建立關係。由於居民組織工作，基本要素是居民參與，早期階段能與居民建構互信關係，有利組織居民解決社區問題。

- **策動階段**

策動階段開始並建基於與居民建立互信關係，並掌握部分有意成立的居民組織解決社區問題。此階段強調討論及分享，以探討區內問題為主題，透過計劃多次小組聚會，令組員對問題作較深入了解及討論。[23]這一階段明顯以集結及加強提升組員能力作導向，因此亦可稱之為組織階段。

策動期可分兩大主要方向，由居民小組開始策動或由居民大會開始策動。前者較符合社區工作的居民參與理念，給予居民在過程中商議及決定行動方案的參與機會。以居民大會為開始的策動方向，主要以直接特定主題吸引居民關注，然後組織居民成立關注組，這類介入策略較為簡易。值得注意的是，若社工與居民關係薄弱，則較難掌握背後參與的動機。

- **居民參與階段**

這是社會行動取向的階段，透過多次與居民討論及決定後，作出行動計劃。由居民參與組織工作，以擴大居民參與力量為主，針對居民的問題促使居民參與，為自己所需作決定。這階段在推動組織工作行動中

---

22 姚瀛志：《社區組織理論與實務技巧》（新北：揚智文化出版社，2011年）。
23 Leaper, R.A.B., *Community Work* (London: The National Council of Social Service, 1968).

為居民創立參與平台，包括居民意見調查、新聞發佈會等。

在推展社會行動階段，社工宜強化維繫居民間的關係，團結居民力量，特別是核心成員的共識感及團隊感。在行動中特別注意抑制個別人士因自我期望作出的激烈行為，使表達行動能依計劃進行。

- 檢討、評估與跟進階段

行動後，檢討及跟進工作是必須的，包括評估組織行動策略是否恰當、行動過程是否順利、過程中有哪些問題出現、哪些問題並未列入考慮的情況、居民是否接納有關行動的回應、日後監督及跟進工作如何安排等（姚瀛志，2011）。[24]

社會不斷發展與改變，社區問題亦必會不斷出現。要持續改善居民生活質素，就要教育居民建立持久以恒的觀念。因此，社區組織的檢討工作非常重要，每一個環節都會影響爭取的結果，不論結果是成功或失敗，經過檢討修改行動方法及策略，將成功與失敗作為經驗所得，反省工作情況，作為日後工作的借鏡，使工作不斷有所進步。[25]

都市啟動模式策略與技巧應用

都市人口結構難以單一分類，它融合多元不同族羣人士聚居，社區問題更加複雜。社工面對不同結構的社區，依據社區居民的特性需運用不同的組織技巧。社區組織工作可分為基層帶領模式、合作伙伴模式、混合模式、融合模式四類。[26]

---

24 姚瀛志：《社區組織理論與實務技巧》（新北：揚智文化出版社，2011 年）。

25 張兆球、蘇國安、陳錦漢：《活動程序─計劃、執行和評鑒》（香港：香港城市大學出版社，2006 年）。

26 姚瀛志：《都市社區工作》（新北：揚智文化出版社，2018 年）。

- 基層帶領模式

　　都市集結了各類不同背景的人口，包括勞動階層、知識分子、新移民、退休人士等等。每區域各具特色，在聚居較多勞動階層的人士的地區，居民日出而作，日落而息，為經濟及生活忙碌，在知識上、分析能力上較為薄弱，對於社區內出現的問題往往是以被動方法處理。社工協助這些居民時，可以以主導方式帶領，在此稱之為「基層帶領模式」（Residential Base Approach）。

　　「基層帶領模式」主要的參與者因有上述的特性，他們較具依賴性、服從性，甚至是較易受訛傳訊息影響。社工可運用心理學及社會學的知識，客觀及理性地分析他們的情況。以直接介入方法，引領居民。直接法的使用是當社工了解到社區發展對居民造成直接影響時，喚起居民注意，組織居民參與。此時，社工會直接給予居民意見，領導居民進行討論與決策，讓居民明白向政府表達及爭取的目標。

- 合作伙伴模式

　　都市社區內的居民擁有的知識，個人能力是決定社工採用何種技巧的重要評估因素。在高學歷、濟能力強，對社區問題關注度高，對解決問題有期望的社區，居民具有專業知識、廣闊的資源脈絡，對所屬社區有強烈歸屬感及責任感。這一模式強調社工及居民共同推展居民組織工作，相互尊重、共享資源，相互配合等合作關係，透過利用彼此資源的配合，達致解決社區問題的目標，被稱為「合作伙伴模式」（Partnership Approach）。

　　「合作伙伴模式」特性視受助者為組織內的羣體，有共同目標，共同努力，達致解決問題目標的本質，各方必須共同存有社會責任與社會義務的相同理念。在共同理念下，透過機構的協調、溝通、共同的承諾

及助人動機等，產生共同規範的信念而建立共同價值取向。[27]

- 混合模式

所謂混合模式，主要是當居民羣體中出現多元的羣體結構，不能單一以一種模式推展組織工作，社工可混合直接帶領與合作伙伴形式推動組織工作，這類組織手法可稱之為「混合模式」（Mix Approach）或「多元素混合模式」（Multi-Mix Approach）。基於社區問題會隨時間、居民對問題需求程度、機遇等影響而變化，社工應靈活多重角度考慮使用適合的組織模式。「多元素混合模式」着重於多變及多層次的合作思維。

- 融合模式

在地球村的世紀，都市發展人才匯集自四面八方，社區居民來自不同鄉村、不同宗族、不同宗教、不同的族裔和國家。因為具共同的民族特性，他們團結力強，從而發展出當地社區獨有文化，這類羣體宜以融合不同族羣的特性，推動組織工作，這類方式稱之為「融合模式」（Re-structure Approach）。

融合是將兩種或以上的事物融會在一起，融合不是容易的事，它是將各自羣體的原有價值觀念，在融合中進行妥協，產生出新價值觀念，形成新的團結元素。一個成熟而有經驗的社工，可將不同階層的居民組織成員，將其個別的專長融會在一起，產生新的力量，有利組織成長和發展，促進社區發展動力。

---

27 姚瀛志：〈價值共創 —— 互助服務平台〉，載姚瀛志主編：《澳門社會工作實務彙編 —— 期望與分享》（澳門：澳門社會工作人員協進會出版社，2005 年），頁 37-81。

六、社區工作核心價值

　　源自社會工作的價值觀，社區工作的基本價值觀，因工作方法的特性，衍生一些特定的價值觀。社區工作較着重公民權益，尤其是如何保障當事人。在推展羣眾服務時，社工要堅守遵守法律、保障人權、秉持公義、中立持平、維護和平、堅守信念六大原則。[28]

　　遵守法律：法律是治理國家之本，專業社工必須遵守法律原則，[29]協助居民的過程，需遵守法律的要求及準則。同時，社工必須認識應有的法律，以免參與者墜入法律陷阱，甚至社區行動朝不法行為方向發展。

　　保障人權：是社區工作基本原則，也是支持社區工作實務的重要理念，以理性及合法的方式，協助弱勢居民得到應有權益。[30]

　　秉持公義：社會發展帶來利益機會，不良商人或不法分子往往會利用各種手段希望獲得更多利益，造成社會不公。社工需要有客觀立場，合理地維護社會公義。

　　中立持平：社工具聯結各方解決社區問題的橋樑角色，中立持平是建立合作的基礎，偏幫任何一方均難以擔任中立的角色來解決問題。[31]因此，社工必須具中立持平的原則，使各方獲得應有的權益。

　　維護和平：讓居民得到安全的保障，社會應在和平的情況下發揮競爭力。在動盪的社會政局，弱勢團體因資源的缺乏，所受的傷害是最大的一羣，衝突易產生社會矛盾，在各方相持不下的情況，弱勢居民更難

28　姚瀛志：《都市社區工作》（新北：揚智文化出版社，2018 年）。

29　Brayne and Goosey, *Law for Social Workers* (Oxford University Press, 2015).

30　Gamble and Weil, *Community Practice Skills- Local to Global Perspectives* (US: Columbia University Press, 2010).

31　Passey, A. and M. Lyons, "Nonprofits and social capital: Measurement through organizational surveys," *Nonprofit Management & Leadership*, 16, pp.481-495.

得到應有權益。社工有需要在衝突中作出調解，避免衝突。

堅守信念：信念是工作的動力，信念是高度抽象而具有規範性質，[32] 社工經常面對弱勢的一羣，為他們找出應有權益。在協助過程，往往出現失落與挫敗，社工必須堅持信念，有助對抗強權及誘惑，為弱勢的居民提供協助。

除了核心價值的原則外，社工還要注意尊重居民的行為反應，應尊重人們與生俱來的尊嚴與價值。在社區生活中，每個人都有權享有物質生活及精神生活的自由，享有言論自由。因此，社工必須注意尊重居民的權利，包括：

（1）尊重每個人都具有尊嚴及價值。

（2）尊重居民的生活方式。

（3）尊重居民的參與決定權。

（4）尊重居民的能力。

真誠是社會社工應秉持的態度，懷着助人自助之心，推展社區服務工作。以和平方式為居民謀取最大的福利，在法律之下，實踐自由、民主、平等的權利。

七、結語

社區工作涉及社會上多個不同層面的問題，它雖是社會工作中三大主要技巧之一，但可同時運用個案工作技巧處理社區內隱性個人問題，運用小組工作技巧在組織會議中。

---

32 李易駿：《當代社區工作——計劃與發展實務》(台北：雙葉書廊有限公司，2015 年)。

在社會發展上，社區工作扮演着重要角色，它可以為政府培育地區領袖，並組織居民向政府表達基層居民的所需，以便政府制定符合市民大眾所需的政策等。適當運用居民力量將有利社會發展，不當運用居民力量同樣對社會造成重大傷害。

社會工作服務管理

梁祖彬

一、前言

　　社工的實踐是在一個福利服務機構之內進行，向受助者提供服務，可以說，社工是一個以機構為本的專業（organizational-based profession），因此機構的理念、政策、文化及管治所構成的環境，會直接及間接影響社工的工作表現和效果。另一方面，社工也需要參與不同層面的機構及服務管理工作。事實上，管理工作已成為社工日常工作一個不可分割的部分，社工的職級越高，其行政工作越多。與其他社會服務機構（包括教育和醫療）一樣，社工的高層管理人員通常都是有關行業的專業人士，不可以由「外行管內行」。根據世界各地社工註冊組織對社工教育課程的要求，服務管理是社工必修科目之一。

　　社會服務管理可分為三個層面：（1）在機構層面，行政總裁的核心工作包括董事會的管治、戰略策劃、方向領導、財政發展（預算、籌款和申請撥款）、人力資源策劃（知識管理和人才培訓）、服務創新、社區關係、機構品牌建立、危機處理等；（2）中層的管理工作包括服務設計、執行和評估、表現管理、質量管理、風險管理和督導前線社工；（3）前線社工的管理工作包括個案／照顧管理（case/care management）、活動

策劃（管理和報告）、活動財政預算及報告、對非專業員工和義工進行督導等。

　　與商業機構不同，福利服務機構的財政來源，主要是依靠政府或慈善基金的撥款，而不是來自顧客付款，也不會按收費多少來提供不同質素的服務。福利服務機構運作一般缺乏市場競爭，不需要爭取付款顧客，表現指標也比較空泛，所以社會服務機構不會以用盈利和市場佔有率作為成功指標。服務機構普遍缺乏明確的品牌（brand name），而服務使用者對服務市場都不會有太多的認識。服務機構的使用者與一般商業顧客不同，他們較缺乏選擇服務的權利，例如，使用者一般只能到他們居住社區的服務中心申請服務，也要符合一些資格要求（通過審查），才可接受服務。社會服務也會要求使用者承擔責任，與專業人員合作（co-production），以確保服務達到效果。因此，服務機構一般被認為效率不高、管理混亂、問責不清、官僚化和服務反應慢。

　　面對公眾對社會服務表現和問責（效果和效率）的期望要求越來越高，機構由管治到服務日常運作管理都需要增加透明度和作出交代。服務需要滿足不同持份者的期望（stakeholder/expectation management），持份者包括員工、服務使用者、行政人員、機構董事會、資助組織、利益／壓力團體、政治組織、專業團體、政府部門等。由於社會服務要面對爭取表現的挑戰，近年來服務機構都不斷引進商業管理概念和手法，社會服務商業化的趨勢越來越明顯。本篇文章的重點是針對社會服務的中層管理工作，包括服務的設計和表現的監察。有效的服務不單能滿足服務使用者的需求，而且更是對有關持份者的問責（accountability）。

二、社會服務的計劃模式

社會服務是由專業人士所策劃和執行、有組織和系統的一連串活動，針對指定的服務對象，以達到明確的目標，包括滿足個人、社區及社會需求。一般的服務策劃（programme plan）為期三至五年，較機構整體的戰略性策劃（strategic plan，超過五年）為短，但比年度計劃（business plan）為長。

社會服務的計劃模式有以下步驟：

問題分析及需求評估

↓

制定目標、策略和表現指標

↓

制定預算、人力資源分配和工作安排

↓

執行計劃，建立表現資訊監管系統

↓

服務評估及報告

問題分析及需求評估

（problem analysis and need assessment）

問題分析及需求評估包括收集社區情況資料、認定服務對象、分析服務對象的問題及評估他們的需求。要在一個社區內推行一項新的服務，社工首先需對該社區情況作一個背景分析，包括：

（1）政治／行政管治：地區內的負責政府部門的管治理念、政策、手法、計劃和關係。

（2）經濟：居民收入、就業、經濟情況，商業活動。

（3）社會／社區：人口（年齡分佈，少數族裔）、居住條件、社會服務、文娛設施（服務提供情況、不足之處和將來發展）。

（4）服務機構：過去及將來的合作夥伴和競爭對手，服務的協調和運作架構（如地區福利聯會），維持各持份者積極參與（active engagement）的方法等。

（5）社區特點、過去歷史及將來的變化：社區文化／傳統、重建項目、人口老化、就業困難、新移民聚居、單親家庭（與其他社區的比較）。

（6）社會資本：社區關係、人際網絡和互信關係等。

然後，社工要對工作對象的問題作深入的分析，因為他們的需求牽連到解決問題的方向。例如對於雙失（失業和失學）青年人，他們的明顯需求是接受工作培訓及工作轉介，同時也需要提升他們的自信心、抱負和志向。社工不單要回應其溫飽和安全等基本生理需求，也要協助受助者處理心理、關係和發展需求。如何滿足這些需求和期望都極受社會、經濟和政治環境影響。要了解有關工作對象，社工需要解答以下的問題：

（1）誰是工作對象（如單親家庭、雙失青年或獨居長者等）／具風險的羣眾（at risk population）？

（2）他們有甚麼問題（如就業、學業、低收入、虐兒、歧視、社會排斥）？

（3）原因為何（失業、現行政策、社會文化）？

（4）問題對他們生活有甚麼影響、他們付出甚麼代價？

（5）工作對象的特點是甚麼（人數、年齡、性別、教育、就業、經濟情況、生活方式和社會參與）？

（6）他們的需求是甚麼？他們怎樣看待自己的問題及需求？其他持

份者（政府、專業人士、社區居民、社會大眾）怎樣看他們的需求？

（7）有關的政府政策／法規是怎樣的？目前服務的覆蓋情況、手法及缺口是怎樣的？

我們並不能等到所有資料集齊後才開展服務，很多時候，這些資料和分析是邊服務邊收集的。工作對象的需求分析可以有不同的觀點和標準，包括（1）專家評估需求（normative need）（安老院舍牀位對長者人口比例，標準需求評估測試結果）；（2）居民察覺的需求（perceived need）（居民需求調查／訪問結果）；（3）服務對象所提出的需求（expressed need）（如對服務目標和內容等要求）；和（4）與其他社區或社羣作比較所產生的需求（relative need）（不同社區弱勢社羣的比例）。需求評估並沒有一個完全可靠的觀點和方法，資料數據搜集可以透過社會指標（人口普查、統計數字）、社區調查、居民大會、申請服務者數字、服務使用者的數字和背景分析、家庭訪問、聚焦小組、觀察及專家意見等獲得。透過了解不同的觀點，以及綜合主觀看法和客觀指標分析，以符合需求評估應有的的客觀性和合法性。配合時代的發展，收集意見方法可多採用網上資訊科技，如討論會議和調查，社會環境快速變動和市民期望提升都要求評估要作出不斷的調整。

需求評估是一個建立共識的過程，持份者需要對問題及其解決方向有共同或相近的看法，才能有效地推行服務。有效的需求評估要兼顧不同持份者的看法。在方法方面，也要採用多種方式，以提高需求評估的代表性、客觀性和有效性。在有需求時，工作團隊要安排需求評估會議，以確立團隊及不同專業對需求的共識。需求評估若缺乏明確共識，便不容易制定解決方法。比方說，如果我們採用不同的方法去界定貧困，便會產生不同的需求。很多時候，如果持份者能從另一個角度去分

析問題，或許可以發現創新的解決方案。

決定誰有需求？誰的需求要優先處理？他們需要甚麼？都是具爭議的問題。與商業產品由需求所帶動（demand driven）不同，社會服務的需求是受社會資源缺乏（財力和服務技術）所限制（supply driven），不能無限量地滿足需求。此外，需求評估也要兼顧不同持份者對需求的定義，及採納多種分析方法，以爭取社會和資助團體，包括政府的支持，及把它放在撥款的優先次序（policy priority）。在這個階段，收集有關、可靠和足夠的資料，讓社工可以更加了解社區環境和服務對象的需求是極為重要的。

制定目標、策略和表現指標

作為服務的承辦機構，其願景、使命和價值觀（vision, mission and values, 簡稱 VMV）解釋了服務背後的理念。VMV 不單為機構提供服務的方向，也展示出機構的特色和理想。例如香港社會福利署的 VMV 是：

理想：共同建設一個互相關懷的社會，使人人能自立自主、自尊自信、和諧共處、幸福快樂。

使命：

（1）為顧客提供優質的社會福利服務，以助他們面對人生各種挑戰，向社羣提倡社會及家庭責任感。

（2）協助員工發展潛能，透過嘉許成就、授權委責及增強培訓，建立既進取又團結又專業的工作隊伍。

（3）與福利機構齊心協力，相輔相成，發揮更大效能，以提供有效益和效率的服務。

價值觀：

（1）專業精神：忠誠投入，堅毅不屈，不斷增進知識，磨練技巧，力求盡善盡美。

（2）以人為本：時刻關注他人的需求，提供適切的服務，並堅守互相尊重、公平及保密的原則。

（3）社區參與：羣策羣力，眾志成城。

（4）有效溝通：保持緊密聯繫，交流意見，促進互相了解。

（5）精益求精：努力不懈，追求卓越。

VMV 是十分普遍的管理工具，有效的 VMV 是簡潔、清晰、向前看、長期性、有挑戰和勵志性。在機構理念的帶領下，服務計劃要制定整體預期目標（goal）及效果（outcomes）。服務計劃可以帶動甚麼正面的轉變？例如，針對弱勢社羣的服務，可以是提升他們的自我價值觀、就業能力、羣體之間的關係、製造社會及經濟參與機會。

目標不可以太廣泛或缺乏針對性，要分清楚（挑選）服務的先後次序（priority），甚麼是重要、甚麼是較不重要。先後次序的制定（prioritization）需要列出甚麼是一定要做（must）、甚麼是應該要做（should）、甚麼是可以做（could）和甚麼是可以不做（won't）。當然，制定目標和先後次序的過程中，亦需要不同持份者的參與及建立共識。換句話說，制定目標一定要考慮不同持份者的需求和期望。

制定了方向和目標以後，便要選擇服務策略（service strategy）。選擇服務策略需要有理論實證依據（evidence-based practice），有證據支持所採用的介入方法會產生預期的成效的假設（if-then hypothesis/theory of change）。理論可分為對問題分析的論據（know-why and know-what）和對服務手法成效的依據（know-how），解決問題的專業手法是依靠有效

的理論基礎，而不是運氣。良好的服務策劃需要有系統地考慮多個可以達到目標的方案（scenario planning），透過成本效益分析法（cost-benefit analysis），客觀地估計和分析不同方案的優點和缺點，然後選擇最後方案。此外，有關方案也需要作風險管理（risk management），更需要準備後補／應急方案（contingency planning）。

社會需求和問題是多方面的（multi-faceted），往往不容易單靠一種服務手法可解決。現行服務模式多選用整合服務（integrated service model），向服務使用者提供多元化的綜合服務。服務策略包括教育、培訓、預防、支援（實物和服務）、治療、輔導、個案管理、諮詢、危機處理等。服務介入手法也要避免過分標準化（one-size-fits-all），而需要向受助者提供不同的個人化服務選擇和安排。服務手法的思維需要不斷更新，解決需求並不一定要增加資源和增加現有服務，或盲從傳統的做法，而不作創新改變。面對新的和不斷改變的需求和社會期望，社工要明白目前服務的成效是會改變的，他們需要不斷尋求實證以建立創新手法來提供服務。

有了服務策略、推行手法後，便要制定表現計劃表現的指標（objectives, performance targets and indicators）及服務中途的里程碑（milestones）。在挑選了主要表現範圍（key result areas）和確定了基準（baselines）以後，便要決定其在一段指定時間內能否達到的目標（targets）。目標夠清晰，計劃執行便不會沒有方向，不會只重複以前的工作，為辦活動而辦活動（programmisation/activity trap），為了向上級交代服務數字而工作，服務也不會偏離原來目標（goal displacement），而改變了服務原來的構思。清晰的目標也有利於對服務作出監管、評估其成效和可以達至的程度。明確的目標更可以與過去服務表現／進度和其

他同類型服務項目的表現作比較。目的指標若符合機構的理念及針對服務對象的需求，便不會產生不良的後果（盲目追求成績）。目的需求要遵循「SMART」原則：

Specific/stretching：清晰明確及有難度／挑戰性（有關人士有共識）。

Measurable：可以量度對工作對象的結果（錢財、人數、百分率）。

Achievable：可以執行和做得到（能力、資源和技術支持）。

Relevant：與整體目標配合和有關連。

Time-specific：達標時間（初步、中期及長期結果）。

例如，在一個改善居住環境的房屋計劃中，目的可以是在半年內為 95% 無家可歸者提供安置（並不能籠統說提供房屋、增加或減少無家可歸者）。社工服務一般比較抽象，並不容易確定可量度的目的，但沒有明確指標，服務價值和成果便難以表達和確立，更不容易獲得社會支持。此外，服務指標只代表一個最低限度可以接受的表現水平，服務達標並不等於表現卓越。

制定預算、人力資源分配和工作安排

計劃制定以後便要作出預算，包括所需的收入（來源分類）、分配所需員工（種類和數量）開支，和估計其他需求的營運支出（租金、水電費、活動費等）。預算需包括直接開支（direct cost）（指明確用於服務的開支）和按比例分擔的非直接開支（indirect cost）（指與其他服務分擔的開支，如行政督導費、租金和會計／核數費用），預算案的功能為控制、管理和策劃。有效執行已審批的預算，可以確保計劃根據目標推行，計劃有效率地運作，不會出現超出預算和不必要的開支。當然，因特殊情況出現，服務的預算可按現存方案作出修改。在確定了收入（撥

款）之後，便要作最後預算的修訂（revised budget）。

　　服務預算一般被認為是一個理性的過程，收支可以按需求目標實事求是地制定。但實際上，為了省時，很多服務機構都只會參考以往或同類型服務的收支情況略作修改（incremental budget）。實際運作中，預算的制定需要不斷與有關人士作談判、磋商和妥協，以滿足不同持份者的期望。預算案的結果多少反映了服務所獲得的支持度。運作中的社會服務，經常會出現突發開支增長，超出預算的情況。在社會服務機構的文化中，一般都會考慮怎樣節省開支，而很少會去研究開拓收入來源和提高效率。社會服務機構的財政管理思維是平衡預算，而不是增取盈餘。現時一般服務機構都缺乏勝任的財政專業人員，從成本的角度協助管理決策。

　　整體預算後，便要作出行動計劃（business/action plan）。行動計劃是把所有在計劃時段內要推行的工作和活動列出，包括先後次序、所需時間、負責人選和人手分配。清楚分配工作和責任可以提高員工對服務的擁有感（ownership）和問責性。策劃者通常會選用 Gantt Chart、Programme Evaluation and Review Technique（PERT）和 Critical Path Analysis 作分配和監察計劃中每一項主要工作所需的時間和進度。

　　此外，社工亦要對行動計劃的風險作評估，及早作出預防，制定應急方案和推動處理風險文化。風險管理為現代管理不可缺少的部分。服務運作時會出現的風險包括意外（失火、人員受傷）、投訴／不滿意（用者和員工）、人事（關鍵員工離開）、財政（突發開支／收入下降）、法律（賠償）、服務缺失等。風險評估要分析各類風險的影響（impact）和可能性（probability）。有效對突發事件作出風險管理，不單可以減輕危機對機構的傷害，成功的危機處理（crisis management），包括迅速和積極

回應突發事件，更可以建立服務聲譽和品牌。

執行計劃，建立表現資訊監管系統
（Implementation, information system and service monitoring）

監管服務的目的是防止服務執行時出錯，及早處理表現可能出現的問題。服務監管是經常性的管理功能，透過有系統地收集服務指標資訊，讓有關持份者知道計劃執行情況、進度、達標程度和資源運用情況。計劃執行需要靈活和嚴謹地督導前線員工的工作，推動團隊精神，協調執行時所產生的矛盾。首先，服務負責人要確保前線員工對服務的整個計劃，包括理念、目標、手法有所了解及認同。在整體服務發展的前提下（whole-of-the-service），他們也要清楚確認每一個人的角色、責任和團隊分工。服務的執行需要有日常的監察，確保服務的工作針對目標，避免產生目標轉移和工作過程出現缺乏，以達到服務的成效指標。當發覺服務提供過程中有新的情況改變，也可以盡快修正和調整服務。與服務整體性評估（summative evaluation）不同，服務監察是一種形成性評估（formative evaluation），其主要作用為從執行服務中獲取反饋，以了解服務是否按原來計劃執行？是否接觸到有關服務對象（覆蓋比例）？服務是否適合使用者需求？服務是否需要作出修改以更改服務模式？服務監察不單是防止服務執行時的缺乏，也是着重服務的不斷自我完善。

在資訊時代，機構容易出現資料泛濫，難於處理，但同時又缺乏真正需要的資訊。有效的服務監管需要成立全面的服務資訊系統（service information system），以收集及處理有關資訊。市民、用者、員工／專業、行政人員、機構董事會和資助組織都需要有效和準確的服務資訊。這些

資訊包括社會環境（社會問題、經濟政治情況）；機構管理（人事和財政會計紀錄）；工作計劃和服務提供的記錄（次數、內容、評估和報告、服務指標）；服務對象的檔案資料（年齡、性別、婚姻狀況、教育、工作、收入、背景、需求評估/測試結果）。服務資訊系統需要有方便輸入、收藏、應用、分享、分析資料的介面。設計一個良好的資訊系統要有效回答以下的問題：服務需要甚麼資料？資料可以怎樣收集？資料應該怎樣存放？資料可以怎樣分析以了解用者（顧客）的情況及其問題，以及提供服務的情況？哪一些資料需要保密和決定誰可以存取？良好的資訊系統不單可以建立服務知識，支援服務創新，更可以讓服務單位向上級和資助機構作出工作報告。無可否認，良好的資訊系統需要服務電腦化及設備先進的資料處理系統來配合。

服務的有效執行是依靠能幹的領導，來提供服務方向、解決問題、協調關係和建立團隊精神，以保證服務有良好的日常營運表現、危機處理和不斷完善。現代化的服務發展不單要協調機構內各有關單位工作的表現，推動團隊工作，對外也要建立和維持工作夥伴（partnership），以確保服務能以用者為中心，不斷作出整合。在社區內建立長期的戰略夥伴，可以提升服務的合作優勢（collaborative advantages），擴展服務的資源，包括財政、關係網絡、影響和專才。透過積極的合作，有效的戰略性夥伴需要互相尊重，平等和共同分擔責任、權力、成果和風險。

監管有五個方法：

（1）向上級和公眾作週年報告（annual assessment）：展示成就和尋找不足，了解服務長短處，策劃改善方案，建立團隊對工作的歸屬感和擁有感；

（2）同輩挑戰（peer challenge）：在定期的職員計劃會議中作反省、

檢討和分析持份者，尤其是顧客的意見，並和以往表現作比較；

（3）界別標準（sector intervention）：滿足服務發牌制度和專業評審制度的標準，了解同行表現的排名，分享典範做法（best practice）和標桿瞄準／向業界典範學習（benchmarking）；

（4）檢查（inspection）：上級或外評者定期或沒有通知地檢查，以確保服務依從法規和標準；

（5）內部／外部財政審核（internal and external audit）：由核數師對服務是否物有所值作評審報告。

服務的監察要以使用者為中心，因此使用者的滿意調查和投訴處理是了解使用者對服務看法的工具。滿意調查可以透過問卷、聚焦小組和用者諮詢委員會獲得反饋。調查問題包括使用者對解決問題、情況改善、自我能力提升、服務態度、員工能力等方面的評價。隨着投訴（用者及員工）文化的普及化，處理投訴已成為專業行政工作的一個重要部分。很多行政人員害怕被人投訴，但事實上，投訴可以讓我們更早知道服務的問題。有效的投訴處理（快速回應、積極調查和在時限內作回覆和交代）不單可以提高滿意率，也可以提升服務效率。

服務監察的重點應放在指標的達到程度，以了解服務是否按計劃進行。與服務評估不同，監察並不需要解釋達標與否的原因，以及服務對使用者的實際影響。

服務評估及報告

服務要符合問責要求，一般要定期向資助機構／決策者作出工作報告，及每年作出獨立的審計（大機構更要配合內部審計），以確保工作表現理想和財政運作適當。此外，也要向其他持份者報告，如服務通訊

和網上報告。當服務執行已進入軌道，便需要進行整體成效評估，以確定服務對社會的影響，包括計劃內預計和非預計的影響。當服務計劃完結時，也要進行服務執行後的評估（post implementation review）以確定服務是否達到目標、服務表現情況、服務的影響和總結將來要改善的地方。

從理論層面作出評估，服務提供者需要透過系統的評估以測試和確立服務假設是否正確——服務能否產生期望的結果。當然評估要分清楚理論假設失敗（theory failure）和服務推行失敗（programme failure）的不同。一項成功的服務必定要具備有效理論的支援，及有效服務的策劃和管理的運作。

服務評估設計通常包括在整體服務計劃之內，與服務執行一起運作，當中不斷收集有關服務的資料，而不是臨時加插入內。理想的評估設計是在財政預算內包括聘請獨立服務評估顧問的開支，和委託服務評估顧問與服務機構合作設計一個評估研究計劃。

一般科學化的服務評估工作，會量度和比較服務前後對服務使用者或社區的影響（pre-test and post-test），再對照實驗樣本（experimental group）和控制樣本（control group）影響差別作引證。但事實上，較複雜的服務在採用這種方法上是有困難的。向有關人士收集資料的方法包括定量（quantitative）和定性（qualitative）研究手法，前者包括調查和測試，後者包括個案、觀察、訪問和聚焦小組。

三、表現管理

服務表現管理是對服務及工作團隊／個別員工的表現評價，它的

工作範圍非常廣泛，需要集結有關服務及工作團隊／個人表現的資料（performance data），以證明服務有理想的服務循環（cycle）：根據需求而清晰地制定計劃、目標、先後次序和行動安排（plan）；有系統地協調執行計劃、處理矛盾及風險（do）；有效的監管、與持份者溝通以評估影響（review），和總結經驗以改善服務運作的效果（revise）。表現管理的工作包括服務的運作管理（operational management）、財政管理（financial management）和人力資源管理（human resource management）。運作管理包括日常運作策劃和安排、督導員工、工作紀錄系統等；財政管理包括按預算處理收入與開支；人力資源管理包括制定評核、補償和處罰員工制度和其運作。

服務表現分析可以從服務過程中的主要步驟展示出來（logic model）。根據服務理論假設，服務過程有以下步驟（圖1）：

圖1　服務過程的主要步驟

輸入 →	過程 →	輸出 →	結果 →	影響
Input	process	output	outcomes	impact
資源開支	活動	服務提供	受助者獲益	社區改變
設備、場地	輔導	活動次／節／時數	問題解決	家暴數字
人手	小組工作	參與人數	自信增強	犯罪數字
義工	培訓	完成課程人數	就業	失業率
工作對象		能力提升	受助人數	
技術				

服務表現是多方面的（multi-dimensional），而服務表現管理可以包括多個互相有關連的角度：

（1）經濟（economy）：服務所需投資的成本（人力和物力）。

（2）效率（efficiency）：為輸入與輸出的比例，是計算服務單位的成本價錢，效率高指以最少的資源提供最多的服務量。

（3）效果（effectiveness）：指受助者接受服務後所獲得的益處。

（4）質素（quality）：服務過程的標準（方便使用、專業服務態度、關懷和能力、有效的溝通、服務達標、可靠、反應快、安全環境、設施）。

（5）影響（outcomes）：用者滿意程度、改變。

表現管理追求物有所值（Value for Money, VfM）。 VfM 需要平衡經濟、效率和效果的要求，以減低成本、提高生產力和強化影響力。表現管理要求服務有不斷的創新和改進，整體來說，表現管理工作包括尋找服務不足之處、提高效率方案和評估服務的優點。服務追求增值是以最少的資源投放，以獲最大的得益，而服務質量一般比較抽象和不容易量化。現實中，服務需要平衡價錢和質量的要求。

用於分析服務表現的管理工具有很多種，而比較廣泛應用的有平衡計分卡（Balanced Score Card）。平衡計分卡要平衡財務和非財務、內部和對外、效果和效率指標的要求，並要求了解其成功因素（critical success factors）。管理服務表現的四個方面包括：

（1）財務（finance）：減低成本、提高效率、增加收入

（2）顧客（customer）：投訴處理、意見收集、顧客市場分析（顧客分割 / 分類（segmentation））、滿意度調查

（3）內部業務流程（internal business processes）：服務過程步驟簡化 / 優化（streamlining）

（4）創新和學習（innovation and learning）：員工培訓、知識管理制度、引進新技術

作為問責的服務機構，服務資訊需要盡量公開及有高透明度。服

務表現不單要包括在年報、網站和服務報告之內，更要不時透過公關部門作軟性宣傳（廣告、機構／服務通訊、新聞發佈會）。積極的宣傳不單可以增加社會人士對社會問題的認識和關注，更可以提高服務機構的品牌。優良的表現管理建基於服務機構有一套整體和綜合表現管理的架構（infrastructure）和文化。戰略性表現管理（strategic performance management）要求服務要有方向性、清晰和有挑戰性的目標、與持份者經常保持溝通，和不斷反省和評估工作表現以建立不斷學習及自我改善的工作文化。當然，表現指標要與實際服務表現吻合，指標需要不斷作出修正，而員工對指標要有認同感，及機構要有對員工表現作認可和獎賞的制度。最後，成功的表現管理需要對有關持份者作交代和處理他們的期望（stakeholder management）。

四、結論

社會服務環境不斷改變，市民對服務的表現要求也不斷提高，對服務管理要求要有參與和發聲的權利，而對不滿意的服務也可以作投訴。社會服務的增值（added/create value）需要突出表現和效果。雖然社會服務界的表現管理思維只是剛剛開始，成效指標並不容易建立，但服務界已開始引用商業管理模式和工具，並了解到工作要有指標和獎賞才能成功（what gets targeted and rewarded gets done）。此外，社會服務管理不單重視理性和實證以作決定（平衡得益、成本、風險），實際的管理工作更需要引用不少政治溝通技巧，包括遊說、談判、妥協、激勵、獎罰等。面對不同持份者的要求和期望，社工要具備有效處理衝突的思維和技巧，引用包容手法（inclusive approach），兼顧各持份者的觀點，爭取

互利雙贏方案。

要推行有效的服務，社工的領導能力是重要的。領導能力包括能推動改革和創新，追求不斷改善的心態，作戰略性規劃以達到願景，用自己的行為和價值觀作示範，勇於承擔個人的責任和後果。要使服務和機構成功，優越的領導人才不可缺少，不幸的是，福利界往往不能吸引及留住人才，使界別的發展受到嚴重的影響。

此外，專業社工界對於商業管理中重視表現和市場競爭（按表現獎賞、成本效益、成果、排名）的文化仍然有抗拒，恐怕管理主義（managerialism）會增加行政工作及影響專業質素。現實中，社工的行政及文書工作量正不斷增加，他們也要多用行政手段去配給（ration）服務，決定誰可以獲取服務（gatekeeping）。無可否認，新的服務管理主義一方面會減低和限制專業的自主權，但另一方面也鼓勵服務使用者透過賦權（empowerment）和顧客化（customerisation），加強對專業服務的監管。服務的改革如「錢隨人走的服務方式」（money follows users）和個人化的預算（personal budget）都是強調服務使用者的選擇權。社會不斷改變，市民對專業的權威看法也有改變，他們要求自己被視為顧客，服務是以顧客為中心，專業服務是由顧客決定需求。因此，社工對新的管理觀念和社會文化的認同和適應，是十分重要的。

成功的服務策劃，有賴優良的設計（清楚確立的目標、創新策略和指標）、有理論根據的手法和靈活的執行。卓越的服務策劃需要作周詳的準備，廣泛地向持份者作諮詢和參與、了解社區情況，並準確分析使用者的需求。管理工具可以協助社工專業客觀和實證地作出各種決定。最後，優良的管理僅是一種手法（means），藉以營造一個促進專業實踐的環境。社工管理工作並不是目標（ends），切勿把手法變成目標。社工

在一個遏抑的工作環境中，不單會失去專業工作效果，也會失去工作動
機和意義。

參考資料

1. Austin, M., Brody, R. and Packard, T., *Managing the Challenges in Human Service Organizations: A Casebook* (Los Angeles: Sage Publications, 2009).

2. Efficiency Unit, *HKSAR Government Measuring Performance* (Hong Kong: SAR Government, July, 2008).

3. Grinnell, R., Gabor, P. and Unrau, Y., *Program Evaluation for Social Workers* (New York: Oxford University Press, 2012).

4. Hasenfeld, Y., *Human Services as Complex Organizations* (Los Angeles: Sage Publications, 2010).

5. Kettner, P., Moroney, R. and Martin, L., *Designing and Managing Programs* (Los Angeles: Sage Publications, 2008).

6. Lauffer, A., *Understanding Your Social Agency* (Los Angeles: Sage Publications, 2011).

7. Lewis, J., Packard, T. and Lewis, M., *Management of Human Service Programs* (Belmont: Thomson Higher Education, 2007).

8. Martin, L. and Kettner, P., *Measuring the Performance of Human Service Programs* (Los Angeles: Sage Publications, 2010).

第三章

社會工作的實施

家庭及兒童社會工作

曾潔雯

一、引言

　　家庭是社會的基本單位，由多代有血緣關係的成員組成，應該擁有和諧的氛圍，育幼養老，讓人健康成長、安居樂業，有穩定和貢獻社會的功能。自二十世紀末以來，日益方便的交通及資訊科技，令國際交流增加，經濟結構轉型，社會價值調整，對香港的家庭結構、家庭生活和家庭功能也產生了巨大的影響。家庭未必能發揮穩定社會的功能，對家庭和兒童服務的要求，自然也有不同。本文會略述世界及社會變遷對香港家庭的影響，介紹家庭及兒童社會工作的相關理念及方法、在香港應用的情況，以及優化家庭及兒童社會工作的挑戰及出路。

二、世界及社會變遷對香港家庭的影響

　　世界經濟、政治、文化及環境氣候等變化，創造出新的生活模式和機遇，令生活可以更方便、更豐富，有更多選擇，但也對家庭和兒童帶來不少新的威脅。其中對香港家庭影響較大的，包括人口老齡化、出生率過低、病弱要照顧、跨境人流多、貧富差距大、社會流動難、工作擾

家庭、教育壓親子、婚姻不穩定、沉溺禍害深、家庭團結減、精神健康弱。家庭及兒童福利服務的目標，是維繫和加強家庭凝聚力，促使家庭和睦，協助個人和家庭預防或應付問題，並為未能自行應付面對挑戰的家庭提供協助。理想的家庭及兒童服務模式，應能保護家庭成員（尤其是兒童及老弱者）的健康成長，促進家庭幸福識別有需要的危機家庭，按照不同境遇的家庭的需要，提供適當和有效的發展、預防和補救服務，建立安全網，鞏固家庭功能，令社會更穩定和諧，每個成員更能安居樂業。

三、關鍵概念簡介

家庭

家庭以往代表得到傳統法制所承認，由血緣、姻親或經合法程序正式領養所組成的社會基本單位。但隨着社會變遷，家庭形式和規模也由傳統的多代大家庭變成核心家庭、有成年子女家庭、真假單親家庭、再婚家庭、無孩有寵物家庭、同性伴侶家庭、未婚同居者家庭，甚至單人家庭。本文將採納一個寬鬆的概念，泛稱所有家庭類型為「家庭」。

家庭是一個體系

「家庭體系」的概念，源於「系統理論」（Systems Theory）在社會科研的應用。「系統理論」指出：一個系統由多個子系統組成，任何子系統或系統內外的變化，都會引起整個系統的連鎖反應。系統的結構性關係及變化，均可以用科學方法來探討。應用系統理論來理解家庭體系，

可細分為以下概念：家庭狀況（包括家庭結構組合，家庭社會經濟地位，家居環境），家庭教育（包括父母管教的方法及生活方式）和家人關係等。完整的家庭及兒童社會工作服務，應靈活又方便地從預防到治療各層次，照顧家庭體系的每一環節。

個人與家庭發展

「生命全期觀」（Life Span Perspective）強調個人從出生到老死，可以分為幾個發展階段。德國心理學家艾力遜的「心理社會發展理論」（Theory of Psychosocial Development）將個人由幼到老分為八個生命階段（嬰兒期、幼兒期、學前期、童年期、青年期、青壯年期、中年期、老年期），每個階段都有不同需求、發展任務與挑戰。增強保護因素（如良好家庭關係），預防危機因素（如暴飲暴食不注意健康），有助不同階段的順利過渡，並減少發展過程中許多可以避免的問題。家庭亦經歷幾個發展階段：由兩人相識、相愛、結婚、生兒育女，連結兩個原生家庭擴展成多代大家庭，到兒女長大、獨立發展，核心家庭變成夫婦留守的空巢家庭，直到夫婦老病離世，如是者周而復始，生生不息。家庭發展的每個階段都有特別的任務、挑戰和能量，也需要夫婦作為家庭領航員，小心經營和維護。

家庭功能

華人社會十分重視家庭，親子關係是五種基本倫理關係之一。家長兼負養育和教導子女的天職。健康的親子關係，讓孩子在有衣有食及有身心安全感的環境下穩步成長，並在遇到困難時得到支援。家庭教育協助孩子養成文化認可的習慣，建立適當的價值觀念，有利他們行事為

人、發展所長、遇挫不折。親子關係有雙向互動的特質：孩子不斷成長，家長在親職路上也需要不斷學習，從而將家庭成員鍛練得更成熟穩健，成為能夠鞏固家庭，貢獻社會的中堅分子。所以健康積極，有愛己利他價值取向的親子關係，對個人、家庭、社會及國家的穩定和諧，都十分重要。

家庭成員有權利和義務

香港是一個國際大都會，雖然大部分居民都是華人，但長期面向世界，男女都有受教育和工作的機會，社會價值觀念已經由傳統華人儒家思想主導，變成也尊重人權和法治。1991 年 6 月，香港制定人權法案，保護所有男女和兒童的權利，也提醒每個人都應該對家庭和社會盡義務。

社會對支援家庭的責任和義務

每個家庭都應該發揮成員間孝悌忠信、互相扶助的精神、妥善經營家庭。社會亦應對有困難的家庭提供適當支援，以保障家庭成員（尤其是兒童）在安全衞生的合理條件下生活。從預防角度來說，社會更應輔助「新家庭」和「未有問題的健康家庭」，邁向更理想的發展。

四、香港家庭和兒童社會工作的重要里程

家庭服務是香港最早開展的最基本社會福利服務，用以補足氏族社會及宗教組織提供的慈善工作。香港家庭服務的發展，分為以下幾個階段。

1938 年至 1958 年

華人着重「老吾老以及人之老」、「助人為快樂之本」等精神，經常互相幫助。1945 年第二次世界大戰結束後，宗教團體及非政府組織經常提供家庭支援服務。1949 年，香港家庭福利會成立，1958 年，香港社會福利署（社署）亦正式成立，為有經濟或就業需要的家庭，提供以個案為主的服務。

1958 年至八十年代

社署在 1958 年成立後，通過六個部門對家庭提供支援，包括兒童福利、青少年福利、婦女和女童的服務、感化、救濟和特殊福利（康復）。在不同地區設立的社署中心和非政府家庭服務中心（Family Service Centres, FSC），是提供服務的主要單位。社署的家庭服務特別要處理法定情況下的家庭需要（如緩刑、監禁的案件）（statutory cases）；非政府組織則積極開拓回應家庭需要的服務，如學校社會工作，及家庭生活教育等，以促進年輕人的發展和減少青少年犯罪。1965 年，政府發表第一份社會福利白皮書，首次肯定政府在社會福利的責任。1971 年推行公共援助計劃。1973 年發表《香港社會福利未來發展白皮書》，詳列五年規劃，擴大家庭及兒童服務；同年推行傷殘及高齡津貼。1978 年實施九年免費教育，顯示對家庭及兒童發展及支援的承擔。

八十年代至千禧年

1991 年發佈的《進入二十世紀九十年代及以後的社會福利政策》白皮書，指出香港的家庭問題日趨複雜，家庭服務提供者要應對不少挑

戰，包括以有限資源應付無限需求，並要改善服務成效，以證明公帑用得其所。1991年白皮書訂明家庭及兒童福利服務的目標為：

（1）維持和加強家庭單位，使其能為孩子的身體、感情和社會發展提供一個適當的環境；

（2）培養互相關懷的人際關係，以促進家庭幸福和抗逆力；

（3）提供援助，滿足家庭內不能迎合的需要，或協助有危機的家庭；

（4）提供支援性服務，以增強家庭運作，使其可以克服家庭生活中的困厄；

（5）協助遇上困難的家庭盡快復原。

社會福利界主要在兩方面作出貢獻：在預防層面，福利界可與其他有關界別合作（例如教育、衛生、房屋、警察，法庭和僱主），合力促進一個有利於家庭運作的社會政策，支援婚姻和親職（parenting）。在支援和補救的服務層面，除提供個案輔導外，更要配合其他相關服務（例如學校及醫務社會工作、青年工作、社區中心服務、長者照顧和綜合社會保障援助），協助有危機的家庭。

2000年檢討家庭服務及倡設綜合家庭服務中心

九十年代末，業界發覺香港的家庭問題越來越複雜，高危家庭的數目與日俱增，家庭服務在質量和模式方面，都有逼切改善的需要。2000年，社會福利署委託香港大學社會工作及社會行政學系顧問團（以下簡稱「顧問團」），用定性和定量的方法，檢討香港的家庭服務，目標包括：

（1）界定家庭的需要，確定服務對象的優先次序，以及就服務使用者的需要，建議適當介入的層次；

（2）檢討家庭服務的角色和功能、服務流程、服務水平及人手結構

和是否切合時代需求；

（3）就現時的家庭服務模式是否需要進行改革提供意見，構思新服務模式和詳列可供選擇的方案；

（4）檢討家庭服務的範圍、地理分佈、規劃比例，為新的整合式服務設施建議規劃比例；

（5）研究制定本地評估工具的需要，並且建議發展策略；

（6）制定家庭服務的成果評估方法；

（7）制定家庭服務的長遠策略及未來方向；以及

（8）構思執行各項建議的具體計劃。

被納入該研究的八項家庭服務包括：家庭服務中心的家庭個案工作、資深社會工作者、家務助理、家庭生活教育及家庭生活教育資源中心、家居照顧資源中心暨護老者支援中心、自力更生策略家庭支援服務、新來港定居人士服務中心，以及單親家庭中心。

顧問團發現這八個家庭服務項目，各有不同的編制、規模和運作模式，而且服務之間存在重疊及缺欠的地方。然而社會對部分家庭服務需求越來越多，過重的工作量，導致服務偏向回應式、補救性和個案主導，未能有效全面支援及強化家庭。

顧問團建議香港家庭服務必須以保護有困難的家庭、鞏固家庭的潛能和發展家庭的獨立能力為原則。服務應以家庭為單位，為受家庭問題影響的兒童提供足夠的關顧，並且以促進社區支援為服務的基礎。檢討建議公營的家庭服務，可統稱為綜合家庭服務中心（Integrated Family Service Centre, IFSC），以強化家庭（strengthening families）為目標，並以兒童為重（child-centred）、家庭為本（family-focused）、社區為基礎（community-based）作為服務的方向。服務實施原則有四項，包括方便

使用（accessible）、及早識別（early identification）、整合服務（integrative）及善用夥伴（partnership），令服務事半功倍。

每個 IFSC 以服務 10 萬人口為規劃單位，並按照公共健康服務理念（public health approach），設立家庭資源組（family resource unit）、家庭支援組（family support unit）及家庭輔導組（family counselling unit），分別提供預防、支援及補救三重防禦的工作。IFSC 的工作人員，要靈活應用社會工作專業的不同介入手法，提供包括輔導、轉介、支援及發展性小組、家庭生活教育及義工培育等綜合服務，發揮由預防性、支援性、充權、倡議以及補救等一連串的功能。

IFSC 這個創新服務模式在 2001 年提出，經政府及業界廣泛接納後，在 2002 年以四種不同的運作模式，在 15 個試點進行了一項為期兩年的試驗研究，按結果進行修正，並在 2004 年 4 月在香港全面實施。到了 2012 年，社署負責營運 40 個 IFSC，另外 22 個中心則由非政府組織承辦。

2010 年 IFSC 服務模式實施情況檢討及後續發展

社署於 2008 年 10 月透過公開招標，委託香港大學社會工作及社會行政學系顧問團（以下簡稱「顧問團」）進行一項「綜合家庭服務中心服務模式實施情況檢討」，以了解現行服務模式的成效，並研究改善方法。2010 年顧問團向社署分別提交名為《建構有效家庭服務：綜合家庭服務中心服務模式實施情況檢討》的報告和《實踐智慧彙編》。檢討結果顯示，IFSC 的服務模式在「兒童為重、家庭為本、社區為基礎」的方向及「方便使用」、「及早識別」、「整合服務」和「善用夥伴」的四項指導原則下，普遍受到 IFSC 管理層、前線工作人員、持份者和服務使用者

的支持。因此,顧問團建議在香港接受公帑資助的家庭服務,應繼續採用 IFSC 服務模式。截至 2023 年,全港共有 65 個 IFSC,當中由社署營運 41 個,其餘由非政府組織營運,可見香港的家庭服務需求正在不斷增加。

香港和國際不斷變化的情況,如人口老齡化、人口流動、技術進步、社會動盪、流行病,甚至為滿足既定需求而產生的新服務,都會影響家庭和兒童服務。下文將概述一些與服務有關的問題,並提出一些建議。

五、綜合家庭服務中心的三個服務焦點

兒童為重

兒童是社會的未來主人翁,在兒童身上投資等於為社會未來投資。兒童缺乏自我保護的能力,脆弱的兒童在有危機時也不能主動向外界求助。在孩童階段的適切援助,可以減輕貧窮和其他環境危機因素對兒童造成的影響。多數國家的家庭服務,都優先照顧兒童的需求。家庭是最能滿足兒童需求的場所,兒童和家庭的需求和利益,往往不可分割。所以,支援家長就是支援孩子。要落實「兒童為重」政策,政府的主要角色是鞏固婚姻、支援家長,和減低家庭解體的風險。

家庭為本

家庭是社會的基本支援單位。家庭成員遇上困難,所有家庭成員都應積極協助解決問題。以家庭為本的服務,會照顧整個家庭的福祉,不

會偏重個人利益，更會發掘及發展家庭的資源及成員的強項，將家庭的正能量推己及人。

社區為基礎

「社區」不單指地區物質環境，更泛指本區居民、服務機構、政府部門、志願團體、義工和服務使用者。不少有問題的家庭不會主動求助，但會接觸其他社區的成員，例如托兒所教師、學校社會工作者、區議員或屋邨管理員等。家庭服務若能跟這些單位及成員建立緊密聯繫，便可擴大接觸範圍，事半功倍地幫助有需要的家庭。立足社區的家庭服務計劃必須迎合當地人士界定的社區需要、建立有效的社區網絡及聯繫以及能綜合提供教育、房屋、醫療衛生等不同服務。

六、綜合家庭服務中心的主要理論基礎

公共健康理念

公共健康服務強調提供三重的防禦服務：第一重防患未然、第二重防微杜漸、第三重亡羊補牢。應用到家庭服務方面，第一重防禦便要為所有家庭提供教育及服務，避免家庭問題的出現，促進家庭成員健康地生活並發揮能力，貢獻社會；第二重防禦要為開始有問題的家庭提供支援或短期協助，讓其度過難關，重回健康的軌道；第三重防禦更要為有長期嚴重需要或有創傷的家庭提供輔導及治療等服務，避免問題惡化，以確保兒童及家庭的安全及發展。

生態系統理論

該理論強調個人、物質及社會環境的互動及配合。該理論能表達人際互動的複雜性和多變性，更指出要考慮家庭生態體系的過去、現狀及趨勢，方便分析及設計針對家庭內外不同系統的個別及互動多層防禦服務。這理論是許多分析個人、家庭和環境及設計相關服務及政策的指導理論。例如，夫婦關係會影響兒童的身心發展及學業成績；公司實施五天工作制及給予爸爸侍產假會促進家人關係；物色有心有力的鄰居成為社區褓姆，可以紓緩某些家長的壓力，減少精神健康問題及家庭暴力。

整合活用的服務

傳統社會工作專業介入手法，分為個案工作、小組工作和社區工作幾種，不但工作員以個案工作員、小組工作員和社區工作員自稱，連服務單位也會按此手法區分。但個人和家庭實在複雜多變，服務也要整全和靈活才能有效滿足個人和家庭在不同境遇的需要，所以自九十年代開始，香港的社會服務，多傾向手法及模式的整合。

積極心理學和強項為本的角度

傳統的家庭及社會服務，多較着眼於處理個人及家庭問題，往往忘記發掘家庭體系中的資源及正能量（如家居陽光充足，更有助於保持居者心情開朗，輕鬆地面對生老病死；夫婦理財有道，善用微薄收入，也能令家人溫飽滿足等）。IFSC 模式強調要善用家庭優勢及資源，不但能減輕專業服務的負擔，還可以改善家庭的自我形象，甚至成為義工，貢獻社會。

實證為本的服務

福利服務的目標，是確保能夠以最具成本效益的方式，滿足市民的需要，需要經常檢討服務成效，以實證支持作適當的調配及改善。IFSC 服務經常留意的服務質量包括：服務人員的專業性、服務的強度和密度、服務使用者的回饋、中心的位置及服務時間等。

七、2023 年社會福利署的家庭及兒童福利服務

社會福利署網頁列出的家庭及兒童福利服務，以上述綜合家庭服務中心（Integrated Family Service Centre, IFSC）服務為主，內容包括為有需要的個人及家庭提供諮詢服務、資源角、家庭生活教育、親子活動、小組工作服務、活動計劃、義工培訓及服務、外展服務、輔導服務和轉介服務等，並提供延長時間服務。任何個人（無論屬於哪個種族或者是否香港市民）或家庭可向就近的中心查詢 / 尋求協助。服務團隊主要為社會工作人員及臨牀心理學家，亦有兼聘輔導員，以及家庭、語言、行為、遊戲和藝術治療師等。服務管理方面，社署於 2010 年 9 月成立綜合家庭服務中心委員會，以識別綜合家庭服務中心關注的事項及釐定優次以作適當的跟進，並監察跟進綜合家庭服務中心服務模式實施情況檢討建議的工作進展。委員會的成員包括社署總部及 11 個地區福利辦事處、營辦綜合家庭服務中心的 10 間非政府組織、營辦綜合服務中心的兩間非政府組織以及香港社會服務聯會的代表。

家庭及兒童福利服務除 IFSC 外，還包括家庭生活教育、家務指導服務、短期食物援助服務計劃、家庭危機支援中心、臨時收容及體恤安

置，以及保護兒童的幼兒服務、兒童住宿照顧服務、寄養服務、領養服務，保護家庭及兒童服務。另外，也有不同程度的服務（由公眾教育，熱線諮詢到庇護住宿服務等），用以預防及處理涉及虐兒、虐偶、虐老、自殺及他殺等家庭暴力事件。

除了政府資助的家庭及兒童福利服務外，香港的非政府組織（Non-government Organizations, NGOs）和收費服務市場也十分活躍，提供創新或專業服務，以滿足社會的特別需求。例如支援有特定教育需求兒童及家庭的評估及訓練服務，由宗教團體提供有宗教色彩的靜修及輔導服務等。

八、家庭及兒童福利服務的需求和服務發展

香港家庭及兒童的福祉，除了受世界政治經濟及文化等外圍因素影響，也受到以下香港社會條件及福利政策等本地因素影響。

低出生率和壽命延長

導致人口迅速老齡化，產生大量護理和醫療保健需求，並削弱經濟生產力。安老事務委員會於 1997 年成立，兒童事務委員會於 2018 年成立，一直致力於制定相關長遠政策和服務規劃，但低出生率及有特殊學習需要者（Special Educational Needs, SEN）人數增加，也加大了服務壓力，特別是在低出生率加上越來越多的兒童有特殊教育需求的情況下。2020 年以來，社會越來越關注家庭照顧者的需求，希望他們的健康和心理健康能夠持續，更好、更長久地發揮照顧者的作用。

離婚率不斷上升

香港近年結婚和離婚率之比約為 2:1，離婚夫婦年輕化、婚齡下降、有年幼子女者仍堅持離婚等現況，對家人心理健康、子女照顧、教育和監護、住房需求等方面產生了很大影響。家庭服務方面已加強了為初婚甚至再婚夫婦提供婚前準備、健康婚姻培育和育兒教育。自 2021 年起，教育局亦為有幼稚園、小學甚至中學子女的家長制定家長教育課程架構，並提供津貼加強家長教育。香港各區均設立共享親職支援中心，幫助離婚父母繼續做好養育子女的角色，幫助受影響子女順利適應和健康成長。

壓力過大的生活方式

香港舉世聞名的效率給工作人口帶來不少身心健康挑戰。競爭性的學習氛圍也給學生和家長帶來壓力。儘管香港在保護心理健康和預防自殺方面做了大量的公眾教育，自殺率仍然持續上升（根據香港撒瑪利亞防止自殺會，2022 年有 1080 人自殺，其中 40% 的自殺者年齡超過 60 歲）。隨着心理健康服務需求的增加，自 2010 年起，精神健康綜合社區中心 ICCMW 於 18 區成立，以配合綜合家庭服務中心的精神健康服務。小學和中學各配備至少一名全職社工，並將學校社會服務擴展到學前機構。

家庭暴力和虐待案件增加

2020 年前後，香港的家庭暴力案件不斷增加，包括幼兒被虐致死、夫妻、父母甚至兄弟姐妹互相殘殺。也發生了托兒所和康復機構工作

人員集體虐待兒童的情況。2023 年，政府就強制舉報虐兒草案刊憲（*Mandatory Requirement on Reporting of Child Abuse Bill*, MRR），提醒從事幼兒工作的專業人士及時舉報嚴重虐待兒童案件，希望能改善專業培訓和相關兒童服務，包括住宿和寄養服務。

移民外流顯著

有學齡兒童的家庭移居國外的趨勢不斷增加，留下年邁的父母等待其他家人或社會服務去照顧。照顧者數目及需求不斷增加的同時，社會服務、教學和醫療保健領域的人手卻嚴重短缺，要落實服務質量（例如針對及早干預的「到校學前康復服務 On-site Preschool Rehabilitation Services OPRS」）變得極不容易。

家庭及兒童需求多元化及複雜化

受上述香港家庭及兒童服務需求不斷變化的刺激，傳統個案工作及家庭生活教育以外的服務發展迅速，其中包括以家庭而不是單以個人作為服務單位，使用系統干預方法而不是單基於獨立個體的干預方法，提供更適切年齡和性別的服務，關注身體、心智、社會、精神的整體健康，發展出藝術、園藝、行為、動物治療等新介入手法，從問題為本的手法擴展到更積極的強項為本的方法，由注重緩解問題，進步到注重預防問題，尋求更多服務的可及性和整合性，以鼓勵早期尋求幫助。隨着科技的進步以及 2020 年至 2023 年疫情期間社交距離要求的推動，面對面的服務模式也續漸發展網上（on-line）服務作配合。科研的不斷努力，將本於經驗的工作優化為有實證支持的服務，人口普查報告增設的兒童數據亦會令相關服務作更有實證的規劃。2022 年，香港社會工作者協

會少數族裔分會的成立，少數族裔外展隊（Outreaching Team for Ethnic Minorities, OTEM）的工作開展，也標誌着香港社會工作重視為香港非中國籍居民提供服務。

九、對家庭及兒童福利服務的建議

按實證規劃未來服務

社會福利服務需要有長遠的規劃和承擔，並要堵塞服務與服務之間的缺口，減少因服務銜接不足而引起的問題。例如，增加暫時收容兒童 / 病弱人士的服務，為有短期育兒 / 護老困難的照顧者提供適切的支援；促使政府增加對專業人員職前訓練及持續栽培的承擔，讓生力軍有心有力地工作；確保政府的房屋、教育、衛生、勞工及福利政策等環環相扣，配合社會的變化和現代生活的實況，令家庭及兒童的發展更暢順及健康。

管理市民期望

除了增加公眾教育，促進義工參與，令傷健、賢愚、老幼都可以成為社會資本，結伴同行之外，能清楚界定持份者的角色和權責，也可減少埋怨，改善各方的合作關係。例如，要扶助兒童及青少年健康成長，家長、教師、醫護、商界、傳媒及青少年本身，都責無旁貸。

定期檢討服務，以科研提升服務質素，持續培訓並優化服務團隊能力

社會發展日新月異，政府及業界要定期檢討服務成效，當發現有新的服務需求時，便要投放資源，妥善對應。自 IFSC 實施以來，「推行 IFSC 專責小組」定期舉行會議，以解決由社署和非政府組織營辦的 IFSC 在運作上所共同遇到的問題。專責小組應該繼續鼓勵運用創新又有實證成效的方案，令服務持續改進。例如，親子互動輔導服務（Parent Child Interaction Therapy, PCIT）能減輕兒童行為情緒問題，提升親職技巧；藝術治療能舒緩長期病患者的情緒鬱結，引發積極能量。政府必須更加積極主動地將本地已開發的成功循證服務（如為 18 個月幼兒及家長提供適切教育的「樂啟航」計劃）納入政府資助服務，以支援基層年輕家庭，鼓勵生育。另外，社工面對龐大的工作量，政府亦需提供定期的專業培訓及支援，以減低社工因為耗盡（burnout）而離職。

參考境外服務

香港家庭及兒童的情況及面對的挑戰，與其他境外大都會大同小異。借鏡其他地方的服務理念及模式（如主動為雙胞胎及多胞胎的家庭提供特別配套服務及稅務寬減，體現政府體恤民情並支持生育）、人才培養策略、政府推行的力度等，可以令服務更有效應對社會現今及未來的需求。

參考資料

1. Bronfenbrenner, U., *The Ecology of Human Development: Experiments by Nature and Design* (Cambridge, MA: Harvard University Press, 1979).

2. Census and Statistics Department, HKSARG, *2020 Population Census Results*, https://www.censtatd.gov.hk/tc/. HKSARG.

3. Hong Kong Pediatrics Society and Hong Kong Pediatrics Foundation, *Child health policy for Hong Kong*, http://www.hkpf.org.hk/download/20150920%20Child%20Health%20Policy%20for%20Hong%20Kong_Final.pdf

4. Labour and Welfare Bureau, HKSARG, *Mandatory reporting of Child Abuse Bill*, Gazetted on June 2, 2023.

5. Leung, C., Chan, S., Lam, T., Yau, S., & Tsang, S.K.M., "The effect of parent education program for preschool children with developmental disabilities: A randomized controlled trial", *Research in Developmental Disabilities, 56*, 18-28. DOI: 10.1016/j.ridd.2016.05.015.

6. Leung, C. & Tsang, S.K.M., "The efficacy of Parent-Child Interaction Therapy with Chinese families: A randomized controlled trial study", *Research on Social Work Practice,* Published online before print January 16, 2014, DOI: 10.1177/1049731513519827.

7. Leung, C., Tsang, S.K.M., Ng, G. S.H., & Choi, S.Y., "Efficacy of Parent-Child Interaction Therapy with Chinese ADHD children: Randomized controlled trial" *Research on Social Work Practice*, DOI: 10.1177/1049731516643837, April 21, 2016.

8. Leung, C., Tsang, S., & Li, B., "Efficacy of Fun to Learn for the Young (FLY) program: Randomized controlled trial", *Journal of Child and Adolescent Studies,* DOI: 10.1007/s10826-017-0790-9.

9. Social Welfare Department. Website. https://www.swd.gov.hk/.

10. Tsang, S.K.M. with Consultancy Team, Department of Social Work and Social Administration, HKU, Report on *"Meeting the challenge: Strengthening families. Review of Family Services in Hong Kong"*, Research commissioned by the SAR Government.

11. Tsang, S.K.M. with Consultancy Team, Department of Social Work and Social Administration, HKU, Report on *"Building effective family services: Review on the Implementation of the Integrated Family Service Centre Service Mode"*, Commissioned by Social Welfare Department of the Hong Kong SAR Government. (Report in Chinese, 160 pages).

12. Tsang, S.K.M. with HKU Centre on Suicide Research and Prevention, *Research report*

on *"Further study on the phenomenon of divorce in Hong Kong"*, Commissioned by the Family Council, HKSAR Government.

13. Tsang, S.K.M., Lee, A.N.Y; Chan, C.H.Y. & Yip, P.P.K., *Curriculum framework on Parent Education (KG)* 家長教育課程架構（幼稚園）(HKSARG: Education Bureau), https://www.parent.edu.hk/docs/default-source/kg-curriculum-framework-on-parent-education/curriculum-framework-on-parent-education-(kg)_english_20210902_for-upload.pdf?sfvrsn=140fe11_8.

14. Tsang, S.K.M., Lee, A.N.Y; Chan, C.H.Y. & Chan, P.K.L., *Curriculum framework on Parent Education (Primary School)* 家長教育課程架構（小學）(HKSARG: Education Bureau).

15. https://www.parent.edu.hk/docs/default-source/curriculum-framework-on-parent-education-(primary-school)/curriculum-framework_pri_eng.pdf?sfvrsn=e271ad08_2.

青少年社會工作

黃昌榮

一、引言

從事青少年工作的實踐者，不一定是社工，也不一定受政府的財政
資助，他們工作的場所，可以在教會、學校、社區，以至本土或國際性
的組織。歐洲、美、英、澳、紐等西方國家的青年工作者大多接受系統
性或專業的訓練，確保他們在知識、技巧及專業倫理方面有充足的裝備
（Sapin, 2009）。在大多數國家及地區，青少年社會工作歸屬於教育系統
一環，強調青少年的全人發展。

香港的青少年工作，歷來都不是社工的專利，但青少年社會工作無
疑是社工及社會福利服務的重要一環。作為青少年工作者的社工，一方
面要對社會控制論述所衍生的青少年觀及青少年服務有所警惕及批判；
另一方面，也應保持開放的態度，與不同的青少年工作者合作，與青少
年並肩推動個人健康、社會關懷、服務改革及政策倡議等有利於青少年
發展的工作。

香港本土所孕育的青少年社會工作，是以通才訓練（generic training）
為本的。有志投身青少年社會工作的社工學生，可以選修一至兩科有關
青少年社會工作的科目，並選擇以青少年服務為其中一個實習場域。

青少年作為社會工作及社會發展的其中一個主要對象羣體，逐漸成為全球的關注焦點。最為觸目的莫過於 1995 年第 50 屆聯合國大會通過《到 2000 年及其後世界青年行動綱領》，制定和推動青少年政策成為各國青少年事務的一項重要議程，其中牽涉的十個優先政策領域，計有教育、就業、饑餓與貧窮、健康、環境、藥物濫用、少年犯罪、閒暇活動、女孩與青少年婦女，以及青少年充分和有效地參與社會生活和決策。隨着全球社會發展，聯合國發表的《2003 年世界青年報告》加進了五個新領域，即全球化、資訊與溝通科技、愛滋病、衝突，以及跨代關係（Social Policy and Development Division, United Nations, 2010）。

上述《青年行動綱領》也指出青少年是社會重大變革的推動者、受益者或受害者。社會理論巨擘 Zygmunt Bauman（2017）認為，現今青少年是被遺棄的一代（outcast generation），他們向上游流動越困難，向下流動的危機越嚴重。在尋求融入現有社會秩序或成為改變這種秩序的一股力量時，青少年面臨的抉擇和矛盾可想而知。青少年全人發展成為當今及未來社會的重要資源及政策方向，年輕人的抱負不應受到貶抑，其可開發的潛能也不容低估。有鑒於此，青少年社會工作又豈能忽略青少年在各個重要領域的角色及參與？

二、青少年社會工作的理念及倫理

青少年既然是青少年社會工作的主體，社工必須秉持專業理念，並以此評定自身及其他非社工專業的青年工作者是否恪守或對以下青少年社會工作的理念及倫理考量（Spier and Giles, 2018）有所偏離。首要的就是尊重及珍視每一位青少年，並確保不會歧視不同背景或出身的青

少年。每一個年輕人都是獨立的個體（uniqueness），有其獨特的性格和偏好（preference）。青少年社會工作重視青少年的自願參與，不予強迫他們參與或從事別人及成人世界認為應該做的事，或甚至視他們為達成某種目的之工具。青少年得不到信任和支持，常見原因在於成人認為他們年紀尚輕，缺乏人生經歷和人脈，同時資源匱乏、無權無勢等。青年工作者必須對這種不利於青少年發展的年齡主義的論述和實踐加以批判和反思（黃昌榮，1995）。

第二，重視及推動青少年在各個生活領域的參與和發聲，如給予他們適當的資訊、資源及訓練，設立開放的參與渠道及機制，聆聽他們的心聲、掙扎和矛盾等。青少年參與的首要原則，不但要把青少年視為夥伴，更要尊重青少年文化，參與的形式可以千變萬化，例如議會議事、辯論、音樂、舞蹈、動漫、手遊、話劇、觸覺藝術等不同載體（黃昌榮，2011）。同時，青年工作者也應正面理解青少年的不滿和投訴，聽出所謂噪音背後的合理訴求。肯定青少年參與的背後假設是：青少年是一個有能力參與和作出合理決定的個體及羣體，並邁向成為一個有獨立自主的人而努力。青少年參與不應被阻撓，除非他們的決定會嚴重影響自身及別人的利益，如企圖自殺或欺凌弱小。當然，如何解構行為問題與青少年的關係，並以更具結構、充權、認可和敍事的方式處理青少年面對的問題，是另一個饒有意義的課題。

第三，青少年從來都不是鐵板一塊或同質性的羣體，他們之間的差異及其背景的多樣性甚為豐富，包括年齡、性別、性取向、階級、能力、語言、族羣、膚色、教育、居住地點、家庭組成等。青年工作者要懂得觀察、描述，及分析青少年羣體的多樣性和異質性，但卻不以此造成或合理化個別青少年及青少年羣體之間的衝突和排斥。相反，青年

工作者和年輕人應視差異為資源（difference as resource）（Wong and Yip, 2018），對不同背景的個人及羣體表示尊重和包容，進而促進相互交往及合作，達到互利共贏。更進一步的工作，是批判現今主流社會對青少年的種種歧視、排擠和欺壓，例如把青少年的多樣性（diversity）扭曲為分裂性（division）的根源，以理性批判為基礎，更有利於進行反歧視、反欺壓及社會融和等行動（黃昌榮，2002）。

第四，從規訓及社會控制視角出發的青少年社會工作，往往認定青少年是個人問題的始作俑者，因而認為青年工作者的主要任務是要讓哀傷的青年人得到安慰，鼓勵受助者作出個人的努力和改變，並協助他們盡快適應及投入正常生活，以及認同主流社會的共識和價值體系。這種視角不但忽略了造成個人問題背後的社會性及結構性因素，也貶抑了青少年對抗和解決問題的能力（Wong, 2004）。青少年不是問題的本身，青年工作者應與青少年一起解構問題與人的關係，並採取適當的方法解決問題對人造成的困擾。

最後，青少年社會工作者必須持守專業精神，事事以青少年的權利和利益為大前提。實踐者也應該明白到，青少年社會工作並不只是一種實務取向，它更是一種生命的滋養和反省，也是一種具備人本、關懷的在地實踐。因此，實踐者也需不停檢視自己的位置和實踐有否造成年輕人的去權，以及有否逾越了專業關係，模糊了個人與專業關係的界線，甚至控制或剝奪了年輕人的自主性。如果青少年社會工作是一種專業關係，也是一種生命實踐，青少年工作者大可放下身段，欣賞和認可青少年所從事的興趣，及其所包含的價值、態度、技能與知識。如果要求青年人樂觀、勇敢，青少年工作者也應以身作則。

三、青少年社會工作的實踐方向

從工作關係說起

工作關係即青少年工作者與青少年所共同建構的工作關係，起碼有三種不同形式，分別是：為青少年工作（work for youth）、與青少年工作（work with youth），以及由青少年工作（work by youth）（Wong, 2015; Wong and Yip, 2018）。為青少年工作的好處，不講自明，但其主要缺失正在於太過家長式，也剝奪了青少年發聲和參與的機會，一句「都是為你好」，便成為矮化青少年、重構青少年依賴性的陷阱。與青少年共行是最理想不過的，一方面肯定了青少年的主體性和參與的認受性，另一方面，也沒有淡化青少年工作者的角色，並提醒青少年工作者的精神和手法，在於「從後引導」（leading from behind）；不是以專家的高度和態度自居，引導青少年應走的方向，而是以青少年的關注和能力出發，構想出可走的路和可行的方案。如果從案主出發（start where the client is），真的有考慮到青少年的自主和權力，那麼對問題的尋索、界定和評定，以及對策，也必須與青少年一起商議着進行。

從權力及權力關係說起

青少年工作者既要審視主流社會的權力觀及其運作，也要好好反思專業關係有否造成對青年人的去權狀況。由去權走到充權（empowerment），有依從量變，也有依從質變。以社區青少年工作而言，由量變走向質變之說是指個人解決所遭遇的問題，從來不能單打獨鬥，必須與志同道合的青少年及社區組織共同爭取社區變革，以至政

策倡議。個人的聲音不夠響亮，但由多人以至社區動員及組織起來的集體力量，就不能小覷，其背後信念是「集結力量就是權力」（number is power）。

青少年工作者在動員和組織方面所扮演的角色，就是與青少年建立工作夥伴關係，洞悉「個人的」與「政治的」關係，並同時爭取政策討論和倡議行動的空間。例如，與其說青少年問題，不如說青少年與社會問題；與其說邊緣青少年，倒不如說青少年在社會邊緣；與其說隱蔽青少年，倒不如說青少年陷落於隱蔽中或受困於隱蔽狀態（Wong, 2009）。語言的轉向，不單帶來修辭的轉變，也令人質疑究竟是何種結構性問題導致青少年墮陷於社會的邊緣，是貧窮嗎？是欺凌嗎？是社會不公義嗎？當然，從事社區發展、社會行動、議會遊說、政策倡議等工作更是把問題外化到社會結構與社會政策的層面，讓青少年重新反思其問題的社會性及結構性根源，並從事及開拓結構性的思考與介入。

從生涯發展說起

生涯發展的其中一個學術巨擘 Donald Super（2012）認為生涯發展是終其一生的，也涉及人生的四大舞台，包括家庭、學校、工作和社區，也是生活裏各種事態的連續演進方向，它統合了人生中依續發展的各種職業和生活角色，由個人對工作的獻身而流露出獨特的自我發展形式，它也是人生青春期以迄退休之後一連串有酬與無酬崗位之綜合，除了職業外還包括任何和工作有關的角色。因此個人對工作的投入，不但涉及有酬工作和職業，也觸及無酬工作崗位，以彰顯及形塑獨特的個性和自我發展。

Mark Savickas（2013）繼承 Donald Super 最核心的自我概念的想

法，並依從社會建構論的觀點，提出以自我建構取向取代自我實現取向，注重潛能開發，獲取社會心理資源（psychosocial resources），強調適應轉變，強化自己的生涯或是生活設計（life designing）的能力。此視野強調個人自我建構，並從自己的興趣出發找出發展方向，其好處在於貼近當事人，較容易啟發參與，同時有利於累積涉及工作世界的價值、態度、技能與知識。換言之，興趣學習不是一種單純的個人享受，或是興趣學習的心理狀態，而是一種內在化的個人動機，而反覆學習所形成的滿足感，會進一步推動興趣的持續發展及其轉化（黃昌榮、蘇雪冰，2019）。個人興趣對學習的意義以及對學習生涯的正面影響在於提升當事人在學習上的專注力、觀察力、反思力、持續努力及解難能力等，這些都有助於青少年洞悉興趣發展與學習生涯和職業生涯的相互影響。不過華人社會一向看重青少年的學業成績和事業發展，認為興趣發展充其量只能扮演次要的角色，難登大雅之堂，而「勤有功、戲無益」的論述，更普遍存在於社會及家長之中。

生涯設計是個人的，也是結構的。青少年工作者必須與青年人共同倡議及建構一個青少年友善、充權和賦能的生涯發展網絡，提供訓練、培訓和指導的工作環境，以及促進關愛的社會氛圍與政策（Su and Wong, 2022），使青少年的多元發展權利、社會認可和發聲參與能得到重視和落實。沒有賦能、充權和認可支持的社會環境，社會心理資源的天平只會傾側於個人而忽視其社會面向（Su, et al., 2023）。

從後物質主義說起

當下的兒童及青少年於較富裕的環境成長，也受到自主、自由、平等、博愛等思潮的薰陶，成長之後，自己希冀的價值，也期望政府能

作為施政的方針，讓人民享有美好生活。青年人不但追求物質條件的改善，也注重社會財富分配、社會的可持續發展、氣候急劇變化帶來的全球挑戰等跨越國界、跨越世代的議題。作為青少年工作者，我們希望見到年輕新一代，以及未見的一代，繼承俗不可耐、炫耀性消費等物質主義價值，還是與青年人共行，追求關愛社會，愛護自己的國家，以及以更高層的生命價值為己任？

四、結語

　　青少年匱乏、青少年去權與充權、青少年發展、回應全球化等問題，已不單是專業、學術和研究的課題，更是青少年工作者和青年人一起面對的生活實踐和生命抉擇。青少年面對的問題，有其個人的故事和殊異不同的經歷，但也有其背後結構性和制度性的根源，有待解構及突破。青少年工作者應視青年人為獨立的主體，有其能力、潛能和抱負，絕不能把他們視為問題的本身，甚至極盡能事，矮化和病態化年輕新一代。青少年工作者需躬身自省，與時並進，努力吸收新的學術養份和實踐智慧，常常保持一顆熾熱、年輕的心和一個冷靜的頭腦，與青年人共行，開拓青少年社會工作，以及青少年全人發展的新疆域。

參考資料

1. Bauman, Z., On the outcast generation, *The voice of Europe Group II*, January 2017. Available at https://www.eesc.europa.eu/sites/default/files/resources/docs/16_658-europeiii-jan17-a4.pdf.

2. Sapin, K., *Essential skills for youth work practice* (London: SAGE, 2009).

3. Savickas, M.L., "Career construction theory and practice", *Career development and counseling: Putting theory and research to work*, 2, 2013, pp.144-180.

4. Social Policy and Development Division, United Nations, *World programme of action for youth* (New York: United Nations, 2010), Available at https://www.un.org/esa/socdev/unyin/documents/wpay2010.pdf

5. Spier, J., & Giles, D., "An ethics of caring in youth work practice". In P. Alldred, F. Cullen, K. Edwards, & D. Fusco. (Eds.), *The SAGE handbook of youth work practice* (New York: SAGE, 2018), pp.320-341.

6. Su, X., & Wong, V., "Enhancing the career capabilities of NEET youth in Hong Kong: an experience-driven framework", *International Journal for Educational and Vocational Guidance*, 22 (3), 2022, pp.713-738.

7. Su, X., Wong, V., & To, S.M., "Evaluation of experience-driven career support services to NEET youth in community contexts", *Child & Youth Services,* 2023, pp.1-23, https://doi.org/10.1080/0145935X.2023.2230863.

8. Super, D., "Developmental self-concept". *Jurnal Manajemen*, 20 (2), 2012, pp.245-246.

9. Wong, V. & Yip, T.C., "Promoting change: The 'expanded notion of work' as a proactive response to the social justice issues in career development practice", in T. Hooley, R.G. Sultana, & R. Thomsen (Eds), *Career guidance for emancipation* (New York: Routledge, 2018), pp.64-80.

10. Wong, V., "From personal to structural: Towards critical change in youth work practice", *Youth Studies Australia*, 3 (23), 2004, pp.19-26.

11. Wong, V., "Youth transition to work in an age of uncertainty and insecurity: Towards an expanded notion of work for insight and innovation", *Journal of Applied Youth Studies*, 1 (1), 2015, pp.21-41.

12. 黃昌榮：〈迷思與現實 —— 青年概念與年齡主義初探〉，載於《政策透視學報》，1995 年第 3 期，頁 19-25。

13. 黃昌榮：〈從後現代主義看青少年問題〉，載於李永年編：《香港青少年問題長一世紀初的現象》（香港：香港大學出版社，2002 年），頁 97-118。

14. 黃昌榮：〈機構管理與充權工作實踐〉，載於趙雨龍、黃昌榮、趙維生編：《充權—新社會工作視界》（台北：五南圖書出版社，2011 年），頁 147-158。

15. 黃昌榮、蘇雪冰：〈興趣發展與介入視覺下的青少年生涯發展研究〉，載於《青年探索》，2019 年第 4 期，頁 65-77。

康復社會工作

李楚翹

一、引言

　　社會工作應用在殘疾人士的康復上已有頗長的歷史。康復是由不同專業參與的工作，社工與康復的關係建基於兩者一些相同的目標及價值觀念。一直以來，社工實務針對殘疾人士的需要，直接及間接促進他們的康復，使它成為康復工作團隊中一個不可或缺的專業。有關社會工作在康復的角色及實務方法，隨着社工專業、殘疾概念及康復方法的發展而調適和改變。本文旨在說明康復與社工的關係，並嘗試就轉變中的殘疾和康復思潮演繹社工在康復工作中的功能、角色及工作手法。

二、殘疾概念的發展

　　殘疾人士是指因身體、感官、腦功能或精神、行為上的缺憾引致生活及適應能力下降或失常的人，以及那些因此等缺憾而遭遇到障礙、歧視，或不平等對待，因而未能全面投入社區生活的人，但「殘疾」帶有負面意思，有突顯缺憾、貶低能力、忽略其他特性等標籤作用。在其他一些國家，有以標籤性較低的詞彙稱呼殘疾人士。例如中國台灣地區使

用「殘障人士」，突出是環境障礙了他們發揮能力，而並非因他們殘疾而喪失能力。又例如美國多使用有殘疾的人士（persons with disabilities），以人（persons）先行，殘疾（disabilities）在後，焦點是人而並非他們的殘疾狀況。而在英國，有不少學者仍使用殘疾人士（disabled people），但他們的用意是強調這些人是被定性為殘疾（being disabled）的不公平。採用何種名詞正反映對殘疾的理解，盡量減輕負面標籤、關注去除障礙或歧視均是重要考慮。

殘疾的概念在過去數十年不斷發展，由最初的醫療模式到近年的後結構主義論述，標示出對殘疾及殘疾人士的不同角度及多層次理解。社會工作在康復工作中的角色與殘疾概念息息相關，以下是主要的殘疾模式及論述，以及不同的殘疾模式如何影響社會工作在康復中的角色和實踐。

醫療模式、功能模式

其實殘疾的概念多年來持續發展，現時的論述與以往醫療模式已有重大轉變，如何理解殘疾直接影響社會工作者應對殘疾服務對象的需要及處理與他們的關係。傳統的醫療模式視殘疾為個人的傷、病及身心缺憾，此等情況損害個人能力，而康復就是醫療及其他專業人員針對殘疾人士的殘疾情況進行醫療治理，目的是治癒或減低殘疾情況。及後衍生的功能模式，視殘疾為因身心缺憾而引致的全部或部分能力的缺失，而康復就是通過訓練，善用剩餘能力，及發展補償能力。[1]

---

1 有關醫療模式的理念和內容，請參考 Hammell, K.W., *Perspectives on Disability & Rehabilitation: Contesting Assumptions, Challenging Practice* (Elsevier, 2006), Chapter 4.

功能模式和醫療模式的共通點是視殘疾主要為個人問題，康復的工作主要是投放到個人身上。[2] 在醫療模式裏，殘疾人士基本上是履行病人的角色，被動地遵照專業康復工作者的意見接受治療及康復程序。功能模式較重視個人的能力及潛質，和殘疾人士在康復訓練中的參與。康復的成效視乎個人能力恢復的程度，在專業人員評估殘疾人士的能力已達可能達至的最高水平，或其殘疾情況已再難通過專業康復程序改善，那康復工作便已完成。醫療模式被批評為認定殘疾人士的問題源自個人的病態，對社會結構內削弱殘疾人士能力的因素視若無睹。只針對個人的殘疾提供治療，並不能協助殘疾人士超越環境裏的障礙，而在工作關係中，又出現專業人士主導或專權的情況，不單難以協助殘疾人士自主自助，更是削弱他們的能力和權力的罪魁之一，把他們置於被支配，甚至變成倚賴的狀況。功能模式雖然肯定個人的能力及參與，也重視訓練和生活環境的配合，但它只是醫療模式的改良版本，殘疾仍是個人問題，康復仍是針對個人進行治療及訓練，無視蘊藏在社會結構內引致殘疾的因素。

社會模式、生態模式

對醫療模式的批判，孕育了七十年代出現的社會模式，是殘疾及康復概念發展的一個里程碑，扭轉了殘疾是個人傷、病、缺憾所引致，而康復就是要治療個人的傷、病及修補其缺憾的概念。[3] 以社會模式分析，

2　有關功能模式的理念和內容，請參考 Smart, J., *Disability, Society, and the Individual* (Pro-ed., 2009), pp.67-72.

3　Huges, B. and Paterson, B., "The Social Model of Disability and the Disappearing Body: Towards a Sociology of Impairment", *Disability and Society*, 12 (3),1997, pp.325-340.

殘疾是社會強加諸於有身心殘缺的人身上的。社會結構內有種種因素，例如康復政策、社會保障制度、醫療診斷及評估標籤、與主流社會分隔的服務及教育機會、專業康復人員的權責、社會歧視、未有考慮有身心殘缺人士情況的建築物及交通工具、利潤掛帥的商業模式、功利主義、對少數社羣的社會排斥意識形態等，都阻礙這些人發揮能力，或把他們置於不利的位置，使他們不能如一般人在社會內享有正常的權利及生活的機會。人之所以成為殘疾，並非是他的傷、病、缺憾令他殘疾，而是社會裏某些結構性因素遏制着他，沒有考慮他的身、心特別情況，使他承受各種不便、不利、不公平或不正常的待遇，甚至損害，因而變成殘疾。由此推論，康復的目的在於去除社會結構內的致殘因素，而非治療個人的身、心病態或缺憾。正因為有身心殘疾的人士在社會中是少數，一般都是處於弱勢，他們要抗拒社會結構內的致殘因素而不受影響，幾乎是不可能的。因此社會模式的康復方向是賦權於有身心殘疾人士，通過倡導、組織、談判、批評、社會行動去對抗社會結構性的致殘因素，從而改變社會，為殘疾人士創造一個有利於他們生活和發展的環境。

　　生態模式與社會模式都承認社會環境因素會對殘疾人士構成影響。但是，相對於社會模式以抗爭手法去改變社會，生態模式注重調節人與其生活環境的相互適應，認為殘疾是由於有身心殘缺的人與其生活環境的不協調而產生。物質環境多是為一般人而設，並沒有考慮到身、心有缺憾的人的特別情況，使他們在這樣的環境中生活時遇到很多障礙；而殘疾人士因為本身的情況，未必能克服這些障礙。在人文環境上，也有同樣的環境與個人的不協調情況，例如一般人與身、心有缺憾的人之間的疏離、誤解、矛盾、抗拒等，會影響到兩者不能和諧相處。社會的風俗、文化、意識形態，主宰着對待身、心有缺憾的人的態度；社會態度

又會直接影響到他們對自己、對社會的看法。而在個人態度與社會態度互動之中，若產生的結果是互不包容，就是生態模式對殘疾成因的理解。[4]

後結構主義的論述

有關殘疾的後結構主義論述，主要包含對以社會模式理解殘疾的各種批評，不同意有任何模式能夠充分演繹殘疾的深層意思。[5] 首先，在後結構主義的殘疾論述中，殘疾的成因並非蘊藏在社會結構之中，而是由有身、心缺憾的個人，和其他人及環境接觸而產生反應、調適、反覆理解、詮釋、演繹、界定而衍生出來的一種身份。因此，有殘缺的人或羣體在社會結構中，並非如社會模式所理解的無權、被動、被支配。第二，所有的互動過程和結果，以至個人、羣體，及他們身處其中的社會都不是固定的，一切是在不斷轉變中，因此殘疾不是一個固定的身份，並非如醫療模式中的病人，或社會模式中被壓迫的身份。第三，後結構主義的殘疾論述承認及重視主觀的殘疾經驗，特別是身、心的感受，這些經驗因人而異，其多元性質難以用任何一個理論或模式去概括。第四，女性主義的論述批評社會模式傾向於父權主義，因為社會模式否認身、心缺憾帶來的心靈和肉體軟弱、痛楚，而把殘疾及其後果歸咎於社會。

後結構主義的論述紛紜，不容易理清其中派別和脈絡。簡單而言，

4　Smart, J., *Disability, Society, and the Individual* (Pro-ed., 2009), pp.65-67.

5　Huges, B. and Paterson, B. "The Social Model of Disability and the Disappearing Body: Towards a Sociology of Impairment", *Disability and Society*, 12 (3), 1997, pp.325-340；Barnes, C. and Mercer, G., *Exploring Disability*, 2nd ed (Polity, 1997), pp.66-69.

這組論述本身並未形成為一個殘疾模式，但它批判現存的各個殘疾模式均簡化了殘疾的成因及理解。殘疾既不單是個人的問題，也不純是社會壓迫的結果，而應從有殘缺的人與外界接觸的過程去理解殘疾。不能以一時的認知作為終極理解，也不能以殘疾種類把個人定型，要聆聽有殘缺的人的主觀經驗以了解他們，並重視他們在界定自己為殘疾、非殘疾，或任何身份時的個人能量及主動性。有殘缺的人既可能是被壓迫的弱者，也可能是壓迫他人的施壓者，或同時是施壓者和被壓迫者。重要的是二分法並不能準確呈現或描述身份及關係的錯綜複雜性，而往往簡化或片面地理解殘疾及有殘缺的人。後結構主義主要是批評其他學派對殘疾的論述，鮮有觸及康復的原則或方法，但康復工作者卻能從中獲得啟發，反思康復的理念和工作手法，下文會作討論。

三、康復概念的發展

康復是指協助有身、心缺憾的人或他們主動恢復及提升各方面的能力、充權、尋求適當支援及營造一個包容、無障礙的環境，以達至盡量自決、自助、自選方式地在社區裏生活及參與社會。康復工作通常包含多個專業的投入及和協作，包括醫藥、治療（如物理治療、職業治療、語言治療）、護理、社會工作、心理輔導及治療、教育及訓練、工程、資訊科技等。其中殘疾人士的當事人及其家人的參與和決策是必須的。康復的形式、時間、協作情況因個人和環境而異，視乎個別人士的能力和限制、身心發展階段、身處環境的條件和障礙、康復目標，以及當時能取得的康復服務及技術等。

在香港，康復服務包括醫療康復、教育及訓練、職業康復、社會康

復、社區康復等。狹義的康復在一個人變成或被評估為有身、心缺憾時開始，過程持續至個人能力達到可及的高水平，能盡量自決、自助、參與社會，以及在社區內以自己選擇的方式生活。廣義的康復包括預防殘疾、改變社會以消減致殘因素、殘疾的甄別和評估、發展包容性的社會。廣義的康復是持續不斷進行的過程，是一個公民和社會的自我完善過程。香港對康復的理解糅合了上述殘疾模式的觀點，由早年醫療模式主要針對個人的缺憾作治療、矯正，或功能模式側重提升個人能力，以至反省建構殘疾的社會根源，認為不能只針對個人的康復，而是要同時改善社會環境及公眾態度。不過，在消減社會結構內的障礙及致殘成因方面，步伐仍需加快。

　　雖然醫療模式和社會模式在假設和理念上南轅北轍，但真正要協助殘疾人士康復，個人或社會的康復工作缺一不可。個人的缺憾不一定能通過醫療、訓練而消除，而無論個人的能力如何加強，也不可能抵抗歧視、環境障礙、導致社會排斥的政策等種種不利因素。只專注於改革社會而忽略處理個人因身、心缺憾而引致的病態、痛楚、自我懷疑等身、心困苦，也不可能達到真正的康復。生態模式就涵蓋了前兩種模式的精粹，主張協調人和環境相互包容和適應，務求達到有身心缺憾的人適應環境，有能力在其中生活，而環境也改善至能使各式各樣的人在無障礙下生活。有關改變社會及環境方面，社會模式與生態模式最不相同之處，是前者視殘疾為社會壓迫人的結果，主張殘疾人士充權及以社會行動去迫使社會改革；而後者強調人與環境的和諧關係，主張兩者持續調適改變，漸進地達到相互包容。表 1 簡要總結各個模式及後結構主義論述對殘疾、康復及社工角色的理解。

表 1　殘疾及康復的模式及理念

	醫療模式	功能模式	社會模式	生態模式	後結構主義論述
殘疾成因	遺傳、疾病、創傷、意外事故	發展遲緩、殘缺減損能力	歧視、污點化過程、社會排斥、環境障礙、社會政策、資本主義生產模式、文化及價值觀、專業化過程、康復服務模式及方法，即社會建構殘疾	有身心缺憾的人與生活環境不協調，引致人在生活中遇到障礙，及干擾環境內的平衡	身心缺憾，主觀經驗及感受、環境、社會及個人意識形態、個人及外界詮釋
康復對象	病人、有身心缺憾的人	有身心缺憾的人	社會、政策、環境	殘疾人士及其生活環境	視乎情況，例如殘疾人士、外界的人及環境、意識形態
康復目的	復原，消除、減輕、修補殘缺，補償性治療	發展及提升能力，以促進學習、工作、生活	改造社會、消減建構殘疾的因素	協調殘疾人士及其生活環境，促進相互包容、適應	視乎情況，例如個人及社會的期望
康復方法	診斷—配方：藥物、手術、治療、配套儀器、改裝家居、學習或工作環境	教育、訓練、輔導、以行為學派及個別程序計劃主導	充權、倡導、社會行動、社會運動、組織、推動機構、制度及社會改革	聯繫、支援、自助、倡導、公共關係、社區教育、營造社區包容氣氛、建設包容環境	視乎情況，例如敘事、分享、詮釋、倡導、磋商、共議、自助、互助
康復原則	• 專業導向，對症下藥 • 引用先進醫療科技及知識	• 不論類別或程度，殘疾人士都有一定能力，必須善用及發展潛能 • 專業導向、引用科學化訓練方式及技巧 • 回歸主流、正常化	• 充權、自主 • 社會有責任包容不同的人 • 朝全納社會改革	• 殘疾人士、其家人或照顧者、專業康復人員共商合作，重建或支援家居生活 • 聯同社區人士，共同推進社會包容	視乎情況，例如以人為本、自決、參與、表達、為殘疾及自身賦與意義

	醫療模式	功能模式	社會模式	生態模式	後結構主義論述
社工主要角色	輔導者	輔導者、教育者、訓練者	倡導者、組織者、協助者	支援者、中介者、協調者	同行者、共議者

四、社會工作者在康復模式中的角色

社工的本質和康復的理念是決定社工角色的兩個主要因素。其次，社工也會因應服務對象的個人情況、康復機構的目標及服務範圍、社工在機構及康復團隊中的位置而調校角色。社會工作是助人自助的專業，重點是協助個人及家庭、連結他們到服務及資源、推動機構改革使其更有效服務有需要的人、發展及改善社會政策。[6] 社會工作的目的是推進人及社區的福祉，並通過爭取社會及經濟公義、消除貧窮及對人權的壓制，和提升生活質素去達到目的。[7] 以下就社工在不同康復模式中擔任的角色作一簡述。

醫療模式、功能模式中的社工角色

醫療模式或功能模式的康復工作專注於個人的康復，也會兼顧發展家庭的支援能力，但目的仍然是個人的康復，就是期望家庭支援其殘疾成員的康復。所以社工的角色主要是協助殘疾人士幫助自己康復、促使家庭接受需要康復的成員，並在康復的過程中支援他們、介紹及轉介有用的服務及資源等。面對個人及家庭，社工通常是輔導者，針對個人面

6   Kirst-Ashman, K.K.and Hull, G.HJr., *Understanding Generalist Practice* (Brooks / Cole, 2012).

7   Hepworth, D.H., Rooney, R.H., Rooney, G.D., Strom-Gottfried, K. and Larsen, J., *Direct Social Work Practice* (Brooks / Cole, 2010).

對自身殘疾時的心理適應、身份認同、生活障礙等提供輔導。在接受治療過程中，個人會經歷痛楚、不適、挫折、停滯、生活不便，也可能會信心動搖，甚或放棄康復。社工要聆聽及讓他抒發感受，助他重建信心及堅持下去。同時，社工可輔導家庭，推動家庭關懷及支持成員康復。

功能模式同是專注於個人的康復，通過教育、訓練提升個人能力——包括剩餘能力及潛能——去應付生活的需要。除了訓練殘疾人士外，功能模式也着重訓練家人及照顧者，讓他們也掌握訓練技巧，可以協助訓練有殘缺的家人。在功能模式中，社工同樣擔當輔導者的角色，輔導個人克服在學習或受訓中遇到的困難，並輔導家庭承擔訓練者的角色、支援有殘缺的成員接受訓練、參與及配合康復機構的訓練。在訂定康復計劃時，社工應協助個人及家人參與，如果在設計訓練時，工作員能與服務對象及其家人達到共識，推行訓練會事半功倍。社工有時會直接擔任教育者、訓練者的角色，例如在社交技巧、親子關係上直接提供訓練。此外，家庭與個人成員的相互包容是成功康復的重要因素，社工會通過個案、小組，以至社羣的工作去提升家庭的功能及抗逆力，及促進家庭融和。[8]

社會模式、生態模式中的社工角色

社工在醫療模式及功能模式中的角色，是補充及支援以醫藥、治療、訓練主導的康復工作，目的是從疾病、殘缺中復原或矯正過來，並提升個人能力。社工主要是輔導者、教育者及訓練者。社會模式的支持者對以上的社工角色持批判態度，認為改變社會結構去消除對殘疾人

---

8   Smart, J., *Disability, Society, and the Individual* (Pro-ed., 2009), pp.67-72.

士的壓迫、障礙才是主要的康復工作。其實社工在本質上有改善機構、政策，及鼓吹社會公義的目的，社會工作的理論及實務也有由保守至激進的光譜。例如激進社會工作（radical social work）及結構性社會工作（structural social work）等派別鼓吹賦權、社會行動、社會改革，並主張動員社羣去對抗社會的不公義，以抗爭、倡導去推動社會改變，可見與殘疾的社會模式一脈相承。循此模式，社工在康復的角色是倡導者、組織者及協助者。他們會提升殘疾人士的社會意識，揭露隱藏在社會結構中對他們的歧視、排斥及障礙。社工同時會推動個人及羣體，通過賦權及把他們組織起來，協助他們爭取權益。

生態模式強調殘疾人士和環境的相互包容及協調，以達到相生共融的和諧境界。它與社會模式共通的是重視個人、羣體的動力和參與，及持續改善環境。但生態模式鮮有採取對抗的手法，或衝擊制度去尋求變革，它主張的是人和環境持續不斷的磨合及調整。社工在這模式中的角色是支援者、中介者及協調者。社工會協助找出殘疾人士與其生活環境的協調及不協調之處，例如人與家庭的相處、人與家居環境的配合、人與友儕的相處、僱員與僱主、同事的相處、人與工作環境的配合等。社工游走於人與環境之間，既要支援殘疾人士適應環境，也要支援環境適應殘疾人士。支援的內容很多樣化，由低程度的介入如陪伴、提供資訊、解說、協助，到高程度的介入如輔導、代言、訓練都是可行的方法。中介者的角色是把殘疾人士和環境裏的相關人物、社羣連接起來，而協調者是促使了解對方，調適自己、學習相處。

表 2　社會工作者在康復服務中的實務

	針對個人及家庭	針對社會 / 環境
醫療模式	輔導、家庭工作、個案管理	尋找社區資源、轉介服務使用者
功能模式	輔導、個別化訓練計劃、教育、訓練、建議及尋找資源為服務使用者裝配康復用具、器材	建議及尋找資源以改裝或改善服務使用者的生活環境
社會模式	個人、羣組、照顧者充權，以爭取權益及對抗社會建構殘疾	聯同有殘缺的人士批評康復及相關政策，進行公眾教育，推動社會改革
生態模式	支援有殘缺的人士及其社羣適應社會	支援環境包容有殘缺的人及其社羣

後結構主義的論述的啟示

後結構主義的論述並沒有涉及康復工作者的方向或角色，但它對社工，或任何康復工作者作了一個重要的提醒：他們的角色並非、也不應該是由他們自己界定的。當社工進入一個協助殘疾人士康復的情境而接觸到這些服務對象時，雙方便立即開始不斷觀察、試探、評估及調整自己對對方的看法和行動，而這過程和結果會受對方和身處的情境所影響。社工既要反省自己的內在結構（包括價值觀、成見、對殘疾人士的印象、康復工作的經驗、知識及地位等），又要細心觀察和聆聽服務對象，特別是他或他們的主觀經驗、感受和看法，並考慮所能運用的機會、服務和資源，然後與服務對象及有關人士（例如家人、照顧者、其他專業康復人員）共議康復方案，並確定自己在方案中的角色和方法。因此，社工的角色和實務因人、情境而異，更需要持續調整以適應改變。

相對於醫療模式或功能模式，社工不應自動承擔輔導者或訓練者的角色，而把殘疾人士置於受助的位置，因為這未必是服務對象的自我身份詮釋，或他們對服務或社工的期望。例如有不少人接觸社工，只是為

了取得服務資訊，或探索社工能否提供他們期望的服務，雖然他們有明顯的殘缺情況，但他們可能並不覺得自己是所謂的殘疾人士。社工也不能根據社會模式，假設他們是受社會壓迫或被建構成為殘疾，或如果他們沒有這種意識，社工就必須喚醒他們。同樣地，生態模式假設殘疾是一種人與環境的不協調，這未必符合殘疾人士的主觀經驗及看法，所以循此假設而計劃的康復工作，對服務對象並沒有意義。

總之，儘管各個模式本身的理念和假設是相關而符合邏輯的，但它們並不能解釋模式界限以外的殘疾情況，更有可能會局限了社工的視野及實務的可能性。因此，各個模式其實是一些可能性，社工在思考自身在康復工作中的角色時可作為參考，但更重要的是能超越模式，聆聽服務對象的主觀經驗，與他們同行共議，一同探索康復的方向。

五、康復社會工作的守則

無論以哪一個模式去理解殘疾和訂定自己的專業角色，在協助殘疾人士時，社工有一套共同的理念和守則，作為專業行為的準繩。社會工作的基本價值與專業守則，均適用於康復工作上，以下臚列與殘疾服務對象工作時的重要守則。

首先，不論殘疾的種類和程度，每個人都是有價值、有能力、有潛質的，應得到尊重，擁有人權、平等的機會。社工必須秉承同樣的態度，致力維護及履行這些原則和使命。

第二，所有的專業評估、診斷只是一種參考，並不能作為對一個人的結論或康復計劃的唯一根據，特別是據此作出對殘疾人士有限制性的建議時，必須慎重考慮，及徵詢服務對象或能代表其利益的人。

第三，參與及自決對有殘疾的服務對象極為重要，切勿低估他們的參與及自決能力，有需要時要提供有效的支援，協助他們理解情況、參與、表達意願及決策。如果服務對象確實不能決策，必須徵詢能否代表他們利益的人的意見，或邀請他們共同商議及作出決定。

第四，基於能力、而非缺憾去發展個人及羣體，即使服務對象未必有足夠能力完全領略、完成一些一般人能做到或享受的活動，但經歷這些活動本身是有價值、有意義的體驗。

第五，殘疾人士有承受風險的能力及權利，要在保障他們及容讓自由之間作出平衡。

第六，包容每個人的獨特性，不應以一般人的外形、特徵、行為作殘疾人士康復的標準，要訂定以人為本的康復目標。

第七，家庭、社會及環境上的包容對殘疾人士的康復至為重要，康復的力量須同時聚焦於個人及其身處的情境。

第八，康復是跨專業的工作，社工必須學習與不同專業人員協作，有時候須延展本身的專業角色，在有支援的情況下兼負其他專業的部分職責。同時，因為殘疾的知識及康復的科技不斷發展，社工有必要持續進修。

六、總結

本文討論了各種思潮如何在不同時代中建構對殘疾和康復的理解，並嘗試探討在各種康復思潮下，社會工作者在協助殘疾人士的工作上的角色。需要重中的是，社會工作者並非按各種康復思潮去訂定自己的專業角色，而是要從殘疾人士的具體需要和情況、他們對自己的理解，及

對社工的期望來決定。但是，各種不同的思潮，尤其是後結構主義論述對殘疾和康復的觀點，對社會工作者是一個重要的提醒。社工需要持着一個開放的態度，從每一個康復思潮中反思和學習，又要在具體的情況虛心聆聽殘疾人士的聲音，才能為康復者提供最適切的服務。

醫務社會工作

周燕雯　梁明善　孫熙屏　張永佳

一、引言

健康是大眾首要關注的問題，當面對突如其來的疾病或創傷，病患者最需要的是適切的診治及復康計劃。大多數人會認為疾病或創傷只是身體上的問題，透過藥物、手術、物理或職業治療等針對身體復康的方法便能讓病者痊癒。然而，疾病不單止為病者的身體帶來挑戰，也衝擊着病者的心靈及社交關係。尤其經歷新冠疫情後，各地政府及市民更能體會到疾病對個人及環境所帶來的全面影響。有時，病者會在病入膏肓時失去治癒之望，這時候病者及家屬反而會追求心靈上的滿足、關係上的修補及情緒上的寧和。要達至這些目標，醫務社會工作者（以下簡稱「醫務社工」）的角色舉足輕重。

本文幾位作者曾經在不同年代在不同醫院擔當醫務社工。本文透過總結各人的經驗，介紹醫務社會工作的概念、工作範疇、目標及發展歷史，期望增加讀者對醫務社會工作的認識。繼而指出在知識、技巧及情緒層面上的裝備方法，讓有志在此工作上發展的讀者，能實際地掌握入行的準備。本文亦會分析醫務社工發展新趨勢，讓讀者更能掌握先機，適切地面對社會的需要。由於本書有另一篇文章講述精神健康社會

工作，本文所提及的醫務社工，並不包括精神健康社會工作。

　　醫務社會工作服務是有獨特的意義。服務使用者到醫院或診所求診的目的，是為了改善身體上的問題。醫務社工的介入，往往能防患未然，在服務使用者還未察覺自身的其他需要時，醫務社工與他們一起計劃面對各種挑戰的良策。也有一些病者的身體問題，源自於心理及生活環境，如孩童的身心病（psychosomatic illnesses[9]）、因壓力而導致的血壓及心血管問題等。甚至有些病者求醫的原因，主要源自於心理與生活問題，如自殺未遂者、家庭暴力受害者、壓力後創傷（post-traumatic stress）者等。在這些情況下，醫務社工往往能發揮重要功能。醫務社會工作是一份具挑戰性的工作，醫務社工需要與時間競賽，在病者住院的有限時間當中，適時提供有效的介入。而且，醫務社工作為醫療跨專業團隊成員之一，與擁有不同專業知識及價值觀的人士緊密合作，努力為病者謀求最大福祉。

二、概念與定義

醫務社工的定義

　　根據社會福利署的定義：「醫務社會工作者駐於公立醫院和部分專科門診診所，為病人及其家屬提供及時心理社會輔導和援助，協助他們處理或解決因疾病、創傷或殘疾而引起的情緒及生活上的問題。作為臨牀小組的成員之一，醫務社工擔當聯繫醫務和社會服務的重要角色，

9　身心疾病泛指各類不能查找出身體上病理原因，但相信與心理狀態相關的疾病，如莫名的腸胃不適、頭痛或其他的痛症。

協助病人達至康復和融入社會。」（社會福利署，2022a），此定義廣泛地為醫護人員及社工所接受。然而，社工也在社區內為病者服務，佼佼者有復康會的社區復康網絡，連結無數長期病患者成立各類型病症的自助組織，讓病者能在區內自我管理，互相支持。社區組織協會也有專責社工發展病人權益事宜。而近年，透過賽馬會安寧頌計劃，社工積極參與支援在家中或院舍的晚期病患者及照顧者。從廣義角度，只要是以病者及其家人為服務對象的社工，不論是在醫院或社區提供服務，理應配得上「醫務社工」這稱號。有些國家也會使用「健康社工」（Health social worker）去涵蓋這工作範疇。

醫務社會服務的目標

社會福利署也為醫務社會服務訂定了高認受性的目標（社會福利署，2022a）：

（1）協助病人及其家人處理因患病、創傷或殘疾而引起的情緒或生活上的問題；

（2）使病人能善用醫療機構及社區所提供的醫療及康復服務；

（3）幫助病人全面康復（包括身心健康及生活各方面）及重新融入社會；以及

（4）致力促進病人、其家人及整個社區的健康意識。

這些目標的價值不容置疑。然而，由於病牀的數量不足，病者往往在渡過了最危險的關口後便要立即出院。根據醫院管理局 2021-2022 的年報，普通科病者的平均住院時間為 6.4 天。試問要在這時段內達到以上的目標，是否比較困難呢？當然，將病者聯繫到社區所提供的醫療及康復服務是理所當然的做法，但當社區的配套服務不足時，巧婦難為

無米之炊，醫務社工也難以發揮其功能。在惡性循環下，醫務社工的首要任務便變成為病者安排快捷的出院計劃，甚至被嘲為「掃把」，這稱號不單打擊了社工專業，更甚是對服務使用者或病者造成侮辱。作為社工，我們的核心價值是尊重及公義，那又豈能容忍這種不尊重的思維泛濫呢？社工可扮演的角色，不止限於輔導者，醫務社工也可作為倡導者，從政策角度入手，與政府或醫院共同找出可行的出路，為病者爭取公平的待遇。

醫務社會工作的服務內容

除了定義及服務目標，社會福利署也為醫務社會工作訂定服務內容（社會福利署，2022b），包括：

（1）就因患病、創傷或殘疾而引起的情緒、家庭、照顧、人際關係等問題，提供輔導服務；

（2）協助病人訂定離院計劃，評估其心理健康，以及轉介病人及其家人申請康復服務及有關社區資源；

（3）提供經濟／實物援助，例如減免醫療收費、申請基金資助、轉介病人及其家人申請社會保障福利金，以及購買醫療器材等；

（4）與其他醫護人員合作，主動接觸社區內有需要接受醫療及康復服務的人士，提供有關的援助；

（5）為遇到同類問題的病人或其家人安排小組輔導服務或講座。

從以上的服務內容，我們看到醫務社工的服務對象，不止是住院或接受門診服務的病者，其家人和有需要接受醫療及康復服務的人士也是目標對象。在中國內地及中國台灣地區等地，醫務社工人手是以病牀數目推算的。在醫院管理局成立之前，社會福利署也曾經以一位醫務社工

比 90 張病牀作為指標去安排醫務社工人手，如今除了新建病房會以病牀數目計算人手，其他新增或優化服務都以服務人數及平均介入次數作為人力參數，這能夠更合理反映醫務社工人手需求。隨着社會的改變，病者的生活問題也隨即變得多而複雜，例如昂貴的非資助藥物及醫療開支增加而需要的經濟援助，人口老化及近年新一代移民潮，令病人照顧及照顧者的支援變得複雜，社會進步對優質的紓緩治療務的需求提升，亦關注文化背景不同少數族裔的身心醫療需要等等。醫務社工的服務對象如斯廣泛，而負責的個案數量也多，加上面對的問題較以往複雜及多樣化，所以醫務社工是一份極富挑戰性的工作。

香港的學者與社工（Wong, Chan & Tam, 2000）曾進行過一項有關香港醫務社工角色的研究，他們從西方文獻中組合出四個角色：評估者（assessor / diagnostician）、資源提供或發掘者（provider / resource developer）、輔導者（counselor）及組織者（organiser），然後量度醫生、護士及醫務社工對這四個社工角色的重要性。從 400 多份問卷中，他們發現，各專業認為醫務社工最重要的角色為資源提供或發掘者。這也配合上述社署訂定的服務內容第三項，因此醫務社工有時也被稱為「財神」。這稱號雖然讓醫務社工感到飄飄然，但不要忘記社工的核心價值為公平公義，資源也只應分配到合資格而有需要的人身上。若不合資格者認為「財神」有權力但不願意幫助，投訴甚至唾罵便會因此而來。但醫務社工不應只滿足於資源提供者的角色，作出適當且專業的評估也能有助醫務社工提供更適切的服務。當病者或家屬的基本需求得到滿足後，社工也應跟進他們心靈及情緒上的需求，提供輔導服務。

從社署訂定的服務內容第四項中，我們也看到醫務社工的服務手法不止個案工作，讓病者有共鳴及同舟共濟之感受的小組工作，也扮演着

重要角色。特別是對長期病患者而言，他們一生需要與疾病共存，是一輩子的歷程。社工的介入會以助人自助為目標，讓病者能有持續性的自我適應方法。

醫社合作—離院支援服務

隨着人口老化，市民對醫療服務的需求持續上升。不少剛出院的長者因在康復初期欠缺適當的過渡性照顧，會有反覆入院的狀況。為協助長者能夠「居家安老」，並減低離院年長病人再次緊急入院的風險，政府與醫管局合作推行「支援長者離院綜合服務」，為經醫管局醫護人員評估為有較高機會於短期內再次緊急入院的長者提供一系列約六至八個星期的過度性專業支援服務。服務內容包括出院規劃、康復服務、到戶家居照顧服務及護老者培訓等。此計劃採用跨專業的個案管理模式，團隊由醫生、護士、職業治療師、物理治療師及社工組成。評估員會因應長者的需要，配對合適的個案經理，例如物理治療師作為個案經理可集中於指導早前因跌倒入院的長者及照顧者於家居進行復康運動，以強化肌力平衡，旨減低再跌倒的風險；社工作為個案經理則協助缺乏照顧或出現抑鬱症狀的長者提供情緒輔導並作出適時轉介，以加強其支援網絡。此外，計劃會為有需要的長者安排緊急門診服務或提早複診，亦會為有醫療護理及復康治療需要的長者安排老人科日間醫院服務。香港港島西醫院聯網的團隊（Lin et al., 2015）就「支援長者離院綜合服務」發表一項成效研究，指出長者在參與計劃的六個月後到急症室求診、緊急入院的比率和住院日數均有減少，能潛在節省成本。加強醫社合作不單能夠紓緩長者對公立醫院病牀的負荷，更重要的是提高服務的可達度，讓剛剛離院的長者在復康過程得到專業的支援，令他們能夠在熟悉的環

境繼續有尊嚴地生活。

三、醫務社會工作的起源與發展

醫務社會工作的發源地為英國，早在十六世紀，醫務社工的前身「施賑者」（almoner）已在天主教會開辦的醫院出現。顧名思義，「施賑者」多為提供金錢及物質上的援助，救助貧窮病患者。在 1895 年，倫敦的皇家免費醫院（Royal Free Hospital）首次聘請社工為提供「施賑者」的服務。而美國於十年後也在麻省全科醫院（Massachusetts General Hospital）開設醫務社工服務（孟馥、王彤，2011；區月華、陳麗雲，1995）。

在 1939 年，香港因受到英國殖民管治，也把這一西方概念的服務引入到醫院。加上很多中國內地同胞從各鄉鎮來到香港，他們當中有部分也有醫療需求，於是便到醫院求助。他們不單受疾病的打擊，也有經濟上及心靈上的問題。一位英籍婦女和四位華人於是便開展醫院「施賑者」的服務，為病者提供經濟及物質援助，也提供輔導與轉介服務。1964 年，醫務社工正式納入醫務衛生署管轄。直至 1982 年，當時的政府醫院（後稱為種類一「Schedule I」醫院）內的社工，轉為由社會福利署招聘、培訓及委派；而在非政府團體（例如東華三院、明愛、靈實及聯合等）所籌辦的醫院（後稱為種類二「Schedule II」醫院）內的社工，則由個別籌辦團體或醫院自行招聘及管理。直至 1990 年醫院管理局成立，種類二醫院內的社工轉為由醫院管理局招聘及管理。儘管曾多次傳出兩制合併的安排，但直到現在，醫務社工仍是由社會福利署及醫院管理局按不同的醫院服務單位作管理，並透過由雙方聯合主持的定期會議，理順服務標準及分工。而一切新設服務均由醫院管理局招聘並由聯

網社工主任負責督導，病人資源中心的社工、腫瘤紓緩治療科社工都是一些例子。直至 2021/22 年度醫院管理局招聘的醫務社工共有 402 人（醫院管理局年報，2022），較 2011/12 年度的 265 人有明顯調升。而社會福利署的醫務社工約有 491 人，當中大部分駐守精神科及衞生署（社會福利署年報，2022）。中國的醫務社工早於 1921 年已在北京協和醫院內開展工作，並由該院招聘及管理。2000 年，上海東方醫院正式開辦了醫務社工部，成為改革後第一個醫務社工部。2011 年，首個省級醫學會醫務社會工作學專科分會也在上海成立（孟馥、王彤，2011）。由「施賑者」演變成醫務社工的歷程來看，我們不難明白醫務社工與資源提供者角色的關連。由於醫院中的各成員也邁向專業化，醫務社工也應與時並進，提升專業水平。中國內地的醫務社工早悉先機，成立專科分會，香港的醫務社工又何去何從呢？

　　現時由社會福利署管理的醫務社工，大多會在醫院內工作三至四年。而且在此期間，他們或會被調派到不同專科及病房，之後便會被調派到社會福利署其他崗位。難怪有種類一醫院的醫生曾表示，他對培訓醫務社工已感疲累，因為他花了數月去培訓新的醫務社工後，當大家稍有默契及能磨合時，對方卻被調走，而且醫務社工累積了的經驗也沒法再深化。最後，醫生只好選擇另覓出路，透過申請特殊基金聘請醫務社工以專責照顧某類病症的患病者及參與研究，這樣醫務社工的服務才能更穩定地提供。故此，醫院除了有醫務社會服務部的社工，也有病人資源中心、癌症中心、青少年醫療中心或紓緩治療科[10] 的專責社工。由於他們的服務對象較為集中，加上長時間服務同一類病者及其家人，他們

10　紓緩治療科以減輕末期病者的病徵，亦以提升病者身心靈的全面生活質素為目標。

的經驗方可繼續累積及深化。

2011 年，一羣從事紓緩治療科的醫務社工與筆者（周燕雯，2011）開展了一項有關紓緩治療科醫務社工的研究。第一部分是邀請紓緩治療科社工參加聚焦小組（focus groups），從中收集資料。當中參加的社工，在醫務社工服務了平均 10.34 年（由 1.25 年至 19.5 年不等）。由於他們服務時期長，對工作有認同感，故會主動提出為醫務社工作研究的想法，並會積極參與研究。因此，若要讓醫務社工專業有所發展，累積經驗、推行研究及成立專業學會是三個重要的元素。若人手不斷地調動，將窒礙醫務社工的專業化。

2019 新型冠狀病毒疫情肆虐期間，香港的醫療系統受到極大的考驗：非緊急服務暫停，市民的複診日期被延後，醫院探訪一度被取消。此時醫務社工發揮了其作為醫護及病者家屬溝通橋樑的重要角色。由為病者家庭安排視像探訪、協助他們在延長了的複診期期間接受到社區的支援，到安撫家屬無法親身探訪病者的內咎和焦慮及陪伴病者避免讓他們感到孤單或被拋棄等，處處可見醫務社工的身影。現時疫症放緩，許多服務都已恢復至疫情前的安排，但我們應未雨綢繆，汲取過往經驗，時刻作充足準備應付各種挑戰，協助病者家庭面對困境。

四、理念及方法應用

若要投身醫務社工這個行業，我們應該如何裝備自己？筆者認為應腦袋、身及心三管齊下，在知識、技巧及情緒方面作好充足預備。

知識層面的裝備

　　為了準確明白病者的病況和需要，醫務社工應對醫學及人體結構有基本認識，因此曾修讀生物科會更有優勢。同時，醫護人員多以英文的疾病名稱、檢查程序及專用簡稱作溝通，很多病名源自拉丁文並多以字頭（prefix）及字尾（suffix）組成，如白血病為 Leukaemia，淋巴癌為 Lymphoma 等。如字頭「an-」多指缺乏，而「hyper-」則指過高，字尾「-oma」多指癌症，而「-emia」則與血液相關，一些內窺鏡檢查也以「-scope」結尾。除了醫學名詞，在醫療文件或記錄中亦不難發現一些特殊的英文字及數字符號，如 4/52 是指隔四週再複診，q4h 意思為每 4 小時 1 次；又如 HD 為 Haemodialysis，即血液透析（俗稱洗血）；DAMA 為 Discharge Against Medical Advice，即違反醫療意見而堅持出院，certified 為證實死亡的代稱。醫務社工如能對這些專有名稱及簡稱有充分認識，將可大大方便與醫務人員，乃至病者及家屬之間的溝通。

　　另外，醫務社工需要對各疾病的成因、徵狀及治療有初步了解。有時候，病者或家人會過份自責，怪自己未能預防疾病。若社工對疾病成因有所理解，便可鼓勵病者或家屬與醫生保持溝通，減少自責和資訊謬誤。對徵狀及治療的認識，也可讓社工更加明白病者在生活上面對的挑戰，及早作適當的介入。如腎病患者因為每天需要接受腹膜透析（俗稱洗肚）治療，他們或會在家居環境和日常生活安排面臨一些限制，社工便可評估病者的房屋、經濟及照顧上的需要並作合適的資源配對。不過，醫務社工毋需強求對所有疾病資訊均瞭如指掌，因為傳遞醫療資訊是醫生和護士的服務範疇，社工的職責則是協助病者與家屬有效地得到所需資訊。醫務社工在提供服務時切忌超越自己的專業領域，以免引起角色上的模糊，或者給予病者家庭關於病況的假希望。

除此之外，醫務社工亦需要對社區資源有充足而準確的掌握。現時社區資源越趨增加，除了社會保障部的經濟援助，還有各種藥物及醫療項目的基金援助和不同類型的照顧服務等。這些資料不但繁多，申請條件及流程亦頗為複雜。社工作為資源提供者，要清楚掌握社區服務的資訊，從而協助病者家庭篩選合適的資源和了解服務內容，讓資源可配對到有需要的家庭身上。

隨着科技發展日新月異，醫療系統及社區資源亦逐漸電子化。社工應與時並進，善用科技提升服務。例如在近年推出的電子健康紀錄互通系統（醫健通）及流動應用程式「HA Go」可以方便市民管理個人健康及使用醫療服務。市民可在「HA Go」上查閱配藥紀錄、過往及未來的預約紀錄及預約普通科門診等。病者家庭也可善用應用程式中的經濟審查計算功能，預先了解基金申請的初步審查結果。

順帶一提，香港的醫院大多以數座大樓結合而成，大樓間的接駁通道或會設於不同樓層。醫務社工很多時候不單在辦公室內會見病人和家屬，也會在病房內會見他們。故此，熟悉醫院病房位置能節省走動的時間，使社工提供服務時能更有效率。

除了實務知識外，社工及心理學知識也是醫務社會工作的基石。社工相信生態系統（ecological system），認為人受到環境影響（person-in-environment），個人是與不同系統相連及相互影響的。如人際關係系統中的家人、朋友、親屬、同事、醫護人員，又或是組織系統中的醫院、學校、宗教團體或工作團隊，或社區和社會系統等。醫務社工應對此系統概念有所理解，更重要是了解系統間的交互影響（dynamics），尤以家庭系統內家人之間的交互關係（family dynamics）最為重要。

一場突如其來的疾病可能改變病者及其家人的人生觀，也可能令病

者懊悔在患病前做了的某些行為，或有未圓心願。醫務社工若能對存在主義心理學（Existential Psychology）有所認識，便較容易了解病者所面對的挑戰，從而協助他再訂定新的人生目標，反思人生的意義。而了解完形心理學（Gestalt Psychology）可讓醫務社工更能體會未圓心願對病者的影響。

疾病和殘障均是失缺的經驗，病者往往因患病失去健康、能力甚至生命。失缺的人一般會有特殊反應，了解失缺心理（grief and bereavement）的知識便能更有效協助病者與家屬。同樣地，創傷心理學（Trauma Psychology）的知識也非常重要，如急症室的病人可能因意外、自殺未遂、家庭暴力或性暴力事件而需要求醫，這批受創傷的病者，需要被諒解及賦予安全感，才能越過幽谷。

技巧層面的裝備

有了知識基礎，還要有技巧，才能有效地提供服務。正如前文所說，醫務社工的服務對象大多由醫護人員所轉介的，他們接受服務的動機比一般主動求助者低。故此透過有效的溝通技巧去建立關係（relational skills），是醫務社會工作重要的第一步。建立關係的對象，不止限於病者，家屬和醫護人員也是溝通對象。在醫院內，有些病者及家屬要接受的資訊屬於壞消息（bad news），如告之病者患不治之症或永久傷殘的消息、告訴家屬病者死亡或流產的噩耗，甚至只是告之病人即將出院，也可以牽動病者或家屬的情緒。這些壞消息，多由醫生告之，但處理壞消息帶來的情緒影響，乃醫務社工的職責。有時病者或家屬在不能面對噩耗時，會向醫護人員發泄，甚至施以暴力。與病者或家屬建立的良好關係，將在這種惡劣情況下發揮作用。良好關係讓病者或家屬有

信心及安全地將自己軟弱及受打擊的一面，坦誠與醫務社工分享，並共同尋求面對及處理的方法。

此外，因病者住院時間短，醫務社工需要在短時間內提供適切的服務。準確而全面的評估技巧（assessment skills）配合適當的發掘技巧（exploration skills）便有助醫務社工勾畫出病者或家屬的重要問題。發掘技巧並不限於發問技巧（questioning skills），更重要是靈敏的聆聽技巧（listening skills）。病者或家屬在面對疾病帶來的震撼時，變得呆滯之餘，可能連言語表達能力也變得薄弱。醫務社工這時便要積極聆聽，從病者或家屬的語氣、聲調及特別用詞中，發掘他們最重要的議題。另外，華人基於面子，可能連心裏最擔心的事情也難以啟齒，如年輕未婚女士因擔心患卵巢癌會影響日後生育能力。醫務社工在溝通時便要留心弦外之音，抽絲剝繭地處理病者或家屬的核心問題。

醫務社工也要處理繁多的文書工作。因醫護人員比較忙碌，加上多要輪班工作，所以與他們溝通，往往要透過在病人記錄（俗稱「牌板」）內留下報告。由於他們大多沒時間看冗長的報告，故能扼要地將重點有系統地記錄，在短時間內撰寫簡短的報告，乃醫務社工重要的技能。此外，作為資源轉介者，醫務社工也需撰寫很多有說服力的轉介撮要（referral summary），才能讓病者或家屬適時地得到適切的服務。

作為輔導者，醫務社工也要裝備一些特定輔導模式的技巧。筆者覺得危機處理（crisis management）是醫務社工首要熟練的模式，因對病者或家屬而言，突如其來的疾病與創傷已是危機。有時，當有嚴重事故（critical incident）如大型交通意外、火警甚至天災發生，傷者都會被送到醫院，前線的醫務社工需要第一時間照顧面對重大危機的傷者與家屬。還有其他重要的特定輔導模式的技巧，包括廣受醫療界認可的認知

行為治療法（Cognitive Behavioral Therapy），或開始被普遍使用的敍事治療法（Narrative Therapy）。香港的陳麗雲教授也結合東方健康概念與西方認知概念，開創了身心靈治療法（Body-mind-spirit Approach），服務多種病患。

情緒層面的裝備

很多培訓往往只集中在知識及技巧，而忽略了情緒上的裝備。醫務社工每天都需要面對各式各樣的失缺與苦難情況，當帶有同理心（empathy）[11]去感受病者或家屬的困窘，情緒上也或多或少會受牽動。初入行的醫務社工，有時甚至會感到病者的徵狀，懷疑自己也身患疾病，造成杯弓蛇影。很多時候，醫務社工希望能幫助他人，然而面對病者或家屬的不治之症、生離死別或不能逆轉的創傷，醫務社工及醫療團隊可以做的非常有限。有時，當醫務社工的家人也面對疾病的挑戰甚至死亡，要做到公私分明需要很高的修為。對一個剛喪父的醫務社工來說，要他面對跟父親年紀相若的男病人，又談何容易呢？儘管聽來無助，但若能明白人生就是由苦難與喜樂組成，接受生命的有限而珍惜與所愛共處的每一刻及善用每分每秒，人生必能更豐盛。學習面對無助感，是醫務社工重要的一環。筆者在工作上遇上低谷時，會以美國神學家尼布爾博士（Reinhold Niebuhr）的恬靜禱告（Serenity Prayer）作提醒：

祈求上蒼，

---

11 同理心是指能採納服務對象的內部思想模式而了解他的內心世界，感受他的情緒，了解他們的需要與挑戰，就好像這是自己的情況，但又不失去這種「彷彿」（as if）的特質。

賜予我平靜的心，

接受不可改變的事；

給我勇氣，

改變可以改變的事；

並賜我明辨兩者的智慧。

五、結語

　　醫務社會工作是一項富挑戰性而極有意義的工作，因為服務使用者還未察覺自己的需要時，醫務社工已早悉先機，在問題未發生前已及早處理，並在急速的步伐下，與其他醫療團隊共同為病者或家屬服務。

　　醫務社會工作的發展，仍有很多方面的挑戰。在定位方面，醫務社工的定義應擴展到非駐院而照顧病患者及家屬的社工，而服務範圍也應在照顧全面需求的同時，兼顧在有限人手下的實際可行性。在面對其他醫療專業人員也提供輔導服務時，醫務社工應確立自己獨特的服務範疇。在持續發展方面，應檢視現有人才經驗轉移模式，讓有志及有能者可以在醫務社工服務內長期貢獻，栽培新人。同時，也應加強知識、技巧及情緒的裝備。面對香港的醫療改革，醫務社工不應故步自封，應與時並進地配合。在專業發展方面，醫務社工也應與院校學者多作研究，以實證為本為目標，訂定合適的介入手法，並設計藍本，為病者或家屬提供更有效率的服務。

參考資料

1. Wong, C. K., Chan, B. & Tam, V., "Medical Social Workers in Hong Kong Hospitals: Expectation, Authority Structure and Role Ambiguity", *International Social Work*, 43 (3), 2000, pp.495-516.

2. Lin, F.O., Luk, J.K., Chan, T.C., Mok, W.W., & Chan, F.H., "Effectiveness of a discharge planning and community support programme in preventing readmission of high-risk older patients", *Hong Kong Medical Journal*, 21(3), 208-216. https://doi.org/10.12809/hkmj144304.

3. 周燕雯：〈從 324 個服務使用者剖析香港寧養社會工作〉(香港：香港國際癌症會議衞星研討會，2011 年)。

4. 孟馥、王彤：《醫務社會工作與醫院志願者服務實用指南》(上海：文匯出版社，2011 年)。

5. 社會福利署：醫務社會服務介紹：http://www.swd.gov.hk/tc/index/site_pubsvc/page_medical/sub_serviceobj (2022a)。

6. 社會福利署：醫務社會服務內容：http://www.swd.gov.hk/tc/index/site_pubsvc/page_medical/sub_servicespr (2022b)。

7. 區月華、陳麗雲：〈醫務社會工作〉，載周永新主編：《社會工作學新論》(香港：商務印書館，1994 年)，頁 229-244。

8. 陳志英：〈香港醫療服務體系中的醫務社會工作〉(上海：兩岸三地醫務社會工作與醫院志願者服務實務研討會，2012 年)。

9. 舒瑞珍：《「重生背後的動力」——醫務社會工作案例實錄》(香港：香港社會工作人員協會，2011 年)。

10. 醫院管理局：《醫院管理局年報 2021-2022》(香港：醫院管理局，2022 年)。

精神健康社會工作

黃富強

根據世界衛生組織（2022）指出，全球近十億人患有精神病，其中患有焦慮症約三億人，抑鬱症約 2.8 億人，患有精神分裂症約 2400 萬人。精神病並不可怕，可怕的是社會對精神病患者的歧視及長期誤解，這些偏見導致患者諱疾忌醫，未有及早治療，將小病化為大病，不幸者更構成傷害自己或他人的行為。精神病日趨普遍，個案亦因為各式各樣的社會問題而日趨複雜，這些無論對精神健康社會工作，抑或是其他專業，都是一大挑戰，對社會亦構成無形但沉重的壓力。筆者認為認識精神病是一個起點，讓社會大眾在一個非反智的情景下，探求精神健康的發展和出路。

本文分為五部分：精神病的歷史概況和背景、精神病的治療及康復概念、精神健康服務及範圍、社會工作者的角色、個案評估及治療，希望讓讀者可以對精神病和社會工作有一個初步的認識。

一、精神病的歷史概況和背景

精神病遠在中世紀已有記錄於人類歷史，當時社會普遍認為精神病

人是神明、惡魔和法術等職結合。古代社會最初更以巫術「降服」精神病患者，後來他們將這些異類關進工廠、收容所，甚至監獄。至十六、十七世紀，人類開始對精神病開展較科學化的辨識及研究，部分人認為精神病是生理疾病，但收容所仍然以嚴酷的方式去對待精神病人，到了十八世紀後期，人們才逐漸給予精神病人較為人道的照料。而精神病的分類、病徵描述及診斷詞彙則始於十九世紀，社會亦開始從心理角度研究精神病，精神病人的收容所亦轉變為醫院，精神病人從那時開始獲得臨牀治療。

在六十及七十年代，院社化對精神病患者的不良影響受到了強烈批評。經典電影《飛越瘋人院》（*One Flew Over the Cuckoo's Nest*）將精神病院描繪成一個有強烈壓逼感的地方：病人生活在一個禁閉式的環境之中，必須遵從病院內的規章律例，院方更沒有為病人安排任何康復活動。有些住院者甚至需要學習成為「病人」，才可以在這種壓逼的環境中生存，其他病人則對生活環境表現麻木，對周遭事物毫無興趣。不少人認為這齣電影在某程度上反映了當時精神病院的實際情況，再加上後來有關精神病院的實況陸續曝光，公眾對精神病患者的生活開始表達更多關注，希望能夠改善他們的生活質素。於是，推動非院社化的運動相繼出現。

沒有精神科藥物治療，有嚴重精神病的慢性患者便不可能在社區生活。藥物治療能夠幫助部分患者控制正性症狀（positive symptoms）。事實上，許多慢性精神病患者只要得到藥物治療，便毋須再住在精神病院，可以重返社區生活。因此，精神科藥物的出現，對推動非院舍化起了積極的作用。

六十年代以來，一些國家以不同方式試驗以社區為本的精神健康

服務計劃，認為患者在社區的真實環境接受訓練，比醫院照顧更為有效（Test & Stein, 2000）。再者，以社區為本的精神康復服務更可培育公民的社區精神健康的意識。因此，形形色色的計劃如外展、精神病危機評估及治療小組、中途宿舍、小型院舍和庇護就業等，陸續在海外出現（Test & Stein, 2000）。這些計劃大都經過評估，證明對慢性精神病患者有正面效益，例如：縮短留院期、減少住院次數、改善社會生活能力、提高生活質素等等（Test & Stein, 2000）。

二、精神病的治療及康復概念

為甚麼會患上精神病？

關於精神病的成因有各種各樣的解說及理論，不同的專業，甚至各地文化背景之差異，會衍生對精神病不同的理解。雖然沒有任何現存的理論可以清晰並全面地解釋精神病的成因及病情，但為使對精神病患者的處境有更準確的理解，筆者認為工作員有需要認識並揉合不同的理論和概念，以作出適切的介入和輔導。作為提供讀者對精神病有一個概括之認識，筆者選取了以下兩個理論作簡要闡述：(1) 從致病性・壓力模式（Vulnerability-stress model）角度，了解精神病的成因；(2) 以復元為本的模式（Recovery-oriented model）作為工作員的介入手法及理念。

(1) 致病性・壓力模式

致病性・壓力模式提出一個假設，嘗試說明生理、心理和社會因素的互動關係（Yank, Bentley & Hargrove, 1993），這種模式涉及以下兩個範疇：

- 生理因素

　　致病性‧壓力模式認為遺傳或生理因素決定個人致病性（vulnerability），換句話說，基於某些遺傳／生理傾向，有些人承受壓力的能力較低，較容易患上精神病。有研究指出，精神分裂症患者的多巴胺分泌比平常人多，而腦部負責接收此物質的受體（receptors）未能完成處理，引致一些如幻覺等正性症狀（positive symptoms）。過多的多巴胺亦會影響精神分裂症患者的認知功能，使患者不能在思維上妥善處理外來信息，影響其回應的計劃及行動。由於生理因素的影響，精神分裂症患者有先天的遺傳傾向，承受壓力的能力較低。不過，具體程度因人而異，不可一概而論（黃富強，2007）。

- 心理或社會因素

　　Yank 等學者認為（Yank, Bentley & Hargrove, 1993），精神病的形成是心理和社會因素及個人先天致病性互動的結果。然而，一個先天承受壓力能力較低的人，並不一定會患上精神病，反之，承受能力較高的人也有機會發病，當中的差別在於個人感受心理或社會壓力的多寡。一個人即使先天承受力較強，但只要他所經歷的壓力大過他所能承受的話，同樣可能會患上精神病。換言之，一個人會否患上精神病，主要視乎他所感受的壓力是否超出其承受能力的極限。普遍來說，一個人承受的極限越低，越容易出現精神病，因為心理或社會狀況的輕微轉變已足以帶來其不能抵受的壓力，引致精神病。

　　根據致病性‧壓力模式，精神病的形成與生理、心理及社會因素三者的互動有關，工作員在介入個案時，可針對這三方面着手。可是，這個模式也有不足之處：它提供的理論架構雖然清晰，但相對籠統，當中雖然有提及保護因素（protectors）及危機因素（risk factors）等概念，

卻沒有仔細說明，讀者及工作員需要慢慢摸索。此外，此模式可能在精神病的成因及治療上過分強調生理因素，相對忽略了社會及心理層面（黃富強，2007）。

現時業界普遍採用致病性・壓力模式去理解精神病，並用此框架，即通過生理、心理及社會因素這三個層面，設計精神健康和康復的服務，以形成精神科服務網。例如現時精神科服務透過「個案管理」的模式推進服務，當中個案經理與個案建立良好的關係、評估情況，然後聯合不同領域的專業人士調配資源，將生理、心理和社會的專業應用到精神病患的管理、治療與復元中，為精神病患設計個人化的服務方案（Eack, Anderson, & Greeno, 2013）。

(2) 復元為本的模式

復元並非痊癒的意思，在復元為本的模式當中，精神病患者的症狀不需要達致完全消失，反之，它認為工作員及病患者要接納個人局限。當中最重要的概念，是指復元的定義應該建構於個人之價值觀及期望上，而非建基於別人、專業人員或社會準則。根據復元為本的模式，工作員應協助精神病患者去尋找個人的希望和生命意義，並增強其自主能力（Bennett & Thompson, 2004）。

復元為本模式的個案處理大致可分為七個階段，當然工作員可因應案主的情況和進度而作合適的調整：(1) 灌輸希望及改善生活的動機；(2) 識別個人需要及興趣；(3) 建立目標；(4) 探究任何有助達成目標的方法，包括固有／外在的資源；(5) 進一步制定有關作業、策略及計劃；(6) 於過程當中識別個人或環境所帶來的困惑和障礙；(7) 持續評估成效及時刻接納案主的意見（Bennett & Thompson, 2004）。

此模式的好處是令病患者消除自我歧視，幫助他們面對精神病所帶

來的症狀及長期困擾；最重要的是精神病患者能夠實現自己的能力，應付潛在於生活和社會中的壓力。此外，復元為本的模式要求工作員時刻對病患存有正面的期望，並投入精神病患者的角度去協助他們找尋生命意義、改善生活，這些都對工作員的價值觀及工作手法構成新的啟示。

當前的精神科復康服務普遍以復元為本模式作基礎，鼓勵精神病患者發掘自己的優勢，追尋自己的人生目標。例如，透過同路人的支援服務（Peer to peer support service），同路人可分享自我管理日常生活的經驗，對復元人士表達支持及鼓勵，讓他們感到被理解和接受，從而幫助他們實現改變。在同伴關係中，復元人士可以為自己建立期望和目標，自由選擇自己的行動方向，這些新經驗可增強他們的希望感和復元感（Wong et al., 2023）。社署 2016 年推行「在社區精神康復服務單位推行朋輩支援服務先導計劃」，取得正面成效，隨後於 2018 年將計劃常規化（立法會，2017）。

雖然復元為本的模式非常重視復元人士的才能和資源，但它同時可能低估了精神病對患者的影響，給患者一種錯誤的期望，以為只要努力，就可以達到自己的目標。但人始終要面對許多環境的掣肘，當患者知道自己的期望不能實現時，他們或會感到沮喪、困擾和絕望。同時，身邊的人也會可能受挫或覺得他未夠努力，加以責備和埋怨。尤其對於精神病患者，無論外在環境還是內在條件都有不少限制，令他們不能自由地選擇。另外，復元模式強調當事人的自主，工作員只擔當同行者的角色，這亦可能會引致個人選擇權和社會利益之間的衝突，例如：對一個精神不穩定但拒絕入院的患者，工作員如果過分維護患者的權利和決定，便會為其他人的安全帶來潛在的威脅。

三、精神健康服務及範圍

香港的精神健康服務大概如下：醫院管理局為精神病患者提供住院以及與醫療有關的社區復康服務；社會福利署主要提供社會、住宿及職業方面的社區康復服務；衛生署則負責公眾教育等預防性工作。筆者嘗試引用 Caplan（1974）所提出的理念架構——及早頂防（Primary prevention）、及早醫治（Secondary prevention）、及早恢復身心健康（Tertiary prevention）——去檢視香港現存有關精神健康及精神病患者的服務。

現時，醫院管理局設有多項支援精神病患者的措施，包括「思覺失調」服務計劃、住院服務、精神科專科門診、精神科日間醫院、社區老人精神科小組、社區精神科小組、精神科社康護理服務、職業治療（精神科）以及由衛生署負責的中央健康教育。另一方面，社會福利署／服務營辦機構亦設有一系列日間訓練或職業康復服務、住宿服務，並設有精神健康綜合社區中心和家長／親屬資源中心。以上服務元素表面上尚算符合了 Caplan（1974）所提出的理念架構：除了設有「及早預防」和「及早醫治」的服務元素外，亦具備了一系列「及早恢復身心健康」的康復服務，着眼於發展精神病康復者的潛能和資產，並提供家屬支援服務，為精神病康復者重新投入社會作準備。

可惜現實狀況是，政府投放的資源根本不足以應付社會上的需求。根據社會福利署數字，截止 2023 年 3 月底，長期護理院的服務名額 1587 個，而輪候人數截至 2023 年 9 月則為 2385 個，數字反映出長期護理院的名額，需要比現時的數量增加大約 150%，才可應付社會的需求量。另一方面，醫管局精神科門診的穩定新症輪候時間太長，截至 2023 年 6 月有近 39000 個，平均輪候時間需要 43 週，部分聯網最長

的輪候時間更達 95 週。輪候接受服務的時間太長，令精神病患者未能及時獲得合適的醫療及／或康復照顧，導致病情轉趨嚴重，有違「及早醫治」和「及早恢復身心健康」的原則。

還有部分特別需要關注的羣體，服務亦見不足，例如社會福利署數據顯示，特殊幼兒中心名額為 2364 個，但輪候人數仍有 2560 個。社會上愈來愈多兒童和青少年出現精神健康問題，醫管局兒童及青少年精神科服務的門診新症數目，由 2017 至 2018 年度的 10717 宗增至 2021 至 2022 年度的 13510 宗，五年內增加逾 26%（立法會，2022）。

此外，2022 至 2023 年度有 293000 名精神病接受包括住院、專科門診及日間醫院服務，較 2016 至 2017 年度的 240900 增加了近 22%（立法會，2021；立法會，2023）。有關數字並未包括到私家醫生求診或未有接受任何醫療診治，隱藏在社區之精神病患者。精神科門診部病人亦增加，根據醫院管理局數字，由 859338 人次（2016/2017）升至 967199 人次（2022/2023），升幅達 13%，這反映社會對精神科服務的需求持續上升。筆者認為政府有必要投放更多資源於精神健康教育及康復服務，令市民及社區可「及早預防」。長遠來說，這樣不但可減少病者發展成嚴重精神病的機會，並且減低需要住院的個案數量，舒緩現時醫療體系人手嚴重短缺的問題。

過去十多年，有關精神病患者自殺及傷害他人的悲劇不時發生，當中有部分更涉及處於康復階段中的精神病患者。經過社會人士及有關部門多年的討論，希望加強對精神病康復者提供的支援，協助他們盡早融入社區生活。社署於 2010 年透過結合現有資源及增撥資源，重整社區精神健康支援服務，透過服務營辦機構於各區設立精神健康綜合社區中心，推行一站式的綜合社區支援服務，讓服務使用者及其家人／照顧者

在不同的康復階段，均可於單一中心獲得所需服務，減少服務使用者及服務營辦機構於過程中涉及的不必要的資料提供和時間浪費。而綜合社區中心亦會與有關的個案經理保持溝通，例如個案的轉介、康復計劃安排、個案會議等作出討論（香港社會福利署，2022）。

2023 年 6 月本港一所商場內發生了一宗與精神復元人士有關的嚴重不幸慘劇後，政府再提出十項加強精神健康服務的措施，包括增加個案管理計劃人、縮短專科門診新症預約輪候時間、推出 24 小時精神支援熱線等。政府雖然推出不同精神健康及復康相關政策，但慘劇一再發生，多少反映出個案問題越趨複雜及 / 或社區康復服務未能配合服務使用者之需要，同時亦反映個案跟進的不足及工作員危機處理的經驗可能仍然有限。

除了正視上述種種問題，筆者建議政府應該持續推動精神健康及預防精神病教育，增加資源於公眾教育，加強市民對精神健康的認識和關注，提高他們對社區內精神病患者及有關設施的接納。

四、社會工作者的角色

上文提及香港現行為精神健康所設的服務，當中大部分服務都需要社會工作者的參與和給予專業意見，譬如日間訓練或職業康復服務、社區支援服務。在精神病患者住院期間，醫務社工亦有機會需要參與個案會議，除了與醫務人員評估個案及討論處理手法外，還須具體訂出日後的分工和檢討機制。以下部分，筆者將從社會工作的理念及角度，概述社會工作於「及早預防」、「及早醫治」、「及早恢復身心健康」應擔當的角色及注意的事項。

及早預防 —— 防治與教育

社會工作者可從三方面着手防治精神病及精神健康教育之工作：
（1）透過持續的公眾教育，以淺白的語言及手法讓公眾認識精神病，包
括常見的精神病類別、症狀、治療方式和求助渠道等。這可以令有需
要人士及其家人及早識別，並懂得尋求協助。事實上，如能做到早期識
別和及早介入，更可有效減少個案發展成精神病的機會或減輕其嚴重程
度；（2）推動精神健康教育工作：藉着教育合宜的減壓方法，以提升社
區人士應對負面情緒及生活壓力的能力，都是精神健康工作及防治重要
的一環；（3）推廣「精神健康急救」的知識及處理原則，加強社區人士
對精神健康的意識，學會辨識旁人及自身的心理狀態，在需要時作合適
的介入及支援（香港心理衞生會）。

近年創新技術的應用漸成趨勢，也有助提升精神服務的推廣及防治
工作。例如網上心理治療（internet-based interventions）模式，通過網絡
提供心理治療服務，讓參加者透過網上套材自主學習各種應對情緒問題
的技巧，亦有些模式會結合專業指導，由治療師在網上提供多元化的引
導和支援。

網上心理治療服務在北美、英國、瑞典及澳洲等地已發展二、三
十年，愈來愈多研究顯示，網上心理治療，特別是混合模式的網上心理
治療，效果與傳統面對面的心理治療相若（Carlbring et al, 2018）。網上
治療不但有助解決部分患者的心理障礙、減輕對治療開支和時間的顧
慮，亦可紓緩現時精神醫療系統人手不足、輪候太久等問題。不過網上
模式亦有限制，須留意網絡安全、私隱保障等問題。另外基於文化及語
言差別，外國治療套材並不完全適合本港病友，在內容設計和模式安排
等方面，仍需進行本土化改編和最佳操作的實證研究。

及早醫治 —— 輔導與治療

社工應了解精神病患者的個人及家庭背景、精神健康狀況，進行專業精神病評估和全面的心理社交評估，並按病患者的臨牀表徵和緊急情況作出適當的分流，例如將有明顯自殺或傷害他人傾向的患者盡快轉送入院。

從不同角度開展輔導服務，並與患者共同擬定康復目標。除了因應精神病類型及不同的治療模式，不同年齡、性別、教育程度的患者都會有不同的特性及需要，社工如能以合適的介入手法，如小組輔導、家庭工作、以社交活動形式接觸患者等等，恰當地協助患者，便可有事半功倍之效果。例如，「認知治療」的輔導小組對患輕度及中度抑鬱症的患者容易產生良好的效果（黃富強，2005）；透過網絡進行的「靜觀治療」有助改善心理健康（Mak, 2017）。現時介入手法愈來愈多元化，除了上述例子，還有藝術治療、運動治療等方式，工作員需要學習更多新的理論和技巧，才能令服務與時並進。

社工亦會參與臨牀個案管理。「個案管理」主要針對精神健康服務系統內的結構問題，並發揮康復和治療的功能。精神科康復是多元化的服務，往往牽涉不同的政府部門和不同的專業人士，但對服務的負面意見卻時有所聞，例如服務缺乏延續性，無從問責、不必要的服務延誤等（Yip, 1997）。社工應該擔當橋樑角色，聯繫及協調社區上不同服務單位的同工、職業治療師、護士等工作人員，就個案的轉介、康復計劃安排、個案會議等作出討論，務求在個案工作層面上達致彼此支援，讓精神病康復者得到最適切的治療和善用社區資源。個案管理模式除了針對精神健康服務系統在結構上的問題外，亦可發揮治療和康復作用。個案管理除了替患者聯繫不同的服務之外，亦會給予患者支持和輔導，幫助

患者個人成長，有助下一步「及早恢復身心健康」。

及早恢復身心健康──復康及能力提升

「及早恢復身心健康」是將患病的後遺症／障礙減至最少，提供適切的人際社交技巧練和就業培訓，協助精神病康復者重新投入社會，提升個人能力；同時，探討任何對精神病康復者有利的照顧模式，包括正規化社區照顧（Formal care），如醫療機構、庇護工場，以及非正規化社區照顧（Informal care），如家屬、朋輩及互助組織等方式，強化精神病康復者的社區支援網絡。

此外，社工亦應具備以下知識／準備，使個案工作及管理發揮得更有效及順暢：

（1）熟悉精神健康的法律條文；

（2）參與有關研究，以協助規劃未來的服務及發展方向；

（3）透過督導、工作坊及同工會議等分享和交流經驗；

（4）參與制定有關精神健康之社會政策、服務質素標準；

（5）透過社區教育，消除社區人士對精神病患者的歧視及有關誤解；

（6）參與社會行動，尋求制度、政策上的改進，為精神病患者爭取更多資源，並為他們的權利發聲。

五、個案評估及治療

以下我們將以一個生理／心理／社會壓力及能力角度來探討精神病這課題。這個模式包括四個層面：（1）醫學／生理層面，（2）社會及家庭層面，（3）工作層面，（4）心理層面。在不同範疇，分析患者在康復

方而的能力和缺損。此外，生理／心理／社會壓力及能力評估模式亦涵蓋了前文所述的壓力和致病性概念。工作員可探討案主的潛在能力及外在資源，讓他們在自己的生活中能發展及應用內外資源來完成訂立的生活目標，建立一個有滿足感和意義的生活。總括而言，工作員可根據這個模式，勾畫出患者的整體狀況，從而訂定康復計劃。圖1說明了此評估模式的架構：

根據圖1的分析，假如一個受生理（如長期幻聽）及社會心理（如缺乏社交技巧）致病性因素影響的人，面對生活壓力，便可能會誘發精神病。不過，如果他／她同時具備生理及／或社會心理方面的能力作為保護因素，患病的機會便會降低。因此，評估須包括患者的生理、社會及心理三方面的缺損及能力，並要衡量該等因素的強度及影響力。

圖1　生理／心理／社會壓力及能力評估模式

案例精神分裂症患者個案分析

背景

珍妮是一名 36 歲的失婚女子，被診斷患有精神分裂症，九年前首次接受正式的精神科服務。當時社區精神科小組收到珍妮鄰居的投訴，指珍妮在其家門前放置糞便。警方入屋調查，發現她的家中堆積了大量垃圾，居住環境極不衛生。最後，珍妮入住精神科醫院，一住便是三年。

醫學與生理層面

評估過程顯示，珍妮至少在入院一年前已出現一些異常的行為及想法。根據警方的紀錄，她曾多次投訴鄰居擅闖她的單位偷竊，因而感到沒有安全感，而且非常憤怒，於是她便將糞便放在鄰居門前，以示報復。珍妮對於上述情況堅信不疑，又認為警察無能，沒有幫助她阻止鄰居的偷竊行為。入院後，她投訴其他病人，並對其中一位病人作出侵略性的行為，故遭判入院令，被送往另一所醫院。入院令期滿後，珍妮又返回原來的醫院繼續接受治療。

珍妮在家衣衫不整，居所的衛生情況很差。她又甚少洗澡和洗衣服，她說：「我很少流汗，不用洗澡。有汗的話，我便會洗澡的了。」但她並沒有意識到自己發出難聞的體味，沒有留意自己已患上皮膚病。珍妮對護士非常不友善，有時甚至具攻擊性，護士很難督導她的自顧行為。

入院後，珍妮一直接受抗精神病藥物治療，雖然她出現口乾和便秘等副作用，但精神情況相對穩定，說話明白對題，沒有顯露幻覺症狀和認知功能缺損的問題。可是，談到她的鄰居時，她仍表現出殘餘的妄想症，不過憤怒和不安的情緒大為減少。面談時，珍妮透露自己對妄想症狀並沒有一套有效的應對方法，她說：「如果我再發現鄰居偷竊，我會

報警；如果警察幫不上忙，我會找區議員。我一定要制止他們。」珍妮缺乏病悉感，拒絕視自己的妄念為病患的症狀。當問及她為何願意接受藥物治療時，她回答：「醫生說藥物對我有幫助，所以我會服藥。但藥物沒有令我有甚麼改變。」

從能力方面分析珍妮的情況，在藥物調控下，珍妮的精神狀況相對穩定，跟醫護人員的對談清晰和流暢。同時，她亦願意參與不同的活動。在活動過程中，我們了解到珍妮頗喜歡做手工，並在這方面頗有天分。

家庭及社會層面

珍妮有六位兄弟姊妹，她排行第五。父母已於幾年前去世，其他親屬均沒有精神病紀錄。珍妮其中一位姐姐十分關心及支持她，每月都探望她。珍妮有一個五歲的女兒，住院期間交由該位姐姐照顧。事實上，自女兒出生以來，珍妮從未照顧過她，對照顧孩子的技巧一竅不通，她說：「我看不出有任何問題。小孩子天生天養，我們小時候還不是一樣，不見得有甚麼問題。」珍妮非常渴望與女兒同住，並堅信自己能好好照顧女兒。她亦提到，當她需要幫助時，姐姐自然會伸出援手。

珍妮一直住在公共屋邨，重返社區生活時亦應會分派到另一個單位。她認為自己已經在社區獨立生活多年，應該不會有甚麼問題。雖然她沒有足夠的自顧、家居及健康生活的技能，但她並不覺得自己有需要去學習。另一方面，她期望日後能夠住在姐姐附近，有需要時可以方便照顧。

社交方面，珍妮只有幾位普通朋友。她說：「我已經多年沒有跟朋友聯絡了。不過，在醫院我也認識一些病友，出院後或者可以聯絡他們。」總括來說，珍妮的社交圈子只有少數泛泛之交和自己的家人。

珍妮雖然在社會功能上有不少缺損，但她亦有不少外在的資源。首先，她擁有一位愛護自己的姐姐，在有需要時，是一個重要的支援。另外，珍妮也疼愛女兒，可轉化為動力，推動珍惜社交，去正視自己在社會及功能上的缺損。再者，離院後，珍妮有一個穩定的居所，減少因居住困難帶來的種種壓力。

職業層面

珍妮當過售貨員和工廠工人，但工作不超過六個月。她不明白為何自己不能夠維持一份穩定的工作，認為是老闆和同事對她不好。她說自己很少跟同事說話，覺得同事不喜歡她，甚至一起杯葛她。終於，她放棄工作，只倚賴綜援金過活，這樣的生活維持了四年，直至她入院。在面談中，珍妮提到如果自己願意的話，她有能力找到並維持一份穩定的工作。她又提到以前有一位在醫院結識的朋友曾承諾為她找一份清潔工。珍妮說：「當清潔工人容易得很，誰都知道怎樣打掃地方。」

心理層面

珍妮有一種扭曲的想法，認為別人對她有惡意，或有加害於她的企圖。這些妄念可能源於她的精神病，亦可能與過往生活經驗有關。即使珍妮的精神狀況穩定，她對鄰居和其他人的妄念都仍然存在。此外，珍妮在控制自己衝動情緒方面也有困難，當她感到不快或憤怒時，她便會肆意發洩自己的情緒，不會顧及當時的情況及後果，她說：「我的性格就是這樣子，不喜歡別人命令我做這做那。」這種態度令珍妮經常與人發生衝突，她亦不願意與人交往，希望能夠獨居。

在藥物控制下，珍妮的妄念及隨之而來的失控情緒已有所改善，但問題在於她離院後是否會繼續服藥。離院後的個案跟進似乎對珍妮來說是一個不可或缺的支援。

整體評估

雖然珍妮仍有殘餘的妄想症狀，但她的精神狀況尚算穩定。首先，她不再依據自己的妄想有所行動，其次，她的妄念並沒有直接影響到她的社交及工作功能。此外，珍妮沒有出現其他精神分裂症的症狀，說話明白對題。最後，住院期間，她依照醫生指示按時服藥。不過，一旦珍妮返回社區生活，在缺乏醫護人員督導之下，她會否按時服藥便惹人懷疑。沒有藥物治療，珍妮的妄念可能會失控，並有相應的行動。因此，珍妮要好好理解自己的精神病及藥物治療，還要學習一些有效的應對技巧，以處理自己殘餘的妄想症狀。雖然珍妮未必可以完全消除妄想症狀，但她可採取不同的對應方法。同時，如前文所說，個案跟進對珍妮來說是有益無害的。

社會生活方面

珍妮的獨立生活能力和照顧孩子的技能都不足，應否鼓勵珍妮追尋自己理想的生活方式，實在是一個具爭議性的課題。不過，對她的女兒來說，跟一位甚至不能照顧自己的母親同住，是絕對不能接受的。如果珍妮希望日後能夠與孩子同住，工作員便要協助她學習獨立生活和自顧的技能。這對珍妮和工作員當然是個很大的挑戰，但渴望和女兒同住這一點，卻會是珍妮改變自己生活的動機。再者，工作員應鼓勵她的姐姐多支持珍妮，加強這方面的聯繫。此外，工作員應視乎珍妮殘餘妄想症狀的嚴重程度，幫助她與人建立良好關係，加強社會支援。

工作方面

雖然珍妮認為自己能夠找到並維持一份穩定的工作，但根據她過往的工作記錄，情況卻不容樂觀。所以，工作員在協助珍妮擬定任何就業

計劃之前，應先讓她接受工作評估。再者，要是珍妮日後跟孩子同住，她能否工作，或能否勝任該工種，都是要考慮的問題。無論如何，工作能力評估仍然是必要的。

影響珍妮康復的心理層面因素有很多，首先，雖然珍妮的妄想症狀可視為生理上的病徵，但明顯會繼續影響她對周遭環境的感觀和判斷，因而嚴重影響她的社交和工作，甚至導致可能觸犯法紀。

另外，在珍妮住院的三年裏，醫護人員留意到珍妮很喜歡手工藝製作活動，亦曾讓珍妮參觀了一個機構的手工製作商店，珍妮表示有興趣離院後嘗試尋找這類型的商店售貨員的工作。或許，工作員可為珍妮安排申請這一類型的職業輔助計劃，讓珍妮嘗試面對這一類型工作帶來的實務挑戰。如一切順利，或許會讓她找到一個有滿足感及意義的工作。

總括來說，在珍妮重返社區生活之前，先讓她在有人督導的環境（如中途宿舍）中居住一段時間會較好期間，珍妮可以培養穩定的服藥習慣，學習獨立生活和自顧的技能，並接受職前和職業評估。

根據生理／心理／社會壓力．致病性模式，工作員在進行評估時，必須要辨識影響患者精神健康的各種生理／心理／社會壓力，並衡量其為致病因素或保護因素。上述模式一方面分析患者因病患而生的缺損，同時注重患者的優勢所在，並在康復過程中，發掘其潛質（黃富強，2007）。

圖 2 　應用生理 / 心理 / 社會壓力及能力評估模式

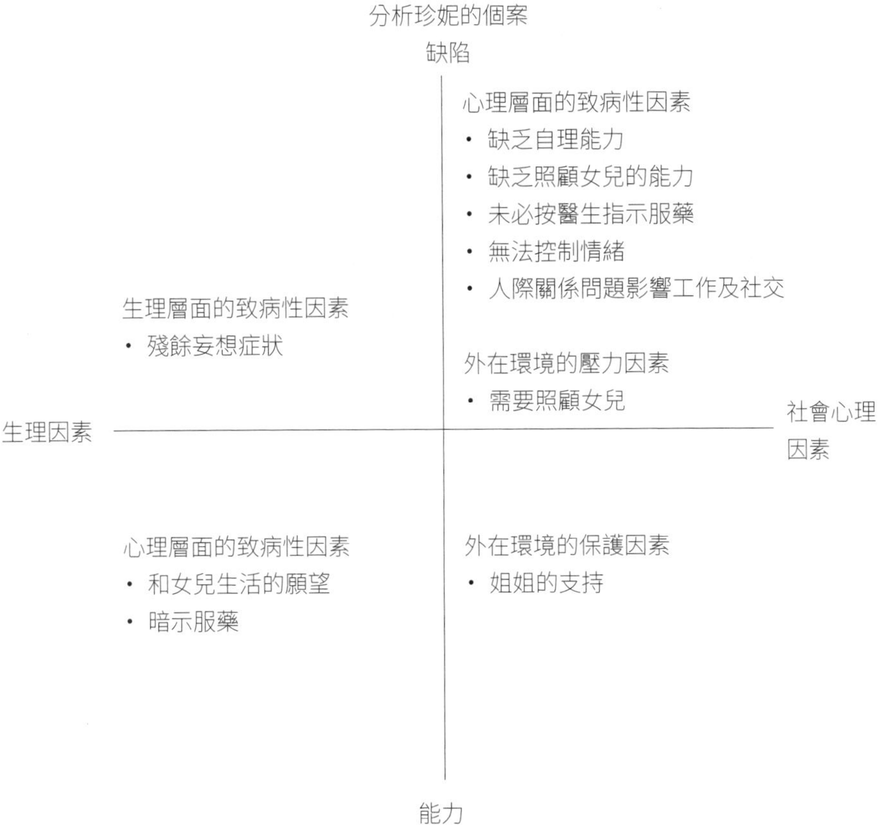

分析珍妮的個案

缺陷

心理層面的致病性因素
- 缺乏自理能力
- 缺乏照顧女兒的能力
- 未必按醫生指示服藥
- 無法控制情緒
- 人際關係問題影響工作及社交

生理層面的致病性因素
- 殘餘妄想症狀

外在環境的壓力因素
- 需要照顧女兒

生理因素 ———————————————————————— 社會心理
因素

心理層面的致病性因素
- 和女兒生活的願望
- 暗示服藥

外在環境的保護因素
- 姐姐的支持

能力

參考資料

1.　Bennett, B., & Thompson, C., *Integration of a Recovery Model to the Services of the Richmond Fellowship* (Asia Pacific Conference on Mental Health, 2004).

2.　Caplan, G., *Support system and community mental health* (New York: Behavioral, 1974).

3.　Carlbring, P., Andersson, G., Cuijpers, P., Riper, H., & Hedman-Lagerlöf, E., "Internet-based vs. face-to-face cognitive behavior therapy for psychiatric and somatic disorders: An updated systematic review and meta-analysis", *Cognitive Behaviour Therapy*, 47 (1), 2018, pp.1-18.

4. Eack, S.M., Anderson, C.M., & Greeno, C.G., *Mental health case management: a practical guide / Shaun M.Eack, Carol M. Anderson, Catherine G. Greeno* (SAGE Publications Ltd, 2013).

5. Mak, W.W., Chio, F.H., Chan, A.T., Lui, W.W., & Wu, E.K., "The Efficacy of Internet-Based Mindfulness Training and Cognitive-Behavioral Training With Telephone Support in the Enhancement of Mental Health Among College Students and Young Working Adults: Randomized Controlled Trial", *Journal of medical Internet research*, 19 (3), 2017, e84. https://doi.org/10.2196/jmir.6737

6. Test, M.A., & Stein, L.I., "Practical guidelines for the community treatment of markedly impaired patients", *Community Mental Health Journal*, 36 (1), 2000, pp.47-60, doi:https://doi.org/10.1023/A:1001852610624.

7. Wong, D.F.K., Cheung, Y.C.H., Oades, L.G., Ye, S.S., & Ng, Y.-N. P., *Strength-based cognitive-behavioural therapy and peer-to-peer support in the recovery process for people with schizophrenia: A randomised control trial* (SAGE Publications Ltd, 2023).

8. World Health Organization, *Mental disorder.*, 2022, June 8, https://www.who.int/news-room/fact-sheets/detail/mental-disorders

9. Yank, G.R., Bentley, K.J., & Hargrove, D.S., "The vulnerability-stress model of schizophrenia: advances in psychosocial treatment", *The American journal of orthopsychiatry*, 63 (1), 1993, pp.55-69. https://doi.org/10.1037/h0079401

10. Yip, K.S., "An overview of the development of psychiatric rehabilitation services in Hong Kong". *Hong Kong Journal of MentalHealth*, 26 (1997), pp.8-27.

11. 立法會:《立法會十二題:向兒童及青少年提供的精神健康服務》(香港:立法會,2022 年)。

12. 立法會:《立法會十題:精神健康服務》(香港:立法會,2021 年)。

13. 立法會:《精神病患者及康復者的社區支援服務》(香港:立法會,2017 年)。

14. 立法會:〈CB(4)977/2023(05)號文件〉,《衛生事務委員會政策簡報及會議》(香港:立法會,2023 年 11 月 17 日)。

15. 食物管理局:《精神健康檢討報告》(香港:食物管理局,2017 年)。

16. 社會福利署:《精神健康綜合社區中心服務的常見問題》(香港:社會福利署,2022 年)。

17. 黃富強:〈走出抑鬱的深谷〉,載《「認知治療」自學/輔助手冊》(香港:天健出版社,2005 年)。

18. 黃富強:《精神病臨牀個案管理——致病性・壓力模式》(香港:香港中文大學出版社,2007 年)。

感化社會工作

陳偉道

一、序言

自從中國實施改革開放政策，社會與經濟皆蓬勃發展，其中華南沿岸一帶的開放進展，更惹人矚目。然而，舉凡人口匯流的大都會，例如紐約、倫敦、東京等，除地方興旺外，也面臨不少因社會變遷帶來的問題。以香港為例，由於歐美與亞太地區不斷改革圖強，香港的經濟模式也產生了莫大變化：從傳統以勞工產業為重的經濟模式，轉化為一種以服務性行業與金融為主體的知識經濟模式。伴隨而至的是物慾主義與功利主義泛濫，道德價值觀念轉趨薄弱，家庭功能式微、偏差行為與犯罪問題叢生。這種生活環境會對青年人的成長構成很大的障礙。

青少年乃社會的未來主人翁，他們有獨特的「潛質」，只待「機會」發展便可成為「能力」。可是，他們能否成才卻直接影響社會的未來發展。在面對挫折或不如意的事情時，不少青少年每每因感到沮喪而退卻，平白地埋沒他們成為未來社會棟樑的潛質，錯失機會，甚至產生危害社會的行為，從而浪費了社會投放在他們身上的資源。

有鑒於青少年犯案年齡有下降趨勢，社會人士多主張懲治罪犯，以確保香港的安定與繁榮。然而在社會輿論中，不少人不滿於法律對罪犯

過於寬容，尤其是對未成年罪犯的放縱行為。此外，更有不少人倡議實施嚴刑峻法，捨棄現有幫助罪犯改變的工作模式。

本文的目的是讓讀者一覽「感化工作」的由來、哲理基礎、功能與其在「罪犯矯正」這一課題上所作出的貢獻。

二、感化工作的源起

「感化」（probation）這個名詞源自拉丁文「probare」，意謂嘗試、考驗或証明。根據文獻的記載，感化制度始於 1841 年 8 月美國波士頓一個名為約翰・奧古斯（John Augustus）的鞋匠。他為人古道熱腸，常到監獄探望囚犯，對於那些因酗酒判刑卻無力繳罰款者，深表憐憫。在同情心的驅使下，他懇求法官對這些犯事者暫緩處分，並替其保釋外出，以觀改變。結果在奧古斯的關懷、引導與協助下，犯事者痛改前非，重新做人，而法院亦象徵式判罰一分錢了事。自此，奧古斯先生倡導的「感化精神」，為美國各州相繼仿效。1878 年至 1900 年，美國麻省、密蘇里州、佛蒙特州、伊利諾州與新澤西州等陸續制定有關感化的法例（周震歐，1978）。

英國早於 1887 年就已制定「初犯法」（First Offenders Acts）。該法確立了「感化精神」，惟只局限於首次觸犯刑事罪行者。1907 年制定的「感化犯人法」（Probation of Offenders Act）進一步把「受感化者」的範圍擴展，對於那些曾犯事者，法院有權按其具體情況，考慮是否適合接受感化。1925 年制定的「刑事裁判法」（Criminal Justice Act），更強制規定每一司法裁判區設立感化委員會，以推廣感化工作（鍾期榮，1963：1-3）。

感化制度從孕育到誕生，實在有賴宗教人士、學者和專家等自十九世紀以來紛紛指出犯罪有眾多因素：除個人意志外，尚有環境因素與社會責任等。因此，現時的法律，對於初次犯案者以及未成年的罪犯，多採納諒解態度，並注入「非囚禁」的方法，如感化、緩刑與具結釋放（recognizance）等，幫助他們改過自新。

三、感化的涵義

在現代社會裏，「感化」兩字已成為法庭判處罪犯的一種方法。然而，該名詞隱涵的「嘗試」精神，對改造罪犯來說，卻意義深遠。

從刑罰學（penology）來看，感化制度摒棄昔日「以牙還牙」、「以命償命」的補償意念（retribution），改以「康復」（rehabilitation）為本，引領犯事者改過自新。在司法的歷程裏，法庭會先裁定被告人（defendant）所觸犯的罪行，然後才考慮是否需要要求感化主任（probation officer）調查被告人的犯案原因，並於指定時間呈交「判刑前報告」。「判刑前報告」的內容包括被告人的年齡、家庭背景、教育程度、職業生涯、社會經歷、犯罪動機、犯罪成因、犯罪紀錄和對悔改的態度等。倘若感化主任覺得被告人適合接受感化督導，而法官又接納感化主任的建議，被告人便可留在社區改過自新。倘於接受感化督導期間〔即感化令（Probation Order）有效期內〕，受感化者（即被告人）能真誠悔改、其行為表現亦合乎感化令條款的要求，在感化令期滿後便無需再接受感化主任的督導。若受感化者未能遵從感化令其中的任何條款或再次觸犯法例，根據香港法例第 298 章，罪犯感化條例，法院「可就導致作出該命令的罪行處置受感化者，處置方式猶如他剛因該罪行而在該法院受審

或被定罪後該法院可對他作出的處置的方式一樣。」〔香港法例第 298 章，罪犯感化條例，第 5[2（a）] 分段〕

總括而言，感化制度是司法體系中的一種社會工作方式，先從認識與了解罪犯開始，繼之以監督與輔導，並透過多種社會資源的配合與運用，矯治「受感化者」（probationer）的異常行為及促進其人格發展。這是一種「非囚禁性」的判決，並且是一項在社區中協助罪犯改過的康復工作。罪犯可以繼續留在社會中過正常生活、工作或學習，依舊是社會裏有用的一員。

四、感化工作的哲理基礎

感化工作的哲理基礎，與積極性的「人道主義」（humanitarianism）有緊密關聯。「人道主義」的哲學深信人具有「高度可塑性」和學習的「潛藏」，只要給予適當的機會和善加誘導，必能改變與發展。換言之，人的能力高低並非與生俱來，仍需依賴機會才可發揮。潛質宛如「睡火山」，正等待適當的時機爆發，匯成洪流，一瀉千里。所謂「巨浪排空起，潛力放光華」，正好是對「高度可塑性」與「潛力發揮」的有力寫照。簡言之，此種哲學深信人之「潛藏」須透過「機會」，方能發揮成「能力」。人之可塑性與尊貴正在於此，縱然偶一失足犯事，也絕不該受到輕視與唾棄；反之，宜維護其個人權利，給予機會自新。

上述的哲理思想可以說是源於宗教對人的看法，肯定人「生而尊貴」，應得到保護和尊重。人雖犯罪墮落，只要給予自新的機會，還是可以塑造的。此外，現代刑法倡導者深信為達致改造罪犯的目的，對不同個體應配合不同的治療方法（differential treatment）；感化工作正好在

司法的框框內提供囚禁式判刑以外的一種選擇。

五、感化工作的功能

誠然，感化工作的發展並不是全面否定了以囚禁方式來處理罪犯的功能。從現實角度考慮，社會上總有些罪犯，因兇殘性格或出於安全理由，必須囚禁起來，以保障公眾的安全和社會的穩定發展。感化工作積極地協助罪犯認識和重建自己，以輔導替代囚禁式懲罰，運用社會的力量展開防治罪行的工作，以達致保障社會的有序、和諧與安寧的目的。

從社會與經濟資源來看，囚禁罪犯確實為社會帶來沉重的負擔。這種龐大資源不僅體現在懲治機關的種種設施，而且包括人力、物力及財政的昂貴成本預算、管理階層與前線員工的協作；此外，長期性囚禁與「院護化」（institutionalization）亦會帶來負面的影響。刑釋人士重返社會時，往往與現實生活脫節，在經濟、社會、家庭、文化生活上嚴重失調，他們的康復過程亦加重了社會的負擔。社會轉變愈快，這種有形與無形的負擔也就愈大。以今日香港社會為例，政經與資訊科技的發展瞬息萬變，急劇的社會變遷與轉變，亦需要更多社會資源來協助這羣回歸社會的人。從另一角度考慮，那些接受囚禁處分的罪犯，必然無能力照顧他們的家人，這也間接地埋下了家庭、社羣與社會問題的危機。

不少研究的結果表明，任何偏差或越軌行為（包括犯罪行為），皆有外在與內在的因素。其中內在心理問題，如「衝動」、「冷漠」、「殘酷」、「仇恨」、「絕望」與「反社會意識」，莫不由於缺乏「愛」、「保護」、「照顧」、「安全感」或「長期生活於惡劣環境中」所引致。因此，嚴苛之刑罰或囚禁，並不能解決罪犯的心理需要，或重建其應有的自尊與自

重，反而徒增其仇視社會的心理，致使他們無心悔改。近代刑罰思想，已放棄過去以「懲罰」、「威嚇」及「報復」為首的處罰方法，取而代之的是以不同的治理方法改造罪犯。同時，又通過改善社會制度，動員有關社區資源，開拓更多輔導設施，以達致教化與預防罪行的最終目標。歷半個世紀的香港感化工作，算是其中模範。

　　簡言之，感化工作是以人為本，動員一切有關「個人」、「家庭」、「社羣」及「社區」等資源，協助罪犯矯正違法的行為，積極地發揮他們的潛能，重建守法的生活。感化工作不僅限於個人的教化工作，同時也推動社會人士參與「感化事務義務工作計劃」（Volunteer Scheme for Probationers），共建和諧穩定的社會。

六、香港感化工作的演進及發展

　　香港的感化工作早於二十世紀三十年代就已展開。根據英國及其他先進國家的經驗，感化制度有多種功能：（1）勉勵罪犯把握良機，立品做人；（2）替政府節省由囚禁式判刑引致的龐大支出；（3）把罪犯的勞動力留在社會，以免影響社會及其家庭的經濟狀況（麥永康，1973：7）。

　　香港過去半個多世紀以來感化工作的發展，可粗略分成四個階段：（1）孕育期（1950 年以前）、（2）引進期（1950-1960 年）、（3）發展期（1960-1973 年）及（4）成長期（1973 年以後）。

　　孕育期（1950 年以前）：政府於 1932 年通過了「少年犯條例」（第 226 章），並於翌年委任兒童庭法官及三名兒童法庭委員（即當時 Probation Officer 之中文譯名）。此外，為推行感化工作，政府聘請一名「首席感化主任」（Principal Probation Officer）來港，肩負甄選與培訓感

化主任的工作，同時，藉助其專業知識籌建兒童羈留院與男童院等。在這期間，政府主要依賴志願團體提供院舍服務，及援助有需要的罪犯及其家庭。其後，社會局於 1948 年成立，結束了 15 年來感化工作先後隸屬警務署與監獄署的局面，因此奠下承擔感化工作的基石（香港政府，1949：16-20）。

引進期（1950-1960 年）：1950 年確立「首席感化主任」職務，感化工作得以開展，漸次為不同年齡的犯人提供輔導。此外，更開設兒童羈留院與感化院等。在此期間，政府仍然依靠志願機構提供院舍服務。宗教人士創辦的釋囚協助會（即香港善導會前身）亦於 1955 年投入服務（香港政府，1958：1-17）。

發展期（1960-1973 年）：在此階段，感化工作蓬勃發展，多間男女感化院舍包括海棠路男童院、馬頭圍女童院、觀塘宿舍和坳背山男童院相繼落成啟用。1965 年發表的「香港社會福利工作之目標與政策」申明政府須執行法庭付託的有關羈留（指監獄以外的羈留）、感化及監護等工作（香港政府，1965）。此外，隨着法庭數目的增加，法院對感化主任需求殷切，判處接受感化的罪犯與日俱增，善後輔導服務亦日益繁重。

成長期（1973 年以後）：政府歷次發表的社會福利白皮書，清楚列明政府有關感化的政策。1973 年發表的白皮書列明服務政策為：（1）利用多種社會工作方法，協助不同年齡的男女罪犯改過自新，重為守法市民；（2）利用感化機構及善後輔導服務，儘可能協助青少年改過自新，讓他們成為社會有用的一分子。同時，白皮書表示感化機構設施已經不敷應用，須加以改善，以減輕擠迫情況（香港政府，1973：13-19）。1979 年發表的白皮書建議推廣「感化事務義務工作計劃」、籌建宿舍與「受感化者報到中心」等，感化工作更讓地區直接協調推動，藉以提升

服務效能，改善質素（香港政府，1979）。1991年發表的白皮書再三申明：（1）為罪犯提供的各項服務，旨在執行法庭發出的指示，透過感化督導、住院訓練、社會服務令計劃以及善後輔導等服務，以社會工作方法，協助罪犯重新投入社會；（2）非政府組織則為受感化者、感化院假釋院童及釋囚提供輔助性質的住宿照顧，並提供個案服務、康樂及就業服務等（香港政府，1990：24-25）。

自五十年代中期，感化工作政策與目標逐步得以確立，政府逐漸改善院舍設施，以推動感化服務。1973年、1979年與1991年先後發表的社會福利白皮書屢次強調政府的責任與承擔。八十年代初，政府多次聘請海外顧問專家到港，深入檢討感化院的效能與訓練課程。八十年代中期更積極倡導「社會服務令」，貫徹一直以來的「社區為本治療」（Community-based treatment）精神，替司法界提供除入獄以外的另一種判刑選擇。九十年代中期社會福利署更推出「社區支援服務計劃」，為罪犯提供小組輔導及訓練活動，幫助他們重建守法行為及生活。展望未來，種種「社區為本治療」的感化工作，希望可揉合一起，把感化工作發展得更專業。

七、感化工作之範疇

目前本港感化工作可分感化事務、社會服務令計劃和住院訓練。分述如下：

感化事務

根據香港社會福利署的制度，輔導「受感化者」的工作需由持有香

港社會工作者註冊局認可的大學社會工作學位的專業社會工作者擔任，派駐各區法庭工作。1982 至 1983 年，感化主任編制已達 94 人（Director of Social Welfare, 1986: 36），分駐九個辦事處。目前，更擴至 12 個感化辦事處和社會服務令辦事處，為各裁判署、區域法院及高等法院（原訴庭及上訴庭）服務。感化主任人數逾百人，此外，更有數名較高職級的感化主任處理區域法院或高等法院的複雜個案。

感化主任必須友善地對待受感化者，給予他們幫助和輔導，包括物質援助、職業及學業指導、社交和閒暇輔導，以及幫助協調家庭關係等。在輔導罪犯改過的過程中，感化主任盡力糾正感化者行為上的偏差，使受感化者不至誤解行動自由的真諦。如有需要，也可在感化令中加入特別條款，規定受感化者要在核准院舍（approved institution）居住，為期不逾一年。

感化主任更負責調查法官交辦已定罪的押後案件，作出調查報告，詳述犯人的品格、學業程度、職業及家庭背景等，以協助法官了解犯人的情況，從而找出處理犯人的最適當辦法。此外，感化主任也會應長期監禁刑罰覆核委員會或保安局之請，就長期徒刑或無期徒刑囚犯的刑期覆核，及個別囚犯向特首上訴請求縮減刑期提交報告。感化主任作為社會福利署署長的代表，也會為法庭所轉介的個案提供諮詢與福利援助，促進司法與福利兩大系統相輔相成的功能。

社會服務令計劃

計劃始於 1987 年，經兩年試驗後正式推行，1992 年 11 月擴展到全港 10 個裁判署，並於 1998 年擴展到區域法院和高等法院。該計劃的宗旨為：（1）讓 14 歲或以上之犯事者，可因遵守服務令而免受監禁；

（2）透過感化主任的督導，引領犯事者在服務社會與勞動工作期間改過自新。工作時數不逾 240 小時，並以一年為限。法庭在考慮判處犯事者以社會服務令改過自身時，會先要求感化主任呈交「社會服務令」報告，以確保此種判刑對犯事者的適用性。

服務方面，通常以不妨礙罪犯求學、就業為原則。工作類型方面，初階段以事務性工作為本（例如：為醫院翻新病牀、清洗輪椅、整理花園等），旨在讓罪犯承擔責任，而督導主任也可藉此了解罪犯的長處；後期階段則安排服務性質的工作（例如：為兒童院畫牆畫、組織攤位遊戲等），側重罪犯的全情投入和自我反省。

從事勞動服務是一種經驗，加上感化主任的輔導罪犯可從中深切體會「施比受更有福」的服務真諦。在社會角色方面，罪犯從破壞社會秩序的犯事者變成一個對社會有用的人。最後，新的角色轉變，亦帶來重新思考與反省自己對社會的評價及對生命的取向。簡言之，社會服務令同時揉合了懲罰、補償與康復三大原素。

社會福利署為青少年罪犯提供的住院服務

2007 年 3 月，社會福利署的屯門兒童及青少年院正式投入服務，並於同年 7 月完成接收新轉介的及原先被安置在海棠路兒童院、培志男童院、馬頭圍女童院、粉嶺女童院、沙田男童院及坳背山男童院的問題兒童及青少年罪犯。屯門兒童及青少年院的啟用也象徵了傳統的六所院舍完成了它們的歷史任務。該院成立的目標是，為需要接受法定照顧和監管的青少年犯，及行為上有適應問題的兒童及青少年提供住院照顧和訓練。服務對象的類別以下述的法例作為準則：保護兒童及少年條例（第 213 章）、少年犯條例（第 226 章）、罪犯感化條例（第 298 章）、感

化院條例（第 225 章）和入境條例（第 115 章）。

為幫助院內兒童及青少年早日適應住院的生活及積極改善故有的行為問題，院內提供的服務有：個案輔導、職業訓練、訓練小組、興趣小組及義工探訪、心理評估及輔導。

八、總結

感化工作乃改造罪犯的一種方法，深信人性蘊含善良，且具「高度可塑性」與豐富之「潛質」，倘獲得恰當機會與督導主任的適切誘導，定能「矯治」與「康復」。在急劇變遷之香港社會裏，犯罪因素錯綜複雜，尤其是在社會制度尚未見周全的情況下，犯罪也許只是偏差行為的一種表徵，亟需透過社會工作的專業價值、知識與技巧，廣泛動員社會資源，倡導共同參與康復和預防的工作，以期達致輔導罪犯，讓其早日蛻變與更生。感化工作更可進一步發揮保障社會、維護法紀與秩序、促進社會穩定與和諧等功能。

香港感化工作的演進與改革，經歷了孕育到萌芽、引進至發展、成長至專業化等多個階段。感化工作開始時只對未成年犯人施以慈愛與教化，逐漸擴展到不同年齡人士，除運用個案輔導外，同時兼顧家庭、就學、就業與閒暇生活輔導，進而倡導社區教育、鼓勵社會人士參與「感化事務義務工作計劃」。1987 年起倡導的「社會服務令試驗計劃」又肯定與貫徹「社區為本治療」的精神，使罪犯能在勞動或服務中，一方面可以補償其過去曾經「破壞法紀」的罪行，另一方面，通過督導主任巧思設計的程序，逐漸讓罪犯體驗箇中服務真諦、重新反省與學習，令計劃達致「懲」、「教」合一的目的。

半個世紀多以來，鑒於感化工作涉及人身自由與法律權限，這類工作是指定由政府社會福利署感化辦事處的社會工作主任執行。此外，有些志願機構則為罪犯提供輔助性的住宿照顧、個案輔導、康樂及就業等服務，發揮相輔相成的效用。

雖然內地與香港的刑事司法制度不盡相同，但感化工作揉合了現代刑事思想與社會福利精神，兩地宜互相借鑒，共同邁向以社區為本治療的道路。感化工作乃罪犯服務的重點是，政府及志願社會福利團體應加強實務技巧的交流，使一度越軌的罪犯可重獲新生（Canton, 2011; Robinson, 2012; Senior, 2009）。

參考資料

1　Canton, R., *Probation: Working with Offenders* (London & New York: Routledge, 2011).

2　Chan, W.T., "Social work and services for offenders", in I. Chi & S.K. Cheung (eds.), *Social Work in Hong Kong* (Hong Kong: Hong Kong Social Workers Association, 1996), pp.98-111.

3　Chui, W.H. & Nellis, M. (eds.), *Moving Probation Forward: Evidence, Arguments and Practice* (Essex: Pearson Education, 2003).

4　Director of Social Welfare, *The Five-year Plan for Social Welfare Department in Hong Kong Review* (Hong Kong: Government Printer, 1986).

5　Gregory, M., "Probation training: Evidence from newly qualified officers", *Social Work Education*, 26 (1) (2007), pp.53-68.

6　King, J.F.S., *Pressures & Changes in Probation Service* (University of Cambridge Institutes of Criminology, 1979).

7　Law Reform Commission of Hong Kong, *Report – Community Service Orders* (Hong Kong: Law Reform Commission of Hong Kong, 1983), Topic 7.

8　Lo, T.W. & Harris, R.J., "Community service orders in Hong Kong, England, and Wales: Twins or cousins", *International Journal of Offender Therapy and Comparative Criminology*, 48 (3) (2004), pp.373-388.

9   Lo, T.W., Wong, D.S.W. & Maxwell, G. (eds.), *Alternatives to Prosecutions: Rehabilitative and Restorative Models of Youth Justice* (Singapore: Marshall Cavendish Academic, 2005).

10   Lo, T.W., Wong, S.W., Chan, W.T., Leung, S.K., Yu, C.S. & Chan, C.K., *Research on the Effectiveness of Rehabilitation Programmes for Young Offenders: Full Report* (Hong Kong: Government Printer, 1997).

11   Robinson, A., *Foundation for Offender Management* (Bristol: Policy Press, 2012).

12   Senior, P., *Moments in Probation* (England: Shaw & Sons Press, 2006).

13   Senior, P., Crowther-Dowey, C. & Long, M., *Understanding Modernization in Criminal Justice* (Maidenhead: Open University Press, 2007).

14   Shaw, R. & Hains, K., *The Criminal Justice System: A Central Ride for the Probation Service* (University of Cambridge Institute of Criminology, 1989).

15   Whitehead, P. & Thompson, J., *Knowledge and the Probation Service: Raising Standards for Trainees, Assessors and Practitioners* (Chichester: John Wiley & Sons, 2004).

16   Whitehead, P., "The Probation Service Reporting for Duty", *British Journal of Community Justice*, 6(3)(2008), pp.86-96.

17   Whitehead, P., "Social Theory & Probation: Exploring Organizational Complexity Within a Modernized Context", *Social and Public Policy Review*, 4(2)(2010), pp.15-33.

18   Wood, C., *The End of Punishment: The Christian Perspective on the Crisis in Criminal Justice* (Edinburgh: Saint Andrew Press, 1991).

19   Worrall, A. & Hoy, C., *Punishment in the Community: Managing Offenders, Making Choices* (Cullompton, Devon: Willan, 2005).

20   周震歐:《少年犯罪與觀護制度》(中國學術著作獎助委員會,1978年)。

21   鍾期榮:〈論感化制度〉,1963年12月31日。

22   麥永康:〈香港感化工作掌故〉,《社會福利署感化事務及感化機構開放日特刊》(香港:社會福利署,1973年1月)。

23   香港政府:《社會局年報》1948-1949(英文版),1949年。

24   香港政府:《社會福利署年報》1957-1958,1958年。

25   香港政府:《香港社會福利工作之目標與政策》,1965年。

26   香港政府:《香港福利發展五年計劃——1973至1978》,1973年。

27   香港政府:《香港社會福利白皮書——進入八十年代的社會福利》,1979年。

28   香港政府:《跨越九十年代香港社會福利白皮書》,1990年。

老年社會工作

顏文雄

一、引言

　　隨着人口老化，很多國家政府都開始正視老齡問題，[12] 而在社會工作教育的課程內，「老人社會工作」更日益受重視。[13] 可是，與青少年服務相比，有興趣從事老人服務的同工較少，對老年痴呆症的認識尤其缺乏，[14] 這主要是因為一般人對老人產生了固有的錯覺（stereotyping），[15] 以為他們是沉悶、缺乏朝氣、固執、體弱多病及善忘的一羣。這種錯誤的觀念對老年人實在不公平，因為隨着醫學的發達，許多人雖然步入老年，但仍然很健康及積極，可是礙於社會的退休制度，他們被迫從工

12　Hendricks, Jon & Hendricks, C.D., *Aging in Mass Society: Myths and Realities* (New York: Winthrop Publishers Inc, 1997)；袁緝輝、張鍾汝主編：《老齡化對中國的挑戰》（上海：復旦大學出版社，1991 年）。

13　Hooyman, N.R. & Kiyak, H.A., *Social Gerontology* (Boston: Allan and Bacon, 1991).

14　Lam, K.C., Yip. A., Kwok, T., "Knowledge of Dementia among Undergraduates in the Health and Social Care Professions in Hong Kong", *17th Annual Congress of Gerontology, Program Book* (Hong Kong Association of Gerontology, 2009), p.53.

15　周建卿：《老人福利》（台北：商務印書館，1983 年）；Barrs, I. Dannefer, D. and Walker, A. *Aging Globalization and inequality: The New Critical Gerontology* (New York: Baywood Publishing Co, 2006).

作崗位上退下來，生活上頓感寂寞及情緒低落。顯然，這些長者需要關懷以及參與有意義的社區活動，才不致與社會脫節及消減年老無用的感覺，所以比諸其他年齡階層的服務對象，老人服務的需求更大，老年社會工作便在這情況下逐步發展起來。[16]

本文探討老年學與老年社會工作的關係，並討論從事老人工作應有的價值觀、目標及工作手法；同時從老年社會工作的實踐，帶出老人個案及小組的工作技巧，並介紹老年社會工作的概念，以及如何處理老年痴呆症病患者的困擾行為；最後總結老年社會工作應用於中國老人要注意的地方，因為這些工作及輔導技巧多源於西方，未必配合到華人社會的文化。例如中國人較為含蓄，不太願意與陌生人談論家事，可是一般的小組工作理論都鼓勵民主、開放及坦誠的討論以增進組員的親密感，[17] 那麼有何辦法解決這方面的矛盾呢？本文會提供一些工作指引。

只要工作技巧運用得恰當，老人工作是充滿挑戰、積極及有趣的。而且較諸其他年紀的受助者，老年人更會主動向工作員表達他們的感激、欣賞及開心情懷。[18] 所以，老年社會工作不應是死氣沉沉的工作。

16　Binstock, R. & Shanas, E. (eds.) *Handbook of Aging and the Social Sciences* (2nd ed) (New York: Van Nostrand and Reinhold, 1985); Marshall, M., *Social Work with Old People* (London: Macmillan press Ltd., 1983); Weiner, M.B., *Working with the Aged* (N. J. Prentice-Hall, 1978).

17　Ngan, R., "Social Care and Older People", in Ian Stuart-Hamilton (ed.), *An Introduction to Gerontology* (Cambridge, UK:Cambridge University Press, 2011), pp.126-158.

18　Weiner, M.B., *Working with the Aged*, (N. J.: Prentice-Hall, 1978); Lowy, *L. Social Work with the Aging* (New York: Longman, 1985); Beaver, M.L., *Clinical Social Work Practice with the Elderly* (Illinois: Dorsey Press, 1985).

二、老年學與老年社會工作

老年學其實源於「gerontology」一詞，有譯為老人學，亦有譯為老年學。[19] 老年學是研究人類老化的原因，以發展更加健康長壽之方法，以及解決老化過程中所產生的問題，從而控制老化生理、心理、社會及經濟的諸種因素，以促進老人福祉，達到「老者安之」的目的。[20] 從這方面的發展，可見老年學早期是側重於醫學及生理方面的研究。但是，隨着老人長壽而來的便是各樣不同的社會問題，包括退休後的生活、與家人相處的問題、子女長大了遷家而導致空巢（empty nest）[21] 的老年照顧問題、老人被虐待及自殺等令政府頭痛的問題，於是老年社會學亦得以興盛起來。

老年社會學研究社會（尤其家庭制度、退休及男女角色）、經濟、文化等條件對衰老的影響，並探討老年人與社會的關係和作用，[22] 例如工作和退休，以及老人的社會地位之變化。周永新教授於 1998 年的調查發現，雖然有多達八成（82%）的被訪子女有定期以金錢奉養年長父母，但亦有三分之一（30%）人不一定會聽從父母的意見或喜歡與父母同住一室。[23] 香港大學社會工作學系曾於 1982 年進行了一項調查，[24] 發現幾

19　Maddox, G.L. (ed.), *The Encyclopedia of Aging* (New York: Springer Publishing Co, 1987).

20　李德濱：《老年社會學》(北京：人民出版社，1988 年)；Stuart-Hamilton (ed.), *An Introduction to Gerontology* (Cambridge, UK: Cambridge University Press, 2006).

21　程越譯：《金色晚年：老齡問題面面觀》(上海：上海譯文出版社，1992 年)。

22　袁緝輝、王國為、徐勤編：《當代老年社會學》(上海：復旦大學出版社，1989 年)。

23　Chow, N., "The Practice of Filial Piety among the Chinese in Hong Kong", in I. Chi, N. I. Chappell & J. Lubben (eds.), *Elderly Chinese in Pacific Rim Countries: Social support and Integration* (Hong Kong: Hong Kong University Press, 2001), pp.125-136.

24　Law, C.K., Attitudes Toward the Elderly: A Research Report, University of Hong Kong, Department of Social Work, Resource Paper Series No. 4.

乎所有被訪者（92.8%）都認同照顧老年人應是家庭的責任，但同時亦有91.1%的被訪者認為政府有責任保障老年人有一定合理的生活水準。這些轉變中的照顧觀念，便是老年社會學要探討的重要課題，更重要的是進一步研究產生此觀念的原因。

老年社會工作與老年社會學不同之處乃在於其實務性，因為老年社會學側重於研究及解釋社會發展與老年問題的關係，缺乏了合適的工作方法及實務的解決方法，老年社會工作正好填補了這方面的空缺，從而把社會工作的實踐，進一步帶至服務老人，而且不是集中於個案輔導，而是推廣至小組及社區層面。更重要的是，老年社會工作具體地帶出與老人工作時所需的正確價值觀，積極地糾正社會對老年人的一般錯誤的觀念，肯定老人應有的權利。[25]

老年社會工作是協助老年人認識到他們有繼續成長及改變之權利，因為他們雖然已屆晚年，但仍應該有改變及成長的機會。即使一個70歲的老人，可能還有15到20年的壽命，在這段時間內，任何改變都可能發生，我們怎可以置之不理，而任由老人自生自滅呢？雖然老人家可能已入住老人宿舍，但社工仍積極鼓勵他們參加小組，以豐富生活。[26]

老年社會工作一個重要的目標，便是在老年案主的老化過程中從旁協助，使他們在晚年期間生活得更充實、更有意義及更愉快。第二個工作目標便是使老人感受到他們仍然可以改變周圍的環境，並非只是消極而被動的一羣，例如組織老人家爭取全民性的退休保障、原區安置的公屋清拆政策、老人交通及醫療特惠服務等，便是朝着這個目標發展。

---

25 Cox, R.P., *Empowerment-oriented Social Work Practice with the Elderly* (Pacific Grove, Calif.; Brooks & Cole Publishing Ltd.,1994).

26 陳美瑩：《玩老還童：長者遊戲、手工及簡單運動》（香港：宣道出版社，2011年）；關銳煊：《老人工作手冊》（台北：台北市政府社會局，1984年）。

第三個工作目標便是協助老人案主重整往昔生活的意義，從而接受老年，令他們有不枉此生之感覺（ego integrity）。[27] 此可以透過懷舊（reminiscence）及生命回顧（life review）[28] 之工作技巧，讓老人家把過往一生的成敗經歷抒述出來，從而認同今生已盡了很大努力，進而鼓勵他們應把握光陰，接受老年的來臨，這樣便會生活得更為愉快。

老年社會工作另一個重要工作層面是積極的家庭參與。老人案主問題的產生，多是與家庭的照顧能力、責任承擔及溝通等因素有很密切的相互關係。往往表面上的問題是老人家應否入住院舍，但其核心根由可能與上述所說的家庭因素有關。其實，假若家人的支持是足夠的話，以及護理老人的擔子不是集中於一個人身上，大部分家庭會願意繼續照顧年老家人。另一方面，協助家庭成員明瞭老年人於老化過程中的擔憂及心理需要（尤其無用、孤寂及缺乏安全感），亦有助他們融合共處。

老年社會工作另一最大的挑戰，是協助案主接受死亡的來臨，而不會感到憤怒及恐懼。[29] 生老病死是人生必經之歷程，生離死別是痛苦的，如何讓老人產生雖死但不枉此生的感覺，便需要專業受訓的社工或輔導員的努力，才能令案主安然而逝。這點對在老人院舍內工作的同工尤感重要。最重要的工作技巧在於協助案主說出其仍未完成的工作及心願（unfinished task），並體察其於臨終前之心理歷程及需要，從而使他知道

27 Erikson, E.H., "Identity and the Life Cycle". *Psychological Issues I*, (1959), p.98.

28 Butler, R.M. and Lewis, M. I., *Aging and Mental Health* (St. Louis: Mooby Publishers, 1973).

29 Kubler-Ross, E. *On Death and Dying* (New York: Macmillan Co., 1969); O'Neill, L. & Morrison, S., "Palliative Care for older adults', in Ian Hamilton (ed.), *An Introduction to Gerontology* (Cambridge, UK: Cambridge University Press, 2011), pp.416-429.

自己不是孤立無助的！[30] 其實，任何患了絕症的病人，都應有權知道他們的病症事實，問題只是何時及如何告訴他們。臨終的老人更需要別人的關心，以消弭他們的恐懼及擔憂，使老年有完美的終結。

總括而言，老年社會工作的目標是：

（1）協助老年案主認識及接受老年，尤其是於退休後之生活改變；

（2）透過懷緬及敍說（narrative），重整往昔生活之意義，從而達致老耆懷有不枉此生之感覺及重新接納自己現在的價值；

（3）改善家人與老人相處之問題；

（4）協助及鼓勵老年人應享有豐盛的老年，積極參與社區活動，使晚年生活更為充實；

（5）組織及爭取老人權益；

（6）接受死亡的來臨而不會恐懼；對現今老人家來說，晚年的生活應更充實，而且是頤養天年、享受人生時光，[31] 而老年社會工作便是朝這方面作出其合適的專業貢獻！

三、老年社會工作的價值觀及基本技巧

老年人能夠改善不良的陋習或問題

老人家不是固執及「古老石山」不肯接受改變的一羣，只要工作員

---

30 Katenbaum, R., "Is Death a Life Crisis?", in Life-Span developmental Psychology: Normative Life Cr'ises. (eds.) (Datan and Ginsberg)；李閏華：〈台灣善終服務社會工作者之喪親輔導經驗的敍說分析〉（香港中文大學社會工作哲學博士論文，2009 年 6 月）。

31 徐健：《晚年》（香港．聖雅各福羣會，1986 年）；McDonald, L., "Retirement", in Ian Stuart-Hamilton (ed.), *An Introduction to Gerontology* (Cambridge, UK:Cambridge University Press, 2011), pp.251-282.

能體察他們的需要，尤其對改變所帶來缺乏安全感的恐懼，他們是願意接受工作員的輔導。輔以對老化過程的認識，輔導員可以協助老人家改變不良的陋習或問題。切記要體諒他們的需要、恐懼及安全感，而不是只作說教式的指導。

重質不重量

「夕陽無限好，只是近黃昏」這說法對老人來說並不合適，因為它令人有錯覺，以為老人工作是消極及暗淡的。因此，有些人反對老年人再結婚，以製造新寡，此實為不公平的建議。雖然老年人會較為接近死亡，但這並不等於由 65 歲開始，所有事情最好不要做了，這般的生活有何意義呢？對老人家來說，生活應是重質不重量，即是要生活得有意義，這樣才活得開心。所以老人工作的方針應向豐盛老年邁進，使老年人能尋找生活的滿足感，達至老而安懷。

要多接納老年案主 [32]

切記不要批評或譴責案主本人或其行為，此點尤其在處理老人與其家人或院友相處的問題時應要注意。因為批判的態度只會使老人案主用防衞機制（defense mechanism），抗拒與工作人員合作，因而阻礙問題的解決。更令工作員與案主互相信任的關係受到打擊。[33] 較有效的工作方法是接納案主，對他所做的一切表示正面關注並作了解。

---

32 Lowy, L., *Social Work with the Aging* (New York: Longman, 1985); 關銳煊、顏文雄編：《老人個案工作》（台北：集賢社，1992 年）。

33 黃鳳鳴：〈輔導老人之基本原則〉，刊於關銳煊、顏文雄編：《老人個案工作》（台北：集賢社，1992 年），頁 1-8。

要有耐性，給予案主積極的支持[34]

此尤以輔導情緒低落的老人家為然，因為他們大多沉默寡言。這類老人家其實不想與不信任的人傾訴苦惱，如果工作員明白這一點，便會在接觸初期，耐心及主動地關懷及傾聽，最重要的是給案主領會到工作員對他們的關心。當信任的工作關係確立了，案主自然會找工作員幫忙。[35] 較易入手的話題，便是由案主的健康情況及喜好開始。切記，要關心而不是關注他的問題，只有關心才能令老人家感受到工作員之真誠。

要向信任的工作關係邁進

可從老人案主最關心的需要及問題入手，包括健康、住屋及經濟方面。先處理較容易及可以改變的問題，例如協助他們申請豁免住醫院的費用，有助他們開始信任工作員。在輔導過程之中，最好採用同感（empathetic concern）的關心，而不是同情和憐憫。同感是指導員很快及敏感地了解案主的感受，並對年老案主的感受作有目的及適當的關心。[36] 當信任的工作關係確立時，才易於進一步處理較為敏感的情緒問題，例如死亡及喪偶之痛。

---

34 Beaver, M. L., *Human Service Practice with the Elderly* (New York: Prentice-Hall, 1983).

35 顏文雄：〈如何與情緒低落的老人進行輔導〉，刊於關銳煊、顏文雄編：《老人個案工作》（台北：集賢社，1992 年），頁 219-230。

36 黃鳳鳴：〈輔導老人之基本原則〉，刊於關銳煊、顏文雄編：《老人個案工作》（台北：集賢社，1992 年），頁 1-8。

着重有效的溝通 [37]

輔導初期，工作員應以少說話，多聆聽為原則，不要過早中斷老年案主的傾訴，但這並不等於任由他們隨時更換話題。善於傾聽是有效溝通的第一步，除了注意表面的問題外，更重要的便是了解背後的內容，及老人於當中的感受。第二將話題集中於核心問題上，追問案主有關問題發生的情形，從而有助判斷治療的方法。切記不要問案主為甚麼要這樣做，因為他們通常不知道如何回答。工作員亦不可讓案主時常更換話題，因為這樣會無法集中討論問題的根源及研究解決方法。第三不要忘記與老年案主於主要問題上訂立工作契約（contract），意即日後面談輔導的重點及目標，這樣便可以避免案主時常更換話題，而可將討論時間集中於工作重點上。

要真誠稱讚案主的改進 [38]

在現實生活裏，老年人很少機會被別人稱讚，所以當留意到老年案主及小組組員有改善或進步時，工作員應誠懇地稱讚他們，這樣便可以繼續鼓勵他們改善問題或開放自己。讚美可以是口頭上的，可於小組進行時說出來以得到更大的支持，但切記要真誠，值得稱讚才讚，而不是誇大式的奉承，只有讚之以誠，老人才會欣然接受。

上述的工作技巧及價值觀，若運用得恰當，便能很快地與老人家建立信任的工作關係，以及可將彼此的討論有效集中於問題上去尋找解決

---

37 吳宏增：〈如何以社工手法輔導老人的人際關係困境〉，刊於關銳煊、顏文雄編：《老人個案工作》（台北：集賢社，1992 年），頁 29-40。

38 Marshall, M., *Social Work with old people* (London: Macmillan Press Ltd,1983).

的方法。切記不要犯以下禁忌：

（1）一開始便指出老人家不是的地方；

（2）過早要求老人家做這做那；

（3）要他們在短時間內改善很多事情；

（4）太積極推銷自己的見解；

（5）太早處理敏感而又根深蒂固的人際關係問題，例如案主與同房院友的爭吵。

由於生活圈子收窄及缺乏有成功感的工作，很多老人家其實很需要工作員對他們的關心、了解、支持及稱讚，才能信任工作員的輔導能力。

四、老人個案工作的輔導技巧

較為常用而又有效的輔導理論是「懷舊」[39]及「生命回顧」[40]兩種方法。「懷舊」是讓老人家盡量回顧過往的經歷，尤以他們認為是重要及難忘的時刻。「生命回顧」建基於懷舊的往年經歷內，但它較「懷舊」更為全面及整體，因為它要求工作員協助老人詳細及有系統地將其一生的經歷傾訴出來，其中包括成功與失敗的時刻，及他對一生的看法。早在六十年代，西方很多學者，尤其是畢他（Bulter）[41]及嘉仕（Pincus）[42]透過

---

39 Butler, R. "The Life Review: An Interpretation of Reminiscence in the Aged", *Psychiatry*, 26 (1) (1963), pp.65-76.

40 Beaver, M. L., "Life Review and Reminiscence Therapy", in Kim, P.K.H. (ed.), *Serving the Elderly: Skills For Practice* (New York: Aldine de Gruyer, 1991), pp.67-88.

41 Butler, R. N & Lewis, M. I (eds.), *Aging and Mental Health: Positive Psychosocial Approaches* (St. Louis: C.V. Mosby, 1997).

42 Pincus, A. "Reminiscence in Aging and its implications for social Work Practice", *Social Work*, Vol.15 (1970), pp.47-53.

研究，印證了懷舊能促進老年的適應及發展能力，因為當老人透過追憶過去稱心如意或值得驕傲的經歷時，他們可以維持自尊、強化自我存在的價值；而當回憶中出現消沉及一事無成的感覺時，便可藉憶述這些不愉快的經歷而達到減輕過分自責，內疚及焦慮不安的感受。而生命回顧更是老年案主自己一生所作出的整合（integrity）及總結，有助他們接納老年的來臨，於整合過程中，他們可以見到自己生命的意義及貢獻。

進行懷舊及生命回顧的技巧可歸納如下：

（1）這兩種方法需要建基於信任的工作關係上，因為只有這樣，老人家才肯將其一生的經歷說出來。

（2）鼓勵老年案主將往年經歷訴說出來，初期可集中於較為開心的人生經歷，然後才到較為消沉的往事。

（3）側重聆聽老年案主於訴說經歷時之感受，尤其注意他們喜怒哀樂的情緒變化，對那些被抑壓的感受，例如內疚及自責等，則應協助他們抒發出來，例如：「你說一家人的生活，由大屋搬到現在的天台木屋，都是你一手造成，但是這並非你所願的，因為你當初拿錢去投資，都是想他們住得好些，是嗎？」

（4）對那些有子女的老年案主，他們作為父母的經歷及感受是需要表達出來的，以協助個案的診斷及治療。例如：「到現在我（工作員）才明白，你如此悶悶不樂，因為你覺得以前沒有能力供子女讀上中學，而現在你又要依靠他們養你，你是否覺得自己不是一位好父親呢？」

（5）對於有喪偶之痛、因病或意外而引致身體傷殘的老年案主，工作員要協助他們將痛苦的感覺抒發出來，尤其是配偶對案主生命的意義。當案主知道有人肯接受及了解他們的哀傷時，慢慢便會接受此痛苦之現實。

（6）當懷舊情懷抒發出來後，工作員可採用「時間緊迫」技巧（time panic technique），[43] 協助案主從過往生活重回現實中。例如：「既然你已覺得自己為了這個家盡了很大的努力，但你的情緒長年累月如此低落，又不肯與人溝通，難怪家人為你擔憂。剛才你又說自己年紀不小了，不如你說給我聽你仍感興趣或仍想去做的事，看看我可否幫你？」

（7）生命回顧是協助老年案主中肯地評核自己一生的經歷，而不是讓他過分自責。遇有此自責情形時，工作員應幫助案主分析導致自己失敗的外在因素，例如經濟不景，避免案主將所有責任放在自己身上。

在老年個案輔導時，應切記下列幾點工作要則：

（1）通常老年案主都有不愉快的經歷，工作員應從他們痛苦的經歷去體會他們的感受，從而有助同感關心的表達，盡快建立信任的關係。

（2）於老年案主懷舊及進行生命回顧過程中，切勿感覺煩悶，或過早中斷他，假如該次面談不夠時間，便將未討論的留待下一次。謹記，老人工作需要有耐性，欲速則不達。

（3）要讓老年案主，增加成功感，可從日常生活小節開始，這樣他們才肯繼續改善。例如老人家的人際關係問題，一般來說都不易處理，與其浪費大量時間仍未能徹底解決問題，工作員不如以減輕問題對老人家所帶來的困苦為目標。[44] 要處理十多年積怨尤深的婆媳關係，不如教婆婆實際技巧去避免再起衝突，例如鼓勵她多到老人中心，或增強她的朋友支援網絡，使她不用經常以兒子及媳婦作為生活的一切。

43　Beaver, M.L. "Life Review and Reminiscence Therapy", in Kim, P.K.H. (ed.), *Serving the Elderly: Skills For Practice* (New York: Aldine de Gruyer, 1991), pp.67-88.

44　吳宏增：〈如何以社工手法輔導老人的人際關係困境〉，刊於關銳煊、顏文雄編：《老人個案工作》（台北：集賢社，1992 年），頁 29-40。

五、老人小組工作的技巧

環顧小組工作的理論，很多都強調採用較為民主的工作手法，主張工作員應照顧組員的興趣及自主的能力，而不要極權地自己決定小組一切之程序。此套工作手法較為適用於青少年、教育程度高及已上軌道之自務小組，但是對於教育程度低、較為被動及沉默、鮮有參加小組活動的老人家來說，過於被動及缺乏詳細編排的小組程序，多數都會沉默收場，因為老人家大多都說：「你（工作員）安排好了，我們都是沒有多大意見。」

較為進取的工作手法，便是於開組前與他們個別接觸，透過溝通了解他們對參加小組的期望，從中探討他們的興趣及關心的事物。這種間接式的諮詢，比起於開組時直接詢問，更容易把老人家的興趣及需要發掘出來，灌輸於小組程序中。

一般而言，較為適用於老人家的，是「直接式小組方法」（directive group work）。[45] 它強調工作員透過充足的小組活動程序，先把小組氣氛弄好，待組員較為熟習了，才進一步探索他們對小組程序及日後活動的興趣。所以，於小組開始時，尤其於第一次聚會，工作員應該先與組員玩一至兩個熱身遊戲，促進組員之認識及帶給他們歡樂，這樣才能把小組氣氛弄好。這些遊戲的選擇，以簡單、易玩、好笑為主，但不可以太幼稚或捉弄別人。採用的遊戲應與組員的背景有關，例如玩「估鄉下」，鼓勵組員說出一至兩句鄉下話，然後看看組內有沒有同鄉，然後請他們介紹自己，說出自己的興趣。當輪到工作員時，可以幽默地說句國語，

45　顏文雄：〈老人小組工作技巧〉，刊於關銳煊、顏文雄編：《老人小組、社區、行政工作》（台北：集賢社，1993 年），頁 13-26。

因為它可以包括所有中國鄉下，以換來組員一笑，把小組氣氛帶入歡樂之境。然後工作員可以再玩一個與小組主題或成立目標有關之遊戲，透過活動去體會小組之性質。例如於「快樂家」的小組內，工作員事前準備一批心意卡，在小組內鼓勵組員把已預備之心意卡，送給同鄉的組員，以增進彼此溝通及感情，這都是一些簡單而可於短時間內導向組員知道小組的宗旨。

此外「直接式小組方法」尚有下列主要的工作技巧：

（1）工作員要主動，預先準備遊戲及程序，具體及簡單地教導組員如何參與。當組員不明白時，最好由工作員示範一次。玩完遊戲時，工作員要協助組員把他們歡樂的感受講出來，並把這些體會與小組宗旨相連起來，增加組員對小組之認同。

（2）工作員要多把握機會讚賞組員之能力，當他們成功地完成一個遊戲或討論時，便立刻真誠地說出他們與眾不同之處，例如：「你們對老人權益知得比我多」，透過讚賞去增加組員之自信心，從而使他們積極參與活動。

（3）切記不要選用太抽象或太困難的遊戲或程序，否則組員便會一挫不起。砌圖遊戲或一些過分考驗體力及眼力的遊戲，對於年紀老邁的組員來說，應可免則免，否則他們只會抱怨自己越老越無用。

（4）工作員要賞罰分明，但不要責之過嚴，否則老人家會感到「無顏面」。賞罰分明的意思是，當組員表達之討論貼題時，及與小組活動程序目標吻合，工作員便應該鼓勵繼續這方面的討論，並且幫助組員領略當中之意義。例如老人公民大使應有甚麼特質呢？工作員應該把這抽象的問題問得較為具體化：我們應該要向我們選出來的議員反映老人問題。當討論偏離主題時應該鼓勵他們討論主題，並且幫助組員領略當中

之意義。例如有某些老人家會滔滔不絕地訴說自己的「威水史」，工作員應技巧地指出該組員所說的，有哪些部分可以配合小組宗旨，然後透過快速總結將說話的時間交予其他尚未發表意見的組員。透過這樣直接式的指導，工作員便可關注到各組員之成長。

（5）於小組中期時，工作員要評核小組之發展，以及所訂立之目標，有哪些達到了，有哪些仍未做到，然後考慮採用何種方法加速小組之發展。例如「快樂家」小組在中期階段，應該令組員感覺到「快樂」及「家」的成分。但是當組員時常缺席，或歡樂的氣氛仍未常見，工作員便應盡快找出原因，例如組員覺得小組早期的遊戲不好玩，因為討論時間過多，玩樂時間太短，後來工作員透過分組遊戲及比賽，刺激組員參與及理解「家」的觀念，在一片歡樂及好玩之氣氛下，組員終於體會到他們是在一個歡樂家內，發展到組員可以相互探訪他們的居所。

（6）工作員不要在最後一節才宣佈小組完結，否則老人家可能會有被遺棄的感覺。最好能於小組完結前約三節告訴大家，技巧地講出它完結之原因，使組員有足夠心理準備之外，亦可將最後一節完結的聚會變成一個歡欣的畢業聚會，強調及指出每一位組員參加小組以來的成長，並且組織組員籌備該次之聚會形式，例如旅行、茶會、齋宴等，化哀傷為力量，一齊共享小組完結之成長。

六、處理老年痴呆症病患者的困擾行為

越來越多的臨牀診斷證明，[46] 當家居護老者對老年痴呆症的病徵及

---

46 Kitwood, T., *Dementia Reconsidered: The Person Comes First* (UK: Buckingham, Open University Press, 1997).

成因認識多了時，他們會學懂如何有效地與患上此症的家人溝通及處理重複行為，例如時常忘記把東西放在哪裏，經常訴說錢包被人偷了，半夜三更更會把護老者弄醒，說要外出散步。其實，以上之病徵都是一般老年痴呆症患者的症狀，只不過患者不是「痴痴呆呆」，反而是不厭其煩地要家人滿足他們的訴求，否則不會罷休。中國台灣地區把「老年痴呆症」譯為「老年失智症」，[47] 香港改稱為「腦退化症」及「認知障礙症」，明確地指出患者的短期記憶受到損害而變得經常善忘，以致不只忘了車匙放在哪裏，更會忘了車匙的用途。我患上痴呆症的母親更曾嘗試用大菜刀去切開合桃，而不知道此是危險的做法。當病患者神經元腦細胞受到損害，神經元之間的訊息傳送便會出現問題，其中尤以儲存記憶的部分最受影響，所以患者喪失短期記憶的情況越來越嚴重，[48] 以致影響日常生活及安全。

　　當護老者明白患上老年痴呆症的家人是因為患上腦退化症而忘記剛剛做完的事情，例如曾有一位患上此症的婆婆，每天早上可以打十幾通電話給正在上班的兒子（因為她真的忘記剛剛才打過電話）。當兒子明白因病影響她的行為，便不會再發脾氣罵她，反而學懂跟她說：「媽媽，你是否忘記了我已上了班，今天你已喚醒我起牀準時返工，太陽下山傍晚時我便會回家吃飯，不用擔心。」當兒子明白母親失掉了短期記憶時，可以叫留在家裏照顧家婆的太太留意，於婆婆再想打電話找他時，提醒婆婆已剛剛打過電話；或者兒子可以相隔一小時主動致電母親報告平安；或可以吩咐家中護老者讓母親做一些事情，轉移她「失智」

47　林桑或編著：《認識老年失智症》。

48　青山醫院及香港老年精神科學會：《老年痴呆症完全護理手冊》（香港：明窗出版社有限公司，2001年）。

的困擾情緒，例如預備膳食或一同外出買餸。這是一個向我求助的真實個案，最後兒子覺得上述幾種方法都有效。

另外一個個案是 65 歲的三婆，她被兒子投訴每天來回街市買了十幾次餸，令家中差點變了菜市場，食物多得雪櫃都放不下。當兒子知道三婆是失智而不是健忘，便學懂每天只給她少量金錢，足夠買不太多的食物，煩擾便減少了。三婆因為不夠錢買餸，到街市的次數自然減小。從前兒子曾經試過不給錢三婆，可是她卻因為無錢買餸而發怒，又向鄰居投訴兒子不孝順，不給錢老人家買餸，差點氣死她的子女。

上述兩個案例引證，我們不能完全停止老年痴呆症長者的困擾重複行為，因為他們的短期記憶受到損壞，忘記了剛做過的事情，但這件事對他們來說很重要，不做便會很擔心，所以便會再去買餸或再打電話給兒子。有甚麼辦法可以令他們安心呢？健忘的人缺乏安全感，需要家人不斷提醒才不會再做重複的行為。所以，當護老者短暫外出時，應寫明在大紙上說明甚麼時候回來，在途中更可以提醒痴呆症長者的家人食物放在何處，並安慰患者的不安情緒。當半夜三點被患上痴呆症的長者弄醒要到街上散步，護老者可以詢問患者是否覺得肚子餓了，讓他吃麵包；或者白天不要讓他有太多時間午睡，以致晚上睡不着而要做日夜顛倒的事情。緊記患上痴呆症的老人家不是瘋癲的，只是他們的短期記憶受損，以致變得猜疑、焦慮、常常重複一些說話和行為，做決定時感到有壓力。所以護老者應要儘量體會短期記憶受損的痴呆長者的善忘不安情緒，用認知提醒方法幫助他們。

甚麼是「認知提醒」的方法？[49] 意思是指我們首先要加強護老者對

---

49 Zarit, S.H., On, HK & Zarit, J.M., *The Hidden Victims of Alzheimer's disease: Families under stress* (N.Y.: New York University Press, 1985).

老年痴呆症的成因、病徵（包括早期、中期及後期可能出現的日常生活、行為和情緒、認知能力）及處理方法的了解，在知識層面上對此疾病增強了解，自然會知道所謂的「失智」泛指患者腦部短期記憶受到損壞，越來越記不起剛做過的事情，從而體恤地提醒患者、協助他們有效地安放貴重物品，減少他們丟失物件、處理焦慮及猜疑的情緒。例如有一位老伯，他經常喜歡在宿舍飯堂滯留，即使有職員帶他回房間休息，他仍然隔一小段時間便走回飯堂說等吃飯。在職員輔導下，才知道伯伯因為老年痴呆症以致忘記了每天幾點鐘吃晚飯，才在飯堂內滯留。明白到伯伯這個焦慮，輔導員於是採用了以下的「認知提醒」方法：[50]

（1）在伯伯的牀前用較大的字體寫了每天午飯及晚飯的時間，作為提示；

（2）於飯前 15 分鐘找同房舍友陪伴他到飯堂吃飯，吃完飯並帶他回房間休息；

（3）安排一些小組活動給伯伯參加，限制及轉移他要回飯堂呆坐的情況；

（4）如仍見到伯伯在飯堂內滯留，問他是否忘記了幾時吃午飯或晚飯；又或問他是否覺得肚子餓，給他小量餅乾或麵包，但要帶他回房休息，指着牀邊的膳食時間給他看，提醒同房到時會帶他同往吃飯。

簡言之，「認知提醒」的有效溝通程序是：

（1）認同家中長者親人患上老年痴呆症，因而剛剛做過或發生的事情是忘記了或記不起來，減少責罵他；

（2）知道患上痴呆症的長者焦慮及擔心自己的需要不為人知，又或

---

50 Mace, N.L. & Rabins, P.V., *The 36-Hom Day* (Baltimore, MD: Johns Press, 1991).

擔心家人的安全；

（3）透過「提醒」、「轉移」、「節制」、「疏導」、「安撫」、「回想」，進一步從患者忘記短期記憶的角度來看是怎麼回事，他擔心及焦慮的是甚麼，令他沒有安全感。曾有一位在院舍內毫無目的地遊走病患者說：「我感到迷失，我在找我覺得掉了的東西！」他掉了的可能不一定是錢包，亦可能是代表家人、朋友及安全感。正確的答案原來是他忘了家人何時答應再來探他，明白了這需要後便能更有效地幫助他。老年痴呆症的病情會隨時間逐漸惡化，目前雖然未有一種治療方法可以根治老年痴呆症，但及早治病卻有助控制或改善這個病對記憶、思考和行為所造成的障礙。[51]

七、總結

雖然老年社會工作的理念基礎多源於西方社會的老年學，但大致來說，很多理念仍然適用於中國老年人身上，且有助糾正年老是被動、依賴及需要照顧的一羣之錯誤觀念。我們需要的是一個正確的老年工作價值觀，尊重老年人的決定及意見，並協助他們表達其權益。[52] 然而，比起西方之老人家，中國的長者更需要一個信任的工作關係，因為一般中國人都不大願意將家事與陌生人分享。第二，他們很少將抑壓的情感

---

51 大友英一著，柯素娥編譯：《老人痴呆症防止法》（台北：大展出版社，2001 年）；Mok, L., "Caring for Elderly People with dementia in Hong Kong: A Holistic Approach" (M. Phil. Thesis, City University of Hong Kong, Department of Applied Social Studies, 2009)；劉秀枝主編：《失智症的治療與照顧》（台北：五南圖書出版公司，2009 年）。

52 Stuart-Hamilton, I., *An Introduction to Gerontology* (Cambridge, UK: Cambridge University Press, 2001); Waters, E.B. & Goodman, J., *Empowering Older Adults: practical Strategies for Counsellors* (San Francisco: Jossey-Boss Publisher, 1990).

輕易抒發出來，所以「懷舊」、「生命回顧」及「敘事治療」更有助中國老人這方面的表達。第三，他們更需要處理傳統與現實不吻合的矛盾，傳統中，子女應該照顧年老父母。例如筆者最近剛完成之移民潮與老人社區照顧的調查發現，老人家一方面覺得子女可以移民是足以為榮的，但自我卻覺得有很大的失落及空虛的感歎，[53] 這是工作員特別需要注意的。第四，由於中國老人較為含蓄，所以開放式及民主化的小組方式未能適合他們，而要改用「直接式」小組方法。最後，當談及「灰權」及「充實力量」時，不要一開始便推介最高及整體性全盤行動如何去策動，這樣只會嚇怕他們，因為平時他們很少接觸政府官員，我們不可操之過急，應由老人家覺得最迫切的問題開始推動，以及先選擇較易成功的老人問題去做，才可以用成功的經歷及行動作為灰權力量的凝聚點。

　　老年社會工作其實是多元化及充滿動力的工作，其目的是為老人自豪其豐盛老年，及確立正確的老年工作價值觀，它是不可缺少的專業社工訓練的一環，隨着老齡化社會的出現，老年社會工作更日見重要。

---

53 Ngan, R., *Emigration and community Care for the Chinese Elderly in Hong Kong: Research Report* (Hong Kong: City Polytechnic, 1993).

濫藥和社會工作

謝家和

　　毒品成癮是全球性的問題，無論對個人、家庭還是整個社會都帶來
深遠的負面影響。各國政府都根據本地歷史、文化、價值觀和法制建立
各自的毒品政策及防治方案。隨着時代變遷，歐美的毒品政策亦由嚴格
規管，演進到相對寬鬆的規管方式。在七十年代初期，美國採取了「毒
品戰爭」（War on Drugs）策略，着重執法、刑事起訴和懲罰，不但視毒
品為公共敵人，也強調會嚴厲打擊毒品的非法製造、販運和吸食以進一
步遏制毒品的製造、販運和濫用。隨着毒品戰爭的策略未能有效控制吸
毒和販賣問題，西方便嘗試不斷革新管制毒品的方式。例如：「毒品規
管」（Drug Regulation）採用合法規管的方式，來區分軟性和硬性毒品，
以協調社會和個人需求，減少非法販賣市場，保護公眾健康，同時提供
藥物治療和戒癮服務。「非刑事化」（Decriminalization）則將吸毒視為非
刑事罪行，強調藉助治療和社會支持來解決吸毒問題，目標是降低懲罰
性措施，促使濫藥者尋求幫助，減少社會中的毒品相關罪行。其中，最
寬鬆的毒品管制為「合法化」（Legalization），意思是將某些毒品在特定
條件下合法生產、銷售和使用。這些不同的毒品管制政策反映着對公共
健康、社會秩序和個人自由的不同價值觀。各地區因應其毒品狀況和

價值觀而採取適當的管制方式。毒品政策的制訂通常涉及考慮多方面的因素，包括社會健康、犯罪率、人權和公共支持。近年來，一些國家和地區開始重新評估毒品政策，考慮非刑事化或合法化的方法應對毒品問題。

一、香港禁毒簡史和現況

香港經歷兩次鴉片戰爭以及 1949 年吸毒人數激增的情況後，九成囚犯也有吸煙或吸毒上癮的問題，可見吸毒問題極為嚴重（Lee, 1981）。為改善現況，香港政府決心推行禁毒政策，並於 1959 年成立禁毒諮詢委員會，正視當時嚴峻的吸毒現狀，到 1965 年以後則由禁毒常務委員會負責推動。隨着毒品的演變，禁毒政策亦不斷改進，由最初針對鴉片擴展至對各種危害精神毒品的打擊。在五十年代，鴉片被海洛英所取代，並且在後來的年代，濫用的危害精神毒品的種類不斷增加，包括麻醉鎮痛劑、巴比士酸鹽、甲喹酮、可卡因、咳藥水、苯二氮䓬類藥物、大麻、有機溶劑、安非他明等。

海洛英一直是被濫用最多的毒品，而注射海洛英的習慣導致愛滋病毒和肝炎病毒的傳播風險上升。到了 1994 年，香港的吸食毒品人數達到巔峯，引起政府高度關注。1996 年政府成立禁毒基金，投入 3.5 億港元，支持禁毒計劃，特別針對青少年吸毒問題。九十年代後期隨著狂野派對（Rave party）的興起，青少年前往內地參與派對、卡拉 OK 等娛樂活動也增加了青少年接觸毒品的機會。

自 2000 年起，危害精神毒品逐漸崛起，並於 2008 年氯胺酮和搖頭丸等新興毒品超越海洛英成為主流毒品，甚至成為青少年追捧的對象。

為應對這情勢，政府於 2010 年再次注資禁毒基金 30 億元，資助各機構持續進行禁毒工作，致力於推廣和支持有效的禁毒措施，尤其關注抑制青少年對危害精神毒品的吸食風氣。禁毒政策由禁毒處專責部門統籌，採取多管齊下的策略，包括預防教育和宣傳、戒毒治療和康復服務、立法和執法、對外合作及研究等等。禁毒處大力推動含驗毒元素的「健康校園計劃」，透過一系列活動鞏固學生遠離毒品的決心、建立無毒校園文化及鼓勵及早求助。通過一系列措施，氯胺酮濫用者的人數在過去十年間顯著下降，但可卡因、冰毒和大麻等仍是主要的危害精神毒品。與此同時，政府亦與志願團體和公私營醫療合作，讓本港整體吸毒人數大幅減少。數據顯示，吸毒人數由 1994 年的 19569 人至 2010 年的 13870 人，再至 2022 年的 5572 人。[54] 在 2021 至 2023 年的《香港戒毒治療和康復服務三年計劃》中的勾勒出更全面的禁毒防治策略，除了強調辨識濫藥者、鼓勵尋求協助和治療的重要性，並鼓勵各專業合作，鼓勵服務提供者設計不同的有效治療計劃，以加強濫藥者的戒毒決心。在國際合作方面，本港政府積極支持符合國際禁毒策略原則的禁毒政策，對毒品製造、販運和吸食等違法行為嚴格執法。在過去，由於「緩減毒害」[55]（Harm reduction）的定義不清晰，擔心會向公眾傳遞「吸毒是安全」的錯誤觀念。因此，對於低戒毒動機人士採取「緩減毒害」只被視為一個過程目標，提供「美沙酮替代服務」，避免他們因而受誘惑再次吸毒，從而協助他們完全戒絕毒品。

---

54 保安局禁毒處藥物濫用資料中央檔案室。
55 緩減毒害是指採取一些實務策略，以協助濫藥者緩減吸毒所帶來的傷害，緩害在社會工作實務常常被採納和應用的手法。

二、社會工作與濫藥防治理念、介入策略和手法

社會工作者在本港毒品成癮防治領域上發揮着至關重要的作用，不僅參與禁毒政策的倡議，更是防治服務的策劃者和提供者，以及作為各方持份者的交流橋樑，促進彼此之間的交流與合作，構建起禁毒防治工作的保護網。

何謂濫藥

濫用藥物（Drug Abuse）[56] 是指在沒有醫務人員的指導或處方或的指導下而服用精神科藥物或麻醉藥物的行為。社工在評估服務對象的濫藥和藥物成癮的問題時，需要根據科學化的診斷標準和專家共識，來了解當事人吸毒的嚴重程度，從而設計出合適的服務和介入策略。以下將列舉由美國精神醫學學會編纂的《精神疾病診斷與統計手冊》第五版（修訂版）對物質使用障礙的診斷標準作參考（American Psychiatric Association, 2022）。要被診斷為物質使用障礙，當事人必須在 12 個月內符合以下 11 個標準中的至少兩項。此障礙的嚴重程度分為輕度（符合二至三個標準）、中度（符合四至五個標準）或重度（符合六個或更多標準）。

---

56 《精神疾病診斷與統計手冊》第五版將物質濫用 (Substance Abuse) 和依賴 (Dependence) 標準合併為「物質使用障礙」(Substance Use Disorder)，以取代「濫用藥物」一詞。

	11 個標準	成癮徵狀分類
1	經常吸食毒品的份量和花時比預期更多或更長。	控制受損
2	持續渴望或未能成功減低或控制毒品使用。	控制受損
3	花費大量時間在獲取毒品和吸食毒品的活動中或從吸食毒品的影響中復元過來。	全神貫注
4	心癮或強烈的渴望或衝動吸食毒品。	心癮
5	由於經常吸食毒品導致未能履行在工作、學校或家庭中主要角色責任。	忽略責任
6	儘管持續吸食毒品導致社交或人際關係中持續或反覆出現的問題，他仍然持續吸食毒品。	負面影響
7	因為吸食毒品，而放棄或減少重要的社交、職業或娛樂活動。	失去原有興趣
8	在造成身體危害的情況下持續吸食毒品。	負面影響
9	儘管知悉吸食毒品已引起或加劇其持續性或反覆性的身體或心理問題的情況下，仍持續吸食毒品。	負面影響
10	耐受性，定義為以下兩種情況： (1) 根據需要大幅增加毒品量以達到興奮或預期效果，或 (2) 在持續吸食相同量的毒品時效果明顯減弱。	耐受反應
11	脫癮徵狀，表現於以下兩種情況： (1) 吸食毒品所引致的戒斷症候羣，或 (2) 吸食毒品以緩解或避免戒斷症狀。	脫癮徵狀

　　診斷容易會對服務使用者造成標籤效應，對他們的康復和再次融入社會產生適得其反的效果。因此，在確定服務使用者的濫藥嚴重性時，社工必須以謹慎的態度、客觀的事實、和科學的方法作為評估的基礎，和協助服務使用者的理據。

社會工作對濫藥防治的基本原則

　　社會工作的濫藥防治理念以系統分析、社會充權和去標籤污名化，以及跨專業合作為基礎，致力於建立更健康、正面和支持性的社會環

境，以協助當事人應對濫藥問題。

　　社會工作在濫藥防治範疇具有獨特的理念，主要體現在以下四個方面：

系統分析	社會工作將濫藥行為視為一個多角度的社會問題，而不僅是個人的挑戰。在處理濫藥問題的過程中，社會工作者以「人在情景中」的方式深入了解和分析個人和社會環境之間的互動，包括當事人、家庭關係、社交、學校／職場和個人心理等狀態，這種系統分析方法有助於更全面地理解成癮的根源、維持因素和影響。因此，為了促進更好的康復，制定一個考慮身、心、社、靈需要的治療計劃至關重要。
社工價值	濫藥防治領域的核心價值凸顯尊重案主自決和接納個人的獨特性。這些價值觀在協助戒毒人士時不可或缺。社會上，濫藥者往往受到各種不同社會道德觀的譴責，一旦他們被揭露涉及吸毒行為，便可能會遭受外界負面標籤及批評，漸漸被社會邊緣化。由於濫藥者處於社會的弱勢和排斥之中，社工的包容、接納和尊重，以及非批判的態度，將有助服務對象與社工建立互信關係。總括而言，社會工作的價值體現在與服務對象建立人性化的相處方式上。
充權和去標籤污名化	社會工作注重充權和去標籤污名化的策略，強調當事人的尊嚴和自主權。這不但有助消除社會對濫藥者的刻板印象，更能促使他們積極參與治療過程；與此同時，社工提供的支持和資源，亦可協助他們重新建立正面的自我形象。尤其在現時，政府除了向大眾宣傳禁毒訊息「不可一，不可再」，也在不同的宣傳資訊中推廣吸毒的禍害，更容易加劇大眾對吸毒人士的負面印象。同時，禁毒處和各戒毒單位也着力在青少年組羣和學校進行禁毒預防工作，使大眾理解沒有毒品的正面和積極人生。但礙於歷史文化，社會對濫藥者存在污名化，仍有待社會工作專業在不同崗位上發揮積極作用，營造接納及支持性的社會氛圍，進一步鼓勵吸毒人士接受戒毒服務。
跨專業合作	社會工作是負責濫藥防治工作的哨兵，在日常工作中直接接觸街頭上的濫藥者，與他們建立關係、了解他們的需要、在掌握其濫藥的形態、面貌和趨勢，可為觸角敏銳。由於濫藥為個人、家庭及社會帶來不同層面的影響，故此戒毒工作絕不能單打獨鬥，反之倡導與其他專業人士的協同合作，如精神科醫生、心理學家、其他醫療人員和法律專業人士等等。這種跨專業合作有助於制定綜合性的治療計劃，照顧戒癮者的身、心、社、靈需要。

介入策略和手法

　　社工專業介入策略共有五個範疇，包括個案工作、小組工作、社會支持和建立社交網絡、宣傳教育，旨在協助個案重新建立生活規律、找回個人價值、提升生活技能、增強生活掌控感、過着尊嚴和自主的生活。濫藥行為造成身體、精神和社交關係不同程度的影響。面對這些複雜問題，社會工作專業必須跨專業合作，特別是與醫療專業、宗教關懷者、戒毒康復者（過來人）、教育界和社區人士等合作，共同制定綜合的治療計劃，以更有效地協助個案重建生活、尋找到人生目標及意義。

　　戒毒治療的方法多種多樣，因應不同戒毒者的特質和需求而有所不同，由於篇幅有限，筆者無法一一列舉，以下列舉了香港社會工作專業在戒毒工作中常見的方法，包括福音戒毒、動機式訪談法、認知行為治療、預防復吸治療、緩解傷害和十二步驟介入法（小組形式）等等。

福音戒毒

　　福音戒毒是一種信仰導向的戒毒治療（Faith-based Treatment），着重以基督教核心價值為基礎，強調「愛、認罪、悔改、重生」。早期福音戒毒機構部分強調「不靠藥物、不憑己力、只靠耶穌」[57]為宗旨來推展福音戒毒工作。以信仰為基礎的治療方法旨在認識福音「認罪悔改」，依靠神得到赦免，建立新的自我。福音戒毒治療以基督教靈性修練作為主要元素，鼓勵戒毒者從日常的宗教生活中體悟和實踐相關的價值，並依靠從神而來的力量去克服毒癮問題。這種治療方法以全面照顧身、心、社、靈的模式，協助戒毒者透過信仰戒除濫藥習慣，強調對信仰的

57　香港晨曦會於 1968 年由陳保羅牧師創辦，在西貢浪茄灣成立香港首間最悠久的福音戒毒中心，網頁：https://opdawn.org.hk/。

依靠和靈性的培養。因此,福音戒毒治療融合宗教信仰原則,主要包含以下要素:

規律生活作息:建立穩定的日常生活節奏規,使戒毒者能夠在寧靜和遠離毒品的環境中調整生活作息,促進身體和精神健康的康復。

宗教信仰學習:通過每日祈禱、參加查經小組、禮拜儀式和進行日記反思等,藉以基督教教義的灌輸作為戒毒治療的靈性基礎,促進內在自省和轉化。

靈性諮詢:進行一對一的靈性諮詢,與宗教領袖(如牧師)會面,探討人的生意義、毒品對生命的影響、並促進靈性成長,同時獲得靈性上的支持。

羣體支持:與其他戒毒者一起生活,參與由外間教會團體辦的戒癮小組,建立社區網絡,獲得更好的社區續顧支援,為重返社區做好準備,延續宗教聚會的習慣。

值得注意的是,儘管基於信仰的治療可以提供靈性支持、價值觀的反思和生活作息的調整。由於近年來危害精神毒品對精神健康嚴重影響。有見及此,部分福音戒毒服務也開始接受傳統醫療支援,以確保當事人獲到更全面的照顧。福音戒毒的成效則基於個人對信仰的接受程度,因人而異。

隨着社區式戒毒服務的不斷發展,治療方向正朝着以實證和社區為基礎方向迅速演進。社區中的戒毒服務提供者積極尋求和採納具有實證支持的介入手法,希望能更有效地協助戒毒者。鑒於篇幅有限,以下簡述一些常見的介入手法,包括動機式訪談法、認知行為治療和十二步介入等手法。

動機式訪談法

動機式訪談法（Motivational Interviewing，簡稱 MI）是一種戒癮和動機提升的實證輔導手法，屬於心理語言的一種類別。這種方法特別針對通過傾聽和引導案主喚出案主特定的改變語句，以提升他們的改變動機。MI 採用以「案主為中心」和「目標導向」的原則，旨在深入了解服務對象的信念／價值觀和行為之間的差距（develop discrepancy），從而引導當事人表達內在改變原因、渴望、需求和信心的語句（Miller & Rollnick, 2023）。在這個過程中，社工需要建立一個互信和安全的環境，促進當事人自我探索，了解對現況和目標差距所帶來的看法和感受。

根據 2023 年最新出版的文獻中（Miller & Rollnick, 2023），動機式訪談法的四個核心精神包括合作、接納、賦權及至誠為人。這些精神有助於建立一個優勢視角和自主的訪談氣氛，若缺乏這種氛圍，可能會增加案主的抗阻，令他們難以自由表達內在的需求和想法，甚至可能拖後腿，阻礙他們的改變意願。因此，即使具備純熟的技巧，若未能實踐這些核心精神，將難以達到提升動機的效果。

動機式訪談法的四個核心任務為導進、聚焦、喚出和計劃，這些任務基於人本治療的理念，同時採納提問、反映、肯定和摘要等技巧。**開放性問題**旨在鼓勵當事人自由表達其感受、想法和經驗。**反映**技巧則讓社工以不同方式呈現當事人的感受和想法，它像一面鏡子讓當事人認知和感受上知悉自己的感受、想法和經驗，更重要是讓當事人感受到社工是明白他們的矛盾心態，有助社工與當事人同步的探索改變的合適方案。**肯定**則強調對當事人的努力和付出的認可，不應留於表面的讚賞。**摘要**則有助於整理並收集有助改變的語句和原因。第三個任務，喚出任務是 MI 獨有的步驟，目的在於喚出特定的**改變語句**和緩減**維持語句**。

這些技巧有助社工專心傾聽當事人的需要、建立互信關係、並與當事人同步前進，從而發揮治療的正向效果。最後，計劃任務，根據當事人在喚出任務的所定的改變方向，視乎案主意願決定是否需要共同制定一個可行的改變計劃。總體而言，動機式訪談法有助當事人深入理解行為背後的矛盾爭扎，從優勢的視角協助當事人洞察個人已擁有的資源，由自身出發推動改變。

認知行為治療

認知行為治療（Cognitive-Behavioral Therapy，簡稱：CBT）是一種心理治療領域備受推崇的實證為本輔導手法，被廣泛應用於治療抑鬱症和焦慮症，創傷後壓力症和飲食失調和物質成癮等病患（Beck, 2011）。CBT 強調個人思想、情緒和行為之間的相互影響，它的核心理念是認為人們的情緒和行為受到他們的認知和價值觀而影響。人們隨着成長的過程中會建立一套個人的認知模式，當這模式在健康有效地運行時，當事人可以更好地應對生活上的各種壓力和挑戰。相反，如果認知模式存在着一些牢固的思想謬誤，導致當事人受困於不同的負面想法和感受，而作出某些不適當的行為。CBT 通過改變這些認知謬誤，並學習新的應對策略來打破這種惡性循環。

在處理吸毒行為上，CBT 主要協助當事人辨識高危情景，並探討有效的對應策略。在終止或緩減「負面信念—身心反應—行為」的惡性循環，幫助當事人發現自身的吸毒行為和其信念的關係，從而發掘吸毒行為的觸法點，以及「自動化思想」[58] 出現所導致的情緒、身體反應和行為反應。藉此提升當時人對自身吸毒行為背後的運作及認知行為運作模

---

58 自動化思想是指大腦中自動產生的畫面和想法。

式，並提出一些適應行為，以有效應付吸毒誘因。CBT 是一套有系統的治療手法，當中有不少工具，可幫助當事人提升察覺自身狀況的警覺性、探索個人的信念，並辨識負面應對策略中存在的思想謬誤，通過不繼的練習，建立成健康具適應性的對應策略，從而改善生活質素。

思想、情緒、身體反應和行為之間的互相影響。把這種認知模式和對應策略套用於生活中不同的層面和情境，會為當事人帶來不同程度的人際關係上的壓力和困擾。社工在運用這種手法時，需要協助當事人發現其負面反應的惡性循環，從中檢視背後的思想謬誤，再協助當事人作出修正，並探討更好的對應策略和行為反應，以減低這些思想謬誤對個人生活的影響。認知行為治療的主要組成部分包括：認知重組、行為修正練習、正念、家課（記錄個人情緒和思想的監測表）等，並鼓勵練習不同的情緒處理技巧。

預防復吸治療

在戒毒工作中，有一句說話經常被提及 ——「戒毒難，但守更難」。預防復吸治療（Relapse Prevention Therapy, RPT）是認知行為治療手法之一（Marlatt & Donovan, 2005）。治療策略包括：教育戒毒者了解成癮的特性和復吸的風險、辨識可能導致復吸的觸發因素、並提供應對技巧訓練應對有關高危的情境。此外，RPT 強調建立社會支持網絡，協助戒毒者制定個性化的復吸預防計劃，以及分析和應對潛在可能的復吸事件。透過整合不同的應對策略，增強戒毒者的預防復吸能力，促進其維持健康的生活方式和持續的康復進程。

緩減傷害（Harm Reduction）

緩減傷害是戒毒介入策略的核心目標，旨在最大程度減少吸毒所帶來的相關負面後果（Marlatt, 1996）。在這過程中，社工不僅專注於協

助戒毒者戒斷吸毒行為，同時也積極探討各種可行的緩減傷害方案。在香港，「美沙酮門診治療計劃」[59]是衛生署所推行的一種緩減傷害措施，並配合其他戒毒治療服務，它利用美沙酮協助吸食鴉片類毒品的戒毒者舒緩戒斷期的不適，進而減輕對毒品的依賴和降低再次吸毒的風險。此外，在香港的禁毒政策下，其他地區常見的緩害方案包括：針筒交換計劃、監督注射場所等，由於不適用於香港，因此未被推行。

十二步驟介入法（Twelve Steps）

十二步驟介入是源自於 1935 年成立於美國的「戒酒匿名會」（Alcoholics Anonymous, AA）的治療方法，利用團體分享的形式進行（Alcoholics Annonymous World Service Inc, 1981）。這手法在歐美非常盛行，治療方法主要由成癮復康者和過來人，透過分享個人經歷，幫助其他參加者察覺內在傷痛，邁向自我接納。透過靈性上的成長，而不限於宗教上的靈性，以及十二步驟的介入原則，協助濫藥者戒除毒癮。以下是十二步驟的簡要概述，截取於香港戒酒無名會網頁（https://www.aa-hk.org/）：

「香港戒酒無名會」提議的康復計劃步驟

1	我們承認我們無能為力對付酒精，而我們的生活已變得不可收拾。
2	相信有一個比我們本身更大的力量，這個力量能恢復我們心智健康和神智清明。
3	作出一個決定，把我們的意志和我們的生活，託付給我們所認識的上帝。
4	作一次徹底和無懼的自我品格檢討。
5	向上帝，向自己，向他人承認自己過錯的本質。
6	要完全準備讓上帝除去自己一切人格上之缺點。

---

59 衛生署的美沙酮自願門診治療計劃，網頁：https://www.nd.gov.hk/tc/2.html。

7	謙遜地祈求上帝除去我們的缺點。
8	列出一份所有我們所傷害過的人的名單，並使自己甘願對這些人作出補償。
9	儘可能的話，直接補償他們，除非這樣做會傷害他們或其他人。
10	繼續經常自我檢討，若有錯失，要迅速承認。
11	透過禱告與默想，增進我們與自己所認識的上帝有自覺性的接觸，祈求認識祂對我們的旨意，並祈求有力量去奉行祂的旨意。
12	實行這些步驟的結果是我們已經擁有一種精神上的覺醒，我們設法把這個音訊帶給酒徒，並在我們一切日常生活事物中，去實踐這些原則。

　　在歐美，十二步驟介入法有着悠久的歷史且顯示出一定成效。然而，在香港，只有少數戒毒機構嘗試將十二步驟介入法納入其治療計劃中。這種情況可能源於文化差異或其他因素，仍需進一步研究。

　　如果十二步驟介入法鼓勵戒毒者依賴上帝或福音來戒毒（放棄自控，將戒毒交托給外力），而社會工作則強調充權和強化戒毒者的自我效能感和對毒品的控制力（強化自控力），這兩者之間是否存在不一致之處？

三、預防濫藥工作

　　香港的禁毒預防工作主要分為兩部分：打擊供應和減低需求。在打擊供應方面，政府通過及時修改毒品相關的規管法例以應對不斷變化的吸毒形勢，並配合警方和海關打擊毒品犯罪活動，強化邊境管控，以減少毒品供應。在減低需求方面：禁毒處近年針對廣大市民推廣「不可一，不可再」、「你玩藥，藥玩你」的宣傳，嘗試營造遠離毒品的社會氛圍。禁毒處近年亦積極推動健康校園計劃（包括校園測檢元素），透過軟性教育，包括領袖訓練、歷奇活動、情緒管理工作坊、成長小組、生

涯規劃和家長講座等，促進學生身心健康發展。這計劃中的校園測檢元素，旨在及早辨識有需要的學生，並為他們提供支援，促進動健康和無毒校園文化。再者，禁毒處也委託社會福利機構承辦 24 小時戒毒熱線服務，由社工接聽，把握戒毒者求助關鍵時刻，提供支援和轉介。在這些預防工作中，社工發揮着重要作用，包括傳遞禁毒訊息的教育、應用嶄新手法和促進社區禁毒資源的協同。

四、社會工作在應對毒品成癮防治中的角色、挑戰和反思

社會工作在藥物成癮防治中扮演着多重角色。除了直接參與康復和治療過程外，社工在預防、宣傳和教育等方面也發揮關鍵作用。他們提供心理輔導、家庭治療和設計戒毒計劃等服務，協助戒毒者重整生活，重新融入社會。同時，他們通過公共教育和政策倡議，促進社會對毒品問題的認識和理解，提高市民對毒品的防禦力。

然而，社會工作在藥物成癮防治中面臨一些挑戰和反思。首先，社會上對濫藥者的歧視，導致他們隱閉化，大大減低他們的求助動機，這都給社工在預防和提供治療方面帶來了一定的困難和挑戰。同時，社會對毒品問題的偏見和歧視也為毒品成癮者及其家庭帶來額外的壓力和困擾，阻礙他們的康復和重新融入社會。因此，在制定政策時，需要一方面打擊吸毒行為，同時建立一個包容的社會環境，鼓勵戒毒者積極尋求幫助，促進他們重新融入社會。

社工需要具備跨專業的知識和技能，才能有效地與其他專業人士合作。然而，在本港社會工作課程中，專門有關成癮的選修科目較少，戒毒社工對毒品成癮的相關知識大多是在實踐中學習。因此，各大專院校

可以考慮增設專門的吸毒成癮選修課程，提供更多的專業知識和技能。此外，本港部分機構已引入美國和加拿大國際戒癮輔導員證書課程，為戒癮輔導專業化踏出第一步。業界也可以探討相關的認證水平，設計出一套符合本地禁毒政策和理念的戒癮輔導員認證，以提高戒毒社工的專業性、本土化和可應用性。

最後，在迎接成癮輔導專業化進程中，戒毒社工不應忘記社工專業對人的核心信念和價值觀。處理成癮問題時，我們常常要面對戒毒者復吸，並與他們一起經歷各種不同階段的希望和挫折。即便如此，我們也千萬不可以忘記「人是可以改變」的信念。我們必須相信我們的生命能影響別的生命，懷着使命感和堅定的信念為這個羣體服務，與他們並肩同行，開啟生命的新篇章。

參考資料

1. Alcoholics Annonymous World Service Inc., *Twelve steps and twelve traditions* (AA World Services, Inc., 1981).

2. American Psychiatric Association, *Diagnostic and statistical manual of mental disorders: DSM-5-TR* (American Psychiatric Publishing Inc., 2022).

3. Beck, J.S., *Cognitive behavior therapy: Basic and beyond* (Guilford, 2011).

4. Lee, P.E.I., "The Hong Kong drug scene", in T. P. Khoo (Ed.), *Aspects of mental health care Hong Kong* (Mental Health Association of Hong Kong, 1981), pp.274-278.

5. Marlatt, G.A., "Harm reduction: Come as you are", *Addictive Behaviors*, 21(6), 1996, pp.779-788.

6. Marlatt, G.A., & Donovan, D. M., *Relapse prevention: Maintenance strategies in the treatment of addictive behaviors* (Guilford Press, 2005).

7. Miller, W.R., & Rollnick, S., *Motivational interviewing: Helping people change and grow* (4 ed.) (Guilford Press, 2023).

綜合身心靈全人健康介入模式
應用於社會工作中

關彤　陳凱欣　陳麗雲

　　香港社會工作的發展是建基於西方社會工作理論和實踐。西方二元哲學（Dualism）把精神和身體劃分為兩個相對獨立的領域。身體、認知、思想、情感及精神層面在很大程度上被分而治之。與此相異之東方文化則強調將人與所處的環境視為一體。受西方二元哲學影響之社會工作行業一般並不討論心靈和精神方面的發展，而因此忽略了重要的生命意義環節。陳麗雲及陳凱欣教授團隊從九十年代開始便開始探索如何將東方哲學和身、心、靈全人健康模式應用於社會工作中，並研發出綜合身心靈全人健康介入模式（Integrative Body-Mind-Spirit Intervention Model），涵蓋身體、情緒／思想和生命意義三方面。「身心靈」模式結合了西方的輔導形式和東方文化精粹，以發掘服務對象的正面能力（strength-based）為主軸，幫助他們找到人生意義，從而達致「和諧平衡本質，體現生命的本質，保持健康的身體，培養寬廣和包容的心，發掘靈魂深處的感性，使身心靈三者平衡健康發展」的終極目標。

一、理論基礎

「身心靈」模式之理論框架建基於傳統東方哲學、中醫健康理論及西方心理輔導技巧。身體、心理及靈性健康互為影響。「身心靈」三字在中、英文中都含有多個意思。「身心靈」三字於英文譯詞分別為「Body」、「Mind」、「Spirit」。在《新英漢詞典》中 Body 有「身體、軀體」之意，Mind 則解作「心情、情緒」，而 Spirit 則意為「精神、心靈」。中文的「身」泛指人的軀體，亦有生理層面的意味。而「心」字，既可指心臟，亦可指情緒或性情。「靈」則指心靈，亦可解作人的精神或靈性狀態，也可延伸到人生意義、生命價值的思考，如生死觀、苦樂觀等。「身心靈」模式介入的目的不僅為了解決困難或治療病症，更讓生命成長及昇華。

傳統中醫概念及華人文化一直強調平衡，固本培元，陰陽平衡。「身心靈」模式探索如何平衡地以平安的心接納生、老、病、死的過程。既然這過程是人生必須經歷的階段，我們如何積極準備和面對它便決定我們生命的寬度和厚度。境由心生，正好提醒我們心境可以決定思維和情緒。人生不如意事十常八九，那麼我們便更應該常想一二。面對生命不如意的情境時，平常心十分重要。相信吃得苦中苦，方為人上人。煩惱的根源往往來自於我們對自己的要求和對別人的期望。當期望不能達成，我們就會心煩氣躁。但世事往往並不能完全在我們掌控之間。所以以一個平常心，降低期望，達至無欲無求的境界，我們便可坦然豁達地笑看人生。話雖如此，放開和豁達是知易行難的。以下，我們將會介紹「身心靈」模式的運用和實踐。希望和大家分享一個簡單、容易、有效的社會工作實踐模式。

二、模式背後的發展理念

賦權和自我實現

　　「身心靈」模式重視個人從危機中恢復過來和實現內在蛻變的能力，並視危機為輔導過程中重要的改變契機。模式所強調的是服務對象的個人能力、可變性、意志和韌性。能力觀點先行者之一的 Dennis Saleebey（2013）提出了以下的觀點：

　　（1）每個個體、小組、家庭和社區都有其能力。

　　（2）生命中的困境和創傷是個人成長和昇華的機會。

　　（3）每個環境都充滿了資源。

　　因此，「身心靈」模式強調個人成長的能力，認為如每個人的力量和優點都得到充分的發掘，他們的自我接納和自信就能增強。在輔導過程中，工作員必須着眼於服務對象的潛能及資源，並努力協助其實踐。常用欣賞、鼓勵服務對象的相關字詞，因這些詞彙有巨大的激發潛力，而目的就是**賦權給**服務對象。工作員透過強調個人的優點和能力，給予他們快樂的經驗，並且加強或重建受助者的自信心。

將痛苦經歷轉化

　　我們每個人都一定曾經歷過失去，在失去的當下定會難受和痛苦。但痛苦的經驗往往讓我們成長，當中的痛楚可化成動力，而關鍵在於怎樣轉化它。在社會工作行業中，有許多所謂的「受傷療癒者」（Wounded healer）。意思即是那些從人生的巨大打擊和傷害中，成功療癒自身的人，這樣的人通常可以成為好的社工，原因就在於他們經歷的痛苦給予他們歷練與成長，當轉化與療癒開始發生，他就會變得更有能力去接納

生命中一切起伏。他們的心靈經歷過轉化的洗禮，會更溫柔、開放、包容地對待正在經歷痛苦的服務對象。

對於難以從挫折中擺脫痛苦情緒的服務對象，「身心靈」模式的目標主要在於幫助他們把自己的痛苦經歷轉化，昇華為生活的動力，令他們能夠擺脫精神的困擾，成為一個有能力感受快樂的人。因此，我們要幫助他們積極地面對情緒，學習適應社會，並能夠關懷他人。曾經遇上一位服務對象，她在離婚之初感到無比痛苦，在小組中經常以淚洗面。透過一段時間的沉澱，她在小組中表達對過去關係的反思。一方面明白到自己在破裂的關係中也有部分責任，並學習如何避免重蹈覆轍。另一方面她透過面對和接受情緒，更了解自己的需要，並重建自我價值和自信。她從這個痛苦的經歷中走出來，並成為更好的自我，現在更以過來人身份成為小組義工，用親身經歷鼓勵其他經歷離婚之痛的女士。

創傷後成長

創傷後四個方面的積極變化：自我、人際關係、精神和生活導向（Ho, Chan & Ho, 2004）。自我維度代表積極變化的認知維度，包括提高自信、更好地接受和表達情感、更好地欣賞生活以及發展新的興趣；人際關係維度包括親近他人和同情他人的感覺；精神維度表示更堅定的信念、對精神問題的更好理解以及自力更生的感覺。這一維度代表了服務對象因困難而體驗到的情感和哲學理解。生活導向維度則代表了生活優先順序的變化。早前英國和葡萄牙的研究團隊進行了一項兩地研究（2021），在第一波疫情期間（2020 年 1 月至 6 月）調查 385 名 6 至 16 歲的兒童照顧者在疫情間的情況。儘管有 50% 的參與者表示自己在這期間的收入減少，有 19.5% 的家庭成員有疑似或確診病例，在生活中承

受各方面的壓力，但還是有高達 88.6％參與者認為疫情帶給自己積極、正向的意義，其中包含人際關係的改善、發現自己其他的可能等。這證明人類有強大的自癒能力。「身心靈」模式以此理念貫穿整個介入方式，確信人在經歷創傷事件或重大生命危機後，會開始體驗到心理的正向經驗，從而實現個人的積極成長。

心靈的關鍵要素包括：

（1）Acceptance 接納（跟着潮汐舞動）；

（2）Equanimity 鎮定、情感超然（而非陷入痛苦之中）；

（3）Transcendence 不斷地自我實現、發揮潛能。

三、介入

社會工作輔導及個案工作主要依賴西方心理學和情緒治療，以面談方式希望在輔導過程中令服務對象得到啟發，從而改變思想行為。可惜華人一般並不善於用言語和文字來表達錯綜複雜的情緒和感受，亦較少願意分享自己的鬱結和負面的情緒。就算服務對象願意分享，他們往往亦會用很多身體的詞彙去表達情緒的困擾。例如「忐忑不安」、「心情」、「鬱結」、「悶」、「忍」、「心煩」等相關情緒的詞彙。廣東話人士則習慣使用身體消化系統、呼吸系統或排泄系統的功能如「肝火盛」、「氣躁」、「背脊骨落」、「壞消息很難消化」、「這口氣很難咽下去」、「小氣」、「細膽」、「心胸廣闊」等等來形容別人的性格和情緒。「身心靈」模式針對華人的需要，不單使用言語和文字來表達情緒和感受，而是全面協助服務對象調整身心狀態。每一節的活動都有身心靈三方面的訓練內容，包括身體介入、調整情緒和個人修養的綜合調節過程，透過主題討論、分

享、互助以及輔導員的引導而嘗試改變自我，重新探尋生命的意義。此模式一般包含四至六節，每節約三小時，並有明確的主題和目標。

介入特點

雖然「身心靈」模式是沿用西方小組輔導模式，但其治療觀念卻源於東方的治療思想和文化背景。以下列出與西方醫學模式的相異之處：

	綜合身心靈全人健康介入模式	西方醫學模式
問題分析	健康是陰陽、五行、環境（外邪六淫）、外界因素和情緒互動平衡的狀態	精神和身體分為獨立的領域（例如醫生治療身體，社工關心情緒）
介入概念	強化病人整體系統和恢復內部平衡	對抗和打擊細菌和受損部分
治療層次	調節平衡，考慮人體和外在環境之間的協調	外部干預和改善症狀
其他	概念用字較熟悉，容易產生共鳴	/

資料來源：陳凱欣、馮一雷、蘇婉翹，2020，頁 16。

介入方式

無論是患有身體疾病或遭受心理創傷的人，往往出現多方面的適應不良症狀，如：失眠、厭食、頭痛、憂鬱、憤怒、焦慮、失去信心、精神萎靡、缺乏生活目標等。「身心靈」模式是從身體、情緒、心靈和社會多個角度協助參與者進行身心調節。主要介入方式如下：

元素	目標	小組介入方式
身	• 了解身心相互作用 • 擁有強壯的體魄 • 戒除不良生活習慣	• 健康飲食 • 運動（按摩、經絡按摩、八段錦等） • 呼吸練習 • 愛惜身體健康的討論 • 太極 • 舞蹈 • 瑜伽
心	• 紓緩負面情緒 • 發展身心潛能 • 學習調節情緒 • 建立良好人際關係 • 心理放鬆，調理心態	• 自我覺察 • 冥想練習 • 情緒調節練習（呼吸調節、小組分享等） • 自信心培養（互相鼓勵、互相支持、格言諺語朗讀） • 認識情緒的活動
靈	• 培養積極的人生觀 • 自我探索和接納，設立新的目標 • 轉化痛苦成為動力，反思生命意義 • 學習寬恕	• 小組討論（得失觀、苦樂觀） • 活動令組員在短時間內得到感性和快樂的體驗 • 自我探索 • 意義重塑

資料來源：陳凱欣、馮一雷、蘇婉翹，2020，頁 13。

介入活動主題

（1）接受苦難為人生一部分；

（2）苦難背後的祝福；

（3）個人轉化；

（4）放手／去執；

（5）變幻才是永恆；

（6）失衡與平衡；

（7）活在當下。

接受苦難
為人生一
部分

活在當下

苦難背後
的祝福

失衡與
平衡

個人轉化

變幻才是
永恆

放手/
去執

資料來源：陳麗雲，2023，頁 14。

實際操作

「身心靈」模式介入已經應用於以下不同的服務對象。例如：離婚、喪偶、單親婦女；器官殘障、長期病患（腦退化、癌症、失眠人士、不孕、銀屑病、濕疹、思覺失調）；不同年齡層如兒童、青少年、成年人、長者。「身心靈」模式的介入手法中不同活動大概可獨立歸分「身、心、靈」三部分。但實際上，三者互為影響，不同活動都有多重目的，可有助身心靈三方的整合和調整。

身

- 健康飲食
- 運動(按摩、經絡按摩、八段錦等)
- 呼吸練習
- 愛惜身體健康的討論
- 太極
- 舞蹈
- 瑜伽

心

- 自我覺察
- 冥想練習
- 情緒調節練習 (呼吸調節、小組分享等)
- 自信心培養(互相鼓勵、互相支持、格言諺語朗讀)
- 認識情緒的活動

靈

- 小組討論(得失觀、苦樂觀)
- 活動令組員在短時間內得到感性和快樂的體驗
- 自我探索
- 意義重塑

　　以運動練習為例，服務對象以羣體形式學習拍手功和十巧手等健體運動，一方面增強他們的體魄，另一方面，亦提高小組氣氛和投入感。對於一些不善於利用語言表達內心傷痛和情感的參加者，運動練習同時也是心理輔導的其中一種有效的介入手法。一些呼吸練習可既可排解壓力，亦可培養自我慈心，滋養心靈，令身心健康。此模式的理念是：當服務對象得到內心的愉悅和安定後，便會脫離自憐狀態，從而更珍惜每一天和每一段緣分，達致個人成長。

　　「身心靈」模式是一種在小組情境下，運用中國傳統文化中養生健身方法及人生哲學，透過生理、心理、精神之互動，促進組員的全人健康的輔導方法。在小組動力作用下，工作員引導組員互相支持、討論和

分享等，並協助組員面對情緒及行為上的困難。因此，在探討「身心靈」模式之輔導療成效時，必須了解「身心靈」小組輔導的特徵及功能。以下將以香港防癌會—賽馬會「攜手同行」癌症家庭支援計劃為例子，說明「身心靈」模式如何以小組形式因應癌症患者和照顧者的需要，讓參加者在完成課程後，懂得紓緩病徵的方法和技巧和學會保健運動，藉此提升精力和體力，和組員之間亦可互相分享抗病心得。

癌症病患者照護需求及介入方式和技術

	癌症病患者照護需求	介入方式和技術
身體	• 功能和活力下降 • 疲勞 • 疼痛 • 缺乏從事日常活動的能力	重獲力量和控制的身體技術 • 一分鐘技巧 • 氣功 • 穴位按摩
心理	• 情緒困擾（震驚、否認、調適失調、憤怒、憂鬱、不捨、失望、絕望、失落） • 依賴感 • 預期的悲傷	放鬆和積極情感的心理技術 • 正念 • 感恩 • 原諒練習
靈性	• 死亡焦慮 • 追求心靈的富足 • 希望與絕望的掙扎 • 尋求生命意義	重新發現意義的靈性技術 • 生活經歷回顧 • 探討疾病的意義
社會	• 角色喪失 • 人際關係緊張 • 家庭衝突	社會分享 • 生活故事分享 • 角色示範 • 與家人在一起

資料來源：陳凱欣、馮一雷、蘇婉翹，2020，頁 10。

介入目的包括：喚醒身體、心理、靈性的獨立意識，促進在苦難中成長和轉變，通過對面對類似困境的病人和家庭進行介入來為他們賦能。

小組方案

節數	主題	活動例子
1	平衡身心、調整情緒	• 講解：綜合身心靈全人健康概念 • 探討：最常出現疼痛的身體部位 • 分享：患病經歷，抒發因患病而帶來的情緒 • 練習：一秒鐘運動
2	境隨心轉、自在人生	• 講解：人體能量流動系統與養生的關係 • 探討：獲得快樂的十個行為 • 分享：放假一天的計劃 • 講解：情志養生概念 • 練習：靜觀練習
3	看透得失、跨越痛苦	• 講解：不同宗教對苦痛的理解 • 探討：何謂苦難 • 分享：人生起伏圖 • 練習：六大止痛穴位按摩
4	欣賞自己、強化心靈	• 講解：感恩的概念、五種愛的語言 • 探討：愛自己和愛人的方法 • 分享：自畫像 • 練習：健康長壽十秘訣
5	面向死亡、惜福感恩	• 講解：與家人談論死亡的重要性 • 探討：與家人談論死亡的策略 • 分享：人生九宮格 • 練習：一秒鐘運動
6	逆境自強、攜手向前	• 講解：得與失的概念 • 活動：快樂寶盒 • 探討：患病過程中的「得」與「失」 • 分享：繪畫我的人生蝴蝶圖 • 練習：重溫整套八段錦

資料來源：陳凱欣、馮一雷、蘇婉翹，2020，頁 26-55。

　　「身心靈」模式下，接觸（Engage）、培養（Nurturing）、轉變（Shifting）、整合（Integrating）和轉化（Transforming）是組成小組忠誠度的五大元素：

五大元素	重點目標
接觸 (Engage)	• 互信和合作關係的建立 • 參加者之間的關係建立（小組動力） • 問題、需要和優勢評估 • 目標設定 • 為參加者準備面對未來的挑戰和實驗
培養 (Nurturing)	• 重視參加者的內在資源和潛能 • 發展參加者自我覺察、自我接納的能力，以善用內在資源 • 提供一個友善的環境，讓參加者改變現時的平衡和接觸過往不快的經歷 • 促進自我欣賞和接納 • 學習培養身、心、靈三方的技巧（重新體驗輕鬆和具能量的狀態） • 學習自我照顧技巧
轉變 (Shifting)	• 覺察不同方面的聯繫：身體、認知、情緒、價值觀、意義和靈性 • 問題出現是由於不同方面的平衡出現混亂 • 提供合適的環境檢視自身想法、情緒和感受 • 運用小組過程，正常化個人的限制、面對的挑戰和應對的方法，並共同探索面對問題的不同角度 • 強化內在資源和發掘新的個人優勢
整合 (Integrating)	• 不停整合學習和內在身、心、靈等變化 • 肯定學習的成果和轉變 • 肯定面對問題的新應對方法和反應（行為、情緒和感官） • 制訂日後的行動計劃
轉化 (Transforming)	• 是過程也是結果，不一定只發生在最後一步 • 透過不同的方式（故事、比喻或冥想活動）幫助參加者尋找人生意義，增強他們面對痛苦和活在當下的能力 • 強化與內在自我的聯繫，以達致自我超越（角色由病人轉為一個為他人謀福祉的人） • 增強自我肯定和自我欣賞 • 確立轉變的動力和日後計劃

　　從臨牀經驗來說，以上五種元素中，「接觸」和「培養」扮演十分重要的角色。值得留意的是，整個 ENSIT 模式會因應參加者的反應和進

度而加以調節，而並非是一個線型的（linear）模式。工作員需運用經驗來判斷轉變過程的進度，以及如何善用不同的元素幫助參加者進一步轉化（陳凱欣、馮一雷、蘇婉翹，2020，頁 18）。

四、「身心靈」全人健康介入介入模式的成效

從多項臨牀研究顯示，「身心靈」模式改善服務對象的生活質素、睡眠（Chan et al., 2017）和家庭關係（Law et al., 2021），更重要的是幫助他們重建自信心，動員自己內在的能量，尋找困境中的出路及深層的意義（Hsiao et al., 2012）。透過不同的身體鍛鍊和情感交流，服務對象及他們的家人能正面面對生命轉變及死亡帶來的痛苦和焦慮，並能夠以感恩的心去面對逆境，更積極地改善自己的生活習慣和思維模式，從而珍惜生命，幫助別人。服務對象不單止在情緒和人際關係方面得到改善，研究更指出他們的身體發炎指標下降（Ng et al., 2022），壓力荷爾蒙皮質醇的水平亦明顯下跌（Chan et al, 2006），抗老化保護因子端粒酶顯著增長（Chan, Ng, Yuen & Chan, 2019）。各項研究證明此模式之介入方法能有效幫助服務對象達至身心平衡，尤其是改善自身免疫系統方面的情況。

五、結語

從 2019 到 2023 年間，幾年的疫情讓很多人身心靈狀態失衡。我們不單在染病時身體免疫力受創，情緒受着反覆的疫情和封城措施影響而不安，靈性上更要面對對生命失去掌控感甚至是失去親人的傷痛和無

常。疫情過後，大眾需要釋放壓力、療癒心靈，學習如何安頓身心，找回健康美好的人生成為很多人的課題。作為最早推廣「身心靈」全人健康之研究團隊之一，我們感恩越來越多人因疫情的緣故而更關注自身的身心靈健康，亦樂見有更多社福同工有興趣接觸及推廣全人健康理念。我們希望綜合身心靈全人健康模式能為社會工作業界帶來衝擊，讓各位同工、機構，甚至體系反思全人健康的意義，並對如何達致自身之「身、心、靈」平衡有所領悟。

參考資料

1. Chan, C.L.W., *An Eastern Body-mind-spirit approach: A training manual with one-second techniques* (Hong Kong: The University of Hong Kong, 2001).

2. Chan, C.L.W., Tso, I.F., Ho, R.T.H., Ng, S.M., Chan, C.H.Y., Chan, J.C.N., Lai, J.C.L., & Evans, P.D., "The effect of a one-hour Eastern stress management session on salivary cortisol", *Stress and Health*, 22(1), 2006, pp.45-49. https://doi.org/10.1002/smi.1075

3. Chan, J.S.M., Yu, N.X., Chow, A.Y.M., Chan, C.L.W., Chung, K.F., Ho, R.T.H. & Chan, C.H.Y., "Dyadic associations between psychological distress and sleep disturbance among Chinese patients with cancer and their spouses", *Psycho-Oncology*, 26, 2017, pp.856-861.

4. Chan, J.S., Li, A., Ng, S.M., Ho, R.T., Xu, A., Yao, T.J. & Chan, C.L., "Adiponectin potentially contributes to the antidepressive effects of Baduanjin Qigong exercise in women with chronic fatigue syndrome-like illness", *Cell transplantation*, 26(3), 2017, pp.493-501.

5. Chan, J.S.M., Ng, S.-M., Yuen, L.-P., & Chan, C.L.W., "Qigong exercise for chronic fatigue syndrome", *International Review of Neurobiology*, 147, 2019, pp.121-153. https://doi.org/10.1016/bs.irn.2019.08.002.

6. Ho, R.T.H, Fong, T.C.T., Lo, P.H.Y., Ho, S.M.Y., Lee, P.W.H., Leung, P.P.Y., Spiegel, D., Chan, C.L.W., "Randomized controlled trial of supportive-expressive group therapy and body-mind-spirit intervention for Chinese non-metastatic breast cancer patients", *Supportive Care Cancer*, 24(12), 2016, pp.4929-4937. DOI: 10.1007/s00520-016-3350-8.

7. Ho RTH, Chan JSM, Wang CW, Lau BW, So KF, Yuen LP, Chan CLW, "A Randomized Controlled Trial of Qigong Exercise on Fatigue Symptoms, Functioning, and Telomerase Activity in Persons with Chronic Fatigue or Chronic Fatigue Syndrome", *Annals of Behavioral Medicine*, 2012, 44(2), pp.160-70, DOI 10.1007/s12160-012-9381-6.

8. Ho, S.M., Chan, C.L. and Ho, R.T., "Posttraumatic growth in chinese cancer survivors", *Psycho-Oncology*, 13, pp.377-389, https://doi.org/10.1002/pon.758.

9. Hsiao, F.-H., Jow, G.-M., Kuo, W.-H., Chang, K.-J., Liu, Y.-F., Ho, R.T.H., Ng, S.-M., Chan, C.L.W., Lai, Y.-M., & Chen, Y.-T., "The Effects of Psychotherapy on Psychological Well-Being and Diurnal Cortisol Patterns in Breast Cancer Survivors", *Psychotherapy and Psychosomatics*, 81(3), pp.173-182, https://doi.org/10.1159/000329178.

10. Hühne V, Vigne P, de Menezes GB, et al.. "The Remission of Social Anxiety Disorder After Trauma: A Case Report of Posttraumatic Growth?", *Frontiers in Psychiatry*, 12, pp.692-637. https://learning.hku.hk/ibms/

11. Law M-C, Lau B H-P, Kwok AYY, Lee JSH, Lui RNY, Liu KH, Leung PPY, Chan CLW, "Empowering families facing end-stage nonmalignant chronic diseases with a holistic, transdisciplinary, community-based intervention: 3 months outcome of the Life Rainbow Program", *Palliative and Supportive Care* , 19, pp.530-539, https://doi.org/10.1017/ S1478951520001224.

12. Lee, M.Y., Chan, C.H.Y., Chan, C.L.W., Ng, S.M., & Leung, P.P.Y., *Integrative Body-Mind-Spirit Social Work: An Empirically Based Approach to Assessment and Treatment* (New York: The Oxford University Press, 2018).

13. Ng, S.M., Yin, M.X.C., Chan, J.S.M., Chan, C.H.Y., Fong, T.C.T., Li, A., So, K.F., Yuen, L.P., Chen, J.P., Chung, K.F., Chan, C.L.W., "Impact of mind – body intervention on proinflammatory cytokines interleukin 6 and 1β: A three-arm randomized controlled trial for persons with sleep disturbance and depression", *Brain, Behavior, and Immunity*, 99, pp.166-176, https://doi.org/10.1016/j.bbi.2021.09.022.

14. Video: Revolution & Innovation: Body‧Mind‧Spirit. https://youtu.be/BjEgWUUusgI.

15. Saleebey, D, *The strengths perspective in social work practice (6th ed.)* (Pearson, 2013).

16. Stallard, P., Pereira, A. I., & Barros, L., "Post-traumatic growth during the COVID-19 pandemic in carers of children in Portugal and the UK: cross-sectional online survey", *BJPsych Open*, 7(1), pp.e37, https://doi.org/10.1192/bjo.2021.1

17. 陳麗雲:《廿一世紀身心靈模式發展與反思》。

18. 陳麗雲、周燕雯、梁佩如、張文茵等:《長期病患者治療小組導師手冊》(香港:

香港復康會社區復康網絡，1998 年）。

19. 陳凱欣、馮一雷、蘇婉翹：《綜合身心靈全人健康介入模式課程手冊 —— 癌症患者及照顧者》（香港：香港大學社會工作及社會行政學系，2020 年）。

20. 陳麗雲、樊富珉、梁佩如：《身心靈全人健康模式 —— 中國文化與團體心理輔導》（北京：中國輕工業出版社，2009 年）。

第四章

社會工作新發展

社會發展與社會工作

黎家偉

　　一直以來，我們被告知的是經濟發展會產生滴漏效應，可以令整體市民的生活質素變得更好。然而，現實中的發展與這個理想一直有着很大的落差。我們看到的經濟發展伴隨的並非市民的生活改善，而是衍生出各種的社會問題：香港的貧富差距愈見擴大，數以十萬計的市民居於劏房等不適切房屋中，弱勢羣體的就業及生活面對各種的挑戰等。我們不禁要思考：應該如何解決，以提升人們福祉的社會政策如何與經濟發展和諧共存？而應用在香港的社會服務中，社會工作面對着社會的急遽改變，同時因為整筆過撥款帶來的限制，除了以個案或小組工作作為主要的介入方式以外，有甚麼新的介入思維及手法以應對社會變遷帶來的挑戰？

　　近年越多越多社會服務機構應用了社會企業、社區經濟及社區共享等作為創新的介入手法。這些以結合經濟及社會目的的方法、並重視社區及持份者的參與等希望改善人們的福祉。這種改變及發展為本的實務取向是應用了社會發展概念作為基礎的介入的基礎。與傳統以補救取向的手法不一樣，這種方式越來越受重視。因此這篇文章的目的是探討一下社會發展與社會工作的關係。首先討論的是社會發展的概念及其中

的原則，然後會介紹以社會發展為取向的發展性社會工作，介紹其內容及手法，最後會討論推動發展性社會工作的可能。

一、何謂社會發展？

根據 James Midgley（2014, p.24）的定義，社會發展是指「一個有計劃的社會變革過程，旨在動態的多方面發展進程的背景下促進全體人民的福祉」。他指出，經濟與社會發展其實是一體的兩面，而現今世界發展最大的問題是在經濟富裕下的貧富差距問題，特別是當經濟發展無法伴隨着一定程度的社會進步，這種扭曲發展（Distorted development）的成因多數並非因為經濟發展的不足，而是經濟和社會發展無法互相配合發展，以致經濟得益無法惠及所有人。面對這個情況，大家開始認同要處理這個問題，不能單靠社會福利的提供，亦不能只集中經濟發展所帶來的滴漏效應，而是結合經濟發展及社會發展，推動可持續發展，透過個人、社區及政府的介入，達致改善及促進大眾福祉為最終的目標。

要了解社會發展的原則，我們可以循着以下幾個方面着手：

累進改變：社會發展重視的是變革的（Transformation）過程。「發展」一詞本來就帶有增長、改變的意思，而要達致社會發展則需要着重進步（Progressive）的性質。這種改變所着重的不只是一種問題產生後的補救，而是着重理解問題的核心，從根本上帶來改變。正因如此，社會發展指出只以投放資源或補救等即時介入的方式其實是缺乏了對問題核心的理解，而需要了解問題背後的成因，而求改變導致問題出現的深層原因。同時，社會改變並非一蹴而就，而是需要長時間的介入和累積。結構性的改變既需時間，亦需要逐步累積成效。因此激烈的改變手

法並非社會發展的重點，反而一點一滴的累積，以務實及遞進的基礎下朝向長遠的及結構性的變革才是社會發展所追求的方向。

　　刻意介入：社會發展重視的並不是自然的改變，而是需要依靠不同的機構，透過計劃、活動、政策等以達致。新自由主義提及的市場的自然調節並不存在，而社會發展認為必須要刻意的介入以提升人的生活質素。這種介入可以被稱為「實務策略」，例如透過提升服務使用者的人力資本、以資產為本的社區發展（Asset-based Community Development）等推進社會發展的目標。同時，介入的方式更重視人的參與，並建立能力影響自己的將來，透過基層組織、社區、社會服務機構等提供相關的服務或活動，並鼓勵人們的主動參與，特別是參與決策的過程以達致充權的效果。這種介入可以是從不同層面，既可以是個人（能力提升），亦可以針對社區、國家（社會政策或規劃）或國際（如可持續發展目標）等，從多角度介入以達致社會改變。

　　生產主義及社會投資：社會發展特別之處是重視多面向的融合及和諧。與傳統的社會服務不同，社會發展相信社會和經濟並非矛盾，而是可以互相配合，以達致社會福祉。正因如此，社會發展重視社會投資（social investment），相信不同的社會項目（或社會福利）能產生回報（特別是經濟發展）並促進社會福祉。這種投資一方面能透過生產性（productivist）的介入，結合社會和經濟的元素以推動發展，例如社會企業般既是生意，亦解決社會問題；而同時亦重視人力資本及能力的培訓，並鼓勵服務使用者積極參與在經濟活動之中，而非集中在只接受福利的角度。在政策方面，以社會投資導向的政策應該集中於教育、醫療及提升人力資本的部分，並相信這樣的社會政策不僅能促進社會公平，同時亦可以推動經濟發展。

改善整體人的福祉：社會發展項目及實務都是以推動人的福祉為最主要的目標，這不只是在社區或國家，亦是全球同時重視的方向：例如在聯合國的千禧發展目標及可持續發展目標均追求所有人的社會福祉。要達致這個效果，社會發展關注的不只集中於弱勢社羣，亦同時鼓勵所有人積極參與在其中；把實務工作放在以社區的環境考慮，集中去除社區中阻礙參與的各種障礙，使每一個人都能參與在當中，正如無障礙的概念並非只集中在身體障礙的人士，而是去除阻礙使每個人都能隨心所欲地前往每一個公共空間或獲得資源。

二、發展性社會工作（Developmental Social Work）

發展性社會工作是以社會發展的概念作為介入的手法。這方式和傳統的社會工作（特別在香港）最大的分別是，後者較多補救性及服務為本的。當服務使用者面對問題而求助的時候，社工主要以個案或小組的介入方法協助他們解決面對的問題，以較個人化 / 治療性的方式介入。然而，發展性社會工作較多以社區為本，強調發掘社區居民的優勢，並採取社會投資的角度及生產性的策略等。這和宏觀實務工作有相似的地方，例如針對社會問題的結構性成因，充權及促進人民參與、及以社區為本的方式等。相比這個方向，發展性社會工作更重視的是社會投資，並相信生產性的方式能促進經濟參與及發展，並達致改善全民的生活質素、去除障礙並促進社會融合、以及長遠可以建立可持續的互相支援網絡。要了解發展性社會工作，可以從原則及介入手法說明（可參考下圖）。

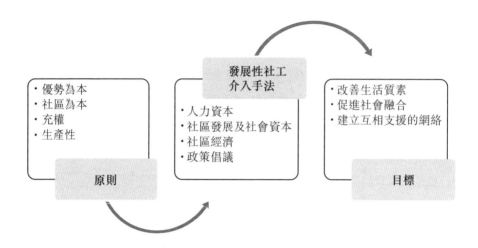

原則	發展性社工介入手法	目標
・優勢為本 ・社區為本 ・充權 ・生產性	・人力資本 ・社區發展及社會資本 ・社區經濟 ・政策倡議	・改善生活質素 ・促進社會融合 ・建立互相支援的網絡

原則

正如上述所言,發展性社會工作有幾個核心原則:一、以優勢為本的方向;二、重視社區為本;三、針對居民的參與性及充權的角度作為根本的價值;四、生產性的社會投資策略。

優勢為本的角度是發展性社會工作的其中一個核心,將重點聚焦在服務使用者所身處的環境下的優勢上面。傳統在缺失的模式下居民 / 服務使用者以問題作為中心,難以自行解決,需要被協助,並可能因此被標籤;而優勢為本的角度相信居民是有其內在的資源、技巧及能力成長並應對挑戰,只是現時未被發掘出來而已,透過解決面對的困境則是體現他們的抗逆力及自己能力。社工的角色則多集中在如何善用不同的方式發掘其內在的資源、使其認可自身的優勢及能力所在、並促使他們能有效應用其自身的資源及優勢去建立新的技巧,以應對日常的挑戰及建立自身的解決問題的機制。因此,發展性社會工作是承認、發掘並鼓勵居民自身的優勢作為介入的基礎。

發展性社會工作沿自於社區發展項目，因此大多以社區為基礎介入。社會發展相信人是有能力去調動及結合資源及合作去解決問題，因此大多強調優勢及充權的方法，在社區的層面上帶來改變。以社會發展為基礎的介入並非只處理個人的問題，而較在意較大的羣體及其問題的性質，特別是針對問題背後的社會結構而解決。例如，貧窮的因素並非只是個人的問題，而是經濟轉型下的錯配及失衡。因此要解決這些問題，發展性社會工作強調社區為本介入的重要性，於社區帶來改變，而非把問題個人化或只集中處理個人的問題（Gray, 2002）。例如他們更多考慮如何利用社區經濟活動、累積社會資本或以資產為本的社區發展來處理貧窮問題，透過經濟活動及發掘出社區的資產，並鼓勵居民參與在社區的經濟活動，例如時間銀行、合作社等，既提升他們應對問題的能力，同時亦能提升生活水平。

發展性社會工作會以居民的參與性作為基礎，並以個人及社區充權來推動由下而上的變化。由於由上而下的方法假定了服務使用者的限制與不足，而無法自行應對問題而需要協助，因此以社區為本的介入方式同時強調居民參與的重要性，一方面相信他們的能力，同時亦能以由下而上的使他們基於自己的優勢，以建立共同解決問題的意識及能力，正如近年社福界開始重視共同設計（Co-design）的理念，鼓勵服務使用者同時參與在解決社區問題的介入及設計方法，善用他們的能力及動機，並推動他們有更多的參與。正因如此，發展性社會工作更強調優勢為本、社會資本及資產為本的理念，及強調參與的重要性。同時，發展性社會工作亦集中於處理人在應對周邊帶有壓迫和去權的環境下，人如何能建立意識及能力以應對，例如與族羣及性別有關的各種壓迫和歧視等。正因如此，發展性社工提倡充權的介入手法，藉着與服務使用者的

溝通及對話，促進他們的意識醒覺（conscientization），令其了解壓迫和影響他們背後的權力關係，並與他們建立應對這種關係的手法及能力。

最後，發展性社會工作與社區發展儘管有不少類近的原則，然而前者更強調社會投資的重要性，因此社工多以生產性的手法介入。因為社會投資相信經濟發展和社會發展是互相配合而非排斥，所以，引入社會投資的角度對提升人的經濟及社會福祉有利。同時，從生產性的角度而言，經濟參與是充權及促進更深入的公民參與的一個主要的來源，因此社工的介入應該結合社會投資的原則，例如，提升人的人力或社會資本（特別是教育及健康方面），或是引入帶有社會目標的經濟活動（如藉社區經濟等以社區為本的手法結合社會發展與經濟），以促進及提升人的能力及自給自足的能力，希望能藉着促進人的經濟參與及增加收入來提升人的生活質素。這個以結合社會及經濟發展的思維及取向較少在傳統的社工訓練中提及，但近年越來越多社會服務機構中採用，並帶來新的思維及介入的基礎。

介入手法

基於以上的原則，發展性社會工作有不同的介入方法。然而，不論哪一種手法，社工都有基於以上幾個原則下的重要共同點：較多集中在社區介入方式而非只留在辦公室、介入方法能促進經濟發展、及重視人的優勢及參與等。這種實務策略包括提升人力資本、重視社區發展，特別是社會資本、微型貸款、發展社區經濟及政策倡議等等，從各方便介入以達致社會發展的目標：提升人的生活質素。

提升人力資本

提升人力資本是發展性社會工作常見的介入手法。為了讓人們能

有效參與在經濟活動，發展性社會工作的介入多針對於如何能讓他們能裝備好必須的知識和技巧，讓他們能找到工作，並能獲得收入以提升生活質素。所以，社工的介入需要考慮如何提升人力資本，特別是如何能同時促進社會和經濟的發展。例如，香港的就業整合型社會企業就是透過商業營運的方法來為弱勢社羣提供培訓和就業機會，一方面為他們提升就業相關的能力及技巧，同時亦能提高他們的收入水平，如新生精神康復會的 Café 330 就是為精神病康復者提供工作及就業機會，於咖啡店內工作（如咖啡調配、食物準備及侍應等）。社工除了引導及鼓勵學員的進步外，如何能使社企持續營運亦是重要的手法。同時，除了透過工作獲得知識和技巧外，人力資本的發展亦同時體現在投資健康及教育上，以長遠的角度促進人的健康及教育水平。而研究認同健康能促進經濟發展，使其能更有效地參與經濟活動。因此社工透過促進人的健康是一個重要介入方式。例如香港明愛的「賽馬會三房兩廳開枱食飯」社醫共生計劃中透過社區客廳作為生活平台，以醫社共生的方式處理由社會環境引發的健康問題，並設立社區藥房及社區健身房等活動。過程中以充權的方式提升劏房居民健康素養，鼓勵劏房戶由受惠者變為致變者，從社區中由下而上的方式促進社區居民健康。

社區發展及建立社會資本

推動社區發展是促進社會發展的重要手段。很多推動社會發展的活動都是以社區關係作為基礎。社會發展中的重要原則，包括優勢為本、充權及參與、以社區為本，以至於社會投資等很多與社區發展的活動相關。因此發展性社會工作其中一個重要的介入手法就是社區發展（另一個主要部分就是社區經濟，會在下文說明）及資產累積，目的是改善社區生活質素、使居民能掌握解決問題的能力，以及增強他們對社

區的歸屬感。而在社區發展中，發展社會資本是一個重要的手法，因為社會資本重視投資及累積社區居民的關係、信任及互助，並以累積社區的資產及鼓勵社區人士參與在社區的活動中。因此，在社區發展當中，社工多集中協助建立社會資本，建立社區的關係及互助，而社工的角色多以使能者（Enabler）為主，鼓勵並協調居民的參與，而非指導。例如近年來社會服務機構有不少申請了「社會投資共享基金」，以提升社區互助能力及鞏固社區支援網絡，提升人的自立能力及推動社會福祉，如以建立樓長的方式建立支援網絡、推動時間銀行促進社區資源共享、以及申請「居家安老——共建認知障礙友善社區計劃」，從社區角度建立支援網絡及去除礙障，以達致友善社區。這些都是從建立社會資本的方式中促進社區發展，並藉互助、能力建立及參與的角度使社區的生活質素提升的重要手法。

發展社區經濟

發展社區經濟是社會發展實務介入手法的重要一環，透過建立以社區為本的經濟模式，提升社區的經濟發展。社區經濟應對資本主義下發展帶來的問題，如貧窮、失業、環境破壞等問題，並提出新的經濟模式，一方便能為社區內的居民提供就業機會，同時亦能夠促進社區企業及經濟發展並改善貧窮社區的生活質素。這種建立替代經濟模式的手法在全球均有長足的發展，例如微型貸款、合作社等在不同地區都被視為重要而有效的手法推動社會發展。這種社區經濟發展有着濃厚的社會投資元素，往往與上述社區發展的介入手法密不可分。雖然建立社會資本並不能夠自動推動經濟發展，但要發展社區經濟作為介入方式以促進社區經濟發展則需要有着社會資本作為基礎。要推動社區經濟發展，Giloth（1998）提出發展社區經濟需要建立「職位、財富、地方」，而具

體手法的六個隱喻可以為社工的介入手法帶來參考：

手法	內容
建立平坦的比賽場 （creating level playing fields）	培養社區領袖、會員及發展社會資本以推動一個公平的比賽場所
堵塞決口（plugging the leaks）	讓社區人士及店舖能留在區內賺取收入，並使財富能於區內循環而非流出社區
介紹聯繫 （brokering connections）	創造一個社區內可信任的「就業經紀」，為區內被排斥的失業人士能有效配對工作及連結（或聯繫到不同的持份者）
資產管理（asset management）	發掘及發展區內未被運用的資產去創造價值以推動社區經濟發展
建造爬梯及網絡 （building ladders and webs）	利用不同的元素及界別，以合作和集體的方式解決問題
促進市場（enhancing market）	就算貧窮的社區都會有市場及交易／交換行為，既可以是推動企業的培訓，亦可以是以不尋常的市場（如自助及互助）等推動社會經濟，例如時間銀行

在香港，較常見的是時間銀行。例如，聖雅各福羣會的「社區經濟互助計劃」於灣仔石水渠街作為中心，讓街坊能以時分券作為交換媒介，互相交換他們的才能及物品，以重建地區經濟，解決資源不足的問題。計劃並以「人盡其才、物盡其用、地盡其利、各取所需」的理念運作，同時希望能達致居民間的信任及建立網絡，反思日常生產及消費背後的價值準則。計劃設有管理委員會以訂立計劃的發展方向及推動工作，並由會員提名及選舉所產生，以民主治理的方式管理。

政策倡議

要解決問題的結構性因素，除了相關的社會發展實務介入外，政策倡議亦是發展性社工的主要介入手法。介入並非只有以社區為主的活動，而同時亦推動服務對象重視相關的議題，進行問題及研究，並且提

出相關的建議及倡導，從宏觀層面使問題得以解決及改善生活。作為發展性社會工作的介入，可以就相關的議題成立關注小組，以充權的手法鼓勵服務使用者認識及參與，協助他們對問題有更深入的了解，並協調連結不同的持份者等等，協助他們建立倡議能力回應政策文件、及提倡合適的社會政策等。例如香港基督教服務處重視長者的充權及倡導工作，透過協助長者認識及關注議題及鼓勵他們發聲。例如他們設有「長者評議會」，促進長者會員參與社會事務，並透過製作快訊、提交意見書、研究及發佈、以及與政府官員會面，以推動長者相關的社會政策改變，及提高市民對長者的重視及意識。

三、結語

有部分社工可能對發展性社會工作的介入手法仍然存有疑問：到底這種帶有社會目標的經濟手段（社會投資及生產性的原則）與社會工作的價值觀是否有衝突？在營運社會企業的議題上亦提出社工應否做生意的問題等等。這些值得更進一步的討論。本文透過釐清社會發展的概念及發展性社會工作的基本原則及介入手法，指出其目標都是希望促進全民福祉，和社工的價值觀其實一致。從介入手法的角度而言，當社會不斷轉變時，社會工作的發展及手法亦會因此改變調整。當社工需要應對由於資本主義及現時經濟發展帶來的扭曲發展及各種社會問題時，傳統的補救性手法未必能從結構性解決問題的核心，而發展性社會工作以生產性及社會投資導向作為切入的介入手法推動社會及經濟發展，對解決上述問題有其獨特的角度及重要的影響。因此，社會發展導向是社工的一個重要導向。

從教育角度，香港社工的訓練以「通才社會工作實務」為主，重視社工以服務使用者的情況及需要，在不同的階段以不同層面的手法介入。社工對社區為本的介入、鼓勵充權及參與、及促進全民的福祉相信並不陌生，在社區工作的課程訓練中亦有提及相關的概念。而發展性社工的獨特性正是利用生產性的方式推動社會改變、處理貧窮問題，能有效地改善人的生活質素，及為社區帶來正面的變化。這並非指出哪種方式更有效，而是提出社工可以因應不同的社會環境或問題下善用各種手法以回應社會需要。因此在學院訓練的過程中亦可以加強對社會發展導向的重視，例如加入以發展性社工的角度在不同的科目中，或是加強在社會創新的訓練下的社會發展視角，這些都有助社工能在社會急遽變化的情境下能善用各種介入手法以推動社會福祉。

參考資料

1. Estes, R.J., "Developmental Social Work: A New Paragidm for a New Century". Paper presented at 10th International Symposium of the Inter-University Consortium for Intrnational Social Development (IUCISD). Cairo, Egypt.
2. Giloth, R.P., "Jobs, Wealth, or Place: The Faces of Community Economic Development", *Journal of Community Practice*, 5 (1-2), 1998, pp.11-27, https://doi.org/10.1300/J125v05n01_02
3. Gray, M., "Developmental social work: A 'strengths' praxis for social development", *Social Development Issues*, 24 (1), 2002, pp.2-14.
4. Midgley, J., *Social development: the developmental perspective in social welfare* (SAGE , 1995).
5. Midgley, J., *Social development: theory & practice* (SAGE, 2014).
6. Midgley, J., & Conley Wright, A., *Social work and social development: theories and skills for developmental social work* (Oxford University Press, 2010)
7. Midgley, J., Dahl, E., & Conley, A. (Eds), *Social Investment and Social Welfare: International and Critical Perspectives* (Edward Elgar Publishing, 2017).

8. Conley Wright, A.：〈從國際視野看社會工作與社會發展：發展性社會工作策略〉，載黃琢嵩、鄭麗珍主編：《發展性社會工作：理念與實務的激盪》（台北：松慧有限公司，2016 年），頁 27-37。

9. 黃琢嵩、鄭麗珍主編：《發展性社會工作：全球應用‧發展對話》（台北：松慧有限公司，2017 年）。

10. 周鎮忠、楊培珊、財團法人伊甸社會福利基金會主編：《發展性社會工作：與社會創新的對話》（高雄：巨流圖書公司，2021 年）。

婦女運動與社會工作

梁麗清

一、引言

　　社會工作的發展與性別議題有着不可分割的關係。首先，香港的社會工作與其他國家的情況相近，至今仍然是以女性為主的專業。香港社工註冊局 2012 年的資料顯示，社會工作者女男的比例約為 71% 對 29%。這個現象與社會工作一向被視為「關懷專業」（caring profession）不無關係。受到「性別角色定型」（sex-role stereotyping）的觀念影響，女性扮演關懷及照顧者的角色被視為理所當然，因此也較適合從事社會工作這個行業。第二，社會工作的服務對象亦以女性為主。一方面是由於現今社會環境的變遷以及家庭制度的轉變，例如家庭暴力、單親家庭、貧窮女性化等問題的出現，成為社會工作的焦點。另一方面亦因為婦女扮演家庭照顧者的角色所致。當家庭成員或婚姻出現問題時，已婚婦女往往站在第一線為家庭尋求服務。第三，傳統的社會政策和福利服務的理論基礎欠缺婦女角度或性別敏感度。社會政策及服務模式的背後假設，往往視婦女為照顧者、經濟依賴者，忽略了婦女作為獨立個體的發展需要。基於傳統的性別觀念而設計的社會服務，婦女的需要及面對的問題不單未能夠通過服務的提供而得到解決，傳統的性別

角色更可能被強化。

婦女運動的開展，為社會工作帶來了衝擊和挑戰，對婦女所面對的問題和處境，提供了新的分析角度。婦女運動始於七十年代的西方社會，如英國及美國等，人們開始關注婦女在男權主導的社會上常受到不平等的待遇，性別問題在社會政策研究及社會工作訓練方面逐漸引起關注。香港本土的婦女運動於八十年代初期開始蓬勃，至今有數十年的歷史。經過多年來婦女團體的努力爭取，香港分別在 1995 年通過性別歧視條例，1996 年成立平等機會委員會，以及在 2001 年成立婦女事務委員會。與此同時，社會服務機構亦相繼為婦女提供不同類型的服務。究竟婦女運動的發展，能否為香港社會工作的發展帶來一點衝擊？社工又能否有意識地開展反歧視的實務工作？

本文首先討論婦女運動對社會問題的研究帶來的啟示，並指出傳統的社會工作理論，怎樣將婦女問題錯誤地看待為「個人問題」或「家庭問題」，以致過去為婦女提供的服務，一直以來不能準確地對焦。此外，本文亦探討女性主義與社會工作理論及實踐結合時，應如何將婦女問題重新理解及界定。究竟婦女服務，何去何從？要解答這個問題，我們必須澄清有關婦女服務的誤解，並重新探索婦女工作的理論及發展方向。

二、婦女運動的啟示

傳統理論的不足

婦女運動的出現，為傳統社會工作開拓了一個廣闊的、反壓迫和歧視，倡導平等的理論及實踐模式。這話無疑是對現存的社會工作提出大

膽的、直接的批評。事實上，傳統的社會工作理論借用了不少心理學及功能派社會學的理論作分析問題的基礎。可惜這些沿用已久的理論對婦女問題的分析，不是流於個人化，便是過分着眼於家庭的功能性，忽略了社會上存在的性別權力結構，所衍生的男女社會地位的差距和發展機會。女性主義者對傳統的社會及心理學理論，提出了以下批評：

首先，社會科學中的「生理決定論」（biological determinism），主張採用自然科學方法分析社會現象，故常出現偏差（Abbott & Wallace, 1990）。舉例說，此理論認為婦女的角色是由生理決定的。由於男女的生理結構不同，女性要擔當生育的責任，因此擔當照顧者的角色便成為理所當然的事。已婚婦女在婚後放棄工作，留在家中照顧子女或患病家人，都被視為合理的個人選擇。即使她們對自己的家庭角色感到有所不滿，都不會去懷疑這種安排是否合理。一旦出現家庭危機，社會大眾只會將問題歸咎於婦女身上，認為是個人角色認同上出現困難。這些分析方法非但不能解釋問題的根源，而且以此作為提供服務的基礎，只會強化婦女的傳統角色。

為了突破早期社會工作以個人化分析角度的局限，一些理論家如 Pincus & Minahan（1973），Goldstein（1973），Specht & Vickery（1977）等人提出的「統合模式」（unitary approach），強調分析個人、家庭及社區等各系統之間的相互關係，以結合個案、小組及社區工作的手法，希望能全面處理受助者的問題。然而，當細心分析其背後的理論基礎時，將發現它隱藏着不少傳統保守的價值觀念，尤其對婦女角色、家庭功能的看法，均進一步強化了男女不平等的關係。「統合模式」的理論基礎源於「系統理論」（system theory）及功能學派（functionalism）。根據這個理論，家庭被視為整體社會最基本的系統之一，因此必須要極力強化

家庭功能以配合整體社會發展，最低限度亦應防止家庭制度崩潰，減少對社會的衝擊，維持社會平衡。此外，「系統理論」更認為家庭內各成員應有其獨特角色，例如男性是家庭的支柱，女性是照顧者及經濟依賴者。當家庭成員各自發揮其獨特角色並互相配合時，才可維繫一個完善的家庭（Brook & Davis, 1985; Langan, 1985）。

其後，女性主義者對「系統理論」提出兩點質疑：第一、它忽視了家庭內部的矛盾。事實上，家庭並不一定是一個和諧的單位，家庭成員間可能存在着性別之間的矛盾。然而，採用統合模式處理家庭問題時，往往忽視了婦女在家庭中所受的壓迫，而傾向接納父權制度下的性別分工去解決問題。例如丈夫限制妻子出外工作或者參與社區活動時，妻子應該留守家中扮演好妻子的角色，以維持家庭狀態的平衡，卻忽略女性要作出犧牲及啞忍的後果。第二、它假設了家庭成員各司其職，並且各自享有平等的權利，可惜現實並非如此。例如，已婚女性擔任全職照顧者雖然沒有自己的收入來源，但她們受到丈夫的供養。一些有關婚姻和家庭的研究指出，已婚婦女能夠支配的家庭資源非常有限，大部分的經濟控制權皆落在男性手上（Graham, 1983；Pahl, 1988；梁麗清、何芝君，2001）。「系統理論」卻忽略了家庭中的權力關係，以致一些已婚婦女未能得到合理的家庭資源，而被人忽略處於貧窮邊緣的處境。

以上的一些例子，顯示傳統的社會工作學理論欠缺性別角度，忽視了婦女作為一個體的獨特經驗。理論的運用有助我們如何界定問題，讓我們得知解決問題時應從何入手。因此，理論的選擇是反映我們的立場。香港一些婦女團體或女性主義社會工作者指出（新婦女協會，1990；梁麗清，1995），香港的福利政策欠缺性別敏感度，忽略了男權制度下婦女在家庭、工作、社會參與及福利方面的權益。

欠缺性別角度的福利政策

福利政策有着社會資源再分配的功能。在男權主導的社會裏，女性得到的社會資源相對男性較少，因此，能夠運用有效資源調配的機制，協助婦女改善生活，締造有利她們發展的客觀環境，讓婦女有更多的生活選擇，是福利政策的重要功能。然而，現存的福利政策欠缺性別敏感度，例如「性別分工」（gendered division of labour）的概念嚴重影響福利政策的制定。所謂「性別分工」，是指女性的首要角色是屬於家庭，而男性則屬於勞力市場。這種概念對社會劃分為兩個領域：「私人」及「公眾」領域。在傳統的「性別分工」的概念下，婦女被劃定屬於「私人」領域。「性別分工」的概念，對她們在勞力市場的位置及福利制度上的待遇有着決定性的作用。以下用幼兒服務及綜合援助兩個例子作進一步討論。

香港的幼兒服務一向備受批評，原因是政府現行一套幼兒服務政策，並未能為有需要的家庭提供適切的服務，無論對幼兒成長抑或是婦女的發展幫助不大（新婦女協進會，1990）。現行的幼兒服務仍然存在的問題有以下幾點：（1）服務政策背後的理念，是以「幼兒最理想是在家庭照顧下成長」的原則為前提，特別認為兩歲以下的幼兒，應該由母親親自照顧。這種假設，反映政府的福利政策，將婦女界定為家庭的照顧者，漠視了男性在家庭照顧的角色以及婦女自我發展和社會參與的權利。政府強調照顧幼兒是家庭的責任（亦即是婦女的責任），應屬於私人範圍，因此幼兒服務只為那些有特別需要的家庭而設。（2）基於上述保守落伍的服務哲學，導致幼兒服務的供求大大與社會脫節。服務提供的形式仍欠缺多元和彈性的選擇，以致很多已婚婦女在沒有選擇之下要留在家中作為全職照顧者。

社會不應漠視目前婦女勞動人口日漸增加的情況。就以 2008 年勞動人口參與率為例，婦女就業人口上升至 49.7%，她們的年齡大多在 25 歲至 34 歲之間（婦女事務委員會，2010）。這個組別亦是婦女適婚年齡所在。這種情況反映越來越多已婚婦女參與經濟活動，雙職家庭不斷湧現。另一方面，婦女參與經濟活動的經驗有別於男性，例如停工、轉工或從事兼職工作的情況甚為普遍。研究資料顯示，大多數已婚婦女都希望出外工作，但照顧子女問題卻限制她們在工作方面的發展。大部分被訪女性在婚前都擁有工作，結婚後有一半沒有出外工作；有工作的一半，有四成是兼職的。另一方面，已婚婦女停工後再找工作非常困難，因停工多年常導致工作技術喪失（吳俊雄、梁麗清，1991）。婦女在就業方面遭遇到的困難主要是來自子女的照顧。而目前幼兒服務重點是幫助有特別需要的家庭，而沒有從婦女的就業需要考慮，以致未能提供全面及足夠的支援。

　　香港的社會保障制度例如綜合援助計劃，主要是基於「家庭意識」出發。政策的背後有以下假設：(1) 婦女應該承擔家中無償照顧的工作；(2) 男性是家中的經濟支柱，女性是經濟的依賴者；(3) 婦女在經濟上應該得到男性的支持。然而，這些假設，不但強化婦女在婚姻關係中依賴者的角色，亦影響一些有需要婦女得不到應有的福利權利。舉例說，一個有工作的已婚婦女，當她因失業而需要申請綜援，她的申請根本不會被接納或考慮，因為綜援是以「家庭作為單位」計算。政府假設她就算不外出工作，可以得到丈夫供養。這個假設有兩個問題：其一是沒有承認婦女獨立經濟身份；其二是，正如以上說，未必所有已婚婦女都能夠得到丈夫的供養，就算丈夫願意照顧家庭，丈夫的收入未必平均分配給每一位家庭成員，婦女面對的隱蔽貧窮問題，未能夠透過福利服

務得到紓緩（梁麗清、何芝君，2001）。

　　以上的一些例子，反映現行福利服務中採納的「性別分工」及「家庭意識」的概念作為釐定政策的基礎，一方面未能充分解決婦女生活上面對的困境，同時亦將她們的角色仍限制於家庭之內，以致缺乏參與經濟活動和個人發展的機會。

三、女性主義與社會工作

　　女性主義並非一套單一的論述，大致可分四種不同的流派，分別是：自由派女性主義（Liberal Feminism）、激進女性主義（Radical Feminism）、社會派女性主義（Socialist Feminism）和後現代女性主義（Postmodernist Feminism）。自由派女性主義者傾向從個人層面出發，建議去除性別歧視以提高女性在社會上的地位。激進女性主義者指出性別差異是源於制度化的「父權制度」，女性變成被剝削的階級。而社會派的女性主義者則着眼於「父權制度」和「資本主義制度」的雙重壓迫。後現代女性主義者則關注社會問題如何呈現，以揭示不合理的性別權力關係（陳錦華，2006；梁麗清，2009）。無論持哪一種觀點的女性主義者，都抱着共同的信念，即反對社會上男女的差異是源於生理結構不同，因而造成社會地位上及發展上的分別。她們相信男女在體能及身體結構上的差異是天生的，但性別角色是社會建構的（socially constructed）。

　　女性主義者在分析婦女的福利需求時，強調應該把重點放在婦女的處境與家庭結構，以及勞工制度的關係上，目的是重新界定婦女的社會角色。西方的女性主義在八十年代開始提倡「女性主義社會工作」（feminist social work）。所謂「女性主義社會工作」，簡單來說，包括以

下原則：（1）承認女性是獨立的個體，有她們獨特的生活經驗，例如婦女並非從屬於家庭，女性不應該因為其性別角色而限制個人的發展；（2）承認社會上存在權力分配不均及資源不足的現象，促使婦女處於不利境況，例如，幼兒服務不足及社區照顧政策的推行，強化了婦女作為照顧者的角色；（3）將婦女的困境提到社會改革的層面，而非將問題個人化，視婦女問題為個人與社會運作失調的結果，例如，新來港婦女的困難不應被視為個人不能融入社會的結果，或被指責濫用資源，成為香港的負累。

與此同時，近年歐美國家的女性主義者亦提倡應用不同的實務理論和概念，例如充權概念，協助婦女突破自己的困境。這些實踐理論及方法本着反歧視、反壓迫的信念作為實踐的基礎。反歧視的社會實務工作（anti-discriminatory practice）有幾點特色，包括：

（1）對傳統社會工作信念，例如專業的客觀性存疑；

（2）確認不同婦女之間存在着的差異；

（3）強調發展一套實踐理論及方法回應人與人之間複雜的權力關係（Thompson, 1997）。

總的來說，反歧視的實務工作強調社會工作者應抱持反思、批判的態度，洞察社會上存在的權力關係，包括性別、階級和種族，並運用我們的事業消除性別和其他形式的歧視。

四、香港婦女運動與婦女服務的發展

香港的婦女運動大致上可分三個階段。第一個階段由二次大戰後至八十年代初，第二階段由八十年代初至九十年代末期，而第三階段則

由 2000 年開始至今。第一階段的婦女運動，多由一些精英及富裕背景的婦女推動，她們多關注婦孺福利等問題（Yau & Cheung, 1992）。第二階段的婦女運動的發展較為蓬勃，聯繫層面較廣。這階段的婦女運動，大抵上朝四個方向發展，包括：本地化、多元化、羣眾化和政治化（梁麗清，1990）。「本地化」的意思是指發展本地資源、掌握本地婦女問題的現況，並發展有關理論和實踐策略。「多元化」是指發展不同性質的婦女團體，包括有特定關注點的團體、廣泛關注婦女問題的團體、傾向社會運動取向和傾向服務取向的團體。多元化的發展可以互相協調，產生互相促進的作用。「羣眾化」的意思是指，運動必須動員基層婦女參與，增加她們在政治上的影響力，爭取制度上的改革及保障。至於「政治化」，是指婦女目前面對的困境，並非個人問題，她們面對家庭及就業等困難是制度化的問題，應該通過制度改革解決。第三階段婦女運動的發展基本上是承接第二階段的特色，不過由於婦女事務委員會的成立，部分婦女團體亦走向監察政府落實《北京行動綱領》和《消除一些形式歧視公約》的工作。例如一些婦女團體成立一個合作和監察平台，除了關注一些共同爭取的婦女政策外，亦對政府在推展性別觀點主流化的工作及其他措施作出定期的溝通及監察。婦女運動在 2000 年之前一直都是在建制外的爭取，2000 年後與在建制內外的聯繫則較為密切。

由於本地化的婦女運動在八十年代開展，香港的婦女團體開始聯結社會服務機構，發展一些基層的婦女服務。何謂婦女服務？是否為婦女提供服務便等同婦女服務？一些前線同工並不認同這個看法。一直以來，香港社會福利的受助者以女性居多，然而，這些受助的婦女並不一定是服務的主體。相反地，她們大多數在履行其家庭角色 —— 作為妻子、母親或照顧者 —— 代表家人去接受服務，例如領取公共援助或

其他形式的家庭服務等。嚴格來說，為婦女提供服務，並不等同婦女服務。所謂婦女服務，是指「應該以婦女為發展主體，針對她們的需要為目的，旨在提高婦女對自己的潛能及需求的認識，發展其獨立自主、自決及自信的人格，並提高及擴闊她們在生活上選擇的自由」（香港社會服務聯會婦女工作小組，1991）。

然而，八十年代婦女服務的發展有兩大取向：其一是針對婦女作為妻子或母親角色而策劃的服務，這類服務較為普遍，例如一些插花、烹飪班等，或者一些教育性活動，如「媽咪功課輔導班」或「了解兒童心理講座」等。以這些活動作為工作介入手法無可厚非，然而以此作為目標，只會強化婦女從屬家庭的角色，漠視了她們獨立個體的地位，以及多方面發展的需要，如就業和社會參與等。另一方面，一些以團結婦女、爭取婦女福利為目的的服務機構包括香港婦女中心協會、香港婦女勞工協會、和諧之家等相繼開展。這些服務計劃雖有清晰的發展目標，但由於服務非由政府資助，在資源欠缺下須面對重重障礙，推展婦女服務局限很大。社聯有關婦女服務的調查報告顯示，提供婦女服務的機構及社工均認為，欠缺長遠的服務政策、人手與資源短缺，以及欠缺對婦女問題的認識，都是推展服務的阻力（香港社會服務聯會，1990）。

八十年代當婦女服務興起，社福界曾就應否成立獨立的婦女服務，出現了不少爭議。這些爭議大概有三種看法：第一，婦女的地位愈來愈高，她們並非無法自助的一羣，故毋須給予特殊照顧。如果認為婦女有個人發展的需要，那麼是否需要提供「男士服務」？第二種看法主要來自福利界的疑慮。他們認為社工一向重視家庭的整合性及和諧性，如提供「婦女服務」協助婦女提高自我意識，鼓勵她們參與社會，可能導致家庭破裂。再者，現行社會服務已可以滿足婦女的需要，例如社區中心

提供的服務等，所以毋須設立獨立的婦女服務。第三種看法則認為必須倡導獨立的婦女服務。

持第一種看法的人至少有兩種誤解。首先，他們對社會福利的發展仍然停留在「救濟」及「補鑊」的落伍觀念上，認為社會服務只為最不能自助的一羣。此外，他們對於婦女的處境亦缺乏清楚的掌握，至少他們不認同婦女在現今男權主導的社會上處於不利的位置。雖然，近年有不少男性團體爭取「男士服務」，無疑為有需要的男性提供服務是必須的，但我們不能夠將兩性不同的處境混為一談，婦女服務的發展與婦女在社會及家庭的發展有着不可分割的關係。第二種看法明顯是擁護建制（maintain status quo），沒有反省制度背後的理據，以及運作時所產生的壓迫。在一次研討會中，一位社工曾分享她的工作經驗，舉出一個非常有力的實例去解答這個疑慮。她遇上一個已婚婦女，在 10 多年的婚姻生活中不斷被丈夫性虐待，但沒有覺察這是問題。後來在一次講座中了解問題所在，她決定離開丈夫。驟眼看來，社工幫助這個受虐待婦女認識自己的問題，令她有勇氣離開丈夫，婚姻關係因而受到破壞。但事實上，問題一直存在，只不過被隱藏了。故事的結局是，丈夫願意接受輔導，改善夫妻間的關係。其實他在過往的暴力行為中都感到不愉快。這個例子說明了挑戰傳統家庭角色及兩性關係，並非鼓勵婦女摧毀家庭。相反地，能夠正視問題，了解婦女的困境，並突破「男主外，女主內」兩極分化的枷鎖，實有助促進兩性之間和諧共處。基於第一、二種看法的謬誤，婦女團體不斷倡議獨立的婦女的服務。建立一套完善的、具長遠目標的服務策略，可以更有效地達成「婦女服務」的理想。因此，獨立的婦女服務是刻不容緩的。

要求政府資助婦女服務的訴求雖然不絕於耳，政府至今仍然沒有改

善婦女服務的決心。然而，婦女服務的需求有增無減，而且關注弱勢社羣的團體有增加的趨勢。例如為受虐婦女服務的羣福婦女權益會，關注殘障婦女權益的女障協會、關注綠色生活及推廣共同購買的綠色女流，為新來港婦女服務的同根社、為年輕援交少女提供服務的青躍等。與此同時，有政黨背景或建制派的地區婦女組織的發展在 2000 年後的發展如雨後春筍。而這些地區的婦女團體較前者擁有較多的地區資源發展。可惜，這些發展仍未能迫使政府正視獨立婦女服務的政策的重要性。

五、總結

婦女發展的重要性雖然在 1995 年世界婦女大會得到國際社會的認同和確立，香港政府與其他國家的政府簽署《北京行動綱領》，同意應用「性別觀點主流化」的概念在政府各個範疇，包括在設計、實施、監察和評估所有法例、政策和計劃時，考慮兩性所關注的事宜與經驗從而促進婦女發展，以達致兩性平等。過去 10 年來，香港婦女事務委員會負責推廣及監察「性別觀點主流化」的概念的落實。可惜，這方面工作的推展甚為緩慢，婦委會沒有權力影響婦女服務的政策落實，只有有限的資源支持一些地區的婦女服務計劃。

目前，香港的婦女服務仍然在有限的資源及欠缺長遠規劃下掙扎求存但仍有改善空間：第一、檢視傳統的理論基礎，應反省沿用已久但欠缺性別角度（gender-blind）的理論，加入婦女角度以分析婦女問題；第二、將婦女問題與社會結構結合，即避免將婦女問題個人化，應重新界定婦女問題，通過社會政策及服務去改變她們的困境；第三、加強前線的社工的性別覺醒能力，應發展具性別意識的社工教育，讓同學對性

別、階級、種族、性傾向等問題多接觸和多思考，對不平等的權力關係有一點反思的能力（梁麗清，2006）。

參考資料

1. Abbott, P. & Wallace, C., *An Introduction to Sociology: Feminist Perspectives* (London: Routledge, 1990).

2. Brook, E. & Davis, A., "Women and Social Work", in E. Brook & A. Davis (eds.) *Women, the Family and Social Work* (London: Taristock, 1985), pp.3-27.

3. Dominelli, L. & McLeod, E., *Feminist Social Work* (Hampshire: Macmillan, 1989).

4. Goldstein, H., *Social Practice: A Unitary Approach* (Columbia: University of South California Press, 1973).

5. Graham, H., "Being Poor: Perceptions and Loning Strategies of Love Mothers", in J. Brannen and G. Wilson (eds), *Gives and Takes in Families: Studies in Resource Distribution* (London: Allen & Unwin, 1983).

6. Langan, M., "The Unitary Approach: A Feminist Critique", in E. Brook & A. Davis (eds), *Women, the Family & Social Work* (London: Tavistock, 1985), pp.29-31.

7. Mitchell, J. & Oakley, A., *What is Feminism?* (London: Basil Blackwell, 1986).

8. Pahl, J., *Money and Marriage* (London: Macmillan, 1988).

9. Pincus, A. & Mindhan, A., *Social Work Practice Model and Method* (U.S.A.: F. E Peacock, 1973).

10. Specht, H. & Vickery, A., *Integrating Social Work Method* (London: Allen & Univm, 1977).

11. Thompson, N., *Anti-discriminatory Practice* (London: Macmillan, 1997).

12. Yau, B, Au, K.C. & Cheung, F., *Women's Concern groups in Hong Kong* (Hong Kong: Hong Kong Institute of Asia-Pacific Studies, 1992).

13. 吳俊雄、梁麗清：《屯門已婚婦女需要調查報告》（香港：屯門區議會社會服務委員會，1991年）。

14. 香港社會服務聯會：《社區發展工作中的婦女服務調查報告》（香港：香港社會服務聯會，1990年）。

15. 香港社會服務聯會婦女工作小組：《婦女服務發展立場書》（香港：香港社會服務聯會，1991年）。

16. 婦女事務委員會：《香港女性統計數字 2009》（香港：婦女事務委員會，2010年）。

17. 梁麗清：〈昨日、今日、明日 —— 婦進與婦運〉，載《新婦女協進會一九八八至九零年度會刊》(香港：新婦女協進會，1990 年)。

18. 梁麗清：〈女性主義 —— 社會工作的挑戰〉，載《香港婦女服務：理論與實踐》(香港：香港社會服務聯會，1995 年)。

19. 梁麗清：〈性別教育：從邊緣走向核心〉，載梁麗清、陳錦華編：《性別與社會工作 —— 理論與實踐》(香港：中文大學出版社，2006 年)。

20. 梁麗清：〈女性主義〉，載岳經綸、陳澤羣、韓克慶編：《中國社會政策》(上海：上海人民出版社，2009 年)。

21. 梁麗清、何芝君：〈香港婦女貧窮〉，載陶黎寶華等編：《價值與社會》(北京：中國社會科學出版社，2001 年)。

22. 陳錦華：〈平等與差異：性別社會工作的挑戰〉，載梁麗清、陳錦華編：《性別與社會工作 —— 理論與實踐》(香港：中文大學出版社，2006 年)。

23. 新婦女協進會：〈托兒服務〉，載《婦女與香港福利政策》(香港：新婦女協進會，第二版，1990 年)，頁 37-47。

24. 新婦女協進會：〈家庭生活教育〉，載《婦女與香港福利政策 (第二版)》(香港：新婦女協進會，1990 年)，頁 117-131。

25. 社會工作者註冊局網站：www.swrb.org.hk。

少數族裔及社會工作

梁詠婷　方家俊　周慧璇

一、引言

　　二十世紀七、八十年代，香港是個繁盛的工業區，提供不少工作機會。當時不少來自巴基斯坦、尼泊爾和印度的南亞裔男子隻身來港工作。在香港回歸祖國之後，亦有部分來自南亞地區的駐港英兵在香港落地生根，組織家庭，經營士多、餐廳等生意，生活圈子慢慢擴展。同時，隨着新市鎮的發展，許多家庭搬到新的公屋羣，例如是葵青、元朗區等。

　　香港作為國際都會，少數族裔人口佔總人口的比例逐年上升，2021 年少數族裔人士佔全港人口 8.4%。少數族裔雖為香港帶來文化多樣性，但他們也面臨語言、就業、教育、融合等問題與挑戰。作為致力促進社會公義與個人福祉的專業，社會工作者（下稱社工）在支援少數族裔適應社會方面扮演重要角色。

　　在香港，少數族裔社會工作的起源可追溯至一九七〇年代後期。首批越南難民抵港，志願社工開始為他們提供服務。到了八十年代，更多少數族裔，如菲律賓傭工、印尼傭工陸續到港工作，少數族裔社會工作逐步成形，並建立專責的社會服務機構。

　　本文概述香港主要少數族裔羣體的統計數據和概念，分析少數族裔

面對的社會問題和需求，社會工作少為數族裔提供的服務，並反思及分享社工的實踐經驗，希望透過描述少數族裔的處境與社會工作的支援，闡釋社工專業在促進少數族裔融合方面的責任，藉此能提高社會對少數族裔需要的關注，使香港成為一個更包容共融的社會。

二、香港的少數族裔

少數族裔概述與統計

　　香港的少數族裔主要來自南亞、東南亞和非洲等地區。根據 2021 年統計處人口普查資料顯示，全港有 8% 非華人在香港居住，比較過往 10 年上升了 37%，由 451183 人增至 619568 人。最多少數族裔人口為菲律賓人，人數是 203359 人，佔 2.7%；第二位是印尼人，人數是 145754，佔 2%；第三位是英國人，人數是 37243 人，佔 0.5%。大多數的菲律賓及印尼人在香港從事家傭工作。值得留意是排行第四位的印度人（佔 0.4%），第五位的尼泊爾人（佔 0.4%）及第六位的巴基斯坦人（佔 0.2%），我們稱他們為南亞裔。不少南亞族裔來港後視香港為家，已及至第三、第四代的「香港人」。下文亦會較多提及南亞在港生活情況。

2011 年、2016 年及 2021 年香港少數族裔人士數目

年份	人數	百份比 (%)
2011	451183	6.4
2016	584383	8.0
2021	619568	8.4

2021 年香港人口分佈

種族	人數	百份比（%）
華人	6819690	92
菲律賓人	203359	2.7
印尼人	145754	2.0
英國人	37243	0.5
印度人	32796	0.4
尼泊爾人	26779	0.4
巴基斯坦人	18178	0.2
美國人	14043	0.2
泰國人	13838	0.2
澳洲人	11773	0.2
其他	89617	1.3
總計	7413070	100.0

在 2021 年，不包括外籍家庭傭工，有 31.3% 少數族裔在香港出生。其中 75.3% 為 0 至 14 歲在香港出生的少數族裔，比例較其他組別高，表示很多少數族裔家庭也選擇在香港生兒育女，成為香港的一分子。

2021 年在香港出生的少數族裔人士（不包括外籍家庭傭工）比例

年齡組別（歲）	香港出生人數	非香港出生人數
0-14	45267	14828
15-24	18020	16301
25-34	8893	32269
35-44	9017	53211
45-54	6569	43442
55-64	3730	24005
65 或以上	2734	23058

少數族裔的定義

少數族裔一詞源自英文「ethnic minority」，指在某個國家或地區內，不是主體民族的族羣。這個詞語常被社會工作及社會政策界用來指稱那些因種族、膚色、語言、宗教、文化等因素，而處於社會邊緣的羣體。社會工作中對少數族裔的關注，源於六十年代美國的民權運動，黑人及其他少數族裔展開了爭取平等的鬥爭，這促使社會工作也開始重視不同種族及文化背景的服務使用者，並發展出多元文化觀點。

隨着少數族裔在香港的人數越來越多，對香港的影響力亦越來越強，業界之內開始更多討論有關「少數族裔」這個稱呼是否仍然適合。有認為英文詞彙「ethnic minorities」中的「minorities」一詞易予人地位較低的感覺。此外，有部分少數族裔早於幾代前已經扎根香港，既精通中文亦以香港為家，他們對於「少數族裔」這一稱呼並不是適合形容自己，因此一些個人和組織開始使用「多元文化人士」一詞統稱南亞裔。儘管如此，香港特區政府，中國內地政府、英國政府、加拿大政府以及聯合國等，則仍使用「少數族裔」一詞作為非主體族羣的官方名稱。

綜觀而言，「少數族裔」和「多元文化人士」這兩個詞語有以下差異和使用方法：

（1）「少數族裔」強調種族和族羣背景，通常指在某地方屬於人數較少的非主體族羣；「多元文化人士」則着重文化角度，泛指在社會上具有不同文化特徵的人羣。

（2）「少數族裔」側重客觀人數多寡；「多元文化人士」更強調主觀認同。

（3）「少數族裔」有意見認為帶有標籤；「多元文化人士」比較不帶標籤，但其缺點是不清楚此詞是指不同族羣。

社工使用稱呼時要注意，避免給人貼標籤感覺，也要尊重當事人的自我認同，其實「少數族裔」與「多元文化人士」都可用於描述香港的文化多樣性，大可因應語境（context）適當選用，可以根據語境選擇或結合使用，不必刻意迴避「少數族裔」，因為單獨使用「多元文化人士」在學術和政策運用上仍有限制，理想的做法是需要兼顧語境作出適當的詞彙選擇。

南亞族裔社會問題與挑戰

在港的少數族裔包含不同種族及國籍，除外籍傭工外，當中以南亞裔（即尼泊爾、巴基斯坦和印度裔人士）佔大多數，較多來自基層家庭。南亞裔族羣人口較多，人口增長迅速，家庭大以及須撫養兒童亦較多，在基層少數族裔中較有代表性，而他們所面對的困難及需要亦因資源缺乏下更為明顯。

語言

政府及各個組織多年來一直推動少數族裔學習中文，但語言障礙仍成為他們在香港生活的一大困難。大部分的少數族裔家庭仍以自己種族的母語作為日常家人朋友溝通的語言。如尼泊爾人的母語是尼泊爾語、巴基斯坦人是烏爾都語、印度人是印地語等。母語是我們學習外語的基礎，根深蒂固的母語應用方式會影響我們適應一種新的語言。

不同的語言都有各自的發音及文法系統，而中文的語言系統則與以上三種語言完全不同。在文字系統方面，書寫方向及發音系統上亦有明顯差異。因此，當少數族裔人士需學習第二語言（中文）時，由於受着母語的影響，較難適應語言系統的差別。再者，香港是一個以廣東話為主要溝通語言的地方，書寫及口語皆不盡相同，語文系統、書寫口語的

不斷轉換成了他們學習中文的一大阻礙。

語言系統的不同，語境的缺乏，第二語言學習支援的不足，成為少數族裔人士學習中文的難關。語言的阻隔除了不能讓少數族裔人士於日常生活有效溝通外，更對他們升學及就業造成影響，長遠形成貧窮問題；同時，各種社會政策、公共服務及社區資源資訊亦因語言問題而不流通，阻礙他們獲取適切的社會服務，形成社會隔閡。

資訊流通

香港的官方語言以中英文為主，所有資訊多以中英文發佈。政府近年雖於公共服務資訊加入多種少數族裔語言翻譯，但由於多限於文字版本，並沒有影片或音訊，對於基層少數族裔中教育水平較低的人士並不能看懂，使他們在獲得公共資訊時往往出現滯後及不足的情況。如在 2019 冠狀病毒（Covid-19）流行期間，防疫政策多變，語言障礙令他們無法理解，更無所適從，社會服務機構因此接獲大量求助個案。

教育

香港大部分的主流學校均以中文作主要教學語言，少數族裔家長因語言隔閡，未能掌握子女在學及升學資訊，亦因中文程度日漸加深，未能有效支援子女學業。而普遍少數族裔學生即使學習中文多年，中文能力與同齡華語生相比仍強弱懸殊。少數族裔學生雖可選擇考取「綜合中等教育證書」（GCSE）、國際普通中學教育文憑（IGCSE）及普通教育文憑（GCE），以代替香港中學文憑試（DSE）中文科，但由於以上幾個考試程度只如香港的小學及初中程度，當他們以此作為大學入學成績，大學亦會按個別情況考慮錄取，並沒有統一標準，升學階梯未明。而本身課程中文程度太低，亦無助將來尋找工作。

就業

香港大部分基層工作已絕少使用英文，文職工作僱主亦普遍要求五科合格，包括中文科，少數族裔人士多因書寫能力未能達標，即使學歷不俗，卻因學歷未獲承認或者中文能力而不獲受聘。許多少數族裔人士因難以求職，而被迫接受薪酬較低或轉投勞動及飲食業等。而僱主往往傾向留於安舒區，不願對他們的需要作出調節，令少數族裔人士就業困難重重，高不成低不就。

歧視與誤解

少數族裔人士由最初移居香港，到現在許多少數族裔年輕人已是第二、第三、甚或第四代的土生土長香港人，部分仍保留着許多獨特的文化及傳統。許多華人因對文化及風俗的不了解，甚至因種族、語言及膚色而產生許多誤解。而傳媒對少數族裔人士的負面報道及定型，亦引致歧視的不斷循環。各種的歧視令他們更依賴自己族羣去尋求幫助，同時窒礙他們與社會的聯繫，大大阻礙社會共融。

三、社會工作與少數族裔

在香港有不少機構為少數族裔提供服務，較早期提供服務的機構包括香港聖公會麥理浩夫人中心、香港基督教服務處、香港融樂會、香港國際社會服務社、基督教勵行會、香港明愛、循道衛理楊震社會服務處及新福事工協會等。之後亦有不少社會服務加入服務少數族裔，詳情如下：

少數族裔人士支援服務中心

民政事務總署向非牟利機構批出資助撥款，為本港的少數族裔人士開設和營辦六間少數族裔人士支援服務中心及兩間分中心，旨在輔助少數族裔人士融入社區，以及協助他們使用公共服務：

（1）香港基督教服務處：融匯—少數族裔人士支援服務中心

（2）新家園協會：HOME Centre（油尖旺）及 HOME Sub-centre（深水埗）

（3）香港國際社會服務社：HOPE Centre

（4）香港社區網絡：LINK Centre

（5）香港路德會社會服務處：ONE Centre

（6）鄰舍輔導會：TOUCH Sub-centre（東涌）

（7）元朗大會堂：少數族裔人士支援服務中心

少數族裔外展隊

社會福利署委託三間非政府組織於香港、九龍及新界共設立三支少數族裔外展隊，主動接觸及協助有需要的少數族裔人士與主流福利服務聯繫。外展隊讓少數族裔人士與主流福利服務接軌，透過及早識別及介入，為他們提供一系列的服務：

（1）鄰舍輔導會：融方少數族裔外展服務隊

（2）香港基督教服務處：動融—多元文化外展隊

（3）香港聖公會：多元文化外展服務隊

勞工處—多元種族就業計劃

勞工處以試點形式，通過非政府組織以個案管理方式，向少數族裔求職人士提供一站式就業支援服務。非政府服務機構會委派註冊社工擔任少數族裔參加者的個案經理，向他們提供個人化的就業服務，包括就業需要評估、職業導向、職前諮詢、就業輔導、工作配對、準備面試、個案檢討及其他相關支援服務。在少數族裔求職人士成功獲聘後，個案經理會繼續為少數族裔人士及聘用他們的僱主提供受僱後的跟進服務，包括協助僱員適應新的工作環境，促進雙方了解彼此的工作期望及習慣。

香港聖公會麥理浩夫人中心

香港聖公會麥理浩夫人中心一直為在港的少數族裔人士提供一站式多元化服務，支持他們面對生活上的各種困難及宣揚種族共融。少數族裔服務部於 2001 年成立，由華裔、巴基斯坦、尼泊爾和印度等不同種族的同工組成，聯同多年來不同的基金、合作伙伴與學校的支援，使服務能為不同種族、性別及年齡的少數族裔及其家庭提供個案、小組、活動及外展工作等服務，服務基於以下三個核心價值：

（1）促進不同種族間的共融；

（2）透過不同的工作手法，例如是社會企業，建立助人自助的社區；

（3）關注區內居民的需要，着重服務使用者的角色轉化及充權工作。

在開展少數族裔社區工作的初期，中心的主要工作方向是協助南亞家庭融入社區，致使他們在主流文化與傳統習俗之間，能夠隨心所欲活出自我。不少南亞裔孩與本地小孩共同成長，他們成年後回到中心擔任少數族裔服務的中堅分子。中心的服務重視「施與受」，由無助到能過

渡難關，甚至可以幫助別人，過程很漫長而且要付出，並且依靠居民自己注入新元素和力量，成為持久的價值。

其他服務少數族裔的社會福利機構

現時有超過 30 間會員機構為少數族裔人士提供不同類型的服務，包括中英文語言課程、文化敏感度訓練、共融活動、翻譯服務、就業支援及輔導服務等。我們亦關注少數族裔的權益，倡議他們獲得公平機會。

翻譯服務

現時有兩間社會服務機構提供翻譯服務，包括文字、到場、電話及視像翻譯。這兩間機構分別是「香港翻譯通」和「融匯—少數族裔人士支援服務中心」。

香港翻譯通（社會企業）：翻譯通期望透過翻譯服務，為少數族裔人士解決語言障礙，消除少數族裔人士與本地人士的隔閡，並為接受過高等教育的少數族裔提供具前景的專職就業機會。翻譯通提供 19 種語言的傳譯及翻譯服務，當中包括亞洲和歐洲語言。此外，翻譯通亦把服務擴展至聾人社羣，為他們提供手語翻譯服務。翻譯通期望透過傳譯及翻譯服務來推動無語言障礙的環境，以達至社會共融。

融匯—少數族裔人士支援服務中心：於 2009 年成立，由民政事務總署撥款資助。中心透過提供便利傳譯及翻譯服務及多元化的活動，促進在港少數族裔人士享有愉快及和諧的生活，冀達至以下目標：

（1）認識及使用社會服務及資源；

（2）提高運用中、英文的能力；

（3）提高解決問題和適應在港生活的能力；

（4）推動社會不同族裔人士融和共處。

平等機會委員會

平等機會委員會（下稱「平機會」）為政府轄下的法定組織，政府每年撥款資助平機會運作，主要在保障權益、教育、政策倡議及研究、投訴調查等方面支援香港少數族裔。

四、社會工作的角色及實踐智慧

現時支援少數族裔的服務，可以簡易分為主流社會服務及專設的少數族裔人士支援服務，綜觀而言，作為社工，可留意以下的因素，更有效地提供服務：

具文化敏感度的同事及服務環境

文化敏感度是指了解和尊重不同文化的價值觀、信仰和習俗，並在工作中考慮到這些因素。文化敏感度還包括對歧視和偏見的敏感度，以及如何避免這些問題對工作造成負面影響。社工需要了解不同族裔和文化背景的服務使用者，可能會對某些話題或行為產生不同的反應，例如飲食習慣、宗教信仰、性別角色和親密關係等。在服務過程中，社工亦需反思對不同文化而有所反應的背後原因。反思有助提升社工對服務使用者的接受程度，從而提供更適切的服務。

除了社工在個人層面上的文化敏感度外，在服務的環境也需多加留意。中心最好可以準備英文及少數族裔語言的服務簡介單張，供少數族裔街坊了解到服務的內容，現時本機構的社會企業「香港翻譯通」可提

供收費的到場、視像及文字的翻譯服務。而由民政事務總署撥款資助的「融匯－少數族裔人士支援服務中心」（CHEER）亦可免費提供翻譯服務。如有少數族裔服務受眾到訪時，可先嘗試用中文或英文溝通，如有需要亦可聯絡以上的機構提供翻譯服務。除此之外，簡單的翻譯應用程式亦有助初步了解他們的需要，從而再安排適合的服務。最重要是態度上令他們感受到服務的氛圍是願意為他們提供服務，並非想他們離開。

如中心有少數族裔同工，又或者想招聘少數族裔同工，營造多元文化工作間是十分重要的，在外國已經是很普遍的工作文化。例如需因應同工認識的語言，協助同工了解中心的工作安排及行政要求；在日常工作溝通上，無論在會議上或通訊軟件也需用同工認識的語言，這有助於安排工作及融入工作環境。在安排膳食上，可了解少數族裔同工的飲食，鼓勵同工間分享不同文化的食物。在安排假期上，可按同工的宗教節日假期，彈性作出安排。在平日多溝通，工作間的誤會也比較少。

聘任少數族裔的同工

如服務的區內有少數族裔街坊居住，鼓勵聘用他們成為同工。因為他們較了解街坊的生活情況及文化，亦使用相同的語言，溝通上更為方便。而不少南亞語言是互通的，例如巴基斯坦人主要使用烏爾都語，而印度人主要使用印地語，烏爾都語及印地語的口語約九成相似。又例如大多數的尼泊爾人除了使用尼泊爾語外，亦懂得印地語等，有助服務不同語言需要的服務受眾。

另外，少數族裔同工可能已在社區中建立了聯繫及影響力，這有助中心接觸到地區少數族裔的街坊及了解地區需要，從而擴大服務的覆蓋範圍。

而不少少數族裔的同工也希望用自身的經驗服務同鄉，這也是一個好的平台為有志在社會服務界發展的少數族裔提供就業機會。香港聖公會麥理浩夫人中心也有部分少數族裔同工因此而再修讀社工課程，成為註冊社工，繼續服務少數族裔人士。

主流服務的承托

在香港的少數族裔有不同的年齡層及需要，因此承托他們使用主流服務才可有效地滿足適切的需要。現時在較多少數族裔居住的地區，主流服務已有意識為少數族裔提供服務，惟服務經驗及資源分配的限制，未能提供適切的服務。其實不少服務少數族裔的非政府組織也抱持「少數族裔服務主流化」的工作理念，簡單而言，就是使主流社會服務體系能夠回應和照顧少數族裔的需要，少數族裔不再需要特定的專門服務，這個願景需要主流服務具備文化敏感度，以融合的框架服務所有市民。在香港，社工應有準備為不同種族的人士提供服務，如有需要時亦可找服務少數族裔的機構協助，一同建構共融社區。

恆常檢視服務的介入方法

現時在香港的少數族裔已有 31.3% 在香港出生，除此之外，而亦有部分是在香港接受教育，因此已出現了第一至第四代的少數族裔共同在香港生活，他們所遇到的困難也有所不同。作為社工，必須要有敏感度轉化服務使用者成為義工、社區模範及地區領導，令到受服務的少數族裔助人自助，才會更有影響性的服務效果。

教育及倡議工作

　　社會工作向來重視反壓迫（anti-oppressive practice）的工作，社工有責任持續進行反歧視教育及倡議工作，以改變社會上對於少數族裔的偏見。過去本港社工曾以不同途徑推動教育和倡議工作，使社會更重視少數族裔需要，其中包括：透過講座和工作坊，向公眾和專業團體推廣文化敏感度，例如為社會福利署及其津助機構舉辦相關培訓；與學校及地區組織合作，在社區舉辦多元文化共融活動，例如板球同樂日、跨種族婦女煮食班等，促進不同族裔交流理解；協助少數族裔服務使用者向平機會投訴受歧視個案，促進制度及政策的監察與改變，同時定期表達對跟進種族歧視投訴程序的意見；網絡服務少數族裔的團體進行集體倡議，藉以增加政府公共服務的文化敏感度和語言選項；透過研究報告，反映少數族裔的需求及面對的困境，以實證（evidence based）促進政策制訂者關注少數族裔議題。

五、結語

　　少數族裔人士是香港重要的一部分，他們為香港社會同樣付出不少。不過，由於種族、宗教及文化的不同，令部分少數族裔人士的生活遇上獨特的障礙。社會服務機構在支援少數族裔人士應對和克服各方面的困難和挑戰上扮演着關鍵角色。他們提供多元化的服務，以滿足少數族裔羣體的需求，包括語言支援、教育輔導和就業指導等。此外，作為社會工作者，與少數族裔羣體建立良好的合作關係，聆聽他們的聲音、了解他們的需求，並尊重他們的文化背景和價值觀也非常重要，我們應該倡導平等和多元包容的價值觀，建立共融關愛的社區。

參考資料

1. 少數族裔的稱呼，AM730，2017 年 9 月 16 日，https://www.am730.com.hk/column/%E6%96%B0%E8%81%9E/%E5%B0%91%E6%95%B8%E6%97%8F%E8%A3%94%E7%9A%84%E7%A8%B1%E5%91%BC/236688。

2. 2021 年人口普查，https://www.census2021.gov.hk/tc/index.html。

3. 2021 人口普查少數族裔人士，2021 年人口普查，https://www.census2021.gov.hk/doc/pub/21C_Articles_Ethnic_Minorities.pdf。

4. 少數族裔人士支援服務中心，民政事務總署種族關係組，https://www.had.gov.hk/rru/tc_chi/programmes/support_service_centres.htm。

5. 少數族裔外展隊，社會福利署，https://www.swd.gov.hk/tc/index/site_pubsvc/page_family/sub_listofserv/id_otem/。

6. 2016 年香港少數族裔人士貧窮情況報告，政府統計署，2018 年 2 月 7 日，https://www.commissiononpoverty.gov.hk/pdf/Hong%20Kong%20Poverty%20Situation%20Report%20on%20Ethnic%20Minorities%202016_chi.pdf。

7. 平等機會委員會：《種族平等概覽：從法理到實踐》(香港：平等機會委員會，2020 年)。

8. 楊雪冬：〈從「少數族裔」到「文化多樣性」的政策嬗變：評香港的族羣政策〉，《香港社會工作學報》，34 (1)，2020，頁 19-20。

9. 「融匯 ── 少數族裔人士支援服務中心」，香港基督教服務處，https://www.hkcs.org/tc/services/cheer。

10. 《在那工業背後的色彩斑斕 ── 葵涌跨文化社區傳承故事》(第二版)(香港：聖公會麥理浩夫中心，2017 年)。

11. 香港翻譯通，https://www.hk-translingual.com/tc/services.php。

12. 袁源隆：〈防疫政策多變語言障礙令少數族裔無所適從社福機構擔「救火」角色 翻譯疫情資訊：不能忽略這班人〉，《明週文化》，2022 年 3 月 19 日，https://www.mpweekly.com/culture/%e7%a4%be%e6%9c%83/%e5%85%a8%e6%b0%91%e6%8a%97%e7%96%ab-%e9%a6%99%e6%b8%af%e5%9f%ba%e7%9d%a3%e6%95%99%e6%9c%8d%e5%8b%99%e8%99%95-%e8%80%86%e6%9c%b0%e5%b0%91%e6%95%b8%e6%97%8f%e8%a3%94%e9%95%b7%e8%80%85%e6%94%af%e6%8f%b4/。

13. 劉夢婷：〈大香港主義下的種族歧視：無處不在，無法想像，無可奈何〉，香港 01，2021 年 12 月 24 日，https://www.hk01.com/%E6%B7%B1%E5%BA%A6%E5%A0%B1%E9%81%93/709595/%E5%A4%A7%E9%A6%99%E6%B8%AF%E4%B8%BB%E7%BE%A9%E4%B8%8B%E7%9A%84%E7%A8%AE%E6%97%8F%E6%AD%A7%E8%A6%96-%E7%84%A1%E8%99%95%E4%B8%8D%E5%9C%A8-%E7%84%A1%E8%99%95%E4%B8%8D

%9C%A8-%E7%84%A1%E6%B3%95%E6%83%B3%E5%83%8F-%E7%84%A1
%E5%8F%AF%E5%A5%88%E4%BD%95?utm_source=01articlecopy&utm_
medium=referra。

14. 黎明：〈香港語境下的少數族裔與多元文化稱謂政治〉，《華人研究國際學報》，
12（2），2022 年，頁 27-39。

15. Lum, D.,. *Culturally Competent Practice: A Framework for Understanding Diverse
Groups and Justice Issues* (Cengage Learning, 2011).

風險與社會工作

陳沃聰

一、引言

自從德國社會學家貝克（Ulrich Beck）在 1986 年出版《風險社會》一書後（Beck, 1992），「風險社會」（risk society）概念一直在社會理論、政策研究，以及社會工作範疇內，受到廣泛的關注和討論。事實上，在過去二、三十年中，風險的概念和風險的管理，一直和社會工作結下不解之緣。即使在香港，社會工作亦提高了對風險的意識，風險評估和風險管理幾乎已經成為社會工作中一個不可或缺的部分。這篇文章的目的，是要探討在所謂後期現代社會中，社會工作如何回應風險意識提高後的社會和專業要求，和對風險思潮影響下的社會工作作總結和反思。

二、背景

從十九世紀中葉至第二次世界大戰結束後 100 年間的西方社會，初生的社會工作主要是以慈善為取向，以濟貧活動為主導，以及以那些生活在困境中的個人和家庭為援助對象的志願行為；1945 年至七十年代末，社會工作漸漸發展成為一種以滿足國民基本需要為主的政府責任和

行為，即西方社會所謂福利國家的年代；八十年代以後，西方社會進入所謂後期現代社會，標榜個人自由、選擇和責任的新自由主義，主導着英美等西方國家的福利發展，雖然福利服務仍然是以滿足個人和家庭需要為目的，但是已經不再是以全民保障為基礎；相反，它更重視為社會中一些危險的社羣提供需要的福利服務，以減低這些社羣所存在的風險（Webb, 2006）。

風險這個名詞在八十年代初期已經進入社會工作的語言中。早在 1982 年，Brearley 在其 *Risk and Social Work* 一書中探討風險與社會工作的關係。雖然 Brearley 在風險及其相關概念的闡釋上有很多不清晰的地方，論者一般都以他為最早討論社會工作專業應該如何理解及評估風險的學者。根據 Brearley（1982）的說法，風險是一個機率。這個機率的評估涉及對各種靜態和處境性危險因素、人們所懼怕出現的危險後果，和有助減低危險後果的緩解性因素的全盤考量。所以，風險其實是社會福利和社會工作實務情境中，考慮了所有緩解因素後，出現負面結果相對於一切可能出現的結果的百分比。

首先，有需要對風險和危險兩個概念作區別。根據 Giddens（1999）的說法，我們現在所身處的後期現代社會是一個風險社會。風險社會不比傳統社會危險，在中古時代和以前的社會，危險是人類生活的一個現實。儘管如此，那時並沒有所謂風險的概念或意識。在現代社會中，危險及其不明確性仍然存在，風險的意識是要對這些危險及其不明確性作預測和操控。因此，風險是對將來和安全的關注，即是說，風險所表達的意識是對將來的控制，特別是對將來可以發生的危險及其不明確性作預測和控制，以減低危險事件對人類生活可能的威脅和傷害。新自由主義主導下針對危險社羣提供的福利服務，目的就是要減低這些社羣所構

成的風險，而這種理念下所推行的福利服務，正是風險社會在福利範疇的具體表現。

三、風險社會與社會工作

風險社會是現代社會的自反性結果。根據 Giddens（1999）的說法，新自由主義在某種意義上是對風險社會的政治回應。在傳統社會，福利是為那些已經出現了困難的個人、家庭和羣體作慈善性質的回應；在福利社會，福利措施是對全民的照顧和保障性措施；而風險社會所關注的焦點，是對包括由福利措施所引起的一切危險結果作預測和預防。因此，在福利社會轉變成為風險社會的過程中，社會工作漸漸由關注服務對象的需要，轉變為注視個案所涉及的風險（Kemshall, 2002）。這種對風險的注視具體反映在兩方面。首先，社會開始只接受那些達至最基本訓練要求的人，才可以從事社會工作，通過服務質素的保證，減低因從業員質素參差，而引致在實務過程中可能出現的風險。另一方面，社會工作本身也更強調對風險個案的辨識和處理，以避免危險結果的出現。

毋庸置疑，社會比以前更強調對社會工作的規管。以英國為例，九十年代成立的一般社會照顧議會（General Social Care Council, GSCC），就是一個規管社會工作者專業質素的機構。美國除了要求社會工作者接受認可的社工訓練課程外，還要求他們通過一個由社會工作聯合議會（Association of Social Work Boards, ASWB）所舉行的考試，才可以獲得專業執照。香港在 2000 年成立的社會工作者註冊局，被法律授權對符合基本訓練要求的社會工作者進行註冊，也是這種規管思維在本地社會的具體表現。對風險關注的另一個結果，正如前述，社會福利服務的

性質，漸漸由整體性的社會照顧，轉變為對具潛在風險的個人和家庭作識別和處理；即是說，相較於需要，社會工作更重視對高風險個案的辨識、評估和處理。這個轉變，在一定程度上，標誌着「社會性」在社會工作的消亡（Rose, 1996）。

在風險被視為個人而非社會性的思潮影響下，不少社會問題漸漸地私有化到個人和家庭中去。個人和家庭既是問題的成因，自然也就是解決問題的主要責任者。這個轉變，除了導致補救性社會福利安全網的重現，也催生了所謂「企業個人」（entrepreneurial self）。英國 1996 年出台《社區照顧法》後的社區照顧政策，為有需要人士提供直接金錢援助而非直接服務，就是這種思潮的一個具體表現。在政府所設定的資源條件下，個人有責任為本身的問題和需要制定服務和照顧的計劃，在這個前提下，他們作為服務使用者和消費者的角色日趨明顯。由於市場漸漸成為社會服務的主要提供者，政府在社會服務質素的規管上也起着愈來愈重要的作用，它在社會服務上的角色，也就明顯的從所謂「供給型政府」（Provident State）轉變成為制定規則和監管服務質素的「規控型政府」（Regulating State）了（Webb, 2006）。

風險與社會工作在現代社會的密切關係，可以從對脆弱羣體的保護工作和措施上去了解。毋庸置疑，保護工作的失效是導致危險結果的一個直接因素，因為社會重視對保護工作的失效問責，社會和社工就有必要對脆弱羣體作辨識和評估，並進行適當的風險管理措施。在這個背景下，我們比較容易明白近年社會工作範疇中，廣泛發展和使用風險評估工具的做法，和把風險管理作高度程序化處理的因由。在任何有關風險的決定上，都無可避免地可能出現危險結果。但是，只要有關決定是按已知的知識和既定的風險管理程序進行，即使是出現超出預期的危險結

果，這個危險的結果也不能被視為作出錯誤決定的證據（Loxton, Shirran & Hothersall, 2010）。從這個角度看，按程序進行的風險管理，既是對脆弱羣體的保護，也是對社會工作者及其聘用機構的保護。

所謂風險管理，一般來說包括以下幾個元素：首先，是對風險的識別，就是對可能出現危險結果的個人、家庭、或羣體作辨識。其次，是對風險的分析，包括 Brearley 所言，對各種靜態和處境性危險因素、危險後果、有助緩解危險因素和減低危險後果的緩解性因素的全盤考量。第三，是研判減低風險的措施和策略，包括設定和執行服務標準和程序，以避免危險結果出現的可能性。最後是對風險的監控。這些風險管理的程序和措施，涉及政府、社會工作專業和服務使用者幾方面的關係。服務使用者是風險管理的直接獲益者，要達至這個目標，社工及其聘用機構需要按既定政策和指引，規管風險處理程序和措施的執行；另一方面，社會工作專業也要受到政府和社會的規管，以保證其專業人士是達到基本專業能力的要求和按既定的服務標準提供服務。

對風險的關注和回應是現代社會工作的重要特色。在主要的社會工作實務場域中都基本上離不開風險的辨識、評估和管理。以下將以西方社會和香港為例，探討在過去 20 年中，風險意識如何影響對違法者的矯治工作、受暴力威脅的兒童及婦女的保護工作以及長者服務，並藉此討論以鑒別和管理風險為中心的社會工作的優勝劣敗。

違法者矯治社會工作

二十世紀七十年代中以前，西方的青少年違法者矯治工作主要是福利導向，以青少年犯人的治療和康復為主。社工常以專家的角色在司法系統中，給青少年違法者和他們的家庭作專業診斷，並向法庭就不同的

個案，建議不同的治療和處理方案。然而，福利導向的青少年司法模式並未能有效地遏止青少年犯罪的飆升（Pitts, 1996），加上社工在所謂「個別化公義」所扮演的角色成為了公眾批判的對象，最終導致西方社會對「康復理想」的幻滅。

七十年代末，一種經濟上自由放任的和政治上保守的社會意識形態，開始在西方國家抬頭。這種被稱為「新右派」（New Right）的政治經濟哲學的核心，是強調個人要為所面對的困難和問題負上責任。在青少年犯罪問題上，這種新的政治哲學認為犯罪是自由意志和個人選擇的結果。青少年犯罪不再被視為個人或家庭病態的表徵，而是一個道德敗壞的問題。因此，在青少年罪犯的處理上，以「回歸公義」為取向的「公義司法模式」逐步抬頭。由於「康復理想」的幻滅，社工不再在青少年違法者的矯治工作擔任重要的角色。

英美在「新右派」（New Right）政治經濟哲學影響下，青少年違法者要麼被關進監牢裏，要麼被判處非禁閉的判刑。前者增加了監獄的負荷，同時也增加了公共財政在社會保安上的開支和加稅的壓力，有違「新右派」的經濟政策；後者則因為罪犯在社區接受懲罰，而導致社會上罪案風險的增高。因此，九十年代初，西方社會「新刑罰學」（New Penology）出現（Feely & Simon, 1992）。所謂「新刑罰學」，是指矯治政策的重點不在於如何改造罪犯，而傾向對不同罪犯的風險作出預算和管理，通過量表的運用，評估不同違法者的需要和風險，甄別和作出不同的處理，對高危違法者進行禁閉判刑，和對不屬於高危違法者作開放式判刑、監控和矯治。所以，「新刑罰學」又被冠以所謂精算公義的名稱。事實上，英美兩國在九十年代以後，規定對違法青少年的評估，除了包括他們的個人需要外，還加入他們重犯的風險因素的考慮，然後法庭作

出判刑建議。

　　無疑，香港也受到了西方社會青少年罪犯康復政策所影響。九十年代中期以後，以香港的感化服務為例，感化主任在向法庭對包括青少年在內的違法者作出康復建議前，要對他們的危機及需要做出詳細評估，並填寫違法者危機及需要評估表格，然後按照危機及需要評分的級別，向法庭提供各種不同的康復建議。時至今日，對違法者作風險評估，已經不單局限在感化服務內。香港善導會自 2009 年開始，引入和使用了國際認可的危機及需要評估工具 ——「服務水平 / 個案管理量表」（Level of Service/Case Management Inventory），為更生人士提供服務。又如懲教署轄下羅湖懲教所自 2011 年啟用的「健心館」，對刑期為 12 個月或以上的女性在囚人士提供重犯風險及更生需要評估，並對有重犯風險危機的女性在囚人士提供為期二至四個星期的輔導課程。

　　清楚可見，過去 20 年間，無論是西方社會或香港，在對包括青少年的違法者矯治政策上，已經從單單考慮違法者本身的需要，轉而同時考慮他們重犯及因此而引起對社會所帶來的風險。風險評估已經是對違法者評估的一個不可或缺的部分。

保護兒童工作

　　社會工作一直關心對受虐兒童及婦女的保護。七十年代或以前，即使在西方社會，保護兒童工作都是以家庭整體的福利，而不是以兒童的安全作為保護兒童工作的首要考慮。在英國，1973 年的 Maria Colwell 案以及 1984 年的 Jasmine Beckford 案，充分反映出這個傾向，及其在保護兒童工作上所可能引致的嚴重後果（Department of Health and Social Security, 1982）。因此，八十年代中期以後，社工在處理受虐兒童個案

時，明顯地把保護兒童工作的首要任務，放在兒童的即時及長遠安全上。這個轉變，令風險因素的評估與風險管理成為保護兒童工作重點的重要一環。

保護兒童免受虐待和疏忽照顧的難處在於，社工需要在保護兒童和尊重父母對孩子的親權中取得平衡。因此，與風險經常連在一起考慮的問題是所謂介入的臨界點問題。即是說，在甚麼情況下，社工和其他保護兒童工作者必需採取怎麼樣的措施，以減低兒童受到或再次受到虐待和疏忽照顧的危險。時至今日，比較發達的西方社會在保護兒童工作上都設定了一套相當嚴謹的程序和守則，指引保護兒童工作者如何處理受虐或懷疑曾經被虐的兒童個案。這些程序和守則，通常都包括如何評估兒童再次被虐待或疏忽照顧的風險，還有對應的保護措施。

雖然風險評估是保護兒童工作不可或缺的一環，但是不同地方所採取的風險評估方法並不一樣。英國在她的衛生部門的牽頭下，發展出一套「通用評估架構」（Common Assessment Framework），作為評估需要保護服務的危機兒童和青少年（Department of Health, 2000）；北美則傾向使用一些結構性風險評估工具，《兒童受虐潛因問卷》（*Child Abuse Potential Inventory*）就是這類結構性工具較為常用的其中一種。香港政府社會福利署在「處理虐待兒童個案程序指引」中，指出危機評估旨在評估有關兒童的危機水平，並以美國加州社會兒童福利服務部門的風險評估框架，提出 15 項風險因素，作為評估危機水平的準則。

除了保護兒童工作外，危機評估也是其他家庭暴力個案的一項核心工作，包括保護受虐配偶和受虐長者的個案。事實上，香港在保護婦女和長者的工作領域中，都清楚呈現風險社會中保護兒童工作的特徵，包括高度程序化、以風險評估和管理為中心、重視問責和向社會的交代。

精神病患者的康復工作

八十年代以後，以英國為首的西方社會不斷強調社區為本的介入和服務。在精神病患者的康復工作上，亦從以前的院舍為主的治療，轉變為社區為主的康復服務。在這個背景下，偶爾發生的精神病患者對自己、家人、以至社區內人士的暴力案件，往往容易成為輿論關注的焦點，甚至演變成為政治議題。社會不斷要求在精神病患者的處遇上，需要作出準確的評估和甄別，以決定他們是否適合在社區接受治療和康復工作。

1983 年英國的《精神健康法》，主要目的就是通過法律的程序和授權，容許對自己或其他人士可能構成危險的精神病患者，進行強制性的評估和病院治療。而在執行《精神健康法》的過程中，無可避免地需要對精神病患者的上述風險作出適當和準確的評估。所以，英國衛生部在 2007 年出版的《風險管理最佳實踐手冊》（下稱《手冊》）中，清楚說明風險管理是所有從事精神健康專業人士必須具有的實務能力，並指出製作《手冊》的主要目的就是要為個別專業人士、團隊，以至機構層面的日常風險管理工作上，提供系統性的支援。《手冊》還提供了不同範圍的評估工具，作為風險管理最佳實踐的支援。

因應國際間把治療精神病的重點由住院護理轉移到社區及日間服務的趨勢，香港也加強了對精神病人的風險管理。按照醫管局現行做法，醫務社工會與精神科醫生、臨牀心理學家、職業治療師、精神科護士共同為精神科住院病人進行風險評估，以確保病人適合離院，並為他們制訂最合適的離院及康復計劃。評估範圍包括病人的康復程度、暴力傾向、自殺傾向、服藥和複診依從性、家人及社區支援等。被評估為風險較高的精神科病人，會被納入優先跟進類別。院方會安排資深精神科

醫生在跨專業小組完成評估後，覆核病人的離院建議。病人須待資深醫生完成覆核程序，並同意跨專業小組的離院建議後，才可離院，並由精神科社康護士為他們提供離院後的特別跟進，作為加強為這些高風險離院病人提供的支援。

四、風險思潮影響下社會工作的反思

本文最初指出社會工作如何通過風險管理回應後期現代社會風險意識的揚升，並以矯治社會工作、保護兒童工作和精神病患者康復工作為例，說明風險評估和風險管理已經成為當代社會工作的一個重要特徵。本文最後要討論的是，以風險管理為中心的社會工作究竟存在著甚麼問題和社工應該如何在風險思潮下的社會工作中自處。

精算模式的限制

在風險管理模式的社會工作中，風險的存在及其級別是評估的重心。這種評估容易發展為以量性數據和計算技術作為考量依據的精算取向（Actuarial Approach），把社會工作矮化為一種計算技術。其實，一直以來，社工專業既有其科學性的一面，也有其藝術性的特質。雖然不能系統性地宣之於口，但是很多實務智慧對於風險的處理其實有很大的作用。因此，雖然社會普遍不認同單以臨牀經驗（Clinical Approach）去評估個案的危險性，但是社工不應排除實務和臨牀經驗的重要性，更不應過分依賴精算模式去衡量個案的風險，而應盡量使用結合兩種評估方法的優勢的結構性臨牀方法（Structured Clinical Approach）去做評估。社工專業在發展和自我完善的過程中，要因應實務環境的轉變，不斷優化

本身的專業內涵，不應因為時代的轉移而做出不必要的自我否定。

高度程序化帶來的問題

風險管理是一門具科學性和系統性的管理科學，講求在確定和回應風險時的具體步驟措施。因此，風險管理一般是在一個標準化的程序下進行。以處理家庭暴力個案為例，香港現時在保護兒童、保護配偶和保護長者都有很具體和清晰的程序指引。但是程序是一把兩面鋒利的刀，一方面它以確保標準化步驟的執行來保障受助者，另一方面它也約束了專業的自主空間。所以，在風險管理上，程序的制定應以最低限度和必不可少的約束為基礎。遺憾的是，隨着社會的發展，很多程序高度複雜化和過分繁複。社工有需要在參與制定和修訂程序的過程中，發聲讓程序既能減免個案所涉及的風險，亦不會使程序變得非人化和窒礙專業的自主空間。

自利與他利的思辨

無疑，工作程序和指引的制定都是以保護服務使用者或社會為出發點，但現實地考慮，工作程序和指引在一定程度上都保護同工和聘用他們的機構。很多程序都是基於工作上的需要、其他地方的經驗和現實的情況而設定的，是持份者共同參與和理性討論下的產物。所以，它們有一定的權威性和約束力。在社會強調問責的文化中，偏離既定程序容易被視為專業上的失責，後果對個別社工或是對社會福利機構來說都是很嚴重的。因此，社工在處理個案時，容易變成執行程序的工具，或關注程序是否已經執行多於工作對象是否已經得到最好的服務，以此為自保的方法。所以，在執行程序的同時，我們需要撫心自問，受助者是否已

經得到最好的服務和最佳的保障。如果答案是否定的，就有需要考慮提出修改有關程序，以保證程序的執行可以為服務對象帶來最佳的服務。

滿足需要與管理風險

社會工作專業的最終目的是提高人類的福祉，並締造一個更公義的社會，讓每個人的需要得到最基本的滿足。隨着社會的發展，社會工作專業也開始關注弱勢社羣對自己及他人可能構成的危險和威脅。滿足需要及管理風險在現實工作中容易被對立起來。在社會更重視後者的情況下，社工容易忽略前者。在接受服務的社羣中，他們的需要與潛在危機其實是互相關連的。很多時候，基本的需要不能得到滿足本身就是一項危機因素。所以，社工在注視風險的同時，也要滿足服務受眾的需要，這是我們的專業存在的最根本目的。

服務非人化的危機

最後，值得指出的是，對風險的注視容易促成社工日常工作非人化的危機。正如前述，風險的處理必須按既定的程序和指引進行。按章程辦事的要求容易把社工轉變成為技術官僚，視程序的執行看得比對人的關懷和服務更為重要。在不自覺間，把接受服務的人看成要處理的個案，這有違社工專業的人本精神和對人價值的重視。當個案而非接受服務的人成為社工日常專業行為的中心時，就是社工對其人本價值的堅持出現問題的時候，需要深切反省。風險管理的最終目的是為服務受眾帶來福祉，是提升人類幸福的手法，而不是終極目標。

五、結語

　　社會工作在過去超過一個半世紀的發展過程中，一直在探索本身的專業角色。無疑，隨着時代的轉變和發展，社會對社工專業的期望亦有所不同。近 20 年，在社會不斷強調風險管理和問責的大氣候下，社工專業也無法置身事外。風險管理成為專業訓練和專業能力表現的重要環節。作為人本服務者，社會工作者需要認定本身的專業目的、價值基礎、對受助者的責任和在社會上所扮演的功能，才能在風險意識揚升和風險管理瀰漫着社會工作專業行為的情況下，持守我們對受助者及社會的專業角色和責任。

參考資料

1.　Beck, U., *Risk Society: Towards a New Modernity* (London: Sage, 1992).

2.　Brearley, P.C., *Risk and Social Work* (London: Routledge & Kegan Paul, 1982).

3.　Department of Health, *Framework for the assessment of children in need and their families* (London : the Stationary Office, 2000).

4.　Department of Health and Social Security, *Child Abuse : A Study of Inquiry Reports 1973-1981* (London : HMSO, 1982).

5.　Feely, M, and Simon, J., "The New Penology: Notes on the Emerging Strategy of Corrections and its Implications", *Criminology*, 30 (4), 1992, pp.449-474.

6.　Giddens, A., "Risk and the runaway world", *The Reith Lectures Revisited* (London: London School of Economics, 1999).

7.　Kemshall, H., *Risk, Social Policy and Welfare* (Buckingham: Open University Press, 2002).

8.　Loxton, J., Shirran, A and Hothersall, S.J., "Risk", in S.J. Hothersall & M. Maas-Lowit (eds), *Need, Risk and Protection in Social Work Practice* (Exeter, Learning Matters, 2010), pp.21-33.

9.　Pitts, J., "The politics of practice of youth justice", in E. McLaughlin & J. Muncie (eds), *Controlling Crime* (SAGE, 1996).

10. Rose, N., "The death of the social? Refiguring the territory of government", *Economy and Society*, 25 (3), 1996, pp.327-356.

11. Webb, S.A., *Social Work in a Risk Society* (New York: Palgrave Macmillan, 2006).

社會工作與社交媒體

黃於唱　吳浩希

一、引言

　　社交媒體運用網絡平台讓使用者創作及分享多媒體的內容。即時通訊軟件如 1996 年出現的 ICQ 和 1999 年的 MSN 可以說為最早期的社交媒體平台（以下稱「社交平台」），不過他們只以文字作為媒體，讓個人與個人進行通訊。其後出現的 Facebook（2004），YouTube（2005）及 WhatsApp（2010），可以讓個人與個人或多人以多媒體內容往來互動，再加上 Instagram、Twitter、Wikipedia、網上論壇、微信、微博和 TikTok 等，現時社交平台更趨成熟及多元化。社交平台的出現大幅度改變世界各地包括香港人上網閱覽資訊及與人來往互動的習慣。

　　相比傳統媒體如報章、刊物、單張、張貼通告，社交平台使用者在內容及互動性方面有更大的自主權，而成本亦可以低很多（First et al., 2021; Nations, 2018）。使用者可只以單向方式向公眾或社羣發放資訊，而僅作有限的公開留言互動（如 Facebook Live）。在社交平台上，使用者可以不同稱呼甚或身份先後或同時出現。

　　而社羣網絡站點（Social Networking Sites）是使用社交媒體的一種常見方式（如用 WhatsApp 建立通訊羣組），重點在發放簡短信息及保

持與其他使用者的往來及關係，發放較詳盡資訊及互動討論較為次要（Ricciardelli et al., 2020）。

在社會工作實務上，社交媒體可讓社會工作者向使用服務的個人或羣體提供多元化資訊，並可以方便地與他們保持聯絡。社工更可以提供支援和直接服務，如推廣、訓練、小組支援、網上輔導及政策倡議等。社工亦可利用社交媒體，建立專業聯繫，交換資訊、意見、專業知識及參與討論，及發展互助支援網絡（Stanfield et al., 2017）。

社工亦可在網上討論區識別潛在服務使用者，社交媒體亦讓社工與服務使用者加強接觸，方便建立信任和融洽關係，有助進行專業服務。有從事政策倡議的研究發覺，社交平台有助提高服務使用者對社會事件的認知及方便動員他們參與政策倡議活動（Lee, 2020）。

不過在使用社交媒體時，社工亦要明白在網絡世界中服務使用者的身份、活動及經歷對他們的所造成的正面和負面的影響。事實上，社工要經常處理個人及家庭因網絡成癮、網絡欺凌、以及不同類型的網絡罪行等在網絡世界出現的問題，同時亦要關注弱勢社羣因缺乏資源和知識在使用社交媒體時出現的問題和困難，以確保他們在互聯網時代，充分享有數碼公民（digital citizenship）的權利（Allen & Buzzi, 2020）。

在社交平台開展社會服務相關的活動，除了帶來方便及擴大接觸面和影響力外，對社會工作的專業操守如使用資料及保密、知情決定及自決、專業關係界限及雙重關係、防止利益衝突、專業能力等也會帶來新的挑戰，有需要作出思考（Stanfield et al., 2017; Voshel & Wesala, 2015）。

二、社會工作使用社交媒體的狀況

自從互聯網出現至今，社會人士，特別是年輕人已廣泛地在網上世界活動，社工也逐漸在網上發掘不同的方法接觸服務使用者以提供資訊以至直接服務。現時香港的社會服務機構、服務單位或服務計劃，或多或少都有使用社交平台。不同的平台會有自己的特點和功能，可以滿足不同的服務需求。例如，Facebook 的用戶羣龐大，適合進行大範圍的宣傳和推廣；Instagram 的視覺導向特性，使其成為分享活動照片和視頻的理想選擇；WhatsApp 和 WeChat 則提供了方便的即時通訊工具，適合進行個別輔導或小組討論。

早於 2000 年，香港大學社會工作及社會行政學系率先嘗試於網上提供「ICQ 網上輔導服務」，並於同年撰寫「ICQ 網上輔導服務報告」（楊家正 et al., 2000）。報告提及對社會服務的便利，如能方便服務使用者、隨時隨地並即時回應、運作成本較低、無地域限制等等，以及一些潛在缺點，如網絡資訊安全風險、難以判別服務使用者的身份、相對面對面的服務較難以深入去了解服務使用者的需要等等，至今仍然有很大的參考價值。

社會服務機構應用社交媒體提供服務，包括以下一個或多個目標：機構形象建立及服務宣傳、維繫服務使用者的關係、接觸潛在服務使用者或擴大服務受眾、提供直接服務，如危機介入、個案輔導、小組工作、提供社區教育及政策倡議等等。以下將會以不同目標，簡介香港的社會服務機構於社交平台上實務應用。

機構形象建立及服務宣傳

社會服務機構積極運用社交平台來建立正面形象和宣傳服務。對於經費不多的社會服務機構、倡議組織和小規模的社會企業，尤能得益於社交平台。透過社交媒體，這些機構、組織可以更具成本效益地進行籌款、尋找義工、接觸不同的社羣及組織、識別問題和提出解決方案、動員羣眾參與倡議活動、以至爭取資源及影響政策制訂。

以香港來說，Facebook 是目前使用率最高的平台，不同類型的機構及服務計劃都會在 Facebook 開設專頁。機構會在專頁上發佈最新消息、活動花絮、服務故事分享等等，並且越來越多使用互動的內容，藉此增加知名度和建立良好印象。

過去機構主要通過籌款活動、宣傳活動及義工招募來運用社交平台，但現在已經逐漸轉向透過較軟性的內容，如故事分享等來建立形象。以香港家庭福利會為例，該機構在 Facebook 頁面上定期發佈活動照片、服務更新和相關新聞，並提供互動的文章和有獎遊戲，提升公眾對機構的認識和對家庭幸福的關注。除了 Facebook，機構也會根據服務對象在不同平台的活躍度來設立帳戶，如在 Instagram 來吸引較年輕的服務受眾，使用微信來接觸更多新來港人士。

機構在社交媒體發放訊息不僅讓公眾了解到該機構的最新動態，更能透過這些活動和服務的內容，理解機構的價值觀和使命。此外，透過與公眾的互動，例如有獎問答、徵求故事、解答問題、回應評論，機構可以展現出對服務使用者和公眾的關懷，進一步增強其公眾形象。

不過，與商界不同，香港的社會服務機構大多不會外判或以營銷團體來營運社交平台帳號。許多中小型機構或服務計劃的社交平台帳號，大多由計劃幹事或社工等兼任「小編」（即負責管理社交媒體帳號）的角

色，但他們可能並未具備足夠和相關的技術和知識。有時遇上社交平台上的公關問題，如服務使用者在專頁上表達負面的意見時，機構的「小編」也未必有足夠的訓練以應對。

維繫與服務使用者的關係

社交媒體不僅是資訊發佈的渠道，對社會服務機構來說，也是維繫與使用者關係的重要方式。有些機構會使用社交平台直接傳送個人訊息，除了發放機構及活動資訊，也會定期關心服務對象的近況。例如長者服務機構在天氣嚴熱或寒冷的時候，會主動傳訊息提醒服務對象注意健康；有服務青少年的機構在公開試期間及放榜前後，會發送關心服務對象精神健康的資訊。我們也有見過一些以在職家長為對象的服務，在非服務的時間，發放一些簡短的管教 Tips 及關愛與支持的短訊。有復康機構的病人互助發展中心亦有舉辦培訓，協助病人自助組織的執委及職員，分享如何管理社交媒體及內容，以助聯繫會員及會員的家人。

一些機構也有提供工作用的智能電話，讓社工直接和服務使用者聯絡。例如，有學校的社工會建立 Instagram 帳號分享近況，並使用 WhatsApp 直接聯絡學生和家長，了解服務對象的情況，並在有需要的時候提供協助。在疫情期間，這種線上的溝通和互動方式尤其重要，因為它們使服務能夠在安全的條件下繼續進行，並將服務使用者的疏離感降到最低。此外，這種方式也適應了香港人的生活方式，使服務能夠更好地融入使用者的日常生活中。

接觸潛在服務使用者或擴大服務受眾

社交平台的開放和互動，結合使用者得以維持一定私隱的特性，

以及方便在任何時間和地點使用，使得香港社會服務機構能透過社交平台，主動接觸更多有潛在需要的人羣。這有助於有效接觸到平日不易接觸的服務對象，擴大服務覆蓋範圍，並提供適時的服務。

社工可透過多種的電腦程式及人工智能工具在不同的社交媒體識別特定的對象，例如面對暴力威脅及欺凌、情緒受困擾、有自殘傾向等情況的人士（Blandfort et al., 2019; Chan & Ngai, 2019）。當發現相關對象時，便嘗試留言接觸他們及提供相關信息協助他們獲得有用的資訊及服務，不受時間和地域距離的影響。

社會福利署於 2011 年透過獎券基金撥款，推行網上青年外展試驗計劃。當時香港明愛、香港小童羣益會和香港青年協會，透過青少年經常出沒的網上討論區、網上聊天和網誌，及其他社交平台主動去接觸有潛在家庭衝突、情緒困擾、社交困難等問題，或為隱蔽的服務對象，如輟學或缺課問題等青少年。透過建立關係、進行危機評估，為有需要的對象提供短時間的咨詢或長期的跟進服務。當時機合適，機構也會為有需要的年輕人轉介到主流服務。現今，社會福利署已將該服務恆常化，成為現在的網上青年支援隊（Chan & Ngai, 2019）。此外，香港亦有機構於網上搜尋有即時危險的服務對象，提供及時的危機介入服務。例如香港撒瑪利亞防止自殺會曾和社交平台營運公司合作，營運公司以與自殺相關的關鍵字進行搜尋，主動找出有自殺風險的用戶，並將相關的聯絡資料轉介予機構，以便適時處理。

除了主動搜尋的方式，機構也透過 Facebook 或 Instagram 等平台，分享服務使用者及過來人的心得、經驗及故事等各種內容，以吸引潛在服務對象的關注。有些機構，如關注精神健康或戒癮服務的機構，亦會在社交平台提供簡單的心理評估工具，讓潛在服務對象及其家人能更好

地了解自己的情況，提升求助的動機，並提供接受服務的方法。

對於一些平日社會服務不容易接觸的服務對象，如上述提到的隱蔽對象、有精神健康或自殺風險的人羣，或是照顧者、服務對象的家人，社交平台提供了一個具有巨大潛力的接觸機會。這些平台的廣泛使用使得社會服務機構可以跨越地理和時間的限制，接觸到更多的人羣。此外，社交平台的廣告功能也是一個強大的工具。例如部分社交媒體的廣告平台可以根據用戶的興趣、行為、地理位置等特點，精準地投遞廣告。利用這些工具，機構可以更準確地接觸到可能需要他們服務的人羣，並將適合的服務推薦給他們。

社交平台也提供了一個讓機構與公眾互動的場所。透過回應評論和問題，機構可以直接與公眾交流，了解他們的需求和疑問，並提供即時的回應和幫助。這種互動不僅能提升公眾對機構的認知和信任，也能增強他們對服務的興趣和滿意度。

提供直接服務

社交媒體的興起為社工提供了新的服務途徑，讓社工嘗試在線上提供直接介入，以補充或延伸過去主要是「面對面」的服務。例如，透過社交媒體發掘有潛在需要或危機的服務受眾後，社工可以使用平台提供的網上溝通工具，以文字、符號、圖像、聲音、影片，甚至即時視像通訊，來提供適時的支援，防止危機擴大。例如賽馬會青少年情緒健康網上支援平台「Open 噏」（https://www.openup.hk）由五間社會服務機構所營運，社工透過 WhatsApp、Instagram、Facebook Messenger 等平台，為受情緒困擾的人提供 24 小時網上輔導。

在疫情期間，由於香港的社會服務單位停止了面對面的中心服務，

社工則通過社交媒體及其他網上平台，提供網上個人及家庭輔導、小組、講座、工作坊及興趣班等服務，以填補服務空缺。例如基督教香港信義會的各個服務單位會在固定時間於 YouTube 及 Facebook 平台上，提供適合長者觀看，不同類型的服務影片。長者除了能即時收看或隨時重溫，還可以通過平台的留言功能與機構工作人員聯繫。各綜合家庭服務中心也持續通過 Facebook、Instagram、Zoom、Teams 等不同平台，舉辦網上小組及活動。學校的社工也會使用 Instagram Live、Zoom、Discord 等，讓學生在有需要時可以直接與社工接觸。

事實上，網上服務並不僅限於疫情期間。我們多年來除了進行網上輔導，也有利用如 Skype 等社交媒體進行師友計劃，連接不同地區的大專學生義工與低收入家庭的學生，並為需在家照護長者及長期病患家人的照顧者，提供可以在家中參與的網上身心靈健康活動。此外，近年的家長小組中，有近半在網上進行，偶爾還有居住在外地且位於不同時區的家長參與。每個小組結束後，我們也會利用社交平台以羣組的形式保持與參加者的聯繫，以方便持續交流、共學、分享資訊與近況。

在處理個案時，社交媒體最基本的應用是取代信件和電郵作為聯絡工具，以便約定及通知會面及活動的地點及安排，並提供有用的資訊。不過，如社會服務機構以社交媒體進行個案工作或輔導，則要及早說明其政策（包括工作時間及何時會回覆信息）及會如何處理服務使用者在社交媒體上提出的緊急求助信息。

部分個案工作如兒童保護及精神健康服務，會涉及人身安全問題，有部分社工會在社交媒體搜尋服務使用者及相關人士的背景及言行。這些個人資料搜尋有時會事先通知事主（稱為「監察」，monitoring），有時沒有（稱為「監視」，surveillance），有關做法在這類服務十分普通。一

一般來說，有關社工會認為對評估服務使用者的需要及面對的風險所得的好處比侵犯個人私隱的問題大，而且很多資料都來自使用者社交媒體帳戶的公開資訊。但這做法不無爭議，而以監視形式進行，更可能會嚴重影響工作關係（Cooner et al., 2019; Nordesjö et al., 2021）。

提供社區教育、政策倡議

利用社交媒體為社區倡議活動帶來很多好處。社交媒體可以在三方面推展社區倡議活動：第一，廣泛收集及提供有關議題、活動及資訊，如讓持份者參與製作影音片段、信息圖表，上載於不同的社交平台，在留言區或論壇加強交流及討論；第二，與各持份者保持聯絡及互動，並可設立多個網絡羣組凝聚力量；第三，動員羣眾參與及網上或 / 及實體的倡議運動，所有活動均可實時廣播，以增加聲勢。有研究指出，社交媒體對進行社區教育如環保、防預致命疾病十分有效（Ali et al., 2023）。

社交媒體雖然不會為倡議活動帶來意想不到的神奇效果，不過仍可以擴大聲音、動員支持、加強在網上網下的羣體的建設和聯繫（Sitter & Curnew, 2016）。不過早期的研究發現，仍有部分社區倡議團體，對使用社交媒體的成效有所質疑及甚少使用，亦有學者認為社交媒體上的倡議可製造很多聲音，但並不表示會產生影響力（Martin et al., 2012）。

社交媒體已成為香港社工推動公眾教育和政策倡議的重要平台。許多社會服務機構運用各種社交平台，如 Facebook 專頁、YouTube 頻道等發佈文章、短片、圖像、數據、故事等多種形式的內容，對公眾進行教育和倡議工作。例如一些關注精神健康的組織利用社交媒體，收集並分享受精神疾病影響的人的故事，從而在社區推動精神健康教育和非污名化的工作。他們也利用社交媒體進行一系列的活動，如主題討論、

專家訪談、問答環節等，以提高公眾對精神健康問題的理解和關注，並提高公眾的參與。又如前文所提到的病人自助組織，由過往由專業人士所帶領，到現在社交媒體的流行之下，病友及其家人可以主動在社交平台上分享自己的心路歷程，當下面對的困擾。他們的故事和訊息可以直接傳達給廣大的公眾，從而產生更大的影響力，讓社會和政府更正面地關注他們的需要。

在政策倡議方面，社會服務機構也利用社交媒體來引起公眾的關注。過去，機構可能主要依賴傳統傳媒的報道，但現在則可以直接在社交媒體上就各種社會議題發聲。這不僅需要的資源較少，而且還可以通過平台與公眾回應和互動，直接了解公眾的想法、擁護或憂慮。例如機構可以舉辦線上論壇，邀請公眾分享他們的觀點和經驗，並利用這些訊息來改善他們的倡議策略。相對於過往，政府現在也更重視從社交媒體收集和了解民情。

有關專業操守及訓練

使用社交平台維護關係也有其挑戰。例如，如何保護使用者的私隱和資訊安全，以及如何處理社工和服務使用者的界線。當社工在維持線上聯繫時，他們也需要注意保持專業距離，避免與服務使用者過於親密，以免影響服務提供的公平性，有損社工形象或墜入道德危機。社工需要對這些平台有足夠的理解和技巧，並定期更新其知識和技能，以確保能夠有效且安全地使用這些工具。

有關社會工作使用社交媒體的文獻當中，很多都有關注使用科技，特別是社交媒體對專業操守的含意。2020 年，Megele 和 Buzzi 提出數碼專業精神（digital professionalism）的概念，指出在網絡及科技普及應

用下，社會工作者要認識到相關的風險及機遇、了解服務使用者在網絡上的使用狀況、充分利用科技的便利來提供服務，並能處理應用科技對專業操守的挑戰。

世界各地的社工專業組織或監管機構都有公佈如何在應用科技包括社交媒體時的操守指引。英國的 British Association of Social Work 在 2018 發佈政策文件指出：「鼓勵社工正面使用社交媒體，但必須運用社會工作的道德守則中的價值和原則」（British Association of Social Workers, 2018）。澳洲的 Australian Association of Social Workers（AASW）亦提出社工必須辨識應用網上通訊及社交媒體時要考慮的相關道德操守並發出有關指引（Australian Association of Social Workers, 2023a, 2023b）。美國的 National Association of Social Work（NASW）亦聯同多個社工專業組織在 2017 年發佈「科技在社工實務的準則」（National Association of Social Workers et al., 2017），「準則」使用「NASW 道德守則」及 Association of Social Work Boards（ASWB）的「社會工作實務法例模範」（Model Social Work Practice Act）等多份主要文件作基礎。有關準則涉及四大部分，分別為：第一，向公眾提供資訊，第二，設計及推行服務，第三，收集、管理及儲存資訊，第四，社會工作教育及督導。文中亦多處提及社交媒體政策，如「使用社交媒體的社工要制訂使用社交媒體政策並與讓服務使用者知悉」。不過由於社交媒體不斷高速發展，很多實務準則都會跟不上其步伐（Voshel & Wesala, 2015, p. 68）。

香港社會工作人員協會亦於 2021 年發出「應用資訊及通訊科技於社工服務」參考指引（香港社會工作人員協會，2021）。

當社會廣泛使用社交媒體，而社工亦在不同程度使用時，社工訓練亦須涉及社交媒體的發展及使用狀況、私穩保障、專業操守、弱勢社羣

的資訊權利等課題（Ricciardelli et al., 2020）。因此社工訓練機構、專業組織以至社會服務機構等都要積極了解訓練需要及安排相關訓練。社交媒體能讓社工學生在網絡上學習合作、分享資源、並進行組織及倡議等活動。Hitchcock and Battista（2013）更認為社交媒體相當適合培育社工的價值觀和專業能力。

三、問題、應對及未來發展

社交媒體對大多數服務使用者來說是日常與朋友接觸、獲取資訊的主要方法。他們在社交媒體上與社工接觸也會視為與朋友的交往，但社工在使用社交媒體時主要與專業服務有關，並不等同於朋友往來。因此社工有需要界定清楚界限，包括服務時間、談話內容、釐定關係性質等。很多社工都會以機構提供的帳號及身份與服務使用者接觸，但亦很難阻止服務使用者瀏覽他們私人的帳號或在帳號留言，並要求加入成為朋友。機構要制訂指引讓前線同事有劃一的準則在平台上提供服務，這些指引亦應讓服務使用者及早知悉。

由於社交平台上的互動及內容會有記錄，除非得到服務使用者的知情和同意，或因法例及保障服務使用者及其他人的人身安全，社工有責任確保將有關內容及記錄保密。另外個人的資料亦不可讓沒有權限的人接觸。由於很多有關資料都會透過電子傳送及儲存，社工及其所屬機構亦須有相關保安措施，盡量減低資料外泄的風險。

部分社工並不經常使用社交媒體，亦不願意使用有關平台進行服務，機構或中心要推展使用社交媒體進行服務會有一定困難甚或阻力。要鼓勵更多同事使用社交媒體，機構要視之為重要的改變過程，顧及員

工的擔心及想法，如會否使工作量大增、對私人生活的干擾、沒有清楚的工作時間等，有計劃地推行。

現時仍有機構完全禁止使用網上社交媒體工具，然而這樣可能會減少服務受眾的便利，並在有需要時影響社工提供到位的服務，從而影響服務使用者接受服務的權利。所以我們建議機構應該投入更多的資源進行業界及內部討論，制定清晰的指引，包括保障服務使用者及提供足夠的選擇，並為前線工作人員及管理層提供專業培訓，以確保他們對這些工具的運作有足夠的理解，並能安全有效地使用它們。

社會服務機構、社會企業、倡議團體及社工在提供服務時，經常有機會使用社交媒體，而且日趨廣泛。疫情期間，運用社交媒體接觸服務使用者和提供服務甚至成為少數可行的方法，這經驗進一步確定社交媒體在社會服務中可有的角色及功能。就像上課和開會一樣，很多人從完全沒有接觸即時視訊工具以至成為熟練的用家，視像教學和會議已成為很多人樂意選擇的方法。

科技進展之快，超乎我們的想像，而且功能更趨多樣化。剛熟習用社交媒體時，又會出現如生成式人功智能（Generative AI）科技，顛覆人們的想像、工作和生活習慣。這些科技發展的普及同時有助我們接觸服務使用者，提供多元化及有效的服務，促進社工專業的學習、交流和合作。事實上，所有專業都要與時並進，實在學無止境。

不過社工專業非常重視保障服務使用者的私穩及自主權、維護專業操守並秉持社會公義，讓弱勢社羣同樣享有科技發展的權利及好處，在使用新科技的同時，要充分考慮對這些方面的影響並加強社工及社工學生在這方面的準備。

最後，社工需要進行持續的進修，以了解如何保障網上的資訊安

全，並確保專業關係和保密原則。他們必須讓服務使用者明白使用社交媒體的好處、限制和風險，例如，安全風險、服務的時限性等，並確保他們有充分的知情權和選擇權。同時社工也要認識到網絡環境的限制，例如服務使用者的畫面、音訊和燈光差異、視訊傳送的不穩定性等，可能會影響社工的專業評估。此外社工還必須考慮到服務使用者使用社交媒體的能力，以及他們是否有網絡、設備和空間參與，以確保這些因素不會影響他們參與服務的機會。

參考資料

1. Ali, I., Balta, M.E., & Papadopoulos, T., "Social media platforms and social enterprise: Bibliometric analysis and systematic review", *International Journal of Information Management*, 69, 102510, https://doi.org/10.1016/j.ijinfomgt.2022.102510.

2. Allen, R., & Buzzi, P., "Social Media and Mental Health Social Work", in C. Megele & P. Buzzi (Eds.), *Social Media and Social Work: Implications and Opportunities for Practice* (Bristol University Press, 2020), pp.113-132, https://doi.org/10.46692/9781447327400.005.

3. Australian Association of Social Workers, *Ethical guideline – Social media, information and communication technology part 2 – Social networking*, https://www.aasw.asn.au/about-aasw/ethics-standards/ethics-and-practice-guidelines/.

4. Australian Association of Social Workers, *Ethical guideline – Social media, information and communication technology Part 3 – Providing social work services online*, https://www.aasw.asn.au/about-aasw/ethics-standards/ethics-and-practice-guidelines/.

5. Blandfort, P., Patton, D.U., Frey, W. R., Karaman, S., Bhargava, S., Lee, F.-T., Varia, S., Kedzie, C., Gaskell, M.B., & Schifanella, R., "Multimodal social media analysis for gang violence prevention", Proceedings of the International AAAI conference on web and social media, 2019.

6. British Association of Social Workers, *BASW's social media policy*. BASW. https://www.basw.co.uk/resources/basws-social-media-policy.

7. Chan, C., & Ngai, S.S.Y., "Utilizing social media for social work: insights from clients in online youth services", *Journal of Social Work Practice*, 33 (2), 2019, pp.157-172.

https://doi.org/10.1080/02650533.2018.1504286.

8. Cooner, T.S., Beddoe, L., Ferguson, H., & Joy, E.A.F., "The use of Facebook in social work practice with children and families: exploring complexity in an emerging practice", *Journal of Technology in Human Services*, 38, 2019, pp.137-158.

9. First, J.M., Shin, H., Ranjit, Y. S., & Houston, J.B., "COVID-19 Stress and Depression: Examining Social Media, Traditional Media, and Interpersonal Communication", *Journal of Loss and Trauma*, 26 (2), 2021, pp.101-115, https://doi.org/10.1080/153250 24.2020.1835386.

10. Hitchcock, L.I., & Battista, A., "Social media for professional practice: Integrating Twitter with social work pedagogy", *The Journal of Baccalaureate Social Work*, 18, 2013, pp.33-45, https://doi.org/10.18084/basw.18.suppl-1.3751j3g390xx3g56.

11. Lee, S.C., "Social Work and Social Media: Organizing in the Digital Age", *Journal of Public Health Issues and Practices*, 2020.

12. Martin, C.E., Valenti, V., & Women, B.C.f. R.O., *#FemFuture: Online Revolution*. Barnard Center for Research on Women, https://bcrw.barnard.edu/publications/femfuture-online-revolution/.

13. Megele, C., & Buzzi, P., "Digital Professionalism and Social Media Ethics", in C. Megele & P. Buzzi (Eds.), *Social Media and Social Work: Implications and Opportunities for Practice* (Bristol University Press, 2020), pp.19-60, https://doi.org/10.46692/9781447327400.002.

14. National Association of Social Workers, Association of Social Work Boards, Council on Social Work Education, & Clinical Social Work Association. (2017). *Standards for technology in social work practice*. National Association of Social Workers, https://www.socialworkers.org/Practice/NASW-Practice-Standards-Guidelines/Standards-for-Technology-in-Social-Work-Practice.

15. Nations, D., *What is social media?* https://www.lifewire.com/what-is-social-media-explaining-the-big-trend-3486616.

16. Nordesjö, K., Scaramuzzino, G., & Ulmestig, R., "The social worker-client relationship in the digital era: a configurative literature review", *European Journal of Social Work*, 25, 2021, pp.303-315.

17. Ricciardelli, L.A., Nackerud, L., Quinn, A.E., Sewell, M., & Casiano, B., "Social media use, attitudes, and knowledge among social work students: Ethical implications for the social work profession", *Social Sciences & Humanities Open*, 2 (1), 2020, https://doi.org/10.1016/j.ssaho.2019.100008.

18. Sitter, K.C., & Curnew, A.H., "The application of social media in social work community practice", *Social Work Education*, 35 (3), 2016, pp.271-283, https://doi.org/10.1080/02615479.2015.1131257.

19. Stanfield, D., Beddoe, L., Ballantyne, N., Lowe, S., & Renata, N., "Critical conversations: Social workers' perceptions of the use of a closed Facebook group as a participatory professional space", *Aotearoa New Zealand Social Work*, 29, 2017, pp.42-54.

20. Voshel, E.H., & Wesala, A., "Social media & social work ethics: Determining best practices in an ambiguous reality", *Journal of Social Work Values and Ethics*, 12 (1), 2015, pp.67-76, https://doi.org/10.55521/10-012-100.

21. 楊家正、黃於唱、羅致光：〈ICQ 網上輔導服務報告〉（香港：香港大學社會工作與社會行政學系，2000 年）。

22. 香港社會工作人員協會：〈「應用資訊及通訊科技於社工服務」參考指引〉，https://www.hkswa.org.hk/。

環境危機與綠色社會工作

古學斌

一、前言

　　全球環境危機日益嚴重，與其他國家和地區一樣，中國的環境問題也面臨非常嚴峻的挑戰。中國是自然災害頻發的國家，這些考驗着國家的災害復原力。此外，還有空氣、土壤和水污染等人為災害以及包括氣候變化在內的其他工業災害。這些災害事件給中國造成了巨大的經濟損失。雖然香港沒有那麼多的自然災害，也同樣面對颱風、水災、極端天氣、污染、食物安全等環境危機。這些災害可以通過降低風險、制定適應戰略和恢復重建行動計劃以及動員社區居民參與到問題解決中來尋求合作解決策略。這些重要舉措可以促進目標的實現，減少自然和人為災害造成的損失。

　　近年來，面對環境危機的議題，西方學者提出綠色社會工作的概念，提倡將環境的新議題納入到社會工作專業並增加其在社會工作實踐中的重要性。然而，依靠單一社會工作專業面對環境危機是不可能的，所以發展多方和跨專業（transdisciplinary）團隊的共同合作，發展本土特色和文化相關（locality and cultural specific）的災害風險降低（DRR）和災害風險管理（DRM）應對策略非常重要，亦是對社會工作專業極大

的挑戰。Dominelli（2012b）認為，跨專業團隊不僅僅是為了解決一個共同問題而合作的來自不同專業領域的自然和社會科學家。一個有效的跨專業團隊還需要掌握科學的、原住民的／本土的／社區的專業知識，從而以「不同的方式進行科學探究」，通過共同分析框架和文化處境分析來解決一個共同關注的問題。

本文首先闡述當今世界在災難時代的面貌，並說明災難時代下環境危機與綠色社會工作出現的迫切性。接着，文章將介紹綠色社會工作的理念，並解釋環境議題在二十一世紀對社會工作專業的挑戰及重要性；然後，筆者將以在中國內地實踐的例子，闡釋綠色社會工作如何回應因快速經濟發展而產生的環境危機，從而說明綠色社會工作對於當下華人社會發展的意義。

二、災難時代與環境危機

無可否認，我們已經進入了一個「災難時代」。「災難時代」表現在不同的方面：災難愈發具有突發性，日趨不穩定並不可預測，這幾乎成了我們這個時代一大非常明顯的現象。社會學家把我們所經歷的這個「災難的時代」，描述為一個風險社會（Beck, 1992）。

實際上，風險社會的形成，從多個方面影響着人類社會。它影響了我們的價值觀，以及我們對於事物的認知，也影響了我們的整體生活節奏，我們的政治經濟系統和脈絡等等都因此而在被改變當中。災難的頻發，影響了我們對生命存在價值的諸多觀念，它告訴我們生命的脆弱、人的渺小以及在災難面前的無力感。如果我們還不能認真嚴肅地思考我們這個時代所面臨的災難或災難背後的各種原因的話，我們這個社會將

越來越難以走下去。災難不僅讓人們生命價值的觀點發生了轉變，也影響了人們對財產價值的認知。很多人意識到一場突發的地震就可以完全將生命和財產消滅殆盡，如果生命可以消失在剎那間，留着這些財產有甚麼用，於是該消費的消費，該揮霍的揮霍。這種對擁有財產的觀念，其實也表明了人們在面對災難時看不見未來，沒有長遠計劃。

今天災難表現在如下不同層面，在**自然環境層面**，災難是頻發的。自二十世紀九十年代開始，氣候惡化的速度明顯加快，重大的自然的災害越來越頻繁。包括：南亞海嘯、美國卡崔娜颶風、緬甸風災、菲律賓水災、中國台灣地區 912 地震及八八風災、日本福島地震海嘯及核能污染、嚴重沙塵暴和空氣污染等。

自然災害僅僅是災難的一個方面，社會層面的災難也同樣使人們陷入極不穩定的生活狀況。很多災難的發生，是人為的災難。在**政治方面**，當今發生着國族之間的衝突也愈演愈烈，像俄烏戰爭、巴以衝突都是活生生的例子。在許多國家種族、族羣、宗教的衝突嚴重，譬如伊斯蘭與基督教之間的仇恨在不斷加深，演變成流血的衝突。近在香港社會，也面臨着新移民和少數族裔遭受社會排斥的問題。戰爭和嚴重的衝突對於整個社會所帶來的不只是生命和財產的損害，也引起了環境危機。

在**經濟層面**，1996 年的亞洲金融風暴到如今受三年的新冠疫情影響之後經濟的下行，經濟危機不斷再度出現，世界經濟處在危險的邊緣，很多國家面臨破產，即便是發達國家也無可避免。金融危機風暴、國家債務惡性循環以及大量失業和破產引發很多家破人亡的悲劇。另外，資本主義市場經濟也產生過度消費的問題，實際上也同樣是一種人為災難。以香港為例，一直以來受到消費主義意識形態的影響，人們的

過度消費和物欲膨脹產生了一系列問題，比如大量生活垃圾所造成的環境污染。

除了環境和財經之外，**健康和衞生方面**也同樣是社會動盪的根源。其實從早年的瘋牛症、禽流感、SARS、伊波拉病毒到剛剛經歷的新冠肺炎疫情等等都是今天我們面對的公共衞生議題，公共衞生與健康已經不是在一個地域性的問題，而是全球性的災難。近期每一年都有一些莫名的或者嚴重的傳染病爆發，這方面的社會風險也同樣嚴峻。此外，**糧食和食物方面**的問題，也是現代社會的一個重大災難。農業商品化和農業工業化使得全球農業出現嚴重的食品安全的問題，具體的例子有土壤安全問題、轉基因種子等等，這些風險引起了食物安全和糧食污染等問題，這同樣是當今人類社會面臨的非常嚴重的災難之一。

社會工作的發展歷史約有 200 年了，在整個社會發展的過程中，不斷有新的社會問題出現，而社會工作專業也不斷需要更新來回應整個時代發展所產生的這些問題。早期西方社會工作的理論發展，主要針對的是在工業化過程中形成的社會問題，包括貧困、健康、家庭救助等等。以上的環境議題也是今天社會工作專業無可逃避的，當我們面對災難時代的環境危機，社會工作需要進一步反思的它本身的專業倫理和理論，從而更好回應新時代的社會問題。

三、綠色社會工作的出現

何為綠色社會工作

一直以來，社會工作對物理空間和自然環境都缺乏關注。在社會工作的研究中，社會工作介入環境與空間方面的文獻幾乎是空白

的（Jeyasinggham, 2013）。雖然一直以來社會工作具備生態系統視角（Brofenbrenner, 1979），但傳統上只是將人嵌入環境的生態系統觀，重點是強調社會系統和家庭系統，往往忽視了對自然環境的關注，以及忽視全球物質資源的使用如何影響到人類的生活。超越生態系統的方法是一個新的專業議題。近年來，西方社會工作的學者們開始關注自然環境，看見環境議題的重要性，因為人類的福祉跟環境密切相關，環境的危機讓人類很難獨善其身（Besthorn, 2012）。於是開始有學者提出環境社會工作的理論，開始反思社會工作的倫理，提出傳統社會工作應該擺脫種歐洲啟蒙運動和工業革命以來的那種人與自然二元對立，並以人類為中心（anthropocentrism）的思維。因此，導致人類罔顧自然界的生存，任意破壞自然。於是，這些學者開始提出社會工作的倫理觀（ethic）應該從「人本中心」轉向「生態中心」的環境倫理，在社會正義（social justice）的基礎上需要提出了環境環境正義（environmental justice）（Gray, Coates & Hetherington, 2013）。在生態中心主義認為，人只是整個生態系統的一部分。當人重新認識到自己是生態系統的一部分時，人的生存就與整個生態系統真正聯繫在了一起，命運息息相關。許多研究綠色社會工作的學者，在部落、社區和基層實踐中，發現其實原住民羣體或部落成員的思維模式是非常生態中心的。在他們的信念中，我們與環境的關係是互為的辯證關係，同時也認識到人類只是環境與自然的一個部分。因為如此，綠色社會工作學者們提出我們要向原住民和部落的社羣學習。

英國學者 Dominelli（2012a）也指出社會工作缺乏對環境災難和自然環境對人類福祉影響的意識，面對災難，社會工作專業沒有做好介入社區不同層面的準備。於是，她提出綠色社會工作（green social work）

的新視角，來應對二十一世紀環境危機的挑戰。她對「綠色社會工作」
有如此的定義：「綠色社會工作是這樣一種實踐，它的介入是為了保護
環境和提升人類的福祉。通過將人類和他們的社會文化、經濟和自然
環境整合在一個平等的框架內，使人們能夠看到主流結構的不平等以
及權力與資源的不平等分配。綠色社會工作要求社會工作者能看到身
份的政治及再分配的不平等，不再把環境作為被人類利用的工具。」
（Dominelli, 2012a）。

　　綠色社會工作提出新的理論視角和方向，在看待環境、社會發展、
工業化和城市化問題時有獨特的社會正義角度。Dominelli 批判主流發
展觀念，認為以犧牲人類和地球為代價的資本主義 / 新自由主未能應對
工業化、城市化和社會經濟發展的問題。綠色社會工作的重要內涵包
括：將環境議題納入主流，使自然環境深嵌於生態視角和專業關注中；
擴大理論與實踐的基礎，以確保社會與環境正義在任何社會工作者參與
的環境（廣義）相關實踐中被重視；強調思考社會經濟發展的創新方法，
使之在滿足人類需要的同時，不至於「以消耗地球作為代價」；將災害
干預的元素加入到社會工作的知識、技能、能力建設和課程編制。因
此，綠色社會工作致力於：對世界的整體看法；人類和社會發展的結構
性分析；整合社會和環境正義；挑戰新自由主義的社會發展；強調人與
人之間的相互依賴；以及人們和與其共存的自然和社會環境。

　　Dominelli 認為綠色社會工作是回應二十一世紀挑戰的關鍵，這些
挑戰包括環境退化、空氣污染、乾旱、水患、地震、藥物濫用等各種人
為和自然的災難。她認為社會工作要整合倫理道德、社會正義實踐以推
動社會和環境正義，尤其是在災害介入過程中。綠色社會工作認定社會
工作的政治屬性（Dominelli, 1997; Parry, Rustin & Satyamurti, 1979），它

需要捍衛被邊緣化和被剝奪權利羣體的利益，維持城市家庭生計和農村生計相平衡。

　　綠色社會工作者認為，我們需要尋求另類發展的路徑，除了環境友善外，可持續發展也需要為最貧困的居民在自己生活的社區提供合理收入的、體面的工作和可持續的生計。Schumpeter（1973 & 1999）提出「小而美麗」的發展模式，提供給人們與生活環境相適應的發展機會，這種發展可以抑制不可持續發展、緩解高度擁擠和超級城市的發展。當不斷增長的城市化被吹捧為人類的成就時，綠色社會工作者必須挑戰這一未經證實的假設，並通過合作參與的行動研究（PAR）讓居民、自然科學家和社會學家在內的各利益相關方共同合作，為尋求可持續的替代方案提供證據。

　　綠色社會工作優先考慮整體實踐以及人與自然環境相互依賴的關係。將社會正義和環境正義相結合時不可忽視人與人之間的聯繫。所以，綠色社會工作特別關注權力不平等下，環境危機對弱勢羣體和貧困地區民眾的影響。

權力關係與環境不正義

　　擁有權力象徵着個人、團體和社區能夠做出自己的決定，並獲得他們所需要的資源來過上美好的生活。邊緣化意味着人們缺乏這樣的權力，尤其是受性別、年齡、種族和殘疾等因素的限制，影響着社會和環境正義。在全球資本主義發展中，國家之間和國家內部的不平等也在不斷加劇。這些嚴重的不平等是綠色社會工作對社會經濟現狀和資本市場經濟發展模式批判的基礎。

　　權力的不對等造成許多發展中國家或貧困地區的環境危機，一些發

展國家不斷向發展中輸出垃圾材料，城市地區也不斷想農村貧困地區傾倒有毒物質。Bullard（2000）提出了「環境種族主義」這個概念，就是要揭示有毒化學品的傾倒地和美國貧窮非裔美國人的居住地之間不平等關係。在綠色社會工作者看來，貧困是一個結構性議題，貧困加劇了自然及人為災害的影響（Pelling, 2003），當貧困地區無法獲取資源，尤其是知識、技能、財政和物資資源時，將影響貧困地區的權力關係和恢復能力。

Dominelli（2012b, 2012c）和其同仁（Dominelli, Nikku & Ku, 2018）提出要解決這些問題，需要深刻轉變我們如何看待地球上的生物和非生物的關係，同時重建包括不平等的全球和在地的社會結構，促進全球相互依存的關係。利用有限的土地、空氣、水、能源和礦物等自然資源去造福所有人，而非僅是少數超級大國或者特權階層。綠色社會工作的目的是推動促進貧困和邊緣人羣生活質量狀況改善的社會政治和經濟改革，確保政策改變與社會轉型以滿足當今及未來人類和地球的福祉。綠色社會工作者一項重要的使命就是遊說政客們改變決策的優先秩序以促進環境正義。

社會正義的實踐

綠色社會工作是一種社會正義的實踐。社會正義實踐是整體分析社會經濟問題，涵蓋多方面議題，包括：依靠出賣勞動力獲取一份體面工資；災後清理廢墟；建立新的社會生產、再生產及消費形式以求公平滿足所有居民的需求；保護因少數利益而被貪婪破壞的自然環境；確保個人和羣體成長發展的健康環境；能接受他人照顧，也能確保成功給予他人照顧；利用教育提升人們的意識，降低對自然環境的索取；確保可

持續發展以保護子孫後代利益，平等享用地球資源。

從綠色社會工作的視角來看，社會正義實踐在減輕、預防和應對災害時結合了環境與社會正義的視角（Dominelli, 2013; Dominelli, Nikku & Ku, 2018），社會不公義將阻礙人們獲得充分參與社區或社會生活的機會和資源。環境正義強調自然環境應得到尊重和照顧，在不過度消費而損害未來人民利益的條件下滿足當代人的需要。環境保護是保持地球具備滿足當代人和未來人生活的能力，這與開發資源僅是為了滿足少數富人利益的新自由主義發展模式相衝突。全球化專注於利潤最大化，也製造了環境不公義，當貧窮地區被傾倒有毒廢物從而危害生命健康時，富人卻生活在綠樹、綠草和鮮花環繞的健康環境中。

社會正義實踐是複雜的，但對綠色社會工作者來說是必不可缺的。如果他們能與當地居民及組織建立平等的夥伴關係，促進可持續發展的知識與創新，社會正義實踐的目標就可實現。

綠色社會工作者的角色

綠色社會工作者在保障社會和環境正義方面發揮着關鍵作用。以下總結了社會工作者在公平和道德的原則下，在災害之前、期間和災後可以扮演的保護社會正義和環境正義的角色（Dominelli 2012a）。

（1）不傷害人類、地球上的植物、動物或自然環境；

（2）通過促進實踐者討論減少溫室的可能方案提升人們的意識，發展可持續的社會經濟發展替代模式，充當文化口譯員以促進根植於文化的跨學科、組織和社會的討論；

（3）為預防措施進行遊說，如仕房建設需要考慮到當地條件、傳統和資源；促進綠色技術的政策變革，跨國界公平分享資源和應對人為導

致的國內和國際天氣變化；

（4）動員社區減少碳排放，關心自然環境；

（5）通過吸引社區科學專家和當地居民分享各自知識，提出新的解決問題的策略；

（6）與當地居民、自然科學家、其他專業人士及決策者進行對話，並利用媒體促進當地、國內和國際的政策改變；

（7）發展涵蓋氣候變化、可持續發展和災害干預內容相關的課程，以建立個人和社區的恢復力。

所有人都有責任充當地球的守護者，確保發展時避免對資源的過度開發利用。承認人和生態系統之間的聯繫，通過建立生態合作夥伴關係促進人與自然和諧相處，共同繁榮。反之，如果將滿足人類自身需要建立在破壞地球平衡的基礎上，人類也將危及自身的存在。綠色社會工作讓所有的社會工作從業人員迎接這個挑戰。社會工作者能這麼做嗎？答案必須是明確的：「可以的」。我們將用實例來探討綠色社會工作在快速經濟發展而產生的環境危機時對中國社會發展的意義。

四、綠色社會工作在中國的實踐案例

筆者與農村社會工作同仁在中國鄉村推動社區發展 20 多年，也親身觀察到中國的經濟發展及隨之產生的環境危機，這麼多年來一直在思考，中國社會工作者該如何回應這個挑戰？社會工作者如何與當地社區聯繫以推動更可持續的社會發展？社會工作專業人士如何影響國家政策重視環境變化的可持續性？綠色社會工作為我們提供了一個新視角去理解社會正義與環境正義之間的關係。它給社會工作行動者提供了一

個框架，使其行動朝向環境可持續性發展方向，反過來也促進人類的福祉。以下，筆者將通過在雲南省平寨的農村發展項目來舉例說明綠色社會工作實踐是如何提供一個不同的行動框架。

2001年，筆者與團隊進入一個雲南壯族少數民族村寨，該村寨被官方划為貧困村，因為村民們的生活在當時還不能完全達到溫飽水平。這個村子裏的許多家庭每年都有四到六個月面臨食物短缺。面對村寨的狀況，筆者和團隊啟動了名為「探索中國農村能力建設的滅貧模型 ── 雲南的個案研究」的行動研究。從行動研究的第一階段，他們發現很多村民，尤其是生活在貧瘠山上的村民，不得不借高利貸買糧食吃，很多孩子也因為貧困失去了上學的機會。如果缺乏綠色社會工作的視角，這個項目很可能會採用當地政府減貧策略。例如當地政府鼓勵農民種植經濟作物（如蠶豆、土豆和生薑），在冬季從事農業開發，推動產業結構調整。然而，由於農業商業化和中國不斷向國際資本主義市場的靠攏，加重了農民的脆弱性，進一步加深了他們的經濟困難。

這樣的主流農業發展有三個不可持續的方面：經濟、環境和文化。在經濟方面，當農民轉向生產大宗商品作物時，他們依賴市場獲得高產種子、化肥和農藥，當市場價格上漲時，農民的生產成本也大幅上升且每年都在增加。由於大資本的壟斷，市場價格波動和中間商的剝奪，導致了農業生產面臨高昂的生產成本和低廉的市場價格，加劇了農民生計的不可持續性。在環境方面，大量使用化肥、農藥、殺蟲劑甚至轉基因種子造成水和土地污染，威脅食品安全和人們健康（Cressey 2015; Jiang 2016）。此外，像土豆這樣的大規模單一作物的生產取代了原來的多樣化生態，導致本地作物品種的流失。越來越多的殺蟲劑和化肥的使用威脅到了生物多樣性。在文化方面，傳統農耕文化的消失，在農業現代化

的進程中農民失去了傳統技能和信心。當地政府出於幫助農民創減貧的目的，鼓勵村民們從種植水稻轉變為種植薑以預期可以獲取更好的市場價格。因此為了種植薑，原始森林被開墾破壞造成生態破壞。然而市場波動難料，2004 年薑市場價格很好，每斤可賣到約 2 元，但是第二年國市場上的薑供應過剩，薑的價格突然暴跌至 0.8 元每斤。價格急劇下降到農民無法回收生產成本的水平，更別說村民能賺取足夠的收入來支付日常開支。許多村民，尤其是生活在貧瘠山區的村民，不得不借錢購買食物並支付過高的借款利息。家庭經濟損失也讓他們擔負不起孩子的學費，他們的孩子也因而被剝奪了受教育的機會。簡而言之，他們被新市場經濟的承諾所辜負，認為自身的傳統價值觀和生活技能變得沒有價值。當他們喪失了從農業生產中維持生計的信心時，他們也失去了自尊和自我認同（Ku, 2011）。一些老農民們傷心地說道：「我們壯族人很擅長種莊稼。我們從來沒想到種了一輩子地之後，我們突然發現不知道怎麼去種莊稼了。這些年不論我們怎麼種，都沒辦法賺到錢。」（Ku & Ip, 2011: 238）

農民生計的困境與環境議題息息相關，尤其是資本主義市場經濟的不可持續性，使農民普遍面臨着生計問題，例如他們已經無法通過傳統的耕作種植來維持生活，農業商品化和工業化的運作模式也直接影響了農村的環境，土壤生態和肥力的下降影響着農產品的產量和質量。初時，筆者和團隊在村裏的工作推動得非常艱難。直到 2005 年，受到類似於綠色社會工作理念的影響（當時還沒有學者正式提出綠色社會工作的概念），團隊嘗試建立了一個包括人類學家、設計師、社會工作者、農業專家和自然科學家在內的跨專業研究團隊，共通推動社會經濟實踐來回應村民生計艱難的問題，整體目標是推動合作經濟，為農民賦權，

維護食物主權或糧食主權，尤其是重新爭取生產者的生產主權。另外，希望推動生態農業，以達至環境的保護和農業的永續發展。

多年來，團隊通過生態種植的計劃幫助解決了部分農村貧困問題。表 1 顯示了 11 戶合作社成員在 2014 年加入合作社前和 2017 年加入合作社後年收入的變化。加入合作社後，除了農作物部分受到自然災害影響的村民外，幾乎所有村民的家庭收入都增加了一倍。2017 年，有機產品的價格上漲使得村民的經濟狀況得以改善。

表 1　農戶參與生態種植收入前後的變化

合作社成員	田地面積（畝）	參加合作社前年收入（元）	參加合作社後年收入（元）	種植稻米品種	受災情況
1	2	3500	8200	黑米、紅優米	有
2	3	5500	12000	黑米、紅優米、紅米	沒有
3	2	3500	8560	黑米	沒有
4	1	1800	3800	紅優米	沒有
5	1.5	2400	2800	紅優米	有
6	3	5500	13000	黑米、紅優米、水晶米、黑糯米	沒有
7	2	3500	8200	紅優米、黑米	沒有
8	2.5	4300	5500	紅優米、水晶米、糯米	有
9	3.5	6200	14500	紅優米、香米、八寶米	沒有
10	2	3500	8400	紅優米、紅米	沒有
11	2	3500	8300	紅優米、紅米	沒有

綠色社會工作除了回應因為環境變化帶來的村民生計不可持續性外。因為回歸生態種植的緣故，在地文化得到保護，環境也得到了改善。其成果指標還包括：保存 12 種傳統種子、透過向老村民學習來恢復利用草藥和其他天然材料生產天然農藥的傳統智慧。我們也觀察了當

地土壤和環境的變化，在未推動生態種植前，土地因為長期使用化肥農藥，質量變得越來越差，秋收之後，如果到田裏，就會發現土地是板結的，而且寸草不生。經過幾年生態種植，土地質量得到改善，秋收後的田地上出現多樣生物，而且泥土有濕度和彈性，不再板結。而且，我們還發現土地上出現了四葉草，根據當地村民的說法，只有肥沃的田地才會有四葉草的生長。團隊學會了透過觀察自然環境的變化來評估社會工作介入的有效性。

　　綠色社會工作概念的出現，讓研究團隊用綠色社會工作的視角重新看待這麼多年在雲南農村的實踐。發現綠色社會工作讓我們明白造成環境災難的結構性因素及其嚴重的社會和環境影響。綠色社會工作也讓社會工作實踐者在尋求解放性替代方案的過程中有了深刻的見解，從而為社會轉型提供了實用的策略。「社會經濟」被認為是一種與綠色社會工作可以整合的實踐理論，因為它有清晰的理念和實用的行動框架。社會經濟認為「經濟是為人類服務，而不是人類服務於經濟」（Neamtan, 2010: 241）。其強調社會正義、民主和集體主義。社會經濟強調經濟的活動需要考慮不同經濟主體的福祉——生產者、消費者、當地社區居民，另外也必須考慮人類的文化或環境的可持續性。

五、綠色社會工作對華人社會工作的啟示

　　雖然香港社會工作專業程度非常高，中國內地社會工作教育發展也超過了 30 年，然而，儘管今天環境危機十分嚴重，但大多數華人社會工作的教育者、管理者和實踐者都忽視了生態環境問題，也沒有意識到環境議題對社會工作專業的重要性。我們對社會工作教育者、社會工作

組織 / 非政府組織的管理者以及直接的實務工作者提出以下建議。

社會工作教育

　　社會工作教育工作者和學生經常提出這樣的問題：環境是社會工作干預的目標嗎？環境議題是專業實踐的一部分嗎？綠色社會工作者是在促進有機農業、農村合作社和公平貿易？這些活動該如何與主流社會工作實踐相聯繫？這些問題的提出，是因為華人社會現有的社會工作課程中很少談論環境議題，即使在農村社會工作和社會發展等課程中，也缺乏綠色或生態的視角。解決這一差距需要能力建設、提升意識及教育程度。綠色社會工作者可以在華人社會各高校開展培訓講座。

　　和很多地方一樣，香港不斷受不同程度的環境挑戰和災害，華人社會工作教育部門應將綠色社會工作的新範式納入其正式課程，以跟上社會和環境的快速變化。這樣的轉變有助於社會工作學生和專業實踐者做好應對災害和環境危機的準備。這將幫助他們獲取一種環境正義感，在受災或環境惡化的人羣和社區中能發展出適合的，與地區特色及文化相關的干預措施。通過充分的訓練，他們可以獲得合法性和地位，為政府在解決環境相關問題方面提供建議。

政策倡導

　　當前的環境危機激發了公民的積極行動，引發了對破壞環境的政府決策的質疑。綠色社會工作為社會工作者提供了一種全面的方法去重新思考環境發展和經濟增長的政治經濟，並認識到變革應依賴政府、機構和社區的支持，他們應仕相互尊重、合作生產及平等的框架下展開行動。綠色社會工作可以填補巨大的知識鴻溝，將社會 / 環境關係的複雜

性引入到宏觀層面對氣候變化的理解，並基於本土社區嵌入的綠色社會工作實踐經驗向政府提供具體建議。此外，綠色社會工作者可以幫助決策者更清楚地思考如何為所有人創造安全、可持續的自然環境，以及如何制定可持續和公平的政策解決方案，讓人們感到受支持、公平正義和結果公平。

其實，在香港已經存在着一些不錯的綠色社會工作實踐，例如，像香港一些社工機構與農村本土組織展開合作實踐研究，探究本土農業發展和環境的問題，尤其是食品安全的問題，而且還組織農民回歸有機水稻和蔬菜生產，通過假日農墟，建立公平貿易市場和城市消費者網絡以支持生態農業的發展，通過公平貿易和綠色消費的運動，轉化和提升香港市民的環保意識等等活動都是綠色社會工作在在港實踐的例子。特區政府近年來也不斷推動環境保護的政策，譬如垃圾分類回收、垃圾收費、小農復耕等。香港社會工作需要持續能參與環境保護的實踐，對政府提出有效的政策建議，並在不同領域推動落地的綠色社會工作實踐，運用堅實的綠色社會工作實踐經驗，向特區政府倡導政策改變。

六、結語

綠色社會工作既是整體的，也是跨領域的，它不可能單靠社會工作這個學科去處理環境等議題。我們要將環境正義的概念嵌入社會正義的概念和實踐中，以強調地球的所有構成部分都是具有聯繫性的，強調生命與無生命之間是相互依存的，並重新定義如何關愛他人和關懷地球的責任。綠色社會工作需要挑戰主流的工業化模式，反對將地球資源看成是被掠奪的對象，反對將其視為滿足資本創造利潤的目標，並促進一種

以人為中心、以社區為基礎的、以多方合作的、和以民主的為目標的實踐，去謀求人和環境和持續諧發展的模式。

參考文獻

1. Beck, U., *Risk Society: Towards a New Modernity* (London: Sage,1992).

2. Besthorn, F., "Deep Ecology's Contributions to Social Work: A Ten-Year Retrospective" *International Journal of Social Welfare*, 21 (3), 2012, pp.248-259, doi:10.1111/j.1468-2397.2011.00850.x.

3. Bullard, R., *Dumping in Dixie: Race, Class, and Environmental Quality, 3rd ed* (Boulder: Westview Press, 2000).

4. Brofenbrenner, U., "Ecological Models of Human Development", in *International Encyclopaedia of Education, Who can give the Chinese government good advice to deal with the environment crises? Vol. 3* (Oxford: Elsevier, 1979).

5. Cressey, D., "Widely Used Herbicide Linked to Cancer", *Nature*, 2015, http://www.scientificamerican.com/article/widely-used-herbicide-linked-to-cancer/.

6. Dominelli, L., *Sociology for Social Work* (London: Macmillan, 1997).

7. Dominelli, L., *Green Social Work* (Cambridge: Polity Press, 2012).

8. Dominelli, L., "Mind the Gap: Built Infrastructures, Sustainable Caring Relations, and Resilient Communities in Extreme Weather Events" *Australian Social Work*, 66 (2), 2012, pp.204-217, doi:10.1080/0312407X.2012.708764.

9. Dominelli, L., "Gendering Climate Change: Debates, Policies and Action", in M. Alston and K. Whittenbury: *Research, Action and Policy: Addressing the Gendered Impacts of Climate Chang* (Sydney: Springer, 2012), pp.77-94.

10. Dominelli, L., "Environmental Justice at the Heart of Social Work Practice: Greening the Profession", *International Journal of Social Welfare*, 22 (4), 2013, pp.431-439, doi:10.1111/ijsw.12024.

11. Dominelli, L., Nikku, B. R., & Ku, H. B., "Introduction: Why Green Social Work", in Lena Dominelli, Bala Raju Nikku and Hok Bun Ku (edited), *The Routledge Handbook of Green Social Work* (London: Routledge, 2018), pp.1-6

12. Gray, M. & Coates, J., "Environmental Ethics for Social Work: Social Work's Responsibility to the Non-human World", *International Journal of Social Welfare*, 21, 2012, pp.239-247.

13. Jeyasingham, D., "The production of space in children's social work", *British Journal of Social Work*, 44 (7), 2013, pp.1879-1894.

14. Ku, H.B., "'Happiness Being like a Blooming Flower': An Action Research of Rural Social Work in an Ethnic Minority Community of Yunnan Province, PRC" *Action Research*, 9 (4) 2011, pp.344-369.

15. Ku, H.B. & D. Ip, "Designing Development: A Case Study of Community Economy in Pingzhai, Yunnan Province, in PRC" *China Journal of Social Work*, 4 (3), 2011, pp.235-253, doi:10.1080/17525098.2011.614394.

16. Neamtan, N., "The Solidarity Economy, State Organization and Political Power" in E. Kawano, T. N. Mastersonand and J. Teller-Elsberg, *Solidarity Economy I: Building Alternatives for People and Planet* (Amherst, MA: Center for Popular Economics, 2010), pp.341-350.

17. Parry, N., M. Rustin, and C. Satyamurti (ed.), *Social Work, Welfare, and the State* (London: Edward Arnold, 1979).

18. Pelling, M., *The Vulnerability of Cities: Natural Disasters and Social Resilience* (Oxon: Earthscan, 2003).

19. Schumpeter, E.F., *Small is Beautiful: Economics as If People Mattered* (London: Blond and Briggs, 1973).

20. Schumpeter, E.F., *Small is Beautiful: Economics as If People Mattered* (London: Hartley and Marks Publishers, 1999).

21. 中國國家統計局:〈2008 年全國國民經濟和社會發展統計公報〉,2009 年, http://www.stats.gov.cn/tjsj/zxfb/200902/t20090226_12542.html。

22. 中國國家統計局:〈2014 年全國農民工監測調查報告〉,2015 年,http://www. stats.gov.cn/tjsj/zxfb/201504/t20150429_797821.html。

貧窮與社會工作

陳紹銘

一、社會工作與貧苦大眾

　　社會工作無論在過往還是現在，處於何種地域文化，都與貧窮密不可分。回顧社會工作的發展，二十世紀初，如 Jane Addams 在美國推動 Settlement movement，為基層婦女爭取權益並獲諾貝爾和平獎，以及 Mary Richmond 創立 Charity Organization Society，為社會有需要人士提供專業社會工作服務，由服務個案到社會改變的層面，都離不開服待社會的貧苦大眾。

　　看國際社工組織（International Federation of Social Workers, IFSW）及國際社會工作學院協會（International Association of Schools of Social Work, IASSW）對社會工作的定義（Global Definition of the Social Work Profession）：「社會工作推動社會改變和發展、社會凝聚和人民的充權（empowerment）及解放（liberation）。社會公義（Social justice）、人權（human rights）、集體責任和尊重差異等原則是社會工作的核心……」這些核心價值如充權、公義、人權和解放，也是緊扣着弱勢社羣及貧苦大眾的福祉。

　　再看現今不同地區的社會工作提供的服務以及福利項目，都與貧

窮相關，例如連結社會資源及福利援助、提供就業培訓和職業輔導、提供住屋援助、食物銀行、推動基層健康服務、推動社區發展及社會融合等，這些服務對象包括低收入家庭、長者、殘疾人士、基層婦女及兒童等，都旨在減輕貧窮人士的困境，提供他們所需的基本生活支持和資源，讓他們有更多生活機會。

以上概述了社會工作與貧苦大眾的關係，然而，要更深入地探討社會工作與貧窮的關係，我們需要更全面地理解貧窮的本質及內容。

二、何謂貧窮

貧窮是甚麼？社會科學其中的重要任務，是可描述（describe）、解釋（explain）及理解（understand）社會現象及人類行為，進而推動改變（change）。關於貧窮，學術界有過百年的討論，涉及多個學科領域，包括經濟學、社會學、心理學、社會工作等，關於貧窮的定義在不同學科和觀點中有絕對和相對的區別也有客觀和主觀的差異，同時還有多種面向，如金錢、基本需求、社會關係、基礎能力等，這裏先簡單一些重要的定義，讓我們更全面地認識貧窮的不同面貌。

金錢面向的貧窮（Monetary Approach）

在學術研究和社會政策分析中，金錢被廣泛應用作貧窮的定義，這種方法強調人類福祉主要受金錢財富的影響，而金錢亦易於量化並進行跨區域比較，因此被廣泛使用。較常用的金錢指標包括收入、消費、儲蓄及現金福利（Wagle, 2002），每個指標都可以設定不同的貧窮門檻。以絕對貧窮為例，世界銀行將每天 2.15 美元（以購買力平價計算）作為

絕對貧窮（absolute poverty）的門檻，收入無法滿足這種支出的人被歸類為極端貧窮人口。這個門檻也會因着世界經濟的發展而有所變動，例如，世界銀行的貧窮線由 2015 年的 1.5 美元上至 1.9 美元，再在 2022 年上調至 2.15 美元。相對貧窮（relative poverty）的概念則在經濟較發達的地區更為常用，當個人或家庭的收入低於特定門檻時，則被歸類為貧窮，例如，歐盟（European Union）將家庭收入中位數的 60% 作為貧窮線；香港政府於 2013 年設立了官方的貧窮線，以家庭收入中位數的 50% 作為門檻，不同家庭人數則會有不同的貧窮線，例如，在 2020 年，一人的貧窮線為 $4400，兩人為 $9500，三人為 $16000，四人為 $20800，若家庭總收入低於貧窮線，家庭成員則被界定為貧窮人口。

然而，僅以收入作為衡量方式並不能完全反映市民的貧窮情況，例如一個三人劏房家庭月入 $17000 但租金 $7000，相較之下，一個月入 $15000 及租金 $2000 住在公屋的家庭，雖然收入較高且在貧窮線之上，卻可能因住屋開支大而更為貧窮。金錢的支出也被應用作為貧窮的指標，美國學者 Orshansky（1969）認為，基層家庭在食物支出方面一般比富裕家庭佔比更高，因此，用於基本生活必需品的支出可以作為貧窮的門檻。例如，當家庭超過三成的開支用於食物上時，則可視為貧窮。此外，貧窮是一個多維度的問題，還包括高昂的生活開支、惡劣的住房條件、社會排斥和主觀貧窮等。

匱乏（Deprivation）

早在六十年代，英國學者 Peter Townsend（1962）已經對僅以收入定義貧窮的方法提出了批評。他提出了匱乏（Deprivation）的概念，匱乏不等同收入低微，而是相對於當地社區或社會而言可觀察到的貧困狀

態，檢視市民是否有足夠的生活必需品，以滿足基本生活需要，匱乏概念強調不同社會有不同的物質和文化背景，因此民眾所需的必需品也不同，匱乏則可理解為「缺乏社會上被認為必不可少的物品」（a lack of socially perceived necessities）（Bradshaw & Finch, 2003）。早期有關匱乏的討論，多集中於物質匱乏（material deprivation），例如缺乏一些基本的家居設施、食物、衣服等，Townsend 亦指出，貧困不只限於物質上的不足，還提出了社會匱乏（social deprivation）的概念，因此將生活必需品的範圍擴大到其他社會上被認為重要的生活條件和服務。

在實際操作方面，Townsend（1987）在一項英國大型貧窮調查中提出了 77 個匱乏項目，其中包括食物、服裝、家庭設施、娛樂、家庭活動和教育等必需品和生活條件。這種計算匱乏的方法學後來也在全世界不同地區被廣泛應用。在香港，學者和香港社會服務聯會曾於 2011 年進行了一項社會匱乏的研究，首先進行文獻回顧和焦點小組討論，制定了基本生活條件的清單，然後通過民意調查確定了在社會上被認為重要的項目（例如超過半數人同意的項目），項目包括「家中有窗戶」、「不用與其他家庭共用洗手間」、「定期檢查牙齒」、「有需要時可以回鄉探親」等（Saunders et al., 2014），以探討香港有多人面對匱乏問題。

社會排斥（Social Exclusion）

除了金錢及物資方面，社會面向亦是貧窮的重要範疇，在歐洲國家與一些國際機構，「社會排斥」（social exclusion）一詞被廣泛使用，歐盟更進一步採用「貧窮或社會排斥的風險」（at risk of poverty or social exclusion）來評估廣義貧窮的情況。社會排斥的概念最初源自於對一九六〇年代法國失業與不平等狀況的描述（Silver, 1994），及後進一步擴

展以描繪在工業化地區變得貧窮或邊緣化的情況（Kwadzo, 2015）。然而，即使「社會排斥」一詞被廣泛採用，其定義仍然模糊不清（Atkinson, 1998; Silver, 1994）。學者們提出了各種社會排斥的形式，例如在勞動市場、政治權利、公民身份、文化活動（Wagle, 2002）或社會服務、社會活動、公民參與等方面的排斥（Levitas, 2006）。與僅用收入衡量貧窮相比，社會排斥更重視社會關係、社會網絡和社會支持等要素（Chan, 2023），並從靜態的貧窮現象轉向對貧窮動態的分析，更加關注基層在社會上受到不同面向的排斥過程。在香港，過去有調查了解特定群體的社會排斥情況，如長者和尋求庇護者，或是了解公眾和弱勢社群對社會排斥的看法（Lau et al., 2015），這些研究涵蓋了歧視、社會支援不足、就業困難、缺乏尊重等社會排斥的各種面向，展現貧窮社群的社會面向的困境。

主觀貧窮（Subjective Poverty）

貧窮不僅是一種客觀的狀態，同時也涉及到個體的主觀感受。主觀貧窮面向強調個體的主觀評價和其在定義貧窮中的角色，這種觀點認為人的福祉是主觀的，並確認了人們在獲取和解釋自己的福祉方面的權威（van Praag & Ferrer-i-carbonell, 2008）。有許多不同的方式可以衡量主觀貧窮，其中，自我評估生活水平是一種常見的方法，這可以通過直接詢問個體對自己的貧窮狀態的感受來實現。主觀貧窮的評估，儘管涉及不同人的主觀判斷，但也可以使用相對客觀的方法進行量度，例如計算萊頓貧窮線（Leyden poverty line, LPL）和主觀貧窮線（subjective poverty line, SPL），通常透過收入評估問題（income evaluation questions, IEQ）或提問最低收入問題（minimum income question, MIQ）來設定，

例如詢問受訪者認為每月需要多少收入才能維持生活，從而確定貧窮的門檻（Bradshaw & Finch, 2003）。此外，與衡量收入和支出的定影計算（snapshot）相比，主觀衡量可以相對捕捉到福祉的長期預測，並考慮到受訪者的過去收入和資產。因此，主觀貧窮的方法越來越多被用來衡量公眾的生活質量，並作為評估社會進步的指標。

能力取向（Capabilities Approach）

　　諾貝爾經濟學獎得主 Amartya Sen（1992）是能力取向的重要推動者，他批評了以收入為主的衡量貧窮方式。他舉例說，一個收入低的人和一個收入高但患有嚴重腎病的人，後者可能因為醫療費用高昂和生活功能受限而更貧窮。因此，Sen（1999）認為，我們需要除了收入以外的衡量方式。他關注到收入和經濟資源的價值，認為它們只是工具，而非內在價值，並提出一種強調實現個人自由的能力取向。Sen 將貧窮定義為「能力的匱乏」（Poverty as Capability Deprivation），強調重視本質上重要的能力，而非工具性的收入或金錢。他認為能力是一種自由，是實現不同功能的自由，而功能反映了個人的成就。對於「能力」的定義，Sen 並未明確指出，他認為能力的概念應能包含多元的想像，並根據不同的社經文化背景有不同的重要能力。哲學家 Martha Nussbaum（2000）則提出了包括健康、情緒、理性、社交聯繫等在內的十大重要能力。能力取向已被廣泛應用於學術和國際研究，並被用來衡量貧窮，如健康、教育、住房、死亡率和營養等。聯合國的人類發展報告、人類發展指數，以及聯合國開發計劃（United Nations Development Programme, UNDP）與牛津大學提出的多維度貧窮指標（Multidimensional Poverty Index, MPI），都運用了能力取向的概念。

為何要定義貧窮

　　為甚麼我們需要定義貧窮？一個簡單的原因是，研究不同的貧窮定義有助於豐富對貧困的理解（Wagle, 2002）。但更深入理解的意義和影響是甚麼呢？許多學者提出了定義貧困的實際原因。Orshansky（1969）提出：「除非你打算對貧困人口採取行動，否則沒有特別的理由去計算貧窮人數。」對定義的選擇和研究，不僅增進了我們對貧窮的本質和原因的理解，還促進了減少或消除貧窮的想法（Kakwani & Silber, 2008）。定義可以幫助描述和確定貧困人口，並引導公共行動。Sen（1992）提出了診斷先於政策選擇，即政策制定需要貧窮的定義作為根據。貧困的定義對貧困人口有重大的影響，例如反貧窮政策的制定，貧窮的計算亦需與政策的建構相關（Townsend & Gordon, 2002）。在選擇定義時，還存在社會和政治關注，例如 Alkire（2005）提出，選擇方法需要較易於理解，以便更好地在社會傳播這一想法，對於不合理或武斷的貧窮計算或測量，很難制定適當的消除貧窮的政策。

三、貧窮與宏觀社會工作

　　貧窮的原因很多，過往有非常豐富的學術研究及政策討論，涉及個人生理（基因、遺傳等）及心理（情緒、精神健康等）、文化（社羣的貧窮文化、社會文化、窮人行為等）、社會結構（社會分層、階級等）、政治經濟（全球化、新自由主義、市場化等）等不同角度。在一篇文章中難以完全探討和概括貧窮的原因。本文集中討論社會工作與貧窮的主題，嘗試簡介幾個宏觀社會工作（macro social work）的流派，包括

結構社會工作（structural social work）、發展性社會工作（developmental social work）、反壓迫社會工作（anti-oppressive social work）、批判社會工作（critical social work），這些理論流派可以用來分析貧窮的理解和可能的介入取向，以及對抗貧窮的策略，每種方法都可以根據不同角度的貧窮問題採取相應的行動，憑藉這些社會工作不同的理解，有助在香港推動不同的抗貧政策。

結構社會工作與貧窮

結構性社會工作的發展主要始於加拿大的七十年代中期（Mullaly, 2007），它挑戰了傳統的病理學模式，關注個人問題背後的結構問題，結構性分析強調個人和社會系統之間的權力關係和互動，認為個人行為深受社會結構的影響。Bob Mullaly 是結構性社會工作最有影響力的作家和實踐者之一，他提出了幾個結構性社會工作的實踐要素，例如與服務使用者合作、機構的充權、意識提升和集體行動，也關注從剝削、壓迫和不平等走向自由和解放。結構社會工作提出更深入的結構性的分析，旨在通過改變社會結構來改善個人及社會之間的關係。

對於貧窮，結構性社會工作關注貧窮的結構成因，以及社會制度、資源及權力分配不均而引致貧窮問題，貧窮內容包括收入、支出、物質匱乏等結構問題；而對應的抗貧窮的策略，則重視社會制度及政策的改變，例如增加公共開支、加強房屋、醫療、教育等保障、提升勞工收入及增加社會服務的項目等，通過制度改革來推動扶貧工作是結構性社會工作的重要方向。在香港，房屋及收入的結構不平等問題仍然嚴重，大幅增建公共房屋，以及提升基層收入拉近貧富懸殊，是結構性扶貧的重要方向。

反壓迫社會工作與貧窮

反壓迫社會工作旨在應對社會對弱勢的壓迫以及社會結構的不平等，強調以人為本及平等的價值觀，揭示於被壓迫者的生活經驗。Dominelli（1996）是反壓迫社會工作的奠基者之一，她將反壓迫實踐定義為社會工作的一種實踐形式，同時強調反壓迫應以服務使用者充權實踐為核心。Dominelli 指出，壓迫是通過人與社會的互動而建構的，可以是多面向和流動性的，在不同的社會領域和各種社會分裂之間發生，例如階級、性別、種族、年齡和性取向等（Dominelli, 2002）。在壓迫的關係中，存在壓迫者和被壓迫者，反壓迫的目的在於解構壓迫關係，建立平等的新關係，並提供各種策略，例如提高被壓迫者的意識，分析家庭、社區和國家社會不同層次的權力關係，以及重建被壓迫者的身份。除了前線實踐外，反壓迫也可以在其他領域中實踐，例如學術研究，以發展支持被壓迫者行動的知識。

以反壓迫的角度，減輕貧窮的重點在於消除對基層弱勢的各種壓迫，例如階級剝削及歧視等，具體政策包括制定保護受壓迫勞工的法律或政策，例如制定及提高最低工資、設立標準工時、提高外判及零散工作的保障等，另外，還可推動制定反歧視條例，包括性別、年齡、種族、性取向等領域，以消除弱勢在這些領域受到的壓迫。在香港，雖然已有就關於性別、殘疾、家庭崗位及種族的歧視條例，但執法力度仍有待加強，同時需要有更多公眾教育及社會政策配合，方能有效減少對貧困者的壓迫。

發展性社會工作與貧窮

發展性社會工作強調社會變革和發展，並運用社區建設、社區組織和政策倡導等手段，推動社會發展（Midgley, 2010）。社會發展實踐可以被視為一種觀點或運動，旨在實現可持續發展的人際關係以及社會正義，早期的實踐包括社區組織、社會規劃、政策分析及倡議等方法，至一九九〇年代，社會發展及能力觀點的概念引起了越來越多的關注，而發展性社會工作在一些地區，例如南非，亦具有重要影響力，政府在社會福利和社會工作的國家政策中採用了發展性方法，並成為社會工作教育和實踐的重要組成部分（Gary & Mackintosh, 1998; Patel & Hochfeld, 2012）。

此外，能力觀點是發展性社會工作的關鍵要素（Gray, 2002; Sen, 1999），這取向質疑將使用者視為受壓迫者的反壓迫模式，可能會增加他們的無力感，相反，能力觀點關注使用者的潛力、能力和資源，而不是僅僅關注他們的需求和問題。發展性社會工作具有一些特點，例如關注可持續性、減少貧困、普世和多元文化的世界觀、增加資產、促進社會融合和政治參與；發展性社會工作可能涉及不同類型的社會工作實踐，包括個案工作、團體工作、社會企業家和參與行動研究（Gray, 2002; Patel & Hochfeld, 2012）。

發展性的反貧窮策略關注基層市民的基礎能力建設，在社區推廣不同促進社會資本的計劃，在香港，自 2002 年成立的社區投資共享基金（Community Investment and Inclusion Fund, CIIF），為不同地區和社群提供資金，以建立社會資本，可說是運用發展取向的例子之一；此外，發展性社會工作的扶貧策略還包括提升提前退休的老年人的工作技能、增強婦女的社會網絡、加強平等機會教育和醫療服務等。這些策略旨在提

高弱勢羣體的能力，減輕貧窮問題。

批判社會工作與貧窮

批判社會工作主要發展於一九六〇年代至一九七〇年代，對社會工作在保護社會結構和支持現狀方面提出批評，尤其是對於將問題歸咎於受害者（blame the victim）和將問題個人化的做法進行批判（Fook, 2003）。批判社會工作以批判理論（critical theory）作為基礎（Allan, 2009），該理論集羣包括狹義上的西方馬克思主義和法蘭克福學派，以及廣義上的後結構主義、後現代主義、新馬克思主義、女性主義和文化批判理論（Agger, 1998），批判性社會工作反對傳統的實證主義，強調主體性和結構的辯證關係，並關注社會改變可能發生在個體層面的日常生活變化（Fook, 2015）。此外，批判性社會工作關注知識、權力、語言和身份的創造，強調批判性反思、反身性和知識建構的過程的重要性；批判性社會工作也關注論述（discourse）、標籤和分類的權力來源和再建構（Fook, 2015）。

從批判性社會工作的角度來看，反貧窮策略需要挑戰資本主義的邏輯，例如限制資本積累，促進更多的市場監管，扶貧不單是給予窮人金錢或福利，亦要限制富人剝削以獲取資源，對抗壟斷的生產及再生產模式；此外，批判社會工作亦主張抗衡消費主義文化，減少不必要或奢侈的消費，反對富人文化製造文化貧窮等。推動批判社會工作的方式不限制宏觀的政策改動，也可在日常生活、社交媒體、文化論述上推動改變。

四、香港貧窮與社會工作實踐

不同貧窮的定義，可以有不同的對應的社會工作取向，以及可能的扶貧策略，表 1 嘗試概括不同取向及對抗貧窮的可能性。

表 1　貧窮定義、社會工作取向及扶貧策略

貧窮的定義或取向 （Poverty Definitions/ Approaches）	對應的社會工作取向 （Corresponding social work approaches）	對應的扶貧策略例子 （Examples of anti-poverty strategies）
金錢、收入貧窮、匱乏	結構社會工作	• 改變資源分配不均的結構 • 增加政府公共開支 • 增加現金資助及擴大福利項目
社會排斥	反壓迫社會工作	• 反歧視立法 • 勞工權益法例保障 • 公眾教育
能力取向	發展性社會工作	• 社區投資共享基金 • 社會企業及社會事業 • 社區資產建設計劃 • 家庭能力建設計劃
主觀或文化貧窮	批判社會工作	• 批判資本主義邏輯 • 限制資本積累及加強市場管制 • 解構消費主義及富人文化 • 重構貧窮論述

然而，需要注意以下幾點，首先，宏觀社會工作不限於上文提及的幾個取向，不同時代和地區可能有不同的稱呼或定義，例如有進步（Progressive）社會工作、激進（Radical）社會工作，或重視人權（human rights）或公義（social justice）的實踐，這些實踐可能在內容上相似，但重點或論述不同；另外，社會工作有關扶貧的工作也不限於宏觀的介入或理解，個案和家庭等不同層面的介入以及多樣的直接服務，也是基層市民的重要支持，不容忽視。此外，扶貧的策略及工作，亦不應限於社

會工作的實踐，而要更多的跨專業合作。

　　探討貧窮的定義不只是學術或科學的追求，更能讓我們從多角度理解個人和家庭的困境，進一步了解貧窮的本質和成因，並設計更多元面向的扶貧或減貧策略。過去，香港的貧窮討論和政策主要集中在收入層面，然而，不少基層市民因住房、開支或能力不足而生活艱難，政府應考慮更多元的貧窮定義，並制定多面向的貧窮指標，以支援面對不同貧窮問題的家庭。在香港，基層住屋問題嚴重，住房貧窮的指標尤其重要，例如計算住房支出較高的低收入家庭比例，或設定目標降低不適切住屋或惡劣劏房的的數量等。另外，對反壓迫的關注，及對資本主義及市場邏輯的批判，亦有助基層市民充權。此外，香港也可以採用能力取向的理念，來評估及提升基層家庭在各領域的能力，除了現有的社區投資共享基金推動社會資本以外，亦可在健康、社交、就業、財務管理等方面提供更多資源及服務，支援基層家庭實現長期脫貧（Graduation Approach）。事實上，香港的社會工作者及社會福利界在過去一直積極推動扶貧工作，上述的扶貧策略及例子，不少亦有社工及服務使用者的積極倡議及參與，這種合作和共同努力，在過去及將來，都有助建立一個更公平公義的社會，減少貧窮情況，提升弱勢羣體的福祉。

參考資料

1. Agger, B., *Critical social theories: an introduction* (Boulder, Colo.: Westview Press, 1988).

2. Alkire, S., "Why the Capability Approach?", *Journal of Human Development*, 6 (1), 2005, pp. 115-135, https://doi.org/10.1080/146498805200034275.

3. Atkinson, A.B., "Social exclusion, poverty and unemployment", *Exclusion, Employment and Opportunity* (London, 1998).

4. Bradshaw, J., &Finch, N., "Overlaps in Dimensions of Poverty", *Journal of Social Policy*, 32 (4), 2003, pp.513-525, https://doi.org/10.1017/S004727940300713X.

5. Chan, S.M., "Multidimensional poverty in Hong Kong: measurements and implications", in U.R. Wagle (Ed.), *Research Handbook on Poverty and Inequality* (Edward Elgar, 2023), pp.172-185, https://doi.org/10.4337/9781800882300.00017.

6. Dominelli, L., "Deprofessionalizing Social Work: Anti-Oppressive Practice, Competencies and Postmodernism" *British Journal of Social Work*, 26 (2), 1996, pp.153-175, https://doi.org/10.1093/oxfordjournals.bjsw.a011077.

7. Dominelli, L., *Anti-oppressive Social Work Theory and Practice* (New York: Palgrave Macmillan, 2002).

8. Fook, J., "Critical Social Work: The Current Issues", *Qualitative Social Work*, 2 (2), 2003, pp.123-130, https://doi.org/10.1177/1473325003002002001.

9. Fook, J., "Critical Social Work Practice", *International Encyclopedia of the Social & Behavioral Sciences* (Second Edi, Vol. 5) (Elsevier, 2015), pp.287-292, https://doi.org/10.1016/B978-0-08-097086-8.28022-7.

10. Gray, M., &Mackintosh, I., *Developmental social work in South Africa: theory and practice* (Cape Town and Johannesburg: David Philip Publishers, 1998).

11. Gray, M., "Developmental social work: A 'strengths'praxis for social development", *Social Development Issues*, 24 (1), 2002, pp.4-14.

12. Kakwani, N., & Silber, J., "Introduction: Multidimensional Poverty Analysis: Conceptual Issues, Empirical Illustrations and Policy Implications", *World Development*, 36 (6), 2008, pp.987-991, https://doi.org/10.1016/j.worlddev.2007.10.004.

13. Kwadzo, M., "Choosing Concepts and Measurements of Poverty: A Comparison of Three Major Poverty Approaches", *Journal of Poverty*, 19 (4), 2015, pp.409-423, https://doi.org/10.1080/10875549.2015.1015067.

14. Lau, M., Gordon, D., Pantazis, C., Sutton, E., & Lai, L., "Including the views of the public in a survey of poverty and social exclusion in Hong Kong: Findings from focus group research", *Social Indicators Research*, 124, 2015, pp.383-400, https://doi.org/10.1007/s11205-014-0802-8.

15. Levitas, R., "The concepts and measurement of social exclusion", in C. Pantazis, D. Gordon, & R. Levitas (Eds.), *Poverty and Social Exclusion in Britain* (Policy Press, 2006), pp.123-160.

16. Midgley, J., "The Theory and Practice of Developmental Social Work", in J.Midgley &A.Conley (Eds.), *Social Work and Social Development: Theories and Skills for Developmental Social Work* (Oxford: Oxford University Press, 2010), pp.3-30.

17. Mullaly, R.P., *The new structural social work (3rd ed.)*(Don Mills, Ont.: Oxford University Press, 2007).

18. Nussbaum, M.C., *Women and human development: the capabilities approach* (New York: Cambridge University Press, 2000).

19. Orshansky, M., "How poverty is measured", *Monthly Labor Review*, 92 (2), 1969, pp.37-41.

20. Patel, L., &Hochfeld, T., "Developmental social work in South Africa: Translating policy into practice", *International Social Work*, 56 (5), 2012, pp.690-704, https://doi.org/10.1177/0020872812444481.

21. Saunders, P., Wong, H., & Wong, W. P., "Deprivation and Poverty in Hong Kong", *Social Policy & Administration*, 48 (5), 2014, pp.556-575, https://doi.org/10.1111/spol.12042.

22. Sen, A., "Poverty and Affluence", *Inequality reexamined* (Oxford University Press, 1992), pp.102-116.

23. Sen, A., *Development as freedom* (Oxford: Oxford University Press, 1999).

24. Silver, H., "Social Exclusion and Social Solidarity: Three Paradigms", *International Labour Review*, 133(5-6), 1994, pp.531-578.

25. Townsend, P., "The meaning of poverty", *The British Journal of Sociology*, 13 (3), 1962, pp.210-227.

26. Townsend, P., "Deprivation", *Journal of Social Policy*, 16 (2), 1987, pp.125-146.

27. Townsend, P., & Gordon, D., "Introduction: The human condition is structurally unequal", *World poverty: New policies to defeat an old enemy* (Bristol: Policy Press, 2002), pp.xi-xxii.

28. Van Praag, B.M., & Ferrer-i-Carbonell, A., "A multidimensional approach to subjective poverty", *Quantitative approaches to multidimensional poverty measurement* (London: Palgrave Macmillan UK, 2008), pp.135-154.

29. Wagle, U., "Rethinking poverty: definition and measurement", *International Social Science Journal*, 54 (171), 2002, pp.155-165, https://doi.org/10.1111/1468-2451.00366.

30. 黃洪:《「無窮」的盼望:香港貧窮問題探析(增訂版)》(香港:中華書局,2015 年)。

31. 馮可立:《貧而無怨難 —— 香港民生福利發展史》(香港:中華書局,2018 年)。

社會創新與社會工作

吳宏增

　　社會創新一詞在二十世紀七十年代已開始被討論（張世堯，2021）。對社會工作者來說，社會創新並非他們經常提及的概念，反正社會工作與個人、家庭、社區及整體社會息息相關，從社會工作者的角度，社會創新就是以創新的手法、策略去為服務對象、社區或整體社會，解決問題、處理需要，而社會工作的實踐基本上也應包含不斷創新的取態。

　　社會創新一詞在社會企業業界普遍受到重視，甚至被稱頌。但在社工業界，社會工作者談及的概念主要仍是傳統的社工價值、包括服務使用者自助、自決、參與、充權、以至平等及公義等等。直至 2010 年中後期，社會創新的討論才開始由社會企業業界慢慢滲透到社會工作專業及社會福利界別。然而，談起社會創新，不少社會工作者依然認為主要是社區組織或社區發展工作（community development）領域的概念。社會工作自有一套概念及論述體系，反正社會工作手法，隨着社會的需要，也會不斷推陳出新，這正正是社會創新的體現了，所以社福界別，或是社會工作專業，探討社會創新的議題，並不熱烈。

　　誠然，社會創新不算是一個艱澀的概念，不同組織學者對社會創新

雖有不同的闡釋，但總的來說，也離不開以新穎進步的手法、策略、以更具效益、更節省資源、更能充分體現持份者參與、持份者獲得充權的手法，去解決社會既有或潛在的問題及需要。

團結香港基金（2016）這樣定義創新：

> 「創新」三個主要元素：新的意念（novelty）、創業家精神（entrepreneurship）和普及大眾（diffusion）。創新思維可以十分抽象，而創業精神就是要將這些抽象概念轉化為服務或產品，而普及大眾就等於有關的服務或產品得到廣泛接受。社會創新貫徹此三大創新元素的同時，更以照顧社會需要為大前提。在社會創新的框架底下，創意就是對社會問題或需要的另類視覺，嶄新的服務或產品就是創新視野底下的輸出（output），而這些產品或服務對持份者所帶來的影響就是果效（outcome）。

社會創新及創業發展基金（社創基金）對社會創新的描述更直接，他們認為社會創新就是解決社會問題及需要的知識、產品、服務、方法及流程的「進步」。整個定義最重要的部分就是「進步」（advance）這個概念。

至於人工智能平台，給我們對社會創新的綜合定義，是運用嶄新的方式研發新產品、服務，包括現有業務模式、程序和方法的新應用，藉以應對社會需要，當中包括公平就業、醫療教育及環境等社會議題。社會創新是指開發和實施針對社會和環境挑戰的新思想、策略和倡議。社會創新旨在找到解決社會問題的新方法，改善個人和社區的福祉，並

創造積極的社會變革。人工智能對社會創新的定義，強調創造力、合作和關注公共利益。社會創新通常涉及跨學科的方法，涉及政府、社會團體、企業和學術界等各個部分的參與。

社會創新雖沒有一個最具權威的定義，但依據以上的描述，相信讀者不難對社會創新有一個大概的輪廓。

一、社會工作與社會創新的關係

社會工作在香港已經存在超過半個世紀，社會工作的手法、價值、所涉及的範疇，相信已廣為香港人所認識。總的來說、社會工作是一門應用社會科學，也是一種專業工作，傳統的理解是促進個人、家庭、社區及整體社會的福祉，以至於發掘社會問題、倡議社會政策改善及進步等等。社會工作者在不同崗位領域，以個人層面介入，或透過小組工作或社區活動及計劃，為有需要的個人、家庭、社區、弱勢社羣等等提供協助。社會工作者在實踐過程當中，經常面對的是環環相扣、互為影響的個人、羣體及社會問題、當中包括人際關係、家庭問題，精神健康、殘疾康復、以至於住屋、貧困、年老照顧等複雜問題。隨着社會的變遷，社會工作者在實踐過程中所面對的挑戰，只會有增無減。

對社會工作者來說，社會創新既然是一個行動框架，亦是一個思想情懷，促使社會工作者不斷探索、開拓新穎的服務模型及手法，以應對不斷更新的服務需要，亦藉此彰顯專業能量，可持續地為千變萬化的社會問題、家庭及個人需要提供解決方案。

社會創新根本可以說是社會工作者應有之義。道德上，社會工作者不可能，也不應面對急速變化的社會問題，一成不變。他們不可能以所

謂「行之有效」的方法，作為拒絕改變創新的藉口。那麼在香港社會工作的領域當中，究竟有沒有體現社會創新的精神，有沒有進行社會創新的實踐及經驗呢，答案應該是有的。

二、創新變更 —— 社會新常態

2000 年以來，社會變革的思潮此起彼落，很多西方社會公共行政及社會管理的理論及觀念漸次影響政府公共行政的政策與措施，社會福利制度當然亦受到衝擊。新公共行政理論（New Public Management）和管理主義的抬頭（Managerialism）將社會福利制度由一個以輸入導向的概念轉化為輸出主導的概念，政府由一個服務提供者，改變為主要的監控者及資助者的角色。在管理主義的思潮下，服務外判、成本效益、輸出指標及質素管理等等，成為社會福利領域當中的指導思想。隨着政府於千禧年引入整筆過撥款津助制度，社會福利界別及社會工作專業的心態及運作均起了根本性的改變。由於政府的帶頭作用，很多一向資助社會福利事業的組織、包括香港賽馬會，香港公益金，以至大大小小的基金組織，對資助社會福利項目的取態，亦逐漸轉向。當中較鮮明的轉變，莫過於要求接受資助的社福或社會工作服務項目，必須具備創意，符合成本效益，甚至能維持可持續發展等等。凡此種種的改變，當然為社會福利服務設計或社會工作介入手法注入創新的推動力，促使機構及社會工作者絞盡腦汁，開發新服務、引入新設計、利用新手法等等。

三、社會福利及社會工作領域的創新

隨着政府引入服務競投，非政府組織爭相以創新服務設計或工作手法作為競投新服務的賣點。在申請資助組織撥款方面，創新意念及新穎的服務設計亦是影響申請是否被接納的一個主要考慮因素。

自 2014 年開始，香港賽馬會推出 Innopower 計劃，鼓勵社福機構員工組成項目團隊，研發創新服務企劃，更為項目團隊成員安排海外培訓，激發創新思維，培養新一代社工的創新文化。此外，賽馬會作為政府以外的一個最大的社福項目資助者，也不斷要求機構在延續既有資助項目時，必須加入新點子，新元素，才能獲考慮延續資助。而其他大部分的資助組織，逐漸亦有類似要求。既然如此，我們是否就應見到一個朝氣蓬勃，滿有創意，不斷推陳出新的社會福利服務界別，或是一個滿有創新精神的社會工作專業？在這裏，筆者只可以這麼說，答案並不肯定。

四、社會工作者所啟動的社會創新

香港的社會工作專業發展至今，主要仍以個案工作、小組工作及社區工作為介入方法，社會工作的理論開發仍大部分源自於歐美社會。感覺上，過去幾十年，本地的臨牀專業理論發展，介入知識技術的研發，似乎未見有明顯的進步或突破，不論是個人層面的輔導理論及技巧，以至小組或社區工作的論述都似乎停留在依賴西方文獻與研究的局面，故此在專業技術及知識方面的創新，尤其是以本地社會人文狀況為基礎的創新理論及介入技巧研發，似乎仍是付之闕如。原因為何，因不是本文的討論範疇，就不在此作深入討論。

社會工作實踐除卻與服務對象的直接介入外,當然亦包括服務設計與策劃,服務行政與管理,以至於相關社會政策的倡議及推動。後者雖然並非一般前線社會工作者的工作範疇,但絕大部分社福機構的中層以至最高管理階層,都須要在上述這幾個領域不斷尋求進步轉變,以應對社會及服務對象的期望與要求。正如前文所述,政府的新公共行政政策與管理主義思維,對現時大部分仍由社會工作者把持的社福機構管理層來說,絕對有促使他們推動種種創新的環境動力,而自從整筆過撥款制度實施以來,社福機構在津助服務以外,確實已推行不少設計新穎,深具創意及更能迎合服務使用者需要的,更具效益的服務。

以下舉幾個例子,讀者就可理解,縱使是傳統的大型機構,它們創新的能耐與決心,絕不亞於一些初創機構或中小型組織。

首先想提的,是香港青年協會的青年創業計劃。這個計劃以培養青少年創業及企業精神為目標,在過程中讓年輕人領略在創業過程當中種種的挑戰,雖然不是每一位參加者都可以成功創業,但在培訓過程當中學習解難,面對挑戰及困境等,絕對是栽培年輕人性格成長的絕佳項目。

第二個想介紹的,是現在已轉化成為社署恆常津助服務的一項網上青年支援服務,這項服務在社署提供津助之前由幾間大機構負責試點推行。基於網上及社交媒體已成為年輕人生活一個最主要的領域,故此在網上進行服務使用者接觸、識別,網上輔導,有需要則作進一步的線下跟進。這個服務現時由香港明愛、聖雅各福群會、香港小童群益會幾家大型社福機構執行。這個服務的形式縱橫線上線下,貼近年輕人文化及生活模式,提供個案、小組及其他發展性活動,比傳統的綜合青少年中心的隔到服務、班組服務,更為有需要的青少年人受落。

筆者過往從事的機構以服務更新人士為主,由於有嚴重的社會標

籤，要為該類人士開設新的住宿服務，確是談何容易。筆者受到一個名為「光房」的社企項目所啟發，為更新人士在市區成功開設幾所宿舍，不單止未有動用社署資助分毫，更化整為零，以小家舍的形式，為該類服務使用者提供相對彈性、更有自主的私人居住空間，而在成立這個名為「甦屋計劃」的住宿服務之時，計劃概念得到不同背景的持份者支持，提供免費的裝修設計、傢俬電器等等的支援，這可說是筆者在社會創新方面其中一項得意之作。

五、社工 —— 社會企業先行者

社會福利機構以至社會工作者在社會創新方面矚目的亮麗表述，莫過於自 2000 年開始，各個大型機構，尤其是復康機構，紛紛成立為殘疾人士及弱勢社羣提供工作崗位的就業融合社會企業項目（work integration social enterprise, WISE），當中包括東華三院的 iBakery、新生精神康復會的 330，心理衛生會的明途聯繫、聖雅各福羣會的 Green Lady，明愛的天糧，等等，或許也應包括筆者曾營運達 20 年的明朗服務有限公司。這些都是由社會工作者所主理，隸屬於社福機構的就業融合社會企業。這些就業融合社企，表面上是為有就業困難的殘疾人士提供真實的勞動市場工作崗位，但更重要的是，這些工作崗位，為殘疾人士及弱勢社羣帶來種種的正向社會效益，既釋放殘疾人士的勞動力，讓他們賺取有尊嚴的薪酬，亦大大提升他們的個人形象和自信，改善他們的人際關係技巧，減低他們照顧者的壓力。這些深具社會創新思維的社企項目，絕對是社會工作者推動創新、實踐創新的輝煌表現。過去十餘年來，社會工作者在社企營運方面，雖然受到不少人士的批評，甚至揶

揄，說社會工作者不懂做生意，但總的來說，社會工作者在推動以社企為載體的社會創新，絕對功不可沒。

六、整筆過撥款制度的憧憬與現實

社福組織能否改革創新，機構是否有開拓創新的文化，受制於不同因素，其中提供資助組織對服務交代的要求，或是種種的規管與限制，對接受資助機構能否有所發揮，至關重要。

政府自 2000 年起，推行整筆過撥款制度，本意是希望受助機構能擺脫過往僵化的管治流弊，讓機構更具彈性自主，在滿足政府在服務輸出量（output）及服務質素標準（service quality standard）之餘，更能發揮非政府組織的靈活性及創造力，回應社會問題及需要。整個撥款制度設計原意良好，筆者亦不認為政府以福利開支封頂為推動新制度的主要目標。但是 20 多年過去，整筆過撥款制度似未有為社福界帶來期望中的優勢，而是某程度上窒礙了機構及社會工作者在社會創新方面的思維，在惹來非政府組織員工多年來所抱怨的同工不同酬之餘，也無法壓制社會福利開支的逐步膨脹。至今社福開支已穩佔政府支出的首位，這非筆者所願見，相信亦不是一般社會人士所願見的。

社會福利制度包含不同的專業服務，而專業服務的提供主要仍由社會工作人員負責，社工專業除要在介入手法、服務設計方面不斷創新；在制度變革、政策完善方面，亦須抱有創新思維。以下筆者嘗試從制度創新方面，概略探討一下社會福利服務的資助制度，希望整筆過撥款制度能體現它的的初心，除去窒礙社會工作及社會福利服務創新的障礙。

七、回歸初心，誘發創新

　　首先，整筆過撥款制度既然採取輸出導向為設計理念，就應避免對機構在撥款運用方面有太多限制。機構若能充分完成資助及服務協議（Funding and Service Agreement）所要求的輸出水平及服務質素標準要求，就不必在靈活運用津助撥款方面受到層層掣肘，例如津助預算只能用於現時既有的津助服務，而津助服務的項目支出佔比，略有波動亦要仔細交代，為津助機構造成壓力。打個比喻，顧客要求廚師焗製一個蛋糕，詳細指定要求後，就不應指手畫腳，要求廚師在這店舖買麵粉，到那店買雞蛋糖霜。廚師焗不出合乎規格的蛋糕，顧客大可退貨，各不拖欠，下次找個更好的廚師。

　　社創及社企界有談論「社會責任債券」的融資模式，所謂社會責任債券（Social Bond），其實就是「按效益付費」（Pay For Success）。按效益付費的機制雖然有點複雜，但籠統而言，就是按受資助組織是否能達成服務協議的輸出及品質指標，決定資助額的發放。不論組織在提供服務過程當中有否盈餘，或是超出預算，資助者只着眼於受資助組織是否能提供數據或實證，顯示效益的達成及程度，盈餘或虧損由組織自行負責。倘若組織在達成目標之餘亦有盈餘，則盈餘由組織自由運用。可以想見，這種資助方式，肯定更能調動機構的積極性、更會成為激勵機構員工在成本效益、社會效益，以致創新手法等各方面的推動力。

　　現時社署津助機構不可以將盈餘用於非津助服務範圍，若要改動津助協議定明的服務手法，由於要徵得提供該類服務的其他機構的同意，可以想像會是困難重重。面對這些規限，縱使社會工作者發現新問題、或者有更佳的介入手法或服務設計，亦難以調動既有的津助資源，開拓實驗計劃，或進行創新嘗試。過去 20 年，社會急速改變，但各類津助

服務的改動，似乎十分有限。很多津助服務的交付模式，十餘年來，大概仍是蕭規曹隨，變動不大。近年，更聽聞政府進一步要求各津助機構嚴格限制整筆過撥款的使用，要特地將非津助及津助服務的支出仔細分辨出來（apportionment），以防所謂交叉津貼（cross subsidy）。此舉將為機構帶來額外的行政壓力。為不抵觸政府的資助條件，前線社會工作者唯有小心翼翼，凡事不敢越雷池半步，盡量按本子辦事。說到要創新，說到要開拓新領域，難免要觸及一些服務的灰色地帶，社工擔心多做多錯，縱使見有服務需要，可將既有服務資源更有效地運用，或希望修改已過時的津助服務模式，以創新的方式更精準交付，亦可能猶豫不決，免得自找麻煩，遭上級責難。

或許是對制度目標的誤解，以至整筆過撥款制度至今似未得到一般社會工作者的認同。筆者從事社會福利機構管理接近 30 年，相信整筆過撥款有它的優勢，亦懷有良好的願意，只不過制度多年來未見甚麼重要改革，近年更見制度越收越緊，這對津助服務的變革及改進恐怕帶來不利影響。政府其實可以嘗試局部漸進地為制度拆牆鬆綁，對部分需要更靈活適應社會轉變的服務，採用上文提過的類似社會責任債券模式，讓社會工作者及社福機構能夠動起來、活起來，去除不必要、細碎繁瑣的行政交代。社會工作者是接觸廣大有需要羣眾的第一線人員，最掌握社會大眾的問題脈搏，讓社會工作者以服務效益作為對政府撥款的交代指標，應較政府在撥款制度上的種種行政交代要求，確保所謂撥款用得其所，或是按立法會批核的範圍使用撥款，應會讓社會工作者在社會創新方面有更大的空間及想像，亦肯定可將寶貴的津助資源，用在更有效益的社會工作實踐及服務交付上。

筆者建議，若津助機構希望採用創新的方式進行服務（包括調整既

有服務或以津助盈餘開辦創新的服務），大可向社署作出申請，在未有要求增加資助額度的條件下，社署若認為機構的服務改變更能對服務使用者帶來新的體驗及獲益，就可以作出批核，讓服務機構作出改變或進行新的服務嘗試。若政府認為牽涉的範疇太廣，亦可以讓有興趣的機構或服務先行先試，從而激活優化已經運作了 20 年多年的整筆過撥款制度。

八、社會效益與社會創新

在不少西方先進國家，政府或資助團體對社會服務的資助主要依據項目所產出的正面社會效益，故此，社會效益的量度對有關服務的可持續營運及發展，至為重要。過去十多年來，在社創及社企界別，談得甚囂塵上的社會效益評估（Social Impact assessment）概念似乎在社福界，或者是社會工作專業範疇內的討論並不熾熱。到目前為止，政府投入大量資源透過非政府組織提供各類型的社會服務，受助機構所要交代的主要仍是服務的輸出量，究竟有關服務是否能產出預期的果效或社會效益，社福界或社會工作界內的討論並不多，這種狀態似乎與很多西方進步國家有一定的落差。

筆者過去 20 年從事更新服務，最重要的一項成效指標應該是更新人士的重犯率，唯社署津助及服務協議（Funding and Service Agreement, FSA）並無這個指標。但沒有這方面的數據，確難交代更新服務的效益，故此，筆者多番嘗試，接觸時任保安局局長，再得到懲教署的配合，希望了解更新人士接受過機構服務後重犯率是否有所改善，從而反映服務

是否具有社會效益。[1] 這種社會效益的量度，是機構推動服務手法創新及設計創新的重要參考因素。

部分學者對社會創新的定義，亦包括社會效益的元素。一項被認為具有創新理念的服務，必須有實證數據反映服務所帶來的正面社會效益。政府現時所津助的社會服務，並未要求機構提供社會效益評估報告，然而，本地一些較具規模的資助組織，例如香港賽馬會，在批出大額資助的同時，通常都附帶要求機構為受助項目進行社會效益評估，用以作服務改善，或作為服務持續發展的參考，這是一個理想的趨勢，亦值得作為社福服務最大的資助者政府所參考。當然，津助社福服務規模龐大，政府可選擇性地對個別服務先進行效益評估，掌握經驗，再逐步將效益評估推展到所有受資助服務。效益評估文化的建立，肯定會激發社會工作者更着重服務效益（service impact），更着重改變創新，更精準聚焦服務使用者的問題及需要。

社會環境不斷改變，若服務機構年復一年地提供相同的服務，肯定難追上形勢，亦可能會對服務資源造成浪費。一些已公開的秘密，就是不少前線員工為「跑數」而煩惱，亦聽聞有個別以所謂「篤數 / 造數」去交代服務輸出量。這正正反映部分機構所提供的服務，或許已過時失效，少人問津。與其說找不到服務使用者，是否應反問服務是否切合服務使用者的需要。「一向這樣做，便繼續這樣做下去」，「反正有無成效，政府不太過問，津助依然繼續」，若抱有這種想法，恐怕是行業的悲哀。以實證為本進行的社會效益評估，既可以查找既有服務不足之處，亦可確定創新服務是否能帶來預期的效果，減低資源浪費。很多專家學者或許會認為可

1　有接受過服務的更新人士，重犯率降低約 20%。

靠準確的社會效益評估並不易做，但不易做的事，不一定是不應做的事。

九、社會創新與社會工作教育

　　社會工作者是否具備創新的能力，一方面有賴他們對創新的熱誠、觸動及觸覺，另方面則視乎他們是否有足夠的訓練，掌握創新的竅門及被培養出持續創新的情懷。十多年前，本港大學已有開辦社會創新及社會企業的課程，然而該等課程主要由商學院開辦，直至近年，才陸續有社會工作學系講授社會創新概念及創立社會企業的知識及技巧。社會企業牽涉創辦一門生意去達致解決某類社會問題，而社會創新所適用的範圍當然不只局限於經營社會企業。對大部分的社會服務，甚或是各類範疇更大的社會議題，例如聯合國的 17 個可持續社會發展目標等等，社會創新的理念均完全適用，故此，在社會工作教育當中加入社會創新的理論及實踐課程，是十二分恰當及必要的。

　　社會創新的歷程包括持份者的參與、關係網絡的營造、資源的重新調配及規劃，在社會企業的範疇，亦包括創業家，企業家冒險犯難精神的培育。今時今日，社工學生不一定只學習以慈善福利的模式去面對社會問題，社會工作者其實可以採用私人企業的商業模式，將社會問題的解決方案包裝重組成可以收費形式售賣的商品服務（越來越多社會企業以這種方式解決社會問題，例子很多，不在這裏詳錄），這不但可以減除對政府公帑的依賴，亦可以大大擴闊社會工作者的實踐領域，最終社會工作者不一定須要在社會服務機構達成實踐解決社會問題，回應社會需要的目標及抱負。

　　幾十年來，社會工作教育大至仍離不開教授學生個案輔導、小組

工作及社區工作的理論與技巧，亦假設社工畢業生的主要出路，仍是傳統的社會福利機構或慈善組織，但當不同的社創組織、社會企業紛紛成立，而它們都是打着回應社會問題及應付社會需要的旗號，它們肯定亦是社會工作者的未來僱主，所以社會工作教育機構或許亦要放下幾十年來的固有思維，探究一下社會工作者未來可能擔當的新角色、新任務，而社工的訓練課程，肯定亦要與時並進，在教授傳統介入實踐的同時，更要裝備年輕社工，擁抱創新精神，並在課程中提供種種另類的實習機會，而不限於傳統的慈善社福機構。

　　具體來說，社工學院可與社創組織及社會企業緊密合作，安排學生到該類機構作短暫實習，擴闊眼界，亦可安排學生多走出課室，與不同的社會組織探訪交流，同時應該多邀請具實踐經驗的社會創業家或社會企業家傳授知識技巧，分享實戰經驗，讓學生從中得到由實踐提煉出來的智慧與啟發。

十、總結

　　社會創新與社會工作事實上是息息相關，不少社會工作者所領導的各類嶄新服務，其實已充分體現社會創新精神。然而，社會問題越趨複雜，以不斷創新的取向面對種種社會難題，是社會工作者及社會福利業界所必須堅持的。

　　創新必須要有創新的土壤及環境，筆者認為現時不少社會工作手法及社會福利服務，尤其部分接受恆常津助的社福服務，是有進一步創新拓展的空間。通過更廣泛的持份者參與，以更接近受助者需要，通過引進服務輸出指標以外的社會效益評估機制，以更加確立社會效益；透過

理順資源重疊，刪除部分架牀疊屋的服務模式，以更節省及善用資源。不必一味增加撥款，加強現有服務，而不先去評估現有服務能否真正解決問題。政府整筆過撥款的檢討應避免帶來更多的管制，拖慢改革進步，減低機構創新嘗試的動機與氛圍。學院作為知識創造及培育社工新生代的樞紐，要更好肩負建立新理論、批判既有做法，研發新技術、提倡創新社會工作實踐模式的責任，讓每一位社工不單只協助慈善組織的服務使用者助人自助，更能在各類組織發揮他們改變生命、改進社會的崇高使命。

社會工作既然是一門專業，就必須履行作為專業的不斷自我完善的責任。隨着科技的進步，網絡虛擬世界的誕生及高度普及，人工智能的急速發展，社會各個專業進步神速，社會工作專業也不能落後於人，必須時刻擁抱創新、敢於創新、能確切解決社會問題，對社會發展作出堅實的貢獻，社會工作專業才能夠永續發展，造福社會大眾。

參考資料

1. Leung, Joe C.B., "The Advent of Managerialism in Social Welfare: The Case of Hong Kong", *The Hong Kong Journal of Social Work* Vol. 36, 2002, pp.61-81.

2. Lui, Richard Kwok-man, "20 Years After Handover: A Review of Public Management Reform", Conference on International Public Management Network, 2017, 2021.

3. 社會創新解釋：https://poe.com/chat/222fxescwou08tkqzkv 。

4. 張世堯：https://www.sense-XXXprogram.hk/post/%E3%80%90%E4%BA%8C%E5%8D%81%E4%B8%80%E4%B8%96%E7%B4%80%E9%80%9A%E3%80%91%E7%A4%BE%E6%9C%83%E5%89%B5%E6%96%B0 。

5. 關於社會創新及社會創業：https://www.sie.gov.hk/tc/faqs/about-si-and-se.page 。

6. 團結香港基金：〈社會創新惠澤香港，英國經驗與社會效益評估的重要性〉，2016 年。

7. 團結香港基金：〈推動金融創新，成就社會效益, 按效果付費倡議報告〉，2017 年。

社會企業與社會工作

鍾偉強

社會企業最簡單的定義是一種通過商業手段來實現社會目標的組織形式。社會企業的出現是將企業部門的一些特性，嵌入非牟利第三部門而產生的一種新型組織，是一種要達成雙重底線（double bottom lines）—— 經濟目的與社會目的而建構的運作模式。不同於一些單純附加了企業社會責任的企業，社會企業是以企業運作模式來創造社會價值。社會價值的創造是目的，企業運作與盈利是手段。

社會企業的興起，其中一個重要原因是因為傳統福利模式的有效性和效率相繼弱化。多國政府因一九七〇年代開始的經濟衰退導致收入減少，對福利的開支逐年遞減。非牟利機構，多半承受政府財政支持的下降和慈善捐款萎縮的壓力，提供社會服務的能力因而也大大受到限制。另一方面，商業性企業由於利潤的考慮，「出售」福利服務對於一般商界毫無吸引力。基於政府、非牟利機構與商界都無法提供相應的高質量社會服務，社會企業作為一種建基於財務自主的創新性組織，便開始受到關注。它的組織特點是藉助市場機制來「創造資源」，例如對有市場需求的社會服務收費，然後採用企業的管理方法和運營方式來有效地「利用資源」，把收入用來維持服務的開銷，以完成社會目標，產生社會

價值。

　　社會企業模式，雖然並非緣起於社會工作這一領域，但它的出現與發展，卻引起了非營利機構（NGO/NPO）以至社會工作界的關注，漸漸認為社會企業可以作為滿足社會需要（Social Needs）和創造社會價值（Social Values）的一種有效模式。我們該如何去理解社會企業的運作機制？社會企業是如何用來滿足社會需要？社會工作又如何能把社會企業作為一種手段，用以增強社會工作的實踐手段？這種以商業手段來解決社會問題的模式，在香港發展得如何？社工是否應該同時是一個社會企業家（Social Entrepreneur）？這些將會是本文所要探討的主要內容。

一、社會企業的運作機制

　　如果因為社會企業可以自身創造資源，就認為它有一定的存活能力，那是一種誤解。事實剛好相反，社會企業正需要先有一定的存活能力，才有機會創造資源。由於社企要在賺錢之餘同時兼顧社會使命，比起一般企業，失敗率自然更高。如何在財政上存活，然後去創造社會價值，重點在於是否有能力與同類型的盈利企業競爭。要跟它們競爭，就要有創新的理念和經營手法。

　　如何能使得社會企業成功，其實最終是一個迷，並沒有所謂的成功方程式。有的業界權威甚至認為社企的成功，最終主要決定於社企主事人的個人特質。不過已知的經驗告訴我們，社企要成功，其中一個最重要的環節就是社企本身要有創新性手段來創造價值，無論是經濟價值或是社會價值。創新力的出現，首先在於對需求的重新了解。跳出傳統對需求的了解框架，重新對問題的認識，然後突破傳統的解決方法，提出

更有效的方案。一個簡單的例子是，如何有效地處理廚餘？把廚餘掩埋或焚化是傳統的做法，這樣的處理是需要資源的，掩埋要使用土地、焚化要處理污染問題。設想成立一家社企來處理這個問題，解決的方法之一，是這家社企看出表面上沒有價值的廚餘背後的可能價值，比如將廚餘變成有經濟價值的肥料，如果能達成，這家社企便能把廚餘變成肥料，然後用賣肥料賺到的錢用來處理廚餘。這是對廚餘的重新認識，發現它的經濟價值，進而利用這個新視角作為解決方法，以達到環境保護這種社會價值。

社會企業的成功與否，重點不在於它所要創造的社會價值有多重要。一家社企所能產生的經濟效益，並不能單靠鼓動人們的良心，從而得到支持而產生社會效益，那是把事情簡單化了。即便要去消費良心，也要用有效的手段來實現。社企是否有能力創造經濟價值，從而產生社會價值，得看主事人是否能學會如何經營，如何以創新手法與一般盈利企業競爭，從而獲利。社會創業精神（Social Entrepreneurship）是將傳統創業的謀略與改變社會的使命結合起來，以達成雙重底線的要求。這種精神是社企成功的基石。除了存活，社會企業本身還要能夠發展以擴大影響力（scale-up）才算成功。社企的難處在於創業過程是沒有一定公式。一個社會企業的成功，能在一個商業社會脫穎而出，緊繫於該企業是否有足夠的社會創業精神。

社會企業的營運是以創造經濟效益為主，還是以創造社會效益為主？這裏其實並沒有一個單一的結論。與其硬要達到一個大家都接受的立場，不如容許百家齊放，可以有多種多樣的社企存在，從偏重利益產生到偏重社會效益都可以。當然，無論哪種效益先行，先要達到財務自主是最基本的要求，如果要依靠籌款或資助來維持，就等於營運失敗。

二、社會企業是如何滿足社會需求

社會企業本質上是商業機構，運作形式與一般盈利企業沒有本質上的分別，同樣要面對激烈的市場競爭和自負盈虧的壓力，分別只是社會企業多了一個盈利以外的目標——社會目標的達成。比如一家社企餐廳，它需要在服務、價錢以及食物品質上與其他同類型餐廳競爭。競爭之餘，還要兼顧滿足社會需求的指標，比如提供工作機會給予工作能力較低的弱勢社羣。所以一個成功的社企，需要以正確的營商之道，從創新中強化競爭力，利用商業手段所帶來的資源，有效地產生社會價值。社會需求的滿足，得依賴商業手段的成功。

社企的成立，是要同時滿足經濟目的和社會目的，但這兩個目的其實是互相矛盾的。如果一家企業把資源都放在提升經濟價值的生產上，則這企業投放在體現社會價值的資源自然需要減少。要開一間能賺錢的餐廳，自然會聘請能幹的員工，而不會去請一個殘疾人士。如何取得當中的一個平衡，要能產生足夠的盈利以維持社企的運作，又能衍生有效的社會價值，是對社企的一個很大的考驗。目前社企有多種運作模式，但基本上離不開三大類：第一類，提供一些市場不能滿足但又屬於社會需求的服務，例如以大部分人能承受，但社企本身又不會虧損的價錢「出售」老人服務，以彌補社會上相關服務的缺乏。第二類，提供工作機會或低價提供生活所需予弱勢社羣，例如成立一家公司，以合理工資招聘需要工作的弱勢社羣，或是成立一家合作社，以低於市場價格提供生活所需的物資。基於市場的商業要求，弱勢社羣一般無法輕易取得工作機會，生活所需也常常不好負擔。成立社企，如能找到可持續的運營方式，就能滿足這些社會需求。第三類，出售產品或服務，以得到的利潤來支援其他社會項目，例如以提倡良心消費的方式售賣健康食品，

以所得的的利潤來免費或低價提供食物予弱勢社羣，又如在孟加拉成立的 Grameen UNIQLO，以售賣服飾所得盈利，全數投放在當地作社區發展用。

　　無論是哪一種商業模式，基本上就是使用社會創新方式將社會問題轉化成為「商機」，把需要的服務用「出售」的方式來提供，把需要幫助的人羣視為「消費者」，以對方可接受的價格，出售服務或產品。如何為社企創造這些「優勢」，取決於是否能設計出有競爭力的的商業邏輯模型（business logic model）。無論是哪一個類別，它的基本要求是在經濟價值與社會價值二者的產出取得一個平衡，使得滿足社會需求上具有可持續性。

　　「鑽的」（Diamond Cab）作為香港的一個成功社會企業，主要為使用輪椅人士，提供可以接載輪椅直接上落的無障礙的士服務。這家成立超過十年的社企，成功地把有需要的人轉變為消費者然後開發出一個新市場。過去使用輪椅的人士要使用的士服務是有一定困難，這裏存在一個一直未能滿足的市場需求 —— 一個可以讓使用輪椅人士方便出行動的服務。即便有能力去支付這個服務，在鑽的成立以前，市場上根本不存在這種服務，即便可以安排，它的收費也是超出一般人的負擔能力。鑽的提供了五部改裝過的的士，可以很便捷的接載使用輪椅人士，填補了這個市場需求，也釋放了輪椅使用者的消費力。直至 2023 年中，鑽的已完成了超過 19 萬次無障礙輪椅出行服務，證明它的營運模式是有成效而且是可持續的。鑽的的商業模式是使用按服務收費（Fee-For-Service），為企業帶來收入，然後將盈利部分用於提供各種服務給予有需要的弱勢社羣。

　　作為一個載體，社企可以通過整合政府、非牟利團體、商家、義

工、社區人士等各種資源，連接各利益相關者（stakeholders），進行跨界別的合作以發揮加成效果，從而加大改變的影響力。社企也會試圖把多重目的匯聚一起來產生一個總體改變。例如通過提供弱勢社羣就業機會，可以達到釋放本來閒置的勞動力，給有需要人士一個固定收入，因有了工作而附帶增加了社交生活，進而得以提高自信心等等。相對於傳統的單純提供支援服務的社會福利框架，社會企業往往更能進行變革性干預措施（transformative interventions）。

三、社會企業與社會工作實踐

社會工作與社會企業兩者之間本來並沒有必然關連性。社工的參與不見得會令社企有更好的發展。同樣，社企也只是社工理念的其中一種實踐手段，不是一種必要的手段，但二者如果結合成功，卻能為對方增值。社企可以藉助社工對社會需求的觸覺，能更有目標性地對症下藥；社工亦能藉助社企，優化服務手段和開拓資源。

社會企業可以作為社工的一種服務手段，對於一些社會問題，透過社會企業來解決，會得到更大的更積極的改善。例如利用社會企業創造工作機會以解決弱勢社羣的貧困，比社工幫助弱勢社羣用申請綜援來解決貧窮問題來得積極和具可持續性。社會問題越見複雜，傳統社工介入手段的有效性，常常就會受到考驗。需要指出，利用社會企業無疑是可以提供一個新的手段，但這個手段是否成功，單單以社會企業作為載體，是無從保證的。手段是否成功，要看手段是否創新，才能相應地提高手段的有效性。

為了提供殘疾人士就業機會，東華三院成立了 iBakery 愛烘焙麵包

工房。對殘疾人士的傳統照顧服務，一向都集中在日常生活上的照顧，除了庇護工場一類的開設，並沒有太多的就業支援和安排。iBakery 為殘疾人士提供工作機會，利用特別設計的糕點製作流程，按照不同的殘疾情況來分配工作。在工作以外，也加入各種培訓，增強員工的競爭力和自信心。但 iBakery 的成功，是建基於成功的商業運作手段（例如創造品牌），而不是單單只靠一股熱忱，更重要的是要有社會創業精神，設計出有效的商業運作模式。

不是所有社會問題都適合以成立社會企業來解決，社企當然也無法完全替代傳統社工的服務內容，但有些社會目標用社會企業做出來的效果的確比較好，例如社工可以通過成立社企來從事社區發展項目。社區合作社是一個典型的利用社企來培養社區力量，對區內居民賦權的一種有效手段。比如成立了 30 年的台灣主婦聯盟生活消費合作社，最初是由一些家庭主婦為了食品安全而發起的，動員社區居民，通過合作社的組織方式，把有共同理念的人聯結起來，目前已經發展到有八萬戶家庭加入此合作社。這個合作社用「共同購買」的方式，直接向農友訂購所需的農產品。因為有足夠訂單，可以對產品的質量提出一定的要求（例如要合乎一些環保要求）。農友得到直接銷售的途徑，繞過中間商的剝削，合作社員也能得到他們所要求的品質，訂購時同樣也是繞過中間商，能保障最優惠價格，也能規範所購買的農產品。這個合作社的共同的理念是「用消費改善社會」，提倡綠色消費、永續環境。更重要的改變是，除了環保理念的體現，社員通過在共同目標上的「合作」，激發了社區的內在資源（例如志願者的參與），增加相互的信任度，累積區內更多的社會資本（social capital），以達到社區發展的目標。

應該要指出，社會企業所要解決的問題，並不限於典型社會工作

的服務內容，更貼切的可以用現在比較普及的聯合國「社會發展目標」（Social Development Goals）這一概念來概括。這裏的「發展」作為一種概括性的需要，是「既滿足當代人的需要，又不損害子孫後代滿足其自身需要的能力的發展」。這些目標，比傳統社會工作的服務內容要廣闊得多，更能廣義地增加人們的幸福感（well-being）。社會企業的運用，能擴充社會工作的實踐範圍。

四、社會企業在香港的發展

目前香港並沒有一個法律框架或註冊制度來規範社會企業。除了申請成為慈善機構而得以豁免繳稅外，社會企業被視為與一般企業無異。在營運上，社企一般不會把利潤分與出資人，而是都用來推動社會價值。個別國家有不同規定，有的社企需要把所有盈利用於社會目標的達成，有的則可以留置不超三分之一的利潤，分發給投資人。香港則沒有硬性規定利潤的分配，但有些社企例如黑暗中對話（香港）即採用留住三分之一利潤給予投資人的做法。

根據社聯社會企業商務中心編製的《社企指南》，截至 2023 年 4 月底，本港有 713 間由非牟利機構、社會服務團體或私人機構開辦的社會企業，對比前一年，增加了 8%。這個數字是自願申報的結果，該機構並沒有對那些申報者是否真正社企進行任何的審查認定。此指南對申報社企的進一步資料如資本、人力、經營狀況等皆欠缺，但目前除了這個指南以外，並沒有更好地反映香港社企現狀的資料。

社會企業在香港的興起已經有 20 年以上的歷史。這種新組織模式的出現，可以追溯到兩個原因。第一，基於新公共管理（New Public

Management）概念的盛行，香港政府對公共開支奉行節約主義。政府於 2001 年把福利開支從實報實銷制度改革為整筆撥款津助制度，按照服務合約和既定服務產出（Predefined Service Output）作為資助依據，以提高彈性和服務效率，藉此一方面減少政府的財政負擔，另方面鼓勵機構善用資源。但機構亦因此而面臨財政資源的限制，加上近年的社會問題日益嚴重，不少機構需要自行發掘其它資源來維持更多的服務，營辦社會企業便遂漸成為創造資源的可行途徑之一，用以降低對政府的單一資源依賴。第二，香港政府也將原來的作為主要服務提供者的身份改變為服務提供者的夥伴。其中一個政策就是主動輔助社會企業的發展，希望社會企業可以扮演服務提供者的角色，代替政府。不過政府的取向是狹義地以社會企業作為扶貧和提供就業機會的工具。因此，對於社會企業的資助，也僅限於扶貧和就業項目。

社會企業在香港的發展，因着政府的推動，大部分是以創造就業機會給予有需要人士為主。不過亦有社福機構以社會企業的模式推行創新性的服務，例如成立社區合作社以推行社區經濟作為改善區內的社會發展手段。

香港政府在輔助社會企業的發展，主要以財政資助為主，成立不同基金，有意成立社企的機構或個人，可以申請補助。政府為社企提供最高 300 萬元的種子基金，作為社企的起步資金，分三年提供。基本假設是三年後該社企應該可以自給自足。除了財政上的支持，香港亦有多個機構和組織提供各種諮詢和孵化服務，支援社會企業的發展。

2001 年以后，相繼有「伙伴倡自強」、「創業展才能」、「社區投資共享基金」以及後來的社創基金，為成立社企提供種子基金。但部分基金只支持扶貧或提升弱勢團體的就業機會，其他的基金雖然接納別的主

題，但還是以扶貧或提供就業機會為優先。

　　香港社福機構成立社企以擴大服務內容和財政來源不屬少數，唯基本上社企的作用很多時候都只是輔助性質，該等機構還是以傳統服務內容為主。比較能突破傳統社工服務範圍的例子包括東華三院的愛烘焙麵包工房、香港基督教女青年會的大澳文化生態綜合資源中心、香港明愛的明愛懷寶坊、聖雅各福羣會的 Green Ladies、香港聖公會麥理浩夫人中心的愛‧服‧飾南亞創藝等等。

　　在香港能夠自負盈虧的社會企業，估計只佔不足三分一。很多是資助期屆滿以後，就要面對虧損以致結業。政府的資助已經運作很多年，但成績其實並不理想。「創業展才能」基金在頭 12 年資助的項目裏，資助結束後，有五成七是虧損或結業的。當然還是有成功例子，比如長者安居服務協會的平安鐘，成功地做到發展穩定，長期達到財務自主。不過，該協會 150 個同事中只有 14 個是社工，其餘的都是市場推廣、資訊科技和會計等專業人士。可見創業能力對社企存活的重要性。但同時也顯示，社工在發展社企時候應該扮演甚麼角色，該如何扮演，也成為了討論香港社會企業該如何發展的一個重要焦點。

　　香港現時很多社企都是由非牟利團體成立，社企職員多是社工出身，普遍欠缺商業運營經驗和知識，也甚少具有社會創新能力，致令機構所成立的社企不是停留在小規模運營就是長期虧損。個別社福機構比如香港復康聯盟、香港聾人福利促進會，很早就嘗試成立社企，但基本上都是以失敗告終。主要原因是那些社企都是由社工負責運營，由於缺乏營商概念，當資源用盡以後，就難以持續經營下去，最後大多以失敗告終。根據社聯調查，「缺乏管理人才」是其中一項經營社企遇到的主要問題。關於香港社會企業的發展，提供經營社企的人員培訓，包括在

社工的系統培訓裏增加有關社會企業與社會創新的訓練，刻不容緩。

五、結論：社工該轉型成為社會企業家？

現今社會工作所面對的社會問題已經與過去不同，用以解決這些社會問題的方式，以及它們的有效性，也需要重新評估。以微觀視角、個案主導的介入方式已經無法提供更有效的成果。於此，社會企業或許可以從宏觀視角來提供一個解決社會問題的方式，達到傳統社會工作手段所達不到的可持續社會轉變（sustainable social changes）。運用社會企業模式，加入創新的商業運作以增強服務的有效性，或許是一個值得探討的方向。

如果能以一個商業思維去思考如何解決社會問題，我們便會更注重如何更有效地去「創造資源」和「使用資源」。我們提供服務的時候，會更像一個生意人，問的是我們的客戶想要的是甚麼（demand），而不是去主導客戶應該需要甚麼（need）。社會工作者所應該做的是，向服務對象提供不單是對他們有用的服務，還得要是他們願意付錢來購買的服務，唯有這樣，社會服務的可持續性才能得到保障。

社會工作者在利用社會企業的商業手段來達到社會目標時，將需要學習多種知識。目前傳統社會工作訓練並沒有包括社會企業的相關範圍，要讓社工能有效地利用社企這個介入手段，非得在傳統社工訓練框架內，增加一般的商業管理知識和很多技術性的內容，例如如何做需求評估（needs assessment），如何構想一個具有商業競爭力的邏輯模式（logical model），如何做好公司治理（corporate governance），如何管控成本，如何做財務計劃和市場推廣，如何做社會影響評估（social impact assessment），如何申請撥款等等。如果社工懂得把社會服務當成「一盤生意」來看待，對資源的使用便會有相當高的敏感度，成功的機率便會大為增加。

如前所述，一個社會企業要成功就一定要體現社會創新創業精神。社會工作者如果要利用社會企業作為服務手段，那本身就要培養更積極的創業精神，以可持續社會轉變作為目標。要達成這個目標，社會工作者需要增加適當的訓練，要成為一個社會企業家，具備企業家精神，積極追求能創造社會效益的新機會。因為創造社會價值比創造經濟價值更難，所以要有能力對企業運營方式持續創新和動態調整，不斷要求突破資源的限制，並且要找出更有效的方法來創造社會價值。商業性的企業家是以盈利為導向，社會企業家是以創造社會價值為導向。

我們或許應該重新定義社會工作的範圍，在現有社會工作的訓練基礎上，加入培養創新性的企業家精神，加強以社會企業作為服務手段，強化手段的多樣性，以此優化現有的社會工作實踐。由於社會服務經費的持續不足，社會工作不得不考慮如何增加財政來源，社會工作社會企業化可能是一個可行的方向。或許有一天，社會工作者將會同時是社會企業家，同時是一個勇於尋找機會的冒險者（risk taker），和一個社會創新者（changemaker）。

參考資料

1. Dees, J.G., "The meaning of social entrepreneurship 1, 2", *Case studies in social entrepreneurship and sustainability* (Routledge, 2018), pp.22-30.
2. Germak, A.J., & Singh, K.K., "Social entrepreneurship: Changing the way social workers do business", *Administration in Social Work*, 34 (1), 2009, pp.79-95.

3. Godwin, C., Crocker-Billingsley, J., Allen-Milton, S., & Lassiter, C.D., "Social Entrepreneurship and Social Work for Transformational Change: Re-Envisioning the Social Work Profession, Education, and Practice", *Advances in Social Work*, 22 (2), 2022, pp.475-498.

4. Nouman, H., & Cnaan, R.A., "Social entrepreneurship in social work: Opportunities for success", *Journal of the Society for Social Work and Research*, 13 (1), 2022, pp.27-46.

5. 社聯:《初創社企實用手冊》(香港:社會企業商務中心,2016 年),https://www.esr.gov.hk/files/tc/SE-Good-Start-A-Practical-Guide-of-Setting-Up-a-Social-Enterprise.pdf。

6. 社聯:《法律形式的選擇及運作建議》(香港:社會企業商務中心,2016 年),https://socialenterprise.org.hk/sites/default/files/share/files/posts/SE/se-setup-guide/SE-Good-Start-Choosing-a-Legal-Form-and-Recommended-Practices.pdf。

7. 楊慧、厲麗:〈非營利組織商業化:社會工作機構的社會企業化發展研究〉,《社會工作與管理》,21 (5),2021 年,頁 14-24。

8. 黃莉培、方衞華:〈社會企業與商業企業的區別與概念研究〉,http://theory.people.com.cn/BIG5/n/2015/0708/c207270-27272095.html。

粵港澳大灣區發展與社工事業

伍杏修

一、前言

　　香港和內地關係密切，往來交通網絡發達，交流頻繁。粵港澳大灣區（下稱大灣區）的發展進一步帶動了區內基礎建設包括廣深港高速鐵路香港段連接國家高速鐵路網、港珠澳大橋、香園圍口岸等。這些基建的落成，加速了大灣區的人口流動。2019 年，每日經陸路口岸往返內地出入境人次超過 64 萬，[2] 疫情過後，2023 年 7 月下半個月平均每日的往返人次為 28.5 萬，[3] 約為疫情前的四成。現時通關限制已完全撤銷，經濟活動漸漸復蘇，相信往返內地出入境人次會持續增加。

　　隨着大灣區的進一步發展，香港與大灣區其他城市之間的合作範圍及規模不斷擴大，港人到大灣區生活、工作及讀書會逐漸增多，其中，香港長者跨境生活及養老問題越來越受到各界的關注。一直以來，香港的高校和非政府組織都有參與在內地的社工教育和實務工作。本文希望

2　政制及內地事務局：粵港澳大灣區基礎建設，網址：https://www.bayarea.gov.hk/tc/connectivity/key.html。

3　人民入境事務處：出入境旅客流量統計數字，網址：https://www.immd.gov.hk/hkt/facts/passenger-statistics-menu.html。

能通過以下三方面課題，探討大灣區發展與社工事業的貢獻：第一，大灣區發展的勢頭，進一步推進香港長者跨境生活及養老，要營造有利環境讓他們融入當地社區，安享晚年；第二，倡議在大灣區培訓醫護專業人士，舒緩人手不足情況；第三，香港社會工作的發展有着悠久的歷史和得到國際認可，香港的經驗助力內地發展社會工作。

二、大灣區基本信息

大灣區是由圍繞中華人民共和國珠江三角洲和伶仃洋的城市羣，包括香港、澳門兩個特別行政區和廣東省的廣州、深圳、珠海、佛山、中山、東莞、肇慶、江門、惠州等九市所組成。2022 年，地區生產總值超過 13 萬億元人民幣，經濟體量已躋身世界前四大灣區（其餘三個灣區為三藩市灣區、紐約大都會區及東京灣區）。根據各地的統計資料，2022 年，大灣區土地面積達 56 萬平方公里，總人口為 8662 萬。[4]

大灣區城市羣概念的提出是一個逐步的過程，是包括港澳在內的珠三角城市融合發展不斷深化的結果。2010 年，《粵港合作框架協議》將建設環珠江口宜居灣區列為重點行動計劃。2017 年 7 月 1 日，在國家主席習近平的見證下，國家發展和改革委員會與粵港澳三地政府在香港共同簽署《深化粵港澳合作推進大灣區建設框架協議》，為大灣區建設訂下合作目標和原則。同年，大灣區建設先後被寫入政府工作報告和十九大報告，被提升到國家發展戰略層面。

國家於 2019 年 2 月 18 日正式公佈《粵港澳大灣區發展規劃綱要》

4　香港政府統計處、澳門統計暨普查局、珠三角各市統計局、大灣區內地九市人口數據是根據廣東省第七次全國人口普查公報及香港貿易發展局統計資料。

（下稱《綱要》），標誌着大灣區建設邁上新台階。香港特區積極主動融入國家發展大局，為香港社會各界，特別是年輕人，帶來發展新機遇。《綱要》是指導大灣區合作發展的一份綱領性文件，短期規劃由 2019 年至 2022 年，遠期展望到 2035 年。屆時，市場互聯互通，各類資源要素高效便捷流動，區域發展協調性顯著增強。人民生活更加富裕，社會文明程度達到新高度。

《綱要》涉及社會服務發展的章節不多，主要在第六節 —— 促進社會保障和社會治理合作有較具體描述：「推進社會保障合作，探索推進在廣東工作和生活的港澳居民在教育、醫療、養老、住房、交通等民生方面享有與內地居民同等的待遇……提高香港長者社會保障措施的可攜性……開展社會福利和慈善事業合作。鼓勵港澳與內地社會福利界加強合作，推進社會工作領域職業資格互認，加強粵港澳社工的專業培訓交流。深化養老服務合作，支持港澳投資者在珠三角九市按規定以獨資、合資或合作等方式興辦養老等社會服務機構，為港澳居民在廣東養老創造便利條件。推進醫養結合，建設一批區域性健康養老示範基地」。[5]

三、大灣區發展為兩地社會服務帶來新機遇

隨着大灣區的發展，香港與大灣區其他城市之間的合作範圍及規模不斷擴大，其中，香港長者跨境養老問題越來越受到各界的關注。政府統計處根據入境處出入境的資料估計，2019 年年中，約有 53.8 萬名香港永久居民經常在廣東省生活，[6] 當中 16.5%（即約 8.9 萬人）為 65

5　國務院：《粵港澳大灣區發展規劃綱要》，2019 年。
6　過往一年逗留在廣東省六個月或以上的香港永久居民。

歲或以上。[7] 根據政府統計處於 2020 年 6 月出版的《主題性住戶統計調查第 71 號報告書：在粵港澳大灣區生活的意向》的調查報告顯示，有 26.62 萬名 15 歲及以上的香港居民非常或相當有興趣移居大灣區內地城市養老和生活。[8]

根據國務院港澳事務辦公室的資料，截至 2020 年 5 月，已有超過 23 萬香港居民申請了港澳台居民居住證。[9] 而根據國家統計局 2021 年公佈的第七次全國人口普查結果，約有四萬名 65 歲或以上香港居民居於內地。結果同時顯示，居於內地的香港居民有 68.7% 居於廣東，有 83.4% 的居住時間為一年或以上。[10] 這些數據有助兩地政府探討不同措施協助選擇在大灣區內地城市生活及養老的香港長者。

香港土地面積只有 1110 平方公里，卻容納超過 700 萬人口。香港在發展社會服務方面最大的瓶頸是欠缺土地和服務人員，大灣區擁有豐富土地資源，若能將部分香港輪候時間較長且需要土地面積較多的服務例如長者院舍和殘疾人士院舍等設施落戶在大灣區，能為港人提供多些選擇，亦有助舒緩香港特區政府在社會服務用地的壓力，騰空資源滿足其他發展需要。

四、跨境養老的演進

其實，早在八、九十年代，香港長者回鄉養老並不陌生，東莞的

7　政府統計處：《2019 年主題性住戶調查》。

8　Census and Statistics Department, *Thematic Household Survey Report No. 71 on Willingness to live in the Guangdong-Hong Kong-Macao Greater Bay Area*, 2020.

9　2020 年 6 月 17 日立法會第九題質詢。

10　立法會福利事務委員會文件，文件編號：CB(2)1041/2022(01)。

樟木頭曾一度稱為「小香港」，據報道曾有 15 萬香港人在當地居住。不過，由於經濟及健康原因，回鄉養老只是過渡安排，長者捱到「錢又冇」、「健康又冇」便回香港終老。跨境養老只是個概念，並沒有落到實處。

香港復康會和伸手助人協會在香港回歸祖國後不久便開始倡議港人跨境養老，當時香港樓價瓣飆升，要找一個合宜的私營養老牀位是基層市民可望不及的事，而輪候津助宿位往往超過 30 個月。內地土地資源豐富，人力成本相對低廉，2000 年，在香港賽馬會資助下，深圳和肇慶分別籌建了安老院舍，主要目的是給香港長者多一個院舍住宿照顧的選擇，同時，亦希望為內地的養老業建立模式和訂立良好做法（good practice）。由於當時回歸僅數年，香港特區政府對跨境養老的態度冷淡，而市民大眾對跨境養老缺乏認識，加上醫療配套嚴重不足，選擇入住的長者寥寥可數。

隨着國家於 2010 年將粵港合作及大灣區發展提上議事日程，香港特區政府先後推出多項便民政策，包括廣東計劃、廣東院舍住宿照顧服務計劃、香港大學深圳醫院計劃等等。這些措施都起了鼓勵作用，香港長者選擇入住內地院舍人數持續增加。

截至 2022 年 9 月末，共有 282 位本港長者參與，其中 248 位入住頤康院，其餘 34 位則入住伸手助人肇慶護老頤養院（下稱頤養院）。[11] 從參與的長者數目來看，院舍計劃並不算成功，但從中長期來看，香港安老住宿服務的需求會隨人口老化而增長。首先，從香港特別行政區安老事務委員會於 2016 年發佈的《安老服務計劃方案》，推算到 2026 年

---

11 同上。

有 14000 長者院舍照顧名額短缺。[12] 要滿足這些需求，香港的土地供應根本無法應付。另外，根據社會福利署網頁公佈的資料，截至 2023 年 6 月末，申領廣東計劃的個案數目為 23282 人。[13] 雖然這批長者目前並非居住在院舍，但當日後他們的生活需起居需要照顧時，選擇內地安老院舍的機率會比在香港生活的長者為高。假設這批長者有 3% 需要住宿照顧服務，即表示需要近 700 個宿位。

目前大灣區的養老牀位空置率仍屬偏高，據悉廣州市於 2015 年的空置率高達 41.3%，[14] 聯合早報引述仲量行 2023 年 5 月發表的報告指出，大灣區養老公寓的入住率維持在 50-60% 的較低水平。[15] 因此，特區政府可研究在大灣區內地城市，尤其是中山、深圳及廣州等香港人較熟悉的城市，擴大院舍計劃，向合法合規營運的大灣區院舍購買牀位，相信是一個可以接受的做法。

五、推出擴展「廣東院舍照顧服務計劃」

香港特區政府於 2023 年 7 月公佈擴展「廣東院舍照顧服務計劃」，開放給在香港有提供資助安老院舍照顧服務經驗而記錄良好，並在大灣區內地城市營運安老院的營辦者，申請該安老院成為「廣東院舍照顧服

---

12 香港特別行政區安老事務委員會：《安老服務計劃方案》，2016 年。

13 社會福利署網頁：社會保障統計數字，網址：https://www.swd.gov.hk/tc/textonly/site_pubsvc/page_socsecu/sub_statistics/。

14 周永新：〈後疫情時期大灣區養老的引力與阻力：公共福利的可攜性和社會支持網絡對跨境養老選擇的影響〉，2022 年 10 月。

15 仲量行：〈大灣區養老公寓專案資本化率或可達 2.15% 至 3.5%，投資前景看好 —— 商業地產銀髮市場未來機遇〉，網址：https://www.joneslanglasalle.com.cn/zh/newsroom/jll-gba-the-rise-of-senior-living。

務計劃」下的認可服務機構。[16] 當然，目前仍未知道有多少個申請會被接納，相信有意選擇跨境院舍住宿服務的香港長者可以有更多的選擇。

可惜，香港特區政府並沒有在醫療服務配套方面同時提出優化方案，多項研究和媒體報道都指出，[17] 醫療服務是香港長者選擇跨境養老最大顧慮，也對計劃成敗至關重要。另外，新公佈的擴展「廣東院舍照顧服務計劃」，並沒有像之前的計劃一樣要求參與的院舍必須要通過安老院舍認證評審，以保障服務質素。港人對大灣區的院舍服務認識並不多，對內地院舍的監管制度可謂一無所知，港人會傾向信賴有香港非政府組織背景的營運者和香港的質素監管機制。在轉介香港的長者到內地接受服務時，香港社工的角色非常重要，要扮演資訊提供者和服務監察者的角色。

六、大灣區築建退休村推動和鼓勵社區養老

根據香港工聯會大灣區社會服務社和工聯會康齡服務社於 2023 年進行「香港長者跨境養老意願與需求」調查，超過 80% 的受訪者（1761人）願意前往大灣區內地城市長期居住或安老，當中以 61 至 75 歲的樂齡人士接受程度最高，佔 63%（1119 人），其中近 40% 的受訪者（711人）現時居住在香港的自置私人樓宇及居屋。[18] 從這些數據分析，家庭

---

16 社會福利署：〈「院舍照顧服務計劃」認可服務機構〉（參考編號：SWD/EB/GDRCSS/IFP001），網址：https://www.swd.gov.hk/tc/index/site_whatsnew/。

17 民主建港協進聯盟：〈粵港澳大灣區跨境養老規劃建議書〉，2019 年；星島日報：〈勞福局正與內地商討透過內地醫保解決大灣區養老港人醫療需要〉，2023 年 7 月 7 日；粵港澳大灣區香港社會服務專業聯盟：〈粵港澳大灣區跨境安老研究〉，2022 年。

18 香港工聯會大灣區社會服務社、工聯會康齡服務社：〈港人灣區養老新趨勢—「香港長者跨境養老意願與需求」調查〉，2023 年 7 月。

經濟條件較好的受訪者會願意選擇前往大灣區內地城市養老，因此在大灣區發展長期護理服務時不應局限於住宿照顧服務，因為不少在大灣區生活的長者目前是住在社區，而未來亦會以社區生活為主。

　　兩地政府可積極研究在大灣區為香港長者設立養老村的可行性，同時協助有意向在大灣區養老的香港居民盡早在內地確立他們的社會保障及醫療服務權利，令他們在大灣區跨境養老時仍能享受相關的公共福利，探索協助跨境養老人士建立新的社會網絡及幫助他們融入當地社區的途徑，搭建一站式共用資訊平台，為大灣區養老安排及規劃提供資訊，讓他們能在社區養老。[19]

七、為內地養老服務提供交流借鑒

　　早前，有些負面批評認為香港將自己的問題推送到大灣區去，是一種自私行為。但事實上，跨境養老也同時將香港與國外的一些先進養老模式和管理經驗帶入內地。疫情前，悉逢內地養老市場急速發展，深圳頤康院和肇慶頤養院成為不少內地政府官員和養老機構考察對象，他們最想知道的是香港模式的管理方法、機構管治、康復和社工部門的具體工作等，因為內地的養老院並不太重視這方面的工作。目前，一些較具規模的養老院都配備有康復治療師和社工，為院友和家人提供服務。

19　周永新：〈後疫情時期大灣區養老的引力與阻力：公共福利的可攜性和社會支持網絡對跨境養老選擇的影響〉，2022 年 10 月。

八、大灣區尋找社會服務人才

長期以來，香港院舍人手不足是不爭的事實，專業的職系，例如醫生、護士、治療師等都出現短缺。根據《醫護人力規劃和專業發展策略檢討報告》推算，到 2030 年，物理治療師和普通科護士將分別欠缺 933 名及 1699 名，可見情況非常嚴重。[20]

社會服務聯會與社會福利署 2021 年進行調查，顯示資助院舍的個人照顧工作員、院舍服務員及家務助理員有約兩成空缺，欠 1.1 萬人手，[21] 私營院舍的空缺率約為 25%。[22] 隨着人口老化及成年勞動人口下降，加上近兩年的移民潮，服務人手短缺的情況雪上加霜，而最令人擔憂的是我們仍未看到問題的盡頭。香港特區政府雖然已加碼推出不同的輸入勞工計劃、優秀人才入境計劃及到外國「搶」人才，補充不足的人手，但這只能解燃眉之急，長遠計，必須要加大相關學科的專業訓練名額和擴大生源，設獨立專業職系及晉升階梯，吸引本地年輕人入行。

九、香港高等院校在大灣區招生培訓相關醫療專業

至於專業訓練方面，目前香港不少大學都在內地大灣區城市設有校園，招收內地學生。兩地政府、大學、相關專業法定團體和行業協會等可以共同探討籌辦能獲得相關專業法定團體認可的專業課程，畢業生可在大灣區各城市執業或有限度執業，長遠來看，這樣有助解決本港及大

20　食物及衛生局：〈醫護人力規劃和專業發展策略檢討報告〉，2017 年。

21　社會福利署：〈人力資源問卷調查：個人照顧工作員 / 院舍服務員 / 家務助理員主要調查結果〉，2021 年。

22　香港安老服務協會：《安協薈刊》，2021 年 8-10 月號。

灣區醫護專業人手不足的情況，甚至可以服務全國。學生來源方面可以以大灣區為主，面向全國以至國際。

香港的高等教育在國際上表現優秀，《2023 年泰晤士報高等教育世界大學排行榜》及《2023 年國際高等教育機構 Quacquarelli Symonds（QS）世界大學排行榜》中，香港多所大學都排名在前 100 名內。[23] 而這些大學大部分都在大灣區城市設有校園，提供不同專科課程及訓練，大灣區可藉助這個優勢提升高等教育質素。

十、貢獻內地專業社會工作教育及實務工作

在中國，社會工作作為一個專業領域，已經走過了 29 年的歷程。廣東社會工作的第一個十年，正朝着「專業化、職業化、行業化」的發展方向邁開步伐。2006 年，中國共產黨第十六屆中央委員會第六次全體會議通過，建設宏大的社會工作人才隊伍。自此之後，內地提供社會工作教育的高校數目如雨後春筍般迅速發展。2018 年，內地有 80 多所高職院校開展社會工作專科教育，330 多所高校開展社會工作本科教育，105 所高校和研究機構開展社會工作專業碩士教育，每年培訓社會工作專業畢業生三萬多名。[24] 自 2008 年首次舉辦全國社會工作者職業水平考試以來，廣東省累計通過人數為 14.7 萬人，其中，通過助理社會工作師職業資格考試累計 119381 人，通過社會工作師職業資格考試累計 27254 人，通過高級社會工作師職業資格考試累計 463 人（獲評高級

---

23 https://www.brandhk.gov.hk/docs/default-source/factsheets library/hong-kong-themes/2022-06-02/rankings_tc.pdf?sfvrsn=a71b156c_3。

24 羅觀翠、劉曉玲：《廣東藍皮書 —— 廣東社會工作發展報告》，2018 年。

社會工作師 79 人）。[25]

其實，早在二十世紀八、九十年代，內地已經有不少的官員和在高校任教的老師來香港讀社會工作碩士和博士課程，他們畢業後回國，將香港所學傳經授業，培育下一代。目前，中國內地有不少高校的老師都曾在香港接受社工教育，香港的社工教育對中國內地的社工發展有着深遠的影響。近年香港的大學社會工作相關碩士和博士課程，內地生數目比本地生還要多。另外，一些本地慈善基金例如凱瑟克基金（Keswick Foundation Limited）、林護社會工作培訓及發展基金等，給內地學生提供資助，供其就讀由香港高校辦的社會工作課程，令一些資源匱乏的學生有機會進修。

十一、香港社工機構助力廣東省社工人才培養

香港發展社會服務有 70 多年歷史，由於香港鄰近深圳，加上社工擁有豐富的實踐經驗，可謂具備有天時、地利、人和優勢，在廣東省建立系統的社工人才培養機制之初，香港社福界扮演着積極角色。由於內地發展社工實務比較晚，廣東省民政廳與香港鄰舍輔導會合作開展「廣東社工實務能力提升計劃」，深圳、東莞、中山等地的民政局及社會工作者協會委託香港社工機構例如社會服務發展研究中心、基督教服務處等開展本土督導培養計劃，培育了一批社工專業人才。

這些督導計劃完成歷史任務後，深圳市民政局根據內地社工機構的階段性發展需要，於 2011 年設立顧問機構，以推動社工機構發展。社

---

25 廣東社工：〈廣東省社工證書登記社會工作者數據分析〉。

會服務發展研究中心與「中國社會工作聯合會」於 2013 年開展全國社會工作實務督導和社會工作行政管理與社工組織的培訓，為全國社工發展儲備人才。現時不少大灣區的社工機構的總幹事及高層管理人員都曾接受過香港社工的培訓和督導，香港社工所持價值觀和社工機構的服務理念對他們影響深遠。

十二、總結

　　早在二十世紀九十年代，香港已經有部分非政府組織在內地開展服務，內容主要為培訓和人道救援。香港回歸祖國後，社會服務的交流和接觸漸趨頻繁。大灣區社工服務的發展離不開香港社工參與，而另一方面，大灣區的發展也提供了機遇給香港社會服務界拓展其服務，可謂互助互利。跨境養老在互助互利的前題下踏出了第一步，希望隨着兩地政府推出更多便民政策，跨境養老能成為香港長者的優質選擇。

　　隨着《綱要》於 2019 年初登場，香港社福機構已作好準備，瞄準大灣區發展的社會組織也相繼成立。疫情過後，香港融入大灣區發展的鐘聲再次響起，由香港特區政府勞工及福利局牽頭的多場考察團，得到業界的熱烈響應，願雙方能增加信任，貢獻大灣區發展。

　　大灣區其實包含粵港澳三個不同的法律、政治、行政和經濟體系，即使是大灣區內地不同城市，有些政策也存在差異，因此在進行整體規劃時存在不少困難，不能急於求成。同時，由於過往管治歷史和教育，粵港澳市民對不同價值觀例如民主、自由、公義等的理解也不一樣，在融入大灣區發展時，這些的差異都需要被照顧和包容。

澳門的社會治理與
社會服務回顧與展望

潘志明

一、前言

　　1999 年 12 月 20 日，澳門特別行政區政府成立，在「一國兩制、高度自治」的政治體制下，首份施政報告已提出需要進行公共行政改革，當中除提及需要精簡政府組織架構、簡化行政手續外，還提出需要善用公共資源及完成相關法律制度，以適應社會的最新發展。然而，首兩屆特區政府成立後，着重處理澳葡政府的殖民管治時代遺留下來的問題、推出賭權開放改善澳門的經濟環境等工作，在「固本培元」的前提下，許多社會政策，包括社會福利政策仍未有長遠規劃。

　　2009 年 12 月 20 日第三屆澳門特別行政區政府成立以來，除了得益於賭權開放後庫房數入大幅增加外，隨着回歸後澳門逐步融入國家發展大政策，政府的管治模式亦有所改，從過去的「小政府」逐漸透過不同的中、長期政策規劃，增加社會控制，例如先後推出《澳門特別行政區政府養老保障機制及 2016 至 2025 長者服務十年行動計劃》和《2016至 2025 年復康服務十年規劃》、《澳門婦女發展目標規劃》（2019-2025年）、「家庭生活教育五年工作計劃」等等，這些政策及行動方案對澳門

近年的社會服務發展有着重要意義。

另一方面，澳門被喻為社團社會的政治體制，傳統上社團擔當一定角色，因前在回歸前後行政當局已成立多個不同諮詢委員會，作為政府與社團溝通的橋樑之一。其中有社會服務機構代表參與的委員會有精神衞生委員會、社工會、青年事務委員會、長者事務委員會、復康事務委員會、禁毒委員會、防治愛滋病委員會等。自第三屆澳門特區政府成立至今，大幅新增不同領域的諮詢委員會，數目超過40個，其中涉及社會服務機構代表參與的委員會較少，主要有公共房屋事務委員會、婦女及兒童事務委員會、市政署市政諮詢委員會。政府雖然透過多個諮詢委員會成立，讓不同持份者就政府政策制定設立溝通平台，但當中能否發揮由下而上影響政府政策的功能，還是政府藉此增加社會資本從而加強社會控制值得深思。

本文嘗試回顧澳門在第三屆特區政府成立至今的十餘年間社會服務發展狀況，從中探討政府的管治方式有哪些改變，這些改變對社會服務界有甚麼影響，並就當中出現的問題作反思，作為展望未來推動服務發展的啟迪。

二、澳門社會福利服務發展特點

對社會服務界而言，2009年12月20日第三屆澳門特別行政區政府成立至今，除了受到政府管治方式改變外，還受到新資助政策施行、澳門基金會資助準則修改等的一些重要措施推出而影響業界發展，形成過去十餘年間澳門的社會福利與服務的六個特點：

政府政策為社會服務發展帶來新機遇

賭權開放後庫房盈餘不斷增加，為第三屆特區政府創建條件加大福利工作的資源投入，例如增設「明糧坊—短期食物補助服務」、「社會融和計劃」、推出「照顧者津貼先導計劃」、「支持殘疾人士購置輔具及特殊家居設備先導計劃」等，還針對賭博失調防治工作新增多項服務，包括由澳門聖公會承辦的「樂天倫賭博輔導暨健康家庭服務中心」、「24小時賭博輔導熱線及網上輔導」、鮑思高青年服務網絡的「自由 Teen 地」、澳門基督教青年會的「精明理財推廣計劃」等。但過去十年，整體有長足發展的是安老和復康兩大服務板塊，這兩大範疇明顯發展比以往更快更全面，不單只是政府庫房充盈，更重要是政府開始更有系統地制定長遠政策規劃未來發展，以及有序落實各項措施以配合目標達成。

安老服務方面，2012 年澳門特別行政區政府組織了 13 個公共部門，組成「澳門養老保障機制跨部門研究小組」，並於 2016 年 4 月提出《澳門特別行政區政府養老保障機制及 2016 至 2025 長者服務十年行動計劃》文本，[26] 這份政策文件不但指導未來澳門養老保障建構的政策方向，也是澳門特別行政區政府制定的首份長者服務十年發展的行動計劃，當中明確「醫社服務」、「權益保障」、「社會參與」及「生活環境」四大範疇，並下設 14 個次範疇組成政策框架為基礎，以 2016 至 2025 十年為期，設定短、中、長期目標，分階落實執行四百多項措施。至 2023年，計劃已步入後期中段，完成執行的措施超過九成。近年有突破發展的失智症服務，亦是建基於此政策文件的相關措施。2016 年，澳門特

26　文本詳情可參閱澳門社會工作局網頁：https://www.ageing.ias.gov.mo/uploads/file/20160408e.pdf，《澳門特別行政區政府養老保障機制及 2016 至 2025 長者服務十年行動計劃》。

別行政區政府透過跨部門合作成立失智症診療中心，大大加快和更有系統地進行失智症評估工作。在社會服務配置上，除了將個別原長者日間護理中心的服務對象轉型專門為失智症患者提供服務，新開辦的日間護理中心亦有只為失智症而設，同時新開設的長者院舍亦設有失智症專區。2017 年起，由衛生局、社會工作局和澳門失智症協會合辦的「澳門特區失智症友善社區約章」計劃，對社區公眾教育亦發揮重要作用。

繼安老服務後，2013 年澳門特別行政區政府透過 14 個政府部門組成「康復服務十年規劃跨部門研究小組」，以研究及評估澳門特區協助殘疾人士康復及融入社會的整體性發展規劃，並於 2016 年 10 月正式推出《澳門特別行政區政府 2016 至 2025 年復康服務十年規劃》。[27] 該文本參照澳門多個與殘疾人士和復康相關的法津、法規，並以視力殘疾、聽力殘疾、語言殘疾、肢體殘疾、智力殘疾和精神殘疾六大類別，分 13 個服務範疇，以短、中、長期目標，在 2016 年至 2025 年十年間分階段落實 300 多項行動方案。近年澳門政府部門及社服機構積極推動兒童早療服務，不斷優化無障礙環境，便是此政策文本的重要工作目標之一。至 2023 年，整體方案的完成率亦已超過九成，而澳門特區政府亦積極研究下一個十年的規劃方案。

上述兩份十年行動計劃，涉及內容廣泛，不但大大推動澳門長者及復康服務發展，亦因此促成了醫療人員與社服機構合作開展外展服務、制訂服務質素與評鑑系統有所依據。例如衛生局在 2018 年 3 月起推出「專科外展醫療服務」，2021 年 3 月進一步整合專科和全科醫療系統的力量，共同為長者院舍提供專科及全科的醫療衛生服務。專科外展醫療

---

27 本文詳情可參閱澳門社會工作局網頁：https://www.ias.gov.mo/ch/rehabilitation-service10gh，《2016 至 2025 年復康服務十年規劃》。

服務至今年擴展至 11 間長者院舍，而社區外展醫療服務已覆蓋 15 間長者院舍。2023 年年中開始，黑沙環明暉護養院以試驗性質正式啟動「遠程門診服務」，為院舍長者就醫提供更便利的體驗。另一方面，繼 2019 年社會工作局完成長期照顧服務系統的優質服務標準及評鑒制度後，再完成復康巴士的服優質服務標準及評鑒制度，目前正就復康院舍的服務標準及評鑒制度建設開展相關工作。

而在家庭及社區服務方面，澳門特區政府於 2018 年推出的《澳門婦女發展目標規劃》（2019-2025 年）與 2021 年推出的「家庭生活教育五年工作計劃」亦起了指導作用。為配合上述發展計劃與目標得以有效落實，受社會工作局資助的家庭及社區服務設施，在制訂年度計劃時，必須根據相應的方向，否則未必獲得政府的財政資助。為配合婦女發展目標規劃，近幾年由政府牽頭並推展至各家庭及社區服務，積極進行的性別主流化多項工作，包括員工培訓、社區教育、相關數據收集等，而性別主流化是澳門過去鮮有人關注的議題，若非行政當局積極推動，各政府部門以至民間機構未必關注這議題。

跨部門合作擦出新火花

澳門特區政府的行政改革，消除了過去跨部門或跨領域合作的障礙，例如 2015 年澳門行政當局成立由衛生局、教育暨青年局、[28] 社會工作局三方組成的兒童早療的跨部門協作小組，目的是整合統籌及優化澳門的早療服務。三局合作於 2016 年成立兒童合評估中心及 2017 年開辦

---

28 原教育暨青年局已於 2021 年 2 月 1 日，基於與原高等教育局合併並重組職能，改名為教育及青年發展局。

的兒童康復治療中心，可謂澳門特區政府跨部門合作的良好例子。

除了政府間的跨部門合作外，政府施政理念的轉變，也讓澳門的社會服務有新的出路。以藝術團體和社服機構合作為例，澳門在多年前雖然已有社會服務機構將藝術手法引入服務當中，但效果不突顯。而文化藝術團體在當中的參與極少，主因是他們對社會服務不熟識，但隨着澳門文化局於 2013 年開展「社區藝術資助計劃」，讓文化藝術團體開始主動與社會服務機構合作，透過雙方專長發揮互補優勢，讓社服機構透過多元的藝術手法達至社會工作目的。

例如聖安多尼堂頤老之家於 2016 年與夢劇社合作開展的「老友不老社區藝術活動」，獲得文化局「社區藝術資助計劃 2016」資助後，讓更多藝術團體以至社區人士更主動認識及關心不同類別服務對象的特性和需要，並增加藝團尋求與社服機構的動機。近年聖安多尼堂頤老之家和夢劇社繼續合作的「火樹銀花社區藝術活動」及其延伸活動《銀花綻放社區藝術活動》，以生命回顧的方式，融入戲劇的互動，讓長者與年輕人一起以手工製作故事冊的形式重現他們獨特的生命故事之餘，透過不同活動讓長者與社區人士分享其生命歷程，增加大眾對這一代長者的成長與社會發展脈絡的認識。上述計劃得到社會較大迴響及正面評價，並讓只有四名工作人員的長者中心可以發揮大大超出原有能力的服務效果。

與此同時，近年亦有多個社服機構透過電影或微電影製作，就特定社會敏感話題或針對特定人羣的去污名化進行公眾教育。2016 年由風盒子社區藝術發展協會以盲人重建中心的心理輔導員梁嘉俊的生命故事為題，拍攝本地記錄片《Eric 你永遠不會獨行 You will never walk alone》後，更多社服機構與藝術團體合作，製作以本地社會服務對象為

題的電影或微電影，包括澳門明愛作品以忘年戀、不育、家庭暴力等複雜議題製作而成的電影《幽默》、引發市民關注失智症患者和照顧者雙方需要的微電影《那日》、以抑鬱症為題的微電影《畫・家》。由唐心兒協會出版的紀錄片《心兒》，透過澳門、香港及廣州生活的十位唐氏綜合症患者在家庭、愛情、友情方面的真實經歷，帶出智障人士結婚生兒育女的討論。2018年，弱智人士家長協進會開拍首部由智障人士參演和拍攝的電影《到》，讓殘疾人士透過藝術平等，同享電影創作。

這些不同的藝術手法應用於社會服務當中，不但豐富了活動的多樣性，同時亦能將服務滲透於不同社會階層當中。不同類別藝術團體願意和社服團體合作，文化局從中發揮了推動作用，並促使更多社服團體作出跨界別合作，服務使用者願意走出來透過不同藝術手法向公眾展現自我。

跨領域合作的另一個例子與環保工作有關。2018年，澳門首間環保加Fun站開辦，是回應澳門特別行政區政府於2012年公佈《澳門環境保護規劃（2010-2020）》的措施之一，截止2023年，有七個環保加Fun站設於澳門居住人口密集的不同地區，透過膠樽回收機、光管及電池箱、舊衣物、特定節日回收活動、社區宣傳工作等推動環保教育。正如上文所提，過去澳門特區政府鮮有跨部門的合作，而環保加Fun站是透過環保局提供財政、設施等支持，由社會服務機構承辦，是繼文化局後，另一個政府部門結合社服團體開展特定的服務。

政府與民間機構服務新合作模式

葡萄牙殖民管治時代至澳門特別行政區成立首十年，社會工作局主要透過財政資助及設施讓與等方式，與民間機構合作開展社會服務，

但並未着力聯動各服務機構的力量，共同發揮「1 加 1 大於 2」的效果。隨着社會工作局於 2011 至 2012 年間在家庭服務制訂《三級預防策略服務藍圖》，除了逐步規範受資助單位在個案、小組的管理工作外，透過聯結當時 30 多個家庭及社區服務機構，定期召開社區協作會議，加強政府與社服機構間的溝通，並就家庭及社區問題探討對策，及後每年開展「幸福家庭月」專項活動，讓數十個家庭及社區服務根據共同目標發揮協同效果，讓活動得到市民廣泛性的認識和參與。時至今天，透過社會工作局的協調，將澳門分成六個區域並建立區域支援網絡，以應對社區突發事件及需要、開展家庭及社區服務設施規劃研究、落實家庭危機個案處理機制、聯動多個機構舉辦專項活動，例如愛惜生命系列活動、繼續推行幸福家庭月系列活動、持續開展預防家暴及家庭和諧的工作等等。經過十年間的溝通和合作機制建立，協同效果越來越明顯，尤其每當社區出現重大危機事件時，可以更快更精準地善用各資源應對。

除了建立社區協作機制外，社會工作局於 2013 年 6 月委託澳門明愛 [29] 開設的「24 小時緊急支援服務—求助專線服務」，不但反映政府與民間機構合作模式轉變，同時透過政府將原有職能轉至民間機構，反映政府在公共治理方面有新觀點和做法。

「24 小時緊急支援服務—求助專線服務」的出現，源於 2011 年澳門社會工作局就《打擊家庭暴力犯罪》法案進行公眾諮詢意見，最終法案於 2016 年 10 月正式生效，並訂為第 2/2016 號法律《預防及打擊家庭暴力法》。[30] 公眾諮詢的過程，不但引發以善牧會狄素珊修女為首的婦女

29　澳門明愛服務詳情可瀏覽該會網頁：https://www.caritas.org.mo。
30　《預防及打擊家庭暴力法》法律文本內容可參閱澳門特別行政區政府印務局網頁：https://bo.io.gov.mo/bo/i/2016/23/lei02_cn.asp。

保護團體以及普羅大眾就家暴行為是否應定性為公罪引發熱烈討論，同時亦引起大家關注家暴個案的服務支援不足問題。及後澳門明愛受社會工作局委託開展此服務，以分擔社會工作局原有危機處理的職能。此服務有專責團體全年無休地運作，透過結合如社會工作局、治安警察局、司法警察局、衛生局、教育及青年發展局等多個公共部門的協作，以及動員民間力量和資源，更有彈性、更快速地回應服務受眾的需要，共同為有危急需要的人士提供即時的危機支援服務。此協作模式有別於澳門傳統透過社會工作局以設施讓與和財政資助方式協助民間機構開展社會服務，而是以緊密的合作伙伴及高度信任，組成一環扣一環、有清晰的分工和合作的危機應對團隊。而「求助專線」所進行的危機評估和處理方法獲社會工作局認可，需要時可與公共部門直接聯絡，警察或醫療部門提供即時協助，如此緊密和互信的合作模式，是目前澳門數百個社會服務項目中僅有的，但此服務亦意味着政府將公部門的一些重要職能轉至民間機構分擔。

服務規範優化行業專業水平

如上所述，近十年來，社會工作局分別透過安老及復康的十年行動規劃、家庭及社區服務建立個案及小組管理系統，規範不同範疇的社會服務質素和標準。澳門特區政府隨着頒佈第 5/2019 號《社會工作者專業資格制度》及第 18/2020 號《醫療人員專業資格及執業註冊制度》法律，將社工及 15 類醫療人員專業資格及註冊資格作出統一規範後，進一步推動社會服務行業專業化發展。

《社會工作者專業資格制度》法案不但規範社工註冊的要求和倫理守則，同時亦是提示社工應具備更多專業和道德責任，這是澳門社工專

業發展重要里程碑。而澳門社會工作者專業委員會[31]是隨着《社會工作者專業資格制度》法律於 2020 年 4 月 2 日生效而成立的，該委員會屬於公共行政當局的合議機關，負責「落實社會工作者專業資格制度的宗旨，確保社會工作者具專業資格、持續提升社會工作者的專業能力及服務素質，以及保障服務使用者的權益。」[32]該委員會成立後，持續透過與不同社服機構，開展社工倫理推廣教育工作，並就提升專業水平及應對未來發展舉辦專題研討會。

《醫療人員專業資格及執業註冊制度》與《社會工作者專業資格制度》有相似地方，該制定同樣規範澳門 15 類醫療人員如醫生、護士、物理治療師、職業治療師、語言治療師、心理治療師、營養師等畢業生需要經過學歷審查、資格考試外，還需要在澳門指定醫療機構重新實習，通過後才可獲得註冊資格。上述兩個專業註冊制度亦規範如需要申請註冊續期，必須完成特定時數和要求的持續進修活動，這規定無形中亦推動相關專業人員持續學習，與時並進，對行業發展有裨益。

社會企業為社會服務另闢出路

澳門的社會企業始於 20 多年前澳門特殊奧運會的洗車服務，但發展緩慢。事實上，根據鄰近地區經驗，社會企業項目並不是百分之百成功的，除了良好的經營理念外，市場策略、良好管理、啟動資金等等也是不可或缺的。澳門特區政府為鼓勵社服團體開展社會企業項目，2012 年，社會工作局推出《殘疾人士就業發展資助計劃》，而澳門扶康

---

31 澳門特別行政區政府社會工作者專業委員會職能及澳門社工註冊制度詳情可瀏覽以下網頁：
http://www.cpas.gov.mo。
32 資料摘錄自澳門特別行政區政府社會工作者專業委員會網頁。

會藉此資助計劃成功開辦首個社會企業項目「心悅洗衣」後，喜悅市場（售買二手物品）、虹茶緣（手搖飲品店）等社企項目吸取成功經驗陸續開辦。2009 年，社會工作局為支持具工作意願和條件的長者繼續就業，推出「共創耆職長者社企資助計劃」。該計劃最後獲批的兩項申請分別為澳門明愛開辦的開心廚房及澳門特殊奧運會開設的甲子園美食。儘管澳門目前只有十多個社會企業項目，且規模較小，未達至百花齊放，但透過政府資助計劃，有助推動不同機構作出嘗試，這將可能成為未來社會服務減少對政府財政依賴的新出路之一，同時也是結合市場優勢讓特定服務對象發揮潛力的另一出路。

創新服務開展越來越困難

過去十年間，澳門的社會服務雖然持續有所擴展，但面對人口老齡化，傳統的服務未能及時回應服務需求。為此，澳門明愛從服務的隙縫中開展兩個創新性服務，分別為家居護養服務及上落出行服務。

家居護養服務的出現，是基於當時澳門長者院舍牀位嚴重不足，一些需要高度護理的長者因被迫離院回家讓家人感到非常徬徨無助。為此，澳門明愛於 2012 年 12 月以試驗性質創辦此服務，並以「家居病牀」為概念，在參照護養院服務模式下，以全天候 24 小時到戶方式為在家生活的病弱人士，特別是剛離開醫院以及輪候院舍的人士提供護理照顧支援。此服務先後獲得澳門基金會 [33] 及社會工作局資助而擴展，2019 年，在原有服務基礎下，對象擴展至中、重度智障人士，並於 2021 年增強照顧者的支援功能。此服務對院舍牀位不足，而有急切高度護理需

---

33 澳門基金會職能可瀏覽該會網頁：https://www.fmac.org.mo。

要的人士發揮重要功能。

上落出行服務於 2017 年 12 月以試驗性質開始。由於澳門有數以千計的唐樓，為鼓勵居住在唐樓之行動不便人士出行，增加其參與社區活動的機會，澳門明愛引入樓梯機協助這些輪椅使用者，即使居住於沒有升降機的樓宇，亦可以無障礙出行。服務初期，因捐款有限，只能惠及少數人士。2019 年，澳門基金會有期限地資助此項目，人手由原先的 1.5 人增至 11 人，大大提升服務量。

澳門基金會是一個行政、財政及財產自治的公法人，資金來源主要來自博彩收益、政府撥款，成立的宗旨是「促進、發展和研究澳門的文化、社會、經濟、教育、科學、學術及慈善活動，以及旨在推廣澳門的各項活動。」[34] 為此，對社會服務機構來說，澳門基金會補足政府專責部門的資助限制，尤其該會可以推動社服機構獲取資源開展創新性服務，以及補充非政府主導的服務。但近年澳門基金會根據澳門審計署衡工量值式審計報告的建議，大幅度調整資助準則及要求，不但影響非政府資助服務項目的財政狀況，更為創新性服務申請設置重重障礙，無形中讓社服機構減少可申請資助的機會。

三、未來展望

社會服務發展與社會動態緊密相連，與行政當局的管治理念更是息息相關。2015 年起，社會工作局推行新資助制度，[35] 大幅調升社服機構

---

34 資料摘錄自澳門基金會網頁：https://www.fmac.org.mo。
35 新資助制度下社會服務設施定期資助撥款指引內容可瀏覽澳門特別行政區政府社會工作局網頁：https://www.ias.gov.mo/ch/swb-services/jgjzsw/jgjzsw_shfwss2-1。

的資助金額及對人員作出標準規範，優化社服機構的營運條件，讓管理實體不再因資源不足而影響受資助服務的提供，反映政府在社會福利服務有更大的承擔，與以往強調與社服機構「共同承擔」的思維已不同。

新資助制度推行至今已八年，雖然優化了社服機構的資源條件，但同時亦要求社服機構更高度配合政府的施政方針和措施，影響機構自由發展的空間。為推動未來持續的專業發展，業界必須持續保持高度的責任感，亦需要有更敏感的覺察力發掘服務空隙，在盡力做好原有服務之餘，時刻留意「漏網之魚」，讓服務延伸至被忽略或小眾的一羣，例如目前外地僱員和小數族裔的生活、醫療等服務支援仍不足，這些非政府政策關注的小眾仍需要業界主動出力。同時，亦應居安思危，在未來即使資源縮減時，仍具有彈性和韌性，推動服務的有效落實。以上落出行服務為例，這類仍未有恆常經費支持的創新性項目，機構需要考慮在有期限的資助終止時如何繼續延伸服務。

此外，在現今的信責年代，社會問題複雜多樣、市民對服務要求越來越高、投訴文化盛行，社會服務人員不但要持續提升自身專業知識，通才教育亦不可缺少，否則難以迎接數字化、科技化時代的來臨。另一方面，隨着大灣區加強合作、填海造地、未來將有新城區成立等，澳門整體社會格局將會改變，社會服務同樣受影響，預期未來十年，澳門將迎來新的變革年代，如何在人文關懷工作上做得更好，除了需要更多智慧和勇於創新外，堅守社會工作的初心是基石。

四、結語

本文從社會治理角度，透過回顧過去十多年來澳門的社會服務發

展，反映政府透過制訂多方面的五年、十年發展規劃，以主導角色推進目標的同時，無形中亦加強了社會控制。而政府不斷增加諮詢委員會，讓社服機構及不同界別人士參與當中，看似有助加強雙方溝通，但更多是政府藉此解釋政府施政理念和措施。總括而言，澳門特區政府與民間機構的合作似乎仍在尋求新的平衡點，未來如何鼓勵社會各方參與和給予政府更多支持，發揮良好治理的效果，仍值得深思。作為社會工作者，有責任和使命作政策倡導，期望未來澳門的社工界可以更主動地參與政府政策的倡導工作，讓澳門的明天更美好。

中國社會工作

王思斌

一、中國的社會福利傳統

　　過去幾千年的中華民族文明史主要是以農業社會為基礎的發展史，小農經濟是中國社會的經濟基礎，聚族而居是基本的社會生活形態，傳統的農業社會基本上是「熟人社會」。廣袤的國度，眾多的人口，落後的經濟使得國家不可能實行普遍的福利制度。雖然中國社會中有豐富的諸如「大同社會」的社會理想，儘管中國歷史上出現過常平倉、安濟坊，但是在落後和不穩定的社會中，這些並沒有形成普遍的社會福利制度。實際上，家庭還是基本的生產單位和生活單位，人們的福利基本上是通過家庭、家族和社區實現的。這些反映在意識形態上就是儒家和道家相結合的福利和救助理念。「達則兼濟天下，窮則獨善其身」成為基本的人生價值遵循。人們靠勤奮的勞動、家庭的殷實和家族的延續來追求自己的幸福，在遇到困難時，親朋好友伸手相互幫助，或者是「萬事不求人」、韌性堅持。這樣，中國的求助體系基本上是封閉的。

社會工作的引入與基本發展

社會工作是隨着「西風東漸」而進入中國的。鴉片戰爭以後，清政府日益衰落，中國人開始向西方學習國家富強的道理。在現代醫學、教育進入中國的同時，西方社會福利思想和社會工作理念也進入中國。1925 年，美國人開辦的教會學校燕京大學建立了「社會學與社會服務学系」，系統地講授社會工作專業課程，培養專業人才，成為中國專業社會工作的開端。[36] 當時的社會工作課程，主要是由美國傳來的專業知識，包括社會工作導論、個案工作、兒童福利等，但在實踐方面則與社會學有很多結合。比如社會工作師生與社會學師生到城市、城郊的貧困社區做調查研究，撰寫研究報告，參加社會服務實踐。正是因此，那時的社會工作被中國學者稱為應用社會學，並沒有從社會學中真正分化出來。另外，中國學術界對社會工作的認識也不盡一致，從名稱上來說，指稱這一學科的有社會工作、社會服務、社會事業等。[37]

到 1948 年，中國有 20 所大學設有社會學系，其中一些設置了社會工作組或開設社會工作課程。除了燕京大學，南京金陵大學設有社會福利行政系，蘇州社會教育學院建立了社會事業行政系。當時大學的社會工作（社會服務）科系主要招收本科生，但是燕京大學也招收專科生、研究生。1949 年前，中國的社會工作教育發展雖然不快，但還是培養了一批社會工作專業人才，他們在日後的教學、社會服務中發揮了重要作用。

---

36 胡傑容：〈教會大學與早期中國社會工作教育〉，載於王思斌主編：《中國社會工作研究》第七輯（北京：社會科學文獻出版社，2010 年）。

37 言心哲：《現代社會事業》（香港：商務印書館，1946 年）。

社會工作的本土實踐

除了大學受西方影響發展社會工作教育外,中國的一些知識分子和社會賢達也開展了救助難民、兒童和貧困羣體的實踐,由於這些實踐帶有一定的專業服務性質,所以也可稱為社會工作本土實踐。這裏主要介紹熊希齡的香山慈幼院和晏陽初的華北平民教育運動。

熊希齡曾任民國政府總理,晚年致力於慈善和教育事業。他於1920年創辦香山慈幼院,招收孤兒和貧苦兒童。香山慈幼院辦有幼稚園、小學部、中學部、師範部,為少年兒童接受職業技術教育還設置了工作坊和小型農場、工廠。香山慈幼院的教育宗旨是:「為救濟孤貧兒童,施以發達身心之完善教養,以植立德智體羣四育之基礎,而能獨立生計,適應社會需要,以養成健全愛國之國民。」香山慈幼院致力於兒童和學生的發展,有社會工作專家參與其中,是符合現代社會工作的實踐。[38]

晏陽初是試圖通過教育改變貧苦民眾和落後地區狀況的知識分子和實踐家。二十世紀二十年代初,他與一批大學教授和社會活動家在河北省定縣農村開展「平民教育運動」。他認為,中國的落後、人民的貧困源自於「愚窮弱私」四大病,從而提出以「學校式、社會式、家庭式」三大方式結合並舉,「以文藝教育攻愚,以生計教育治窮,以衛生教育扶弱,以公民教育克私」的四大教育,實現政治、教育、經濟、自衛、衛生和禮俗六大建設,以提高平民的生產力、知識力、強健力和團結力,實現農村和中國的振興。晏陽初宣導的華北平民教育運動,從農民的實際需要出發,從細微之處入手解決問題,制定適宜的解決方案,工

---

38 周秋光編:《熊希齡集(八)》(長沙:湖南人民出版社,2008年),頁15-80。

作人員以獻身精神深入社區，進行宣傳、教育、組織和示範。後來，晏陽初將平民教育運動的理念和實踐經驗總結為「鄉村改造運動信條」：（1）民為邦本，本固邦寧；（2）深入民間，認識問題，研究問題，協助平民解決問題；（3）與平民打成一片；（4）向平民學習；（5）與平民共同商討鄉建工作；（6）不持成見，當因時因地因人制宜；（7）不遷就社會，應改造社會；（8）鄉建是方法，發揚平民潛伏力，使他們能自力更生是目的；（9）言必行，行必果。[39] 可見，晏陽初推動領導的平民教育運動與當代社會工作的價值理念和社區工作方法有很多相似之處，可以說是中國社會工作的本土實踐。後來，晏陽初將平民教育運動推展到國外，並得到好評。

民國時期的社會工作

二十世紀四十年代，中國內地的社會工作得到了一定發展，表現為開辦社會工作課程的學校增加，出版了一定數量的社會工作教材和著作，社會服務活動不斷增加。四十年代，從前隸屬於國民黨中央的社會部改隸屬政府，使其社會行政職能大大增強。社會部主管社會救濟、社會福利、社會組織、社會服務、勞工行政及合作行政，並制定了一系列社會政策和法規。1944 年 1 月，中國第一本社會工作雜誌《社會工作通訊月刊》創刊，在這前後還出版了《社會工作叢書》和《社會行政叢書》，介紹外國經驗，關注中國實際問題。

39　宋恩榮：《晏陽初文集》（北京：教育科學出版社，1989 年）。

二、計劃經濟時期的社會工作實踐

計劃經濟時期的政治經濟任務與社會福利實踐

　　新中國建立之後到七十年代末，社會主義中國的基本任務是滿足人民群眾的物質和文化需要、維護國家獨立、建設富強國家。政府通過自上而下的方式動員人民群眾參加經濟建設和政治運動，通過社會救濟、社會福利制度和群眾工作方法解決一些困難群眾的生活問題。

　　在計劃經濟時期，中國內地在城市和農村實行不同的經濟制度、財富分配制度和社會福利制度，被稱為「城鄉二元結構」。在這種體制下，農村實行集體所有制和補救式的救助制度。由鄉村勞動集體對無依靠老人和孤兒實行「五保」制度（即保吃、保穿、保燒、保醫、保葬〔儿童保教〕），對災民、貧民給予基本的救助。城市實行全民所有制，通過屬於國家的工作單位，向其職工提供包括醫療、教育、住房等方面的福利待遇。

　　在社會福利的組織和傳遞方面，全國建立了從中央到基層的集組織生產、政治動員和福利提供於一體的行政體系，按照國家的統一政策，向城市職工和居民提供基本的社會福利，這就是中國的單位制度。

　　政府制定了涵蓋多方面的社會福利政策，涉及勞動就業、勞動保護、職工退休、婦幼保護、社會救助、農村救災、公共衛生以及殘疾人救助保護等。實施社會福利政策的部門和系統包括：民政部門、勞動部門、人事部門、衛生部門、教育部門，以及工會組織、婦聯組織、青年組織等。這些組織體系從中央到基層，在中央的統一政策下開展社會福利和社會救助工作。[40]

40　王思斌、唐鈞、梁寶霖、莫泰基主編：《中國社會福利》（香港：中華書局，1998 年）。

行政性非專業社會工作

1952 年，中國內地取消了社會學，作為其組成部分的社會工作也隨之消亡，這樣，中國在計劃經濟時期就沒有專業社會工作。如上所述，中國是靠自上而下的政府行政體制和單位組織來傳遞社會服務的，這種社會服務的做法可以稱為行政性非專業社會工作模式。[41] 所謂「行政性」是指：第一，幾乎所有福利性、服務性、公益性的活動都是由政府負責和推行的。政府通過行政體系，動用行政力量，向羣眾提供服務。第二，幾乎所有社會福利資源都由政府控制和提供。不管是生活必需品，還是就業機會，基本上都由政府分派，生活服務也由單位協助解決。所謂「非專業」包含三重含義：第一，社會服務並不是一種專門的職業。它被理解為本職工作之外的福利性、公益性助人活動。第二，從事社會服務的人員，基本上是以行政幹部和準行政幹部的身份出現的。第三，從事社會服務的人員基本上沒有受過社會工作專門訓練，沒有專業社會工作知識背景。

但是，這種行政性非專業的社會服務也具有某些社會工作的特徵，包括：第一，政府通過行政體系和行政手段救助了最困難的人羣，使那些喪失勞動能力者、老弱病殘及孤兒獲得基本保障。第二，服務者以「為人民服務」作為自己的指導思想，有真誠的服務精神。第三，他們在社會服務實踐中也摸索積累了一些工作經驗。行政性非專業社會工作存在着一些不足，主要表現為：第一，重政治運動，輕公眾主動參與。第二，在解決具體問題方面，重思想教育，輕實際利益的提供。第三，重一般性原則，輕個別性分析。在計劃經濟時期，中國內地選擇了這種

41　王思斌：〈中國社會工作的經驗與發展〉，《中國社會科學》，1995 年第 2 期。

優劣並存的實際社會工作模式，它是與那個時代的經濟、政治和社會制度相適應的，發揮了幫助困難羣眾、促進政治認同、維持社會秩序的作用。

三、改革開放以來中國社會工作的發展

促進社會工作發展的因素

1978 年中國推行改革開放，有幾個重要因素促進了社會工作的發展：市場化、工業化、體制改革、城市化、社會進步與學科的發展。

市場化和工業化在促進中國經濟發展的同時也引發了一些社會問題，如失業、貧困、人際關係冷漠等，這些都要求有一種機制來應對。體制改革對社會工作的直接推動來自對「企業辦社會」、「單位辦社會」等舊制度的改革，這些改革使服務社會化和帶有社會工作性質的社會服務成為必然。城市化特別是大量農民从農村流向城市也帶來許多社會問題，家庭小型化、流動人口及其子女教育、新建城區的社區意識淡漠等，這也提出了化解問題的需求。随着社會的進步和發展，人民的社會權利意識不斷增強，政府也有一定实力支持專業化的社會服務。另一方面，教育界基於學科發展的考慮，積極推動社會工作專業的發展。相對於發達國家和地區，中國內地的社會工作有「後發外生」的特點。

中國社會工作的重建

中國內地的專業社會工作重建於二十世紀八十年代中後期。民政部門試圖在民政系統內部發展社會工作，並認為民政工作就是中國特色

的社會工作。[42] 1987 年底，當時的國家教育委員會決定在等高等院校開辦社會工作本科專業。1989 年，北京大學招收第一屆社會工作專業本科生，同時招收社會工作方向碩士研究生，大陸的社會工作專業教育正式開辦。1991 年，中國社會工作者協會成立並加入國際組織，1994 年，中國社會工作教育協會成立，中國社會工作逐漸走上專業化道路，但它又明確自覺地站立於中國的社會制度和文化基礎之上，保持了它應有的本土特色。社會工作發展初期，專業實踐落後，社會工作教育較多地搬用西方知識和理論，存在「拿來主義」的特點，高等學校的社會工作專業教育超前於社會服務的實踐，因而，中國的社會工作的發展呈現出「教育先行」的特點。從教學內容、教學模式、理論知識和方法的角度來看，中國內地的社會工作受到英美等國和港台地區的重要影響。

民生為本的社會工作實踐

中國內地的困難求助和社會服務受到傳統的儒家、道家思想，以及計劃經濟時期形成的社會服務體系及救助理念的重要影響，其助人和服務系統呈現出如下結構：[43]

<pre>
                          家庭與家族—自助性
              民間系統   差序格局
                          鄰里與親友—互助性
助人系統
                          工作單位—職業福利
              政府系統   身份隸屬
                          政府部門—社會救助
</pre>

42　雷潔瓊：《雷潔瓊文集（下）》（北京：開明出版社，1994 年）；盧謀華：《社會工作的理論與實踐》（北京：中國社會出版社，2007 年）。

43　王思斌：〈中國社會的求助關係〉，《社會學研究》，2001 年第 4 期。

這裏指出的是，中國內地的助人系統由民間系統和政府系統組成的。民間系統是家庭成員、社區成員之間的自助和互助關係，政府系統反映的是成員與單位、公民與政府之間的正式關係。中國社會中的求助關係有自己的基本特點，包括消極的求助、相對主動的助人行為、服務中的感情介入等等。這實際上是說，中國實際的求助行為、社會服務與西方專業服務的理念和方法可能有一些差異。它說明，中國社會工作的發展除了借鑒境外經驗，更要立足本土。

　　30多年來，中國的社會工作主要集中於社區服務、老人服務和兒童服務等領域。自八十年代中期起，中國城市廣泛開展社區服務，後來政府又大力推動社區建設，其核心任務是向各類有需要的城市居民提供服務。社會工作服務則以老人服務、兒童服務、殘疾人服務為主。近20多年來，社會工作者對進城務工的農民工羣體及其子女的生存狀況十分關注，除了具體服務以外，他們還提出了政策建議，改善服務對象的生活處境。2008年「5·12汶川大地震」發生，社會工作羣體積極介入，提供專業化服務，取得了令人稱讚的效果，同時對災害社會工作的經驗、模式進行總結，說明中國內地的社會工作正在快速發展。

四、中國社會工作的特點

教育先行

　　近百年的歷史表明，中國社會工作發展是在經濟、政治和社會背景

下，由政府、社會工作專業羣體和民眾共同建構的。[44] 改革開放以來，中國的社會工作事業是教育先行。[45] 社會工作發展之初，中國並沒有自己的系統的社會福利理論和專業社會工作經驗，社会工作的發展受到境外社會工作教育機構的積極影響，所以高等學校社會工作教育一開始就走上專業教育之路，社會工作教育羣體也逐漸成為推動中國社會工作向專業化發展的主要力量。教育先行主要表現於以下方面：第一，從事社會工作專業實踐的人員主要是社會工作教育羣體，初期多數社會工作機構是由社會工作專業教師主持開辦的；第二，在社會服務實踐中專業理念和方法發揮了明顯的指導作用；第三，社會工作實踐與社會工作教學和實習密切相連；第四，社會工作教育者較深地介入社會工作政策和制度的建構之中；第五，社會工作教育者的理論和實踐影響了中國社會工作的發展。可以說，一九八〇年代末以來，社會工作教育羣体在推動社會工作發展方面一直發揮着重要作用。當然，教育先行也存在一些問題，主要是：第一，教學中的社會工作知識、理論和方法大多來自西方，本土化不足，對中國本土的經驗總結不夠；第二，社會工作事業的發展還缺乏政府的系統的制度配合與推動，社會工作的發展不平衡。

兩種社會工作並存與專業社會工作的嵌入型發展

在中國內地存在着兩種社會工作：專業社會工作和行政性非專業社會工作。改革開放的新需要促進了專業社會工作的發展，但是由於社

---

44 Angelina W.K.Yuen-Tsang & Sibin Wang, "Revitalization of social work in China the significance of human agency in institutional transformation and structural change", *China Journal of Social Work* (《中國社會工作期刊》), 1 (1), 2008.

45 史柏年：〈社會工作專業教育發展〉，載中國社會工作協會組編：《中國社會工作發展報告》(北京：社會科學文獻出版社，2009 年)。

會福利制度改革與重新建構相對落後，原有的計劃經濟體制的做法仍在發揮作用，再加上傳統文化等因素的影響，所以兩種社會工作同時並存。在國家走向現代化的進程中，中國的社會工作也要走向專業化，於是就出現專業社會工作的嵌入性發展。專業社會工作的嵌入性發展，是指它在發展中進入原有的社會結構和解決問題的體系，開展實踐並尋求發展。這種嵌入發生在多個層面：首先它要嵌入中國原有解決問題的制度體系，這是一個依然帶有強烈政府干預的系統。第二，專業社會工作要解決問題，就要和原有的工作體系發生互動，因為專業社會工作沒有完全獨立的服務活動空間。第三，專業社會工作在具體工作中與原有的本土工作方法相互影響，可能會互相借鑒。[46]

政府主導社會工作發展過程

進入二十一世紀，中國加快市場化、城市化，社會問題增加。政府對社會工作給予更多關注。2006 年，中共中央決定大力發展社會工作，促進和諧社會建設，政府在社會工作發展過程中處於主導地位。中央 19 部委羣眾組織在《社會工作專業人才隊伍建設中長期規劃（2011-2020 年）》中確定要建立「黨政主導、社會運作、公眾參與的社會工作服務與管理格局」。這種定位是建立在中國內地的經濟、政治和社會實際及政府的政策目標之上的。在經濟方面，政府掌握着絕大多數的社會福利資源，社會工作機構要開展社會服務需要得到政府的支持。在政治方面，自上而下的權力架構比較突出。政府與民間組織的關係基本上被

---

46 王思斌、阮曾媛琪：〈和諧社會建設背景下中國社會工作的發展〉，《中國社會科學》，2009
   年第 5 期；王思斌：〈中國社會工作的嵌入性發展〉，《社會科學戰線》，2011 年第 2 期。

定位於國家合作主義，即政府為主、社會協同。在社會方面，中國內地的各種非營利組織獨立開展社會服務的能力不強，「有困難找政府」依然是許多民眾的基本理念。政府購買服務成為社會服務機構開展服務的主要模式，在此過程中，政府處於主導地位。

以人才隊伍建設為核心發展專業社會工作

2006年，中共十六屆六中全會指出，要建設宏大的社會工作人才隊伍，建立健全以培養、評價、使用、激勵為主要內容的政策措施和制度保障，確定職業規範和從業標準，加強專業培訓，提高社會工作人員職業素質和專業水準。要加快高等院校社會工作人才培養體系建設，抓緊培養大批社會工作急需的各類專門人才，充實公共服務和社會管理部門，配備社會工作專門人員，完善社會工作崗位設置，提高專業化社會服務水準。[47] 培養社會工作專業人才的路徑有兩個：一是通過高等教育培養社會工作專業大學生和研究生。至2023年6月，中國內地已有320多家大學培養社會工作本科生，183家大學有培養社會工作專業碩士研究生（MSW）的資格，教育部已經批准符合條件的大學可以招收社會工作專業博士研究生（DSW）。二是通過社會工作職業水平考試將在職人員轉化為社會工作專業人員。民政部、人力資源和社會保障部從2008年開始舉辦全國工作工作者職業水準考試，到2023年9月底，全國約有129萬人通過考試獲得資格證書。

47　中共中央：〈中共中央關於構建社會主義和諧社會若干重大問題的決定〉，《人民日報》，2006年10月12日。

五、中國社工作的新發展及發展前景

近十年來中國社工作的新發展

2012 年中央 19 部委羣眾組織發佈《社會工作專業人才隊伍建設中長期規劃（2011-2020 年）》後，中國內地的社會工作人才隊伍建設和社會工作事業發展進入快速發展期。首先是深圳市、廣州市等地政府在各種有利條件的支援下，出台發展社會工作的系統檔政策，支持社會工作事業發展。社會工作機構大量建立，政府購買社會服務資金不斷增加，大量社會工作專業人才聚集珠三角開展專業服務，珠三角也成為許多內地城市和農村地區社會工作發展的孵化器。

從 2015 年開始，「發展社會工作」被寫進歷年的國務院總理的《政府工作報告》，政府希望社會工作能通過服務兒童、老人、殘疾人等困弱羣體，參與解決社區矛盾來加強和創新社會治理。在政府政策的指引下，社會工作界積極參加了中央推進的全國性脫貧攻堅工程，為貧困羣體、貧困地區提供比較專業的服務，也傳播和發展了社會工作。社會工作界還積極主動參與了 2020 年發生的新冠肺炎疫情的防控工作，反映了中國社會工作羣體的高度社會責任意識，也發揮了不可替代的積極作用。

2017 年以來，中國社會工作的一個重要發展極是鄉鎮（街道）社會工作站建設。為了解決社會工作在城鄉發展不平衡、不合理的現象，廣東省實施「雙百社會工作計劃」，即從 2017 年至 2021 年，在粵東西北地區等地建設運營 200 個鎮鄉（街道）社工服務站，開發近 1000 個專業社會工作崗位，開展農村社會工作服務。這個項目由省政府發文實施，各級政府出資並聘請人員建立「本地化」的社會工作站，服務由資深社

會工作者做督導。這一項目取得了很好的服務效果和示範效果。以此為起點，中國的農村社會工作開始大規模發展起來。

　　為了推動農村社會工作的發展，國家民政部於 2020 年 10 月召開「加強鄉鎮（街道）社會工作人才隊伍建設推進會」，推廣湖南、廣東等地的做法，力爭到 2025 年，實現全國所有鄉鎮（街道）都建有社會工作站，每個村莊（社區）都有社會工作者提供服務的目標。民政部要求，社會工作站建設要堅持專業化方向、當地語系化思路，扎根基層，重點做好社會救助、養老服務、兒童關愛保護和社區治理等領域特殊困難羣眾基本生活保障、社區融入和社會參與工作。現實中，各地社會工作站的建設有三種模式：以廣東省為代表由本地（鄉鎮、街道）人員為主建立的本地—實體模式、較多地方通過政府購買服務委託有資質的社會工作機構的委託—承接模式，以及上述兩種方式的混合模式 —— 依靠外來的社會工作機構說明和孵化本地社會工作人才，建設社會工作站。這一項目由政府大力推展，發展很快，雖然有的不夠扎實，但是對農村社會工作的發展還是發揮了積極作用。與加快鄉鎮（街道）社會工作站建設密切相關，中國的農村社會工作會得到一定發展，這裏需要有「大農村社會工作」的思維。[48]

　　另外，醫務社會工作、學校社會工作、社區矯正服務也到了一定發展。

48　王思斌：〈我國農村社會工作的綜合性及其發展 —— 兼論「大農村社會工作」〉，《中國農業大學學報》，2017 年第 3 期。

社會工作的專業化、本土化與職業化

中國內地的社會工作會採取專業化的發展路徑，同時會遇到本土化的課題。另外，中國原有的解決困難人羣問題的有效方法（本土實踐）也應成為系統化的經驗，進入社會工作的知識系統。這既是社會工作的專業化和本土化過程，也是外來的社會工作與本土經驗共存、互動與融合的過程。在以往 30 多年發展的基礎上，中國社會工作學者通過專業實踐和本土實踐，也在總結經驗，形成基於中國社會實際的社會工作理論和工作模式。

在社會工作實踐方面，中國內地迫切需要解決的是社會工作人員的崗位、社會地位等問題，這就是社會工作的職業化問題。至今，社會工作在中國內地還不是一個職業。雖然社會工作人才被確定為專業技術人員，但是他們的工資、待遇、晉升問題還沒有形成全國性的制度規定。與此相聯緊，需要進一步解決政府與社會服務機構的關係問題，建立平等關係。社會工作羣體要加強自己的能力建設，切實回應和解決社會問題。

建設有中國特點的社會工作模式

2023 年 3 月，中共中央、國務院印發了《黨和國家機構改革方案》，決定組建中央社會工作部。按照《方案》，該部門負責統籌指導人民信訪工作，指導人民建議徵集工作，統籌推進黨建引領基層治理和基層政權建設，統一領導社會領域的黨建工作，指導社會工作人才隊伍建設，擬訂社會工作政策等。這是中國社會工作在管理體制上的一個重大改變。中央社會工作部及其系統的建立，將擴大社會工作者的範圍，擴展

社會工作的活動空間。在中國式現代化大背景下，社會工作的發展將會進行「新本土化」，[49] 專業社會工作將會繼續得到發展，同時將會促進專業社會工作與行政社會工作的結合，促進民生服務和社會治理，這將使中國社會工作顯示出自己的特點。

　　總的來說，中國內地的社會工作要走專業化的道路，這與中國所經歷的社會轉型、工業化、城市化和社會現代化相關。現代社會工作是在應對工業化、現代化所引發的問題中出現和發展的，也是在人類追求社會進步的過程中不斷完善的。這些因素在中國都存在，它們也會促進中國社會工作向專業化方向發展。但是中國社會工作的發展也有自己的特殊性，主要表現為受獨特的社会政治結構、社會福利制度和文化因素的影響。第一，社會工作的大發展是由政府直接推動的，重大的活動是由政府組織的（比如社會工作試點，政府購買服務），政府將社會工作服務與社會建設、社會治理聯繫起來，這樣，政治因素就必然對社會工作的發展產生影響。第二，社會工作的發展直接受到社會福利制度的影響，也會受到社會工作實踐模式的影響。當今，中國的社會福利制度既不同於西方發達國家，也與計劃經濟時期有不同。中國的混合福利模式將對社會工作的實踐模式產生影響。第三，社會工作直接受福利文化的影響。社會工作是一種文化實踐，中國社會比較突出地崇尚儒家和道家思想，這也影響到人們的求助、幫助行為。中國人比較注重家庭的作用，看重「臉面」，這會影響社會工作實踐活動的展開。

　　從現在的發展趨勢來看，中國的社會工作會走一條政府主導、專業引領的發展道路。隨着社會轉型的加深，社會福利政策的完善和政治

49　王思斌：〈中國式現代化新進程與社會工作的新本土化〉，《社會工作》第 1 期。

民主化的發展，社會工作將在政府主導、專業引領的框架下向專業化方向發展。在實踐模式方面，社會工作會借鑒國際經驗、提煉本土實踐經驗，逐步形成有中國特點的社會工作模式。